U0942432

不對等的平等

百年香港監獄

（1841—1939）

蘇載玓 著

All men are equal but some are more equal ...
Animal Farm (1945)
George Orwell

VICTORIA GAOL HONG KONG
from
The East End of Chancery Lane

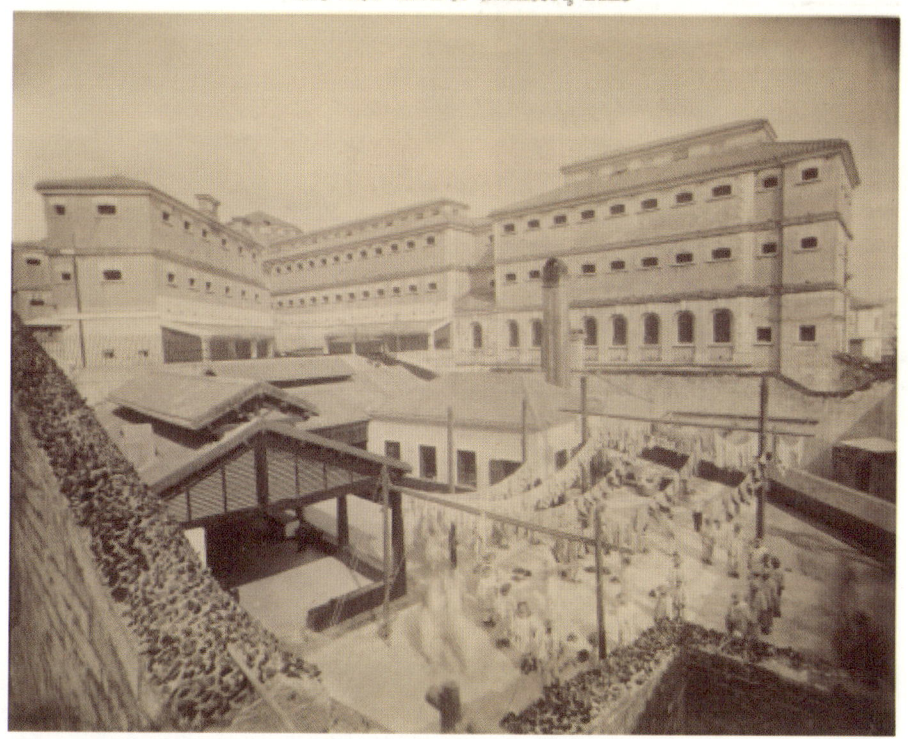

域多利監獄早期照片
來源：The National Archives, CO1069/446/16

香港地勢地理圖

雲咸街 47 號現址

1906–1908 年的銅鑼灣監獄分支，現在是何東中學（銅鑼灣東院道）

板油布丁（Suet Pudding）

稀粥（Gruel）

芒果酸辣醬（Chutney）

倫敦市內一所錢債監獄舊址的名牌

19 世紀的一名流動小販
來源：香港記憶網頁 ——高添強藏品

上海高等法院原址

位於中山東一路 33 號的上海英國領事館（英國在華最高法院）現貌

法國監獄教堂囚犯座位

法國監獄內小教堂

來源：https://www.enap.justice.fr/histoire/objets-de-violence-fragments-dhistoire-de-la-prison

英國本頓維爾監獄博物館展品

英國本頓維爾監獄鳥瞰圖與地圖
來源：https://www.bbc.com/news/uk-england-london-37899401

澳大利亞最早的殖民地——新南威爾斯地域甚廣，包括後來的維多利亞、昆士蘭與塔斯馬尼亞[1]

來源：Photography by National Library of Australia, Creator: Hall, Sidney, Call Number: MAP NK 2456/115.

1 Hall, Sidney, National Library of Australia, nla-map NK 2456/115.

亞瑟港在范迪門地的位置

現存亞瑟港監獄遺跡，還能看出當日的設計
來源：Port Arthur Historic Site Management Authority

亞瑟港監獄內的小教堂，完全貫徹英國隔離制度下的要求

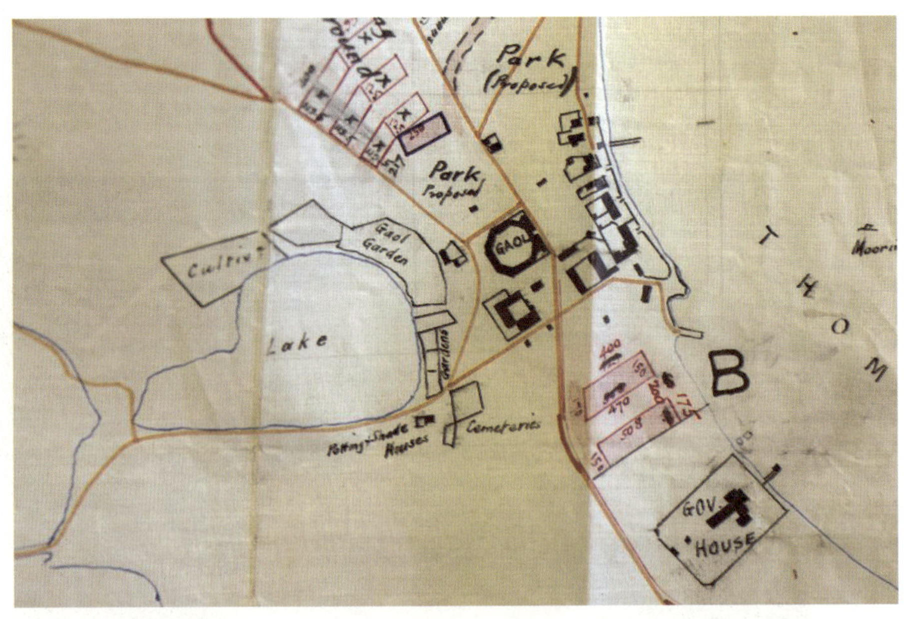

圖上的兩處墳場，證實了瓦傑馬普究竟有多少名土著在監禁期間去世的猜測[1]

1 *The West Australian*, 25 March 2018.

目　錄

序一

近年，隨著香港地方志編纂出版工作的展開，越來越多人對香港史產生了興趣，高水平、高質量的香港史專著亦不斷湧現。我個人感到特別驚喜的是蘇載玓博士的《動盪時代的香港警察（1841–1898）》，該書充分反映了作者認真嚴謹、鍥而不捨的學術研究精神，書中有極為豐富的第一手史料、精闢細緻的分析與立論，真是非常難得的香港史專著。

蘇博士本人是一位會計師，曾在會計師行及銀行業服務多年。完成家庭責任之後，她選擇修讀北京大學歷史學碩士課程，主修近代史，之後又取得了北京大學的歷史學博士學位——不啻為終身學習的好例子。同時，由於她做事極度專注認真，其香港史研究也極其出色。這也讓我想起饒宗頤教授，眾所周知，饒教授的學術領域非常廣闊，但他亦非一開始就在多個學術領域同步發展。上世紀五十年代初，他任教香港大學之後，有緣開展敦煌文獻的研究，從此愛上了敦煌學，醉心於敦煌學的研究，乃至"他生願作寫經生"，成為不折不扣的敦煌學大師。另一個我熟悉的例子是內子李美賢，她也是在完成家庭責任之後，全心全意地鑽研民族文化、敦煌藝術及文物考古等領域，並從中獲得極大的樂趣。因此，我完全可以理解蘇博士近年對香港史研究的濃厚興趣和專注投入。

諸君手上的這一冊《不對等的平等：百年香港監獄（1841–1939）》，是蘇博士的第二部香港史專著。本書所採用的史料主要源於港英政府與倫敦之間的官方函件、香港監獄每年向倫敦呈交的報表，以及香港立法局的會議記錄、港督向英國殖民地部提交的年度報告、本地報章的記載等。如前一樣，作者做了大量細緻而繁瑣的資料收集和分析工作，並在這個基礎上疏理出香港開埠以來的百年監獄史。蘇博士同時也參考了印度及澳大利亞這兩個英國前殖民地的監獄發展史。研究結果充分顯示了英國政府對有色人種的歧視——《不對等的平等》這個書名亦源於此。

蘇博士這兩冊香港史專著，無疑是傳世之作。它們印證了饒宗頤教授生前勉勵後輩的一句話：只要用心去做好眼前的事，就一定會有所成就。這也是“活在當下、活好當下”的意思。

李焯芬

香港地方志編審委員會首席召集人

饒宗頤文化館管委會主席

序二

監獄是政府拘禁已被法庭定罪的罪犯的所在，是刑事司法系統中重要的一環。長久以來，關於香港司法制度及作為法律執行者和社會秩序維持者的警察，已有不少研究，但有關監獄的研究卻鳳毛麟角。記憶中，Norton-Kyshe 的 *History of the Laws and Courts of Hong Kong* 一書中有不少篇章提到監獄，也反映了十九世紀香港監獄的一些情況，Christopher Munn 等所著的《大館：英治時期香港的犯罪、正義與刑罰》一書詳細敘述了香港第一間監獄——大館的歷史、建築情況，但它只聚焦於大館的前身"域多利監獄"，不涉及監獄制度的運作和本港監獄的特点。

監獄往往被視為衡量一地文明程度的重要指標。十九世紀晚期，中國經歷第二次鴉片戰爭慘敗後，痛定思痛，開展向西方學習的洋務運動，並派遣官員出使歐洲，途經香港，監獄往往是其中一個參觀点。如光緒二年（1876）第一位出任駐英大使的郭嵩燾，其搭乘的船隻在赴英途中停泊香港。他在留港的第三天參觀了"監牢"，即今天的"大館"，留下深刻印象，並在日記中詳細記錄。随行人員之一張德彝在其遊記《四述奇》中的記載亦頗為詳盡。郭嵩燾的繼任者曾紀澤赴英履新時亦途經香港，像其前任一樣也參觀了監獄。另一方面，日本在幕末及明治維新初年，曾多次派遣使節團往歐洲考察，途經香港，也不時參訪監獄。比如，明治時期的大企業家澀澤榮一曾在他的《航西日記》裏記述他眼中的香港"囚牢"："建築宏偉，處置犯人時，因應其罪之輕重，分配至各工場勞動。獄中設有教堂，不時聚集犯人，向其說教……據說當中頗有痛改前非，洗心革面，重新做人者。"，此外，1871 年，日本曾派官員小原重哉專門來港考察香港的監牢，香港的監獄制度管理可能對明治時期的日本有所影響。由是以觀，當年香港監獄遠近馳名，被視為文明典範。

過客參訪監獄，只是浮光掠影，不能完全反映本港監獄制度之優劣。今蘇載玓博士繼其香港警察研究後，利用大量庋藏於英國的檔案文獻，從事針對本地監獄之研究，仔細剖析香港監獄制度之沿革和特点，是有關香港監獄的極具分量的專著，謹此向對香港司法制度有興趣的人士大力推薦。

丁新豹

香港大學中文學院名譽教授

序三

當域多利監獄的鑄鐵大門於 1841 年首次關閉，其物理空間的封閉性與歷史記憶的斷裂性形成複雜軌跡。這部題為《不對等的平等：百年香港監獄（1841–1939）》的專著，以歷史社會學的研究範式與文化批判的理論視角，為香港史研究提供了一種新的分析維度。作為首部系統性闡釋香港監獄體系發展脈絡的學術著作，其價值不僅體現於對香港史研究譜系的學術補白，更在於構建了理解殖民現代性生成機制的批判性框架。

本書最顯著的學術突破，在於將監獄史研究從制度史敘事提升至空間政治與文化規訓的解析層面。作者突破傳統監獄建築考據與行政規章梳理的表層研究，轉而聚焦於監獄空間作為殖民統治權力展演場域的文化政治意涵。通過對檔案的深度剖析，論著揭示英國殖民當局如何通過監獄建築的空間設計、種族化監禁政策以及強制勞動體制，在香港社會建構起福柯所言的“規訓社會”權力裝置。這種本土經驗與理論對話的研究路徑，既驗證了規訓社會理論在殖民語境下的適用性，亦拓展了後殖民批判的在地化實踐。

在方法論層面，本書呈現出卓越的跨檔案研究能力與多聲部敘事策略。作者既精熟於殖民政府官方文書的文本細讀，亦能超越單一權力敘事框架；既開展制度變遷的長時段分析，又通過多處的囚犯書信、口述史料等邊緣檔案，重現被監禁者的主體性實踐。特別值得稱道的是對華人囚犯日常抗爭策略的發掘，從亞文化語彙的創生到勞動過程的消極抵抗，這些豐富的民族志細節，有效解構了傳統殖民史研究中“中心—邊緣”的二元對立敘事。

本書是區域史研究的作品，但其學術價值更體現於其全球視野下的地方性知識生產。作者將香港監獄制度置於英國亞洲殖民帝國的治理技術網絡中，通過與澳大利亞、印度等地監獄體系的比較分析，既闡明殖民權力技術的共性特徵，亦揭示香港作為商業城市的特殊性。其中關於監獄制度與都市基建的互構關係研究，更首次揭示殖民城市發展與懲戒體系之間的共生邏輯。這種跨地域的歷史比較，使本書超越地方史書寫的局限，成為全球殖民主義研究的重要個案。

在當代語境下，本書的出版恰逢其時。面對香港社會日益凸顯的歷史認同爭議，這部著作通過監獄這一邊緣空間的歷史考察，為理解香港城市本質提供了新的認知範式。作者關於“人道精神優次之分”的論述極具現實關懷，指出監獄制度對建築空間的影響不僅是歷史遺存，更是承載多重記憶的政治場域。這種將學術研究與現實關切相結合的治學取向，彰顯了歷史人文学科的公共性價值。

全書以嚴謹的史料考據、開闊的理論對話與深刻的問題意識，為香港史研究注入新的活水。這部兼具學術深度與人文關懷的著作，既推動了香港史研究的學術進路，亦為城市歷史空間的現實詮釋提供了重要參照。其學術貢獻已然超越單純的地方史書寫，成為理解殖民現代性生成與後殖民記憶政治的重要文本。

劉智鵬

香港地方志中心總編輯、嶺南大學協理副校長

緒論

一、選題緣起

堪稱監獄文學開山之師的俄國著名小說家陀斯妥耶夫斯基（Dostoyevsky）在他的著作《死屋手記》裏，帶出了一個訊息：

> 一個社會的文明程度可以在其監獄系統裏觀察所得……[1]

《死屋手記》一書通過幾位不同的人物，由回憶、隨筆、特寫、故事等獨立成篇的章節組成，交織成一幅沙俄牢獄生活的鮮明圖畫。在故事描述懲罰的情況與獄中條件之差的當兒，監獄這機構的本質以及當時法治的鬆散、不專業程度亦全都暴露於眼前。當然，陀斯妥耶夫斯基最終的目的並非只是講故事，而是對於人性本質的審查，人性在被監禁時受到的煎熬，人類怎樣忍受懲罰，內疚與罪惡的本質……最後，也是最重要的訊息：在監禁的環境下會觸動有些人最卑鄙的人性，但亦會有人能克服這些貪婪的意念，發揮人性善良的一面。

其實，故事是作者自身的經歷，在 1849 年，當時只有 27 歲的陀斯妥耶夫斯基，因為牽涉"革命活動"而被捕，最後的罪名是"閱讀與傳遞不良刊物"以及"企圖設立一所地下秘密印刷組織"，他被削去貴族身份，並流放往西伯利亞勞役監禁 8 年，之後要再接受軍訓。1854 年，從西伯利亞回來後，他隨即被派往哈薩克斯坦從軍。作者的經歷與故事的其中一位敘述者有相同之處。後者因殺妻罪名，被遣往西伯利亞的監獄，而這項罪名從頭到尾都要打上一個大問號。他們在獄中的經歷，成為人生不可磨滅的回憶。

陀斯妥耶夫斯基出事的時代背景是被視為最"反動"的沙皇尼古拉一世時期，他對於任何他認為激進的理智主義行為都不會容忍。因此尼古拉一世在位時，採取極端的審查制度，到處佈滿秘密警察與間諜。

陀斯妥耶夫斯基被流放到西伯利亞的年代，正值英國維多利亞時代的初期，亦是本書研究時段的開始——香港 1843 年進入英國殖民統治時代。

《死屋手記》中的一些金句，與本書的內容很切題：

> 任何曾經擁有過而且不受限制地可以羞辱別人的力量與能力，都會

1 GulSource R., "Our Prison Punitive or Rehabilitative ? An Analysis of Theory and Practice", *Policy Perspectives*, Vol. 15, No.3 (2018), p.69.

自然地失去自己的感覺。暴政是有著自己生命力的一種壞習慣，然後最終成為疾病。這可怕的疾病可以把本性本是最好的人弄死，讓其成為一頭野獸。鮮血與權力會令人沉醉 / 中毒⋯⋯再回到人性尊嚴，悔改與重生已經是不復返了。[1]

在現代社會，監獄是每一個國家刑事司法制度的重要與主要部分。[2] 假如運用得宜，它在“堅持”法治方面發揮重大作用，主要就是把繩之以法的罪犯，予以嚴懲。好好地運用監獄，可以通過提供人道的經驗，讓囚犯們有機會獲得協助，從而可以康復，獲得重生。然而，監獄也可能是恐怖的受苦處所、疾病溫床，或者就只是一個大工場，囚犯走出去以後並沒有更好地裝備自己。《死屋手記》裏，從被囚禁的人的角度來看：

人假如沒有目標可以讓其努力實現的話，他不能亦不會活下來。但假如真的是缺乏任何目標，任何希望的話，痛苦往往會把這人變成一頭怪物。[3]

英國維多利亞時代是指 1830 年代至 1900 年代的英國。略翻過英國歷史的人，也許都知道 19 世紀中旬，進入維多利亞時代以後，英國在各方面都有了明顯的變革與發展，國家亦因此形成了自信與樂觀的氛圍。有形的物質方面讓英國變得經濟蓬勃富有，無形的“價值觀”讓英國替自己在全球新定位，這些價值觀包括弘揚基督精神、宗教關注、注重法治與制度化等。價值觀的增強亦實踐在許多範疇上，其中包括了在監獄制度方面的改革運動。1842 年，首家跟隨一個全新監獄紀律“隔離制度”（separate system）的國家 / 中央監獄在倫敦的本頓維爾（Pentonville）開始運作。1844 年，首家跟隨隔離制度的郡城監獄（county prison）亦在倫敦西部的雷丁（Reading）啟動。這個制度越推越熱，不但讓英國的監獄從郡級成為中央統一化，還走出英國，例如法國也採納了這個監獄制度。

另一方面，1842 年，中國被迫簽訂第一個不平等條約後，香港開始受到英國長達 155 年的殖民統治。[4]18 到 19 世紀是英國帝國主義的高峰期，香港殖

1 *Notes from a Dead House*, Part Two, Chapter III, p.225.

2 https://justiceandprisons.org/?page_id=5020.

3 *Notes from a Dead House*, Part Two, Chapter VII, p.289.

4 《南京條約》第三條規定將香港割讓給英國。

民統治期間許多的制度都是傳承於英國，受其影響且寬亦深。在《死屋手記》寫成的 60 年後，英國首相邱吉爾也在英國議會中提出與陀斯妥耶夫斯基同樣的信息：

> 公眾對於處理罪惡與罪犯表達出的情緒與氛圍，是該國家文明程度最好的體驗……[1]

筆者之所以選擇研究香港監獄這個課題，是基於以下考慮：

第一，雖然歷史研究的邏輯起點一般是過去，但出發研究的動因卻往往源於現實，時代的需要會讓研究者希望能理解過去並考察現在，從而反思歷史。[2] 監獄的管理制度與理念，特別是處理青少年犯罪的政策方針，今天備受全球關注。香港監獄近年亦曾經跌進全球的視野，受到一定的衝擊。但既存研究對以歷史的眼光追隨 19 世紀以來香港監獄的角色嬗變，卻不甚措意。這是本研究的現實關懷和著力之處。

第二，人道主義是現代社會的熱門問題，其核心價值是人類的生命，環繞著人類怎樣互助，減少困苦。監獄制度是最能反映人道主義是否被踐踏的參考，從而核定一個政權統治手段的文明程度。香港殖民統治的政權，是否傳承了英國作為帝國主義表率，引以為傲的"人道精神與主張"。

第三，自 19 世紀 40 年代起，香港經歷殖民統治的嚴厲管控，香港監獄管理制度的遞變，對於解讀英國殖民統治在華策略，能夠提供獨特而有價值的參考。

第四，監獄在定義上是一個強制性的環境，被監禁者處於意志不自由的狀態。在這樣的環境中，維持治安與秩序是管理策略的首要考量。然而，如何平衡這兩個元素，避免其濫用作不人道的對待囚犯的藉口，需要審慎掌握。解讀香港監獄中囚犯生活的實際情況，可以觀察當時人道尺度的演繹。

第五，在任何一個國家，監獄制度都是刑事司法系統中的一個不可缺少的重要元素。監獄是執行法庭審判結果的其中一個機構，因此亦是維護地方治安與安全意志所規範的，由法庭具體實施的，圍繞維護國家安全和社會治安秩序等內容展示的一系列管理活動。

---

1 UK Hansard: House of Commons Sitting, 20 July 1910.

2 劉錦濤：《中英創建近代警察制度比較研究》，北京：法律出版社，2014 年，第 2 頁。

假如運用得宜，它對於堅持"法治精神"承擔著"不可抹殺、義不容辭"的角色，因為它能夠保證被認定犯罪的人受到法律的公平對待，並對嚴重罪行實施制裁。理想的狀況是：監獄提供符合人道主義的管理，而囚犯有機會接受援助並得到改造。但在最糟糕的情況下，監獄是一個暗無天日的場所，疾病滋生的溫床，囚犯出獄後一無所有，不能投入社會。本書著重考察英國作為殖民宗主國，其監獄制度應用於殖民地的統治時，發生了哪些變化。

第六，監獄制度是研究 19 世紀香港的司法制度與社會關係的題中之義。監獄制度經常會隨著法制與司法制度的改變而有所調整，研究監獄的變遷，必然要觸及香港刑事司法制度的一些基本原則，因而能恰當地呈現 19 到 20 世紀香港在政治、經濟與社會方面的階段性特點。

第七，想要了解香港監獄從開埠到現代的改變，背後的原因與背景，從而明白監獄的發展何去何從。從開埠到現代，在一百年的時間長河中，香港監獄制度遞變掀起的波瀾，並非偶然性或單一事件所致，背後牽涉著複雜的政治、經濟以及社會因素。

第八，觀察英國對於香港監獄管理理念的堅持與妥協，聚焦其背後與當時中國司法體系的碰撞，並思考這種碰撞是否合理，抑或只是監獄空間的差異。然而這種差異，卻一直讓中國及其文化蒙受許多無可奈何的恥辱。

第九，香港監獄研究是香港史比較薄弱的一環。關於香港監獄制度的既存研究，多集中在中央警署——對曾作為香港唯一監獄（域多利監獄）建築物的描述。而本文專注於監獄其他的課題，希望能夠促進 19 世紀香港史的學術研究。

第十，綜觀 19 到 20 世紀初香港監獄制度的發展，對比其與英國監獄學說的應用、妥協與放棄。展現宗主國的理論應用到殖民統治地域的過程中，出現了哪些偏差。這項研究希望能把香港帶進殖民統治研究的學術領域中。

然而，研究 19 世紀的香港監獄這一課題是一項有難度的工作。首先，時間跨度頗大。從英國人甫抵埠，初建監獄，到《南京條約》簽訂，香港立法局（舊譯定例局）設立，再到通過監獄法令，一直到 1939 年香港進入抗日戰爭，香港淪陷（亦是本論文設定的下限），時間跨度幾乎達一個世紀。當中確實經歷了不同的局勢，見證了不同的事件，發生了諸多的轉變，內容豐富龐雜，關節環環相扣，因此總體含量較大。其次是搜集原始資料的難度：與本論題直接相關的檔案缺失，間接相關的檔案文獻種類繁多，分佈零散，把史料聚零為整的工作量確實頗大。

本研究無意在香港史學界一向明顯的“殖民統治史學”和“愛國主義史學”的兩極化分野中選邊。筆者只想聚焦於“被遺忘了的機構”——監獄以及監獄的工作群組，對其進行較細緻的描寫，並對殖民統治時期的香港社會做出更為深入的討論與評價。這些討論並不是對監獄或其工作人員做出惡意批評（因為監獄給人的印象一直較多是負面、消極、封閉的），而是希望重新發現當時香港社會中，殖民統治者與被統治者關係的複雜性，以及彼此之間的不協調。

觀察香港監獄在 19、20 世紀處理多個問題的表現，從起初永遠擠逼、衛生條件惡劣到後來漸漸改善，最後成為一個注重康復更生概念的“香港懲教署”，當中有不少的掙扎、淚水與辛苦。沒有經歷 19 世紀的萌芽、煎熬、成長與成熟，香港監獄不可能達到 20 與 21 世紀的專業化程度以及承載國際的實力。本研究目的不在抹殺過去殖民管治下監獄機構人員付出的努力，而是要通過史料說明其實殖民統治者與被殖民者之間的地位在不能改變的前提下，還是需要融會貫通、相互和解合作，才能使社會管理取得豐碩成果。

面對以上的問題與困難，筆者再三考慮，決定將一個世紀的香港監獄史按縱向與橫向相互交叉結合的辦法來介紹。在橫向上，本文以香港監獄一直面對的最大問題——人滿為患及衍生的其他問題，以及幾次殖民當局本來以為可以解決問題的方案，但最後又不能落實的事實為主幹，比較與宗主國當時在英國本土對監獄改革問題的想法與做法，描繪在殖民統治上理想與實踐的矛盾，揭示殖民管治策略方針手段的核心問題。

在縱向上，本文在研究時段內跟著時序，描述監獄的情況與發展經過。當中也劃分了兩個層次：囚犯的處理手法，特別是對待華洋囚犯的不同，包括對於人道立場的堅持與妥協，這一層次屬於淺層地反映殖民統治下，英國人作為殖民統治者對於被殖民者特別是華人的管治手段。往後深層地剖析這些手段背後的策略，反映殖民當局作為第一行政機關執行宗主國指令與方針的積極性與思維，再而通過研解宗主國當時對人道主義在本國的推崇與在殖民地域的鬆散，箇中的堅持與妥協，觀察宗主國在殖民管治方面的方針與宗旨。

另一方面，縱向也有另一個面向：本書最後描述了幾次特別調查委員會的召開背景以及對於報告出台後的反應，反映在處理香港監獄管理事宜上，殖民當局或者是殖民宗主國的積極與重視程度。第一，1848 年當英國本土監獄改革正如火如荼之際，香港監獄發生了囚犯自殺事件；第二，1857 年因為監獄長在獄中感染痢疾離世，引起社會對於監獄情況的關注；第三，1875 年倫敦目睹新加坡監獄因囚犯膳食而引起的騷動，主動要求香港關注監獄情況；第四，新抵港監獄總監對於香港監獄的報告，引起倫敦關注；第五，1890 年新到任港督主動關注監獄召開調查委員會；第六，1921 年發生囚犯越獄及監獄歐籍獄長被殺事件，事情鬧到倫敦，召開 1921 年的委員會。

希望透過一縱一橫的設置，既梳理好 19 到 20 世紀香港監獄發展史的來龍去脈，又充分論述香港社會面對的難題與殖民當局處理的手段；既突出香港的社會、政治與經濟方面的問題，又反映殖民當局管治的方針，以及與英國殖民統治者的自身價值觀的差異。

二、學術史回顧

現存關於香監獄的專題研究，多集中於對監獄建築物本身的考究，這主要是因為香港早期唯一的監獄：域多利監獄（Victoria Gaol）在 2020 年成了活化項目。

關於監獄建築物本身的重要文獻，首推香港大學名譽副教授文基賢（Christopher Munn）與潘鬘（May Holdsworth）於 2023 年 7 月出版的《大館：英治時期香港的犯罪、正義與刑罰》[1]，這本著作其實是英文版先出版[2]。由於域多利監獄的建築物本身是英國殖民統治下一處多功能的場所（舊日的中央警署與中央裁判處），它的歷史沿革具備非常高的保育價值。自 1841 年起，它就是象徵著香港法律與治安的管控機構，當它在 1995 年成為一個法定古跡時，其背後豐碩的歷史資源就開始再次受到關注。2003 年，特區政府決定在原址進行重建工程，香港賽馬會也一直在參與整個發展計劃。

《大館》一書由三個部分組成，分別兼顧建築物三個功能的描述，其中第三部分就是關於域多利監獄，篇幅共四章。首章主要描述關於建築物本身經歷的演變，包括擴建過程等，第二章名為“收容空間不足的問題”，當中也提到本書重點主題“隔離制度”，但由於沒有追溯英國隔離制度的沿革與過程，因

1 文基賢、潘鬘：《大館：英治時期香港的犯罪、正義與刑罰》，香港：中華書局，2023 年。

2 Munn, Christopher & Holdsworth, May, *Crime, Justice and Punishment in Colonial Hong Kong: Central Police Station, Central Magistracy and Victoria Gaol,* HK: Hong Kong University Press, 2020.

此亦沒有對人道主義的偏離與妥協做出評核與批判，結論稱因資源短缺而令制度無法得以實行。第三章主要把囚犯的整個入獄程序梳理了一遍，最特別的列出了一些曾經收禁在香港的"名人"。最後一章主要描述獄中的刑罰，也列出了一些發生在獄中的騷亂事件等。

首先對域多利亞監獄進行專業調研的是國際歷史古跡遺產顧問公司 Purcell Miller Tritton LLP，它在 2008 年發表了一份詳盡的報告書。[1] 本書從這份報告書中獲得不少關於建築物本身，特別是其作為域多利監獄時的硬件資料，從而配合史料中關於香港監獄制度的部分，能有更深更廣的實際體現，獲益良多。雖然調研本來只是關於域多利監獄原址以後的發展前景，但報告書對於其歷史價值的闡述與評價免不了涉及香港早期的監獄與警隊警察。此外，這份報告還提供了珍貴的圖片，對當時香港唯一的域多利監獄的建築物，提供文字以外的輔助資料。

可能因為監獄一直是一個比較封閉的機構，外界總是覺得監獄很神秘。因此，人們更加渴望能多了解監獄裏面的情況，特別是那些虐待囚犯、不為人道的黑暗故事。本身寫監獄的書籍就甚為稀少，即使有關於香港監獄的文獻或文章，關注點都集中在監獄內部的情況以及囚犯的生活等，真正探討監獄制度的研究實在不多。另外一本關於香港監獄的書是 2008 年出版的《風雲背後：香港監獄私人檔案》，這是香港浸會大學一位歷史碩士研究生在課程中的專題報告。研究的是日軍佔領香港後的香港監獄情況，因此與本書的研究時段並不吻合，但是書中的許多口述歷史，也是研究監獄歷史不可多得的材料。[2]

此外，一些香港"通史"也略有介紹關於香港監獄的小結，如余繩武、劉存寬主編的《十九世紀的香港》，[3] 劉蜀永的《簡明香港史》。[4] 監獄雖然不是司法制度的一部分，卻是執行司法程序的最終機構，因此一些法律文獻也會涉及監獄相關內容，如朱國斌、黃輝等著的《香港司法制度》[5]。還有 Carol Jones 和 Jon Vagg 的 *Criminal Justice in Hong Kong*。[6]

---

1 Purcell Miller Litton LLP, *The Old Central Police Station and Victoria Prison HK Conservation Management Plan*, June 2008.

2 何仲詩：《風雲背後：香港監獄私人檔案》，香港：藍天圖書，2008。

3 余繩武、劉存寬主編：《十九世紀的香港》，香港：麒麟書業有限公司，2007，第 195–196 頁。

4 劉蜀永：《簡明香港史》，香港：三聯書店（香港）有限公司，2009 年。

5 朱國斌、黃輝等：《香港司法制度》，香港：中華書局（香港）有限公司，2013 年。

6 Jones Carole, with Jon Vagg, *Criminal Justice in Hong Kong*, UK: Routledge-Cavendish, 2007.

文章方面，本文也參考了幾篇文章，例如香港中文大學收藏在香港期刊的兩篇社會研究文章：香港監獄生活真相（一）與（二）。[1] 文章（一）也簡略介紹了香港監獄早期歷史，不過內容大致也是披露監獄內部的環境以及囚犯的日常生活，對於監獄發展史與制度的背景則沒有考究。

至於外文文章方面，筆者看過一篇題目與研究時段都與本書很相像的一篇文章。[2] 作者是香港大學人文學院的一位荷蘭歷史專家。這篇文章，用教授自己的話說，主要是分析香港監獄在 19 世紀從震懾到改造的漫長改變。文章把研究時段分成兩部分：1841–1877 以及 1878–1898（研究時段的下限）。前部分的重點放在鞭笞這種懲罰，當然也披露了殖民當局對於監獄採取的一些措施。後部分強調軒尼詩港督在鞭笞事件上的想法和做法，以及遇到的困難，據說其用意是想突出殖民統治下被殖民者的無奈。這個方向與本書是一致的。但是，這篇文章沒有討論香港監獄經常人滿為患的理由，以及殖民當局曾經考慮過的選擇。文章當然也沒有討論監獄當時在制度上與英國本國的差異及原因何在。最後，本書的研究時段較該文章更長，也許能更深入地描述及證明殖民當局以及英國的態度與轉變。

三、思路與方向

循著以上方向，本研究圍繞宏觀與微觀兩條主線展開，在章節編排上，兼顧時間順序與主題性的特徵，各章相對獨立又有所關聯。全書分為五章，除開緒論，內容循以下思路進行論述：

第一章首先簡單介紹監獄制度本身的概念與中西方的歷史沿革，由於研究時段剛好橫跨晚清與民國時代，因此對清朝的監獄制度會稍為細讀多一些，好與開埠初期殖民統治下的監獄制度做出比較。考究清代監獄學，本章借用了《提牢備考》裏的一些守則，與香港 19 世紀的監獄守則做出淺度比較。之後重點介紹英國在 19 世紀發生的監獄改革與其價值。隨之亦會介紹香港監獄在 19 世紀從無到有的發展史，包括監獄的架構、組織、成員、制度等。本章也概述

1　章盛：《香港監獄生活真相（二）》，香港期刊七十年代，1973 年，第 44 與 45 期，第 67–71，70–74 頁。

2　Dikotter Frank: A Paradise for Rascals: Colonialism, punishment and the prison in Hong Kong (1841–1898), *Open Edition Journals*, Vol.8, No.1, 2004, pp.1–15.

了歐籍與華人囚犯在監獄中幾個方面的不同待遇，對於之後的描述做出了重要鋪墊。目的是想通過史料反映殖民統治下對於華人的極度歧視，但是這種歧視只是淺層次的。

這一章中有一節介紹開埠初期的刑事司法情況，但是由於本書並非法律史的專著，因此這部分只是一個簡史，目的是勾畫出監獄在整個刑事司法制度中所扮演的角色，以及與刑事司法制度中其他元素的配合。通過這些介紹，勾畫出香港在治安管控方面的大略情形，為以後幾章做一鋪墊，提供背景，亦使讀者對研究的主角——監獄制度有概略的認識。

第二章是縱向地論述研究時段內，香港監獄在法規方面的安排。排列出不同的法令與守則，反映出殖民當局在不同時段，對香港監獄制度、紀律制度的管理的官方態度。香港被英國武力侵佔後，在沒有任何法律依據下，英國人就在香港設置了監獄，監禁"犯了罪"的人。即使南京條約簽訂後，香港的立法局也是在兩年後才成立。當時的香港被歸類為"直轄殖民管治地區"（Crown Colony），亦即通過戰爭後取得的地域，只有王室才有立法與行政權力。英王室在沒有立法權力以前，香港的監獄已經存在，並且是先有守則，然後才有法令。這些描述希望能帶出讀者對"法治"兩字更深的思考。在介紹完法令守則後，本章加插了一節關於觸犯監獄守則要受的懲罰的內容。

第三章描述研究時段內香港監獄的最大困擾"人滿為患"，以及這個困擾背後的有關理由。內容分為兩部分，包括當時英國與清朝的外交關係中衍生的法律問題，與香港牽涉在其中的描述。筆者希望能夠通過這些很少在香港歷史記載中被提及的細節，幫助讀者較深入地了解香港當時作為英國在東亞的根據點，角色其實是舉足輕重。另外的部分涉及由於當時對"罪行"的定義，讓監獄變得擁擠。通過了解這些罪行，包括相關的法令，讓讀者更理解這些因英國人定下的罪行而產生的"罪犯"，再而產生的"囚犯"背後的真正意義與需要。這些背景也為之後的章節先做襯墊。

第四章是本書重要的思想傳遞：通過深入分析英國在 19 世紀中到下旬進行的監獄改革，包括其背景、思路、內容、過程等，當中重點介紹 19 世紀最盛行的監獄隔離紀律制度；再比較當時在香港建設監獄的進程，從而分析英國是否把本國力推的理念（主要是維多利亞時代的人道主義）應用在受殖民統治的香港。本章有一節指出，英國雖然表面上要求香港監獄建設要遵從英國準則，但從每年香港監獄報表中可看出其實一直不達標。然而，殖民地部並沒有太過在意，報表只是形式上的滿足而已。除了報表，在港督每年的文字報告裏，也有對於香港監獄發展的表述，裏面列舉了一些比較深入的觀察。本章也從更大的視野評價英國在 19 世紀和 20 世紀初對香港的殖民管治與實踐。

本章還會分析研究時限內，多次本來可以解決香港監獄基本問題的方案都被丟棄的背景與過程，從而反映殖民當局、香港社會以及殖民統治者在港管治的終極方針。進一步證明香港因受殖民統治，即使是人道立場的基本信念，英國本土也可以做出妥協，甚至是摒棄與推翻。這是本書想要傳遞的重要思想。

在對英國人妥協、摒棄原則做出總結前，這一章的最後簡略介紹了其他兩處也受英國殖民統治的地方：印度與澳大利亞，討論兩地在 19 世紀同期的監獄發展，究竟隔離制度有沒有被重視或成功實踐。答案是前者沒有，後者卻有，但有族裔之分野。本章擬通過分析兩種不同的殖民政策，兩種不同的被殖民者的類別與族裔，從而解釋政策上的成與敗。

第五章建基於第四章的結構上，記錄了研究時段內，幾次殖民當局召開的監獄調查委員會。筆者發現其與第四章史料（監獄部門的年度報表）比較，經常有差別，更清楚地反映出當時監獄的實際運作情況與困難。除此之外，殖民當局、英國、個別議員或英國大臣對這些報告建議的反應，也很能反映宗主國的態度，側面傳達出本書想要觀察的殖民統治方針與取向。

根據以上的思路與內容，本書探討了一個沒有同類研究的課題，包括：

第一，在描述香港監獄的首百年發展史中，放棄單一圍繞關於監獄建築物的歷史，而是揭露早期香港監獄的制度以及其組織等細節。在揭露監獄部門面對的困難以及一系列惡劣條件的同時，配上詳細的背景分析，包括殖民當局、社會各界以及宗主國英國的方針與措施。摒除了平鋪直敘的時序式論述，而是結合香港在社會、經濟、民生各方面的發展來觀察監獄的角色與變化，總結殖民者的管治策略與手段。

第二，對於英人（殖民統治者）歧視華人（被統治者）的描述，不單只是一般的從淺層揭露華人囚犯在獄中受到的歧視與不公平待遇，而是深層地探討了即使站在高舉人道主義的道德高地上，殖民者也盡顯其厚此薄彼、親疏有別的思維。英國自身大力推動隔離監獄紀律，但是在香港卻遲遲不付諸行動，諸多事項推搪到不能再推的時刻（比如昂船洲新監獄的落成），終於直言不諱地承認人道主義也有親疏之分。第四章是本書的核心，後段更擴大觀察此等親疏有別與族裔的關係。在殖民研究學術史中，用香港作為切入點比較英國殖民統治的不同的課題暫時比較少，筆者在此希望能夠起一種推動作用。

最後，本研究並不試圖面面俱到，完全涵蓋論述事件的方方面面。例如，鞭笞作為一個獨立課題，或者流放作為當時常用的刑事懲罰，都沒有在本書中詳細描畫，因為已經有較多的文獻記錄。筆者只希望能藉史料說實話，翻出殖民管治下的香港較具代表性的若干問題，較深入地探討香港史中這段薄弱的環節。

本研究的設計建立在筆者碩士與博士研究對香港警隊發展史的考察基礎上，圍繞香港的另一支"紀律部隊"監獄的發展史展開。監獄既有所不同，又同樣是香港刑事司法制度中的另一個後著執法機構。這項研究會根據論述需要適當調整時段，延伸到 20 世紀後期甚至 21 世紀。對於 19 世紀香港警察、香港監獄發展與（殖民當局）刑事司法制度的互動分析是這項研究的重點，亦是學術上的新嘗試。

四、史料運用的一些說明

搜集 19 世紀到 20 世紀前半段的香港監獄的材料確實有點難度。首先，香港從殖民管治時代一直到現在，都沒有設置檔案法，從 2018 年法律改革委員會發表諮詢文件到目前，還是停留在諮詢階段，因此香港政府官員沒有責任把公務文件訂立為檔案。其次，1997 年香港回歸之前，英國人處理了大量敏感性檔案，或送返英國，或在港燒毀。監獄一直是比較封閉的機關，當中也許包括某些敏感議題，被送回英國的部分檔案皆成為封存，到若干年後才能開放。因此，現存香港檔案館裏沒有很多關於 1997 年回歸前監獄內部的記錄與存盤。不過，歷史研究本來就是要發現和解釋模糊和分散的事實，把分散的史料通過系統化的編排，做出有邏輯性的集合與研究，化零為整後使之現出端倪，是一個歷史研究人員的責任。

然而，間接的檔案還是存在的。在英國倫敦的公眾記錄部門（Public Record Office），保存有 CO129 系列，這是歷任港督與倫敦殖民地部的來往書函。香港大學名譽教授冼玉儀曾經替這個系列編製索引，所以還是能夠依照索引尋出某些議題、事件及人物的數據，但是搜尋只限於索引裏涵蓋的關鍵詞，而且 CO129 只是港督報告倫敦的事項，這當然局限於他們想報告的內容，因此亦未必能掌握事件的全部。CO129 的一個優點是文件中有時會出現倫敦殖民地部的內部討論，這些當時的“想法”不會出現在最後回覆港督的正式函件中，但卻甚能反映英國當局或殖民當局的真實想法。關於這一次的監獄議題，官員的意見特別多，因此本書引用了很多他們說的話，親身印證了當時英國方面的思維（有時是指令），進一步增添了史實說明。到了 20 世紀，當殖民地部轉成英聯邦殖民地部後，本書也採用了 FCO40 中的資料。FCO40 在很大程度上是 CO129 的延續，特別是 20 世紀中旬的章節。

由於本書探討香港監獄擁擠情況的一節，涉及當時英國在華的另一租界威海衛，因此也採用了 CO521 及 873 等比較特別、在香港史中較為少見的英國殖民檔案。

另外，港督每年都會向倫敦殖民地部上呈一份關於香港情況的報告書，以及大量的統計資料，編為 CO133 系列。這系列又名“藍皮書”（Blue Book），這些數據的準確性、可信性甚高。後來有商用機構獲得大英圖書館的授權，將其文字部分彙編出版。[1] 因此在本書出現這個彙編的註釋時，雖然看似是文獻，其實也是在利用原始史料。由於監獄只是整個刑事司法制度中最後的環節，而且可以說是一個內向性的部門，對於社會上的影響或與社會的互動不大，在政府的公函中，特別是政府與英國殖民地部關於監獄的報告不算很頻密。然而，作為一個每天運作的部門，它卻有著每年彙報的責任。從藍皮書每年的報告中，我們得以獲得許多珍貴的資料，不但豐富了關於監獄實際情況的內容，也從這些報告中獲得了不少珍貴的關於歷史變革的提點。

港督管治香港的團隊中，最重要的是立法局（舊稱定例局），CO131 系列輯錄了從 1844 年開始關於行政局的會議記錄，有時能從其中摘錄局中討論某些議題的過程。例如，雖然在正規的公函中很少提到關於起建牛池灣新監獄的討論，但是由於任何公共工程項目都要取得立法局的撥款，因此可以從此處獲得資料。

另一方面，在《南京條約》簽訂以前，英國人就已經在香港活動，留有大量關於鴉片戰爭或者是香港本身情況的書函。對於英國來說，這些書函都屬“外務”，因此編進外交部的系列，編碼 FO17。這個系列一直都存在，關於香港對外的事情都收錄其中。這個系列雖然是按照時序編號，但由於沒有索引，

1 Robert Jarman, *HK Annual Administration Reports 1841–1941*, UK: Archive Edition Limited, 1996.

查閱 FO17 裏的數據實在頗費勁，因此願意翻閱 FO17 的研究者不多。但其實這份資料極為珍貴，特別是它涵蓋了香港受殖民管治之前的情況。筆者就在 FO17 裏搜得 1842 年前籌辦首個監獄的指令，讓歷史更能追索源頭。除了常用的 FO17，本書還採用了有關上海英領館（法庭）FO656，佐證當時英國領事法庭與上海英高等法庭把囚犯遣送香港的史實，這些原始材料都極其珍貴，且在香港史研究中較少被注意到。

英國議會（House of Lords 或 House of Commons）文件也是珍貴的原始史料[1]，但凡有上呈到議會或曾作討論的議題與文件都有記錄。由於文章涉及殖民當局的施政，本文也利用大量研究時段中經立法局程序通過的法令，[2] 佐證當時實施的政策。無論是 CO129、131 、133 還是 FO17 的檔案記錄，19 世紀存留的都是手稿，其紙質、字體與個人書法式樣等，都對現今研讀利用的微縮膠捲記錄有不佳的影響，參考運用時比較費勁。

除了官方資料，報刊也是不可或缺的原始史料。雖然行政局（議政局）、立法局（定例局）的會議記錄都保存在英國的檔案館裏，但是官方記錄有時很簡單，只是記錄草案被通過成為法令的結果，未必有會議裏各個議員發言討論的詳細過程。反而是報刊的記者可能會完整地記錄下來，有時候連當時的港督都會把報刊上的會議記錄發到倫敦殖民地部供其參考。例如，關於再次搬遷往昂船洲監獄的議題提請到立法局的一讀二讀過程〔包括非官守議員怡和大班耆紫薇（William Keswick）的全部觀點〕，記者的報導十分貼近實際情況，有助於重塑歷史現場，更能反映當時的政治動態（洋商與港督軒尼詩的不融洽）。較為完整呈現 19 世紀香港面貌的主要有《孖剌西報》（*HK Daily Press*）、《德臣西報》（*China Mail*）與《士蔑報》（*Hong Kong Telegraph*）等英文報章。另外，英文報紙經常對較重要的審判過程有非常詳細的報導，彌補了官方記錄的不足，這是研究某些社會事件發生後，法庭或裁判處審判過程的重要依據，這幾份英文報章是本文採用的重要原始史料之一。至於這一時段的中文報章，都已不幸散佚，而且早期的中文報章，對英文報章有較大的依賴性，內容多翻譯自後者。《循環日報》應該是第一家真正反映香港華人輿論的報紙，創刊於 1874 年 2 月，不過也不是所有年份都齊全，香港現存的止於 1886 年。總體來說，

1　British Parliamentary Papers.

2　香港法律編章 1890 年版本。

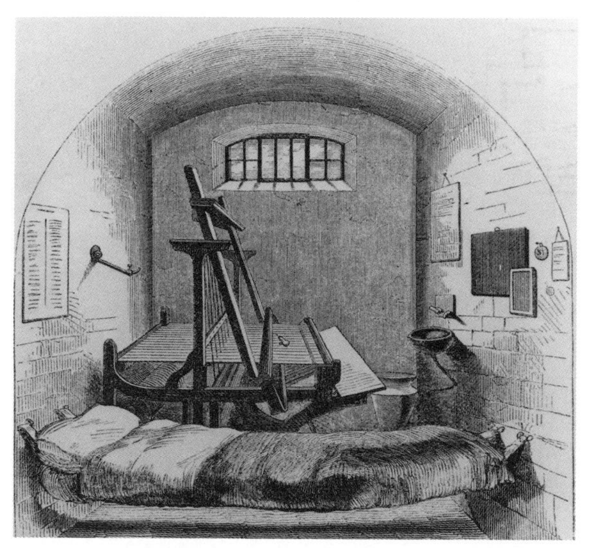
英國本頓維爾監獄內的隔離囚室

華人在特定時段內對某件事情的看法不易獲知。本書採用的另一份報章是《北華捷報》(*The North China Herald*)，這是上海境內第一份近代意義上的報紙，有甚多關於上海英僑、中外商務情報等消息。據說此報當時非常受中外人士的重視，包括李鴻章在內的中國不少官員，都非常關注這份報紙的報導與言論動向。報章提供了不少當時在上海公共租界內英領事法庭的真實案件的審判過程，非常有歷史價值。

此外，本文也選用了一些個人文獻，例如殖民當局官員（港督、總登記司）的日記、書信、回憶錄等，還有他們對外發表的文獻等。例如，本書屢次提到的監獄總測量斯司埃德蒙・弗雷德里克・杜肯、約書亞・傑布以及約翰・霍華德這些英國監獄改革宗師發表的文章，就能提供隔離監獄紀律制度在英國流傳的佐證。

19 世紀的香港監獄職工，除了管理層的一兩名，下面的基層運作成員，無論是歐籍還是印度籍，都是素質不高的人士，留存下來的記錄也不多。到了 20 世紀初，監獄也並非殖民當局關注的議題，要報告倫敦的事宜逐步減少，因此研究這個課題，在資料收集方面確實有點難度。

第一章

香港監獄的初建與監獄管理發展

在現代，聯合國關於監獄的文件中，[1] 對於監獄在整個刑事司法制度的角色有以下的描述：

> "關押 / 監禁"可以被視為刑事司法程序中最後的階段。整個刑事司法程序包括：違法行為、調查、抓捕疑犯、羈留疑犯、審判與判刑等。一個刑事司法系統怎樣處理違法者很大程度上決定了該地方監獄的人口 / 人數，接著亦會影響囚犯被處理的方式。每一個地方的刑事司法制度取決於當地的政府政策以及政治氣候。因此，在評核一個地方的監獄制度時，要注意的是管理的成效以及是否合乎人道條件，不全是監獄當局的決定，實際上是與當地的刑事司法制度管理有著不可分割的關係，然而更與當地當時的政客與公眾輿論有關。任何關於監獄的改革都應該從整個的刑事司法系統作全面的檢討才有意思。

監獄在社會上一般被視為起保護作用的角色，就是保護社會不受罪行與罪犯的影響。監獄的功能也在於把囚犯安全地監禁起來，與公眾分隔開，直至囚犯被改造後，能以一個遵紀守法的身份重踏社會。

第一節　監獄歷史沿革

牛津字典裏對於監獄的定義是：一個法律容許禁錮"因犯罪而受懲罰或沒有獲得保釋的待審人士"的場所。然而，18 世紀之前，甚少國家利用監禁懲罰罪犯，只有待審或待判的人士會被暫時羈留。當時較常用的懲罰是鞭笞、刺青、罰款等，嚴重罪行的人有可能被判死刑。懲罰通常是在公眾場所執行，目的是想殺一儆百，以儆效尤，從而勸阻或威懾有意犯罪的人。及後，英國與法國開始監禁反對派的政治犯，監獄才真正開始作為禁錮犯罪者的一個懲罰場所。隨著監獄的發展，漸漸出現了不同類型，例如錢債監獄等，裏面的囚犯由於並沒有犯下真正傷害人的"罪行"，他們的權利較為寬鬆，但必須還清債務後才可以離開監獄。陸續而來的是社會對於監獄守則應該嚴厲或寬鬆的討論，

---

1 "Custodial and Non-Custodial Measures: The Prison System, Criminal Justice Assessment Toolkit", United Nations, New York, 2006.

以致對監獄制度的改革等。其實近現代大部分關於監獄的討論都圍繞著“人道主義”這個概念。

伏爾泰（Voltaire）等 18 世紀法國思想家力倡的啟蒙運動，[1] 間接令監禁罪犯在 18 世紀取替了大部分的殘暴嚴酷體罰，成為 19 世紀的主流懲罰。到了現代，除了死刑，監禁（在一個民主社會裏）是最嚴厲的懲罰，加上如今大部分國家都廢除了死刑。

監禁的主要目的是防止罪行。有人相信監禁對於重犯者（慣犯）有一定的作用，監禁是想利用“不能正常生活”與“震懾”而阻止 / 防止罪行的發生。前者指對犯罪者進行有形的隔離而阻止其再犯罪，後者則是對行為上的反應。這種反應有兩個層次：第一是對犯罪後“會受懲罰”的認知恐懼；第二則是對犯罪者“將受到的懲罰”的認知反應。第一個認知不一定涉及“殘酷”元素，但第二個肯定與殘酷程度有密切關係。也正因為第二個認知，讓近現代監獄的兩個目的“震懾”與“改造”彼此的張力糾纏拉扯不清。

直到今天，在某種程度上，犯罪學仍然相信監禁是一種有可能改造（改革）囚犯的有效方法。及後，監獄管理再經歷思維變化，滲進了“康復”（rehabilitation）的觀念。種種因素對於監獄的要求亦起了變化，因為監獄不再只是以前可怕的虐待處所，而是要給囚犯提供工作、紀律以及反省 / 反思的組合新生活。現代的監獄也逐漸成為一個改正、改造以及治癒“靈魂”的機構或場所，但是這種作用也可能會被“阻嚇” / “震懾”相對減低，兩種力量時常在拉扯。

西方對於監獄的歷史溯源

為什麼在人類社會中會出現監獄？對此問題的思考可以幫助了解現代社會中“監獄”制度的產生與演變。據說最初人們對於犯錯者的懲罰均以“報復”為目的，但“報復”往往會衍生出群體與部族之間的衝突，造成無止境的殺戮，共通的法制、法律因此而生，意在約束並制衡彼此。有了法制，必然也會有人不遵守以及違反法制，因此刑罰也就有了存在價值。

---

1 1761 年，伏爾泰替一個被錯判死刑的人辯護，暴露了當時以君主制度為先以及宗教超然崇拜的司法制度裏大量的不合理現象。與此同時，亦讓當權者意識到公眾處刑本意是要讓人們產生對法律的畏懼，但是到了這個時段，來觀看處刑的人有些只是本著純粹看熱鬧的心態，而並未能引起群眾對法律的畏懼。甚至，群眾對受刑人產生的憐憫會超於對法律產生的畏懼。伏爾泰強調反對殘酷刑罰，提倡應當更加人道與寬大。他認為刑罰在於預防犯罪而不是對已經產生的罪行進行制裁。18 世紀末，一套新的刑罰體制在法國正式建立。

西方最早關於監獄的記載源起至公元前 1000 年古埃及與美索不達米亞（Mesopotamia）文明。這些古時代的監獄大部分都是建築在地牢的羈留中心。犯了事的人被關禁在此，等候審判定罪，直到被判死刑或者成為奴隸。基督教也循著此傳統把犯罪者囚禁於修道院的獨居室中，以引導犯罪人的懺悔。[1]

至於近代監獄，在 16 世紀的歐洲，大量的感化院（House of Correction）四處崛起，主要用作輕類罪犯與流浪漢的康復場所，強調的是紀律與勞役（苦工）。後來，監獄變成其中一種懲戒罪犯的刑罰。初期的監獄囚犯並沒有分隔開，糟糕的衛生條件讓很多疾病滋生。[2] 當時甚至有一種傳染病名為"監獄發熱病"，令不光是囚犯，也有許多獄卒喪命。有時候，甚至連附近的法官、律師都遭殃。18 世紀之所以出現了現代監獄，其中也有地方監獄的情況確實有必要改善的原因。

一所監獄基本可以歸邊兩類：1. 孕育暴力主義的溫箱；2. 提供改造的機構。研究監獄的學者認為，監禁本身目的是想保護社會免受一些反社群元素的傷害。過程中可能衍生出的社會問題有幾個：1. 將監獄打造成世上最不適合居住之處所，這個前提下要犧牲的是人性的尊嚴；2. 把觸犯了罪行的人長期監禁，賠上的是社會經濟的負重；3. 把監獄的環境打造成能夠讓囚犯準備好出獄後展開新的人生，回歸社會。不難看出，最後一種做法顯然是無數次嘗試前兩種後得到的寶貴經驗，集中於反覆向在囚人士灌輸關於守法社會與豐盛人生的價值觀，這其實完全摒除了以前只有震懾的元素。[3]

另一方面，犯罪學者認為監禁會被四個因素所影響：1. 國家與社會要懲罰罪犯的決心；2. 國家與社會要減少罪行發生的決心——哪怕是重犯（再犯）的可能性，或者是被引誘犯罪的可能性；3. 國家與社會對於保護社會不被罪犯傷害的決心；4. 國家與社會對於讓罪犯更新，回歸社會的決心。一個不能把罪犯改造成守法公民的監獄制度其實將對社會構成損害，而且是一種負擔性的缺陷，特別是管理慣犯的成本非常高（關押以及社會長期有罪行存在的風險）。這種負擔不單單與錢財有關，而確實是人性的災難。[4]

---

1 林茂榮、楊士隆：《監獄學：犯罪矯正原理與實務》，台北：五南出版社，2021 年，第 5–7 頁。

2 https://www.britannica.com/topic/prison.

3 GulSource R., "Our Prison Punitive or Rehabilitative ? An Analysis of Theory and Practice", *Policy Perspectives*, Vol. 15, No.3 (2018), pp.67–83.

4 同上。

因此監獄"更新"方針的目的就是保證社會的安定與和平。犯罪的行為被視為一個"被搞砸了的靈魂"，因此一定要在監獄中通過研究調查和去除。

18 世紀的英國，政權掌握在一小撮財大氣粗的人手中，他們擁有無比的經濟以及政治力量。人口中，只有少於 3% 的成年男性有成為太平紳士的財力。一個更稀有的小圈子（大約只有 200 個家庭）主導了上議院。只有下議院負責代表選民——其實亦是很小的圈子，兼且時有被操控，是缺乏代表性的一個群組。這些群組構成了"公眾"，操控了整個國家的政治。18 世紀，這些群組設下了非常嚴酷的一套體罰法規，然後在 19 世紀再轉換成監獄制度。社會上絕大部分的人口，聽話的時候，被稱為"勞苦大眾"，不聽話、起哄時則被稱為"暴民"。這群人由於沒有任何政治權利，因此也只能成為眾多刑事法令中的標靶。[1]

本來在一個所謂現代化城市中，特別是經歷了歐洲最早的工業革命，刑事法律一定是獲得人民同意的。然而，在英國卻直到 1700 年後的兩個世紀都並非如此。社會上層把權力緊握在手中，雖然當時勞動人民已經集結不少力量，例如工會已經到處蓬勃興起。其實上流社會的態度可以說只反映"並非主流"的一小撮人罷了，然而在英國普羅大眾的眼裏，這群人（地主、企業家、裁判司與法官）所定的守則是偏離人心的，他們對於罪惡的闡釋因此也與大眾的想法有異。[2]

英國的普通法與刑事程序在歐洲一直備受推崇。英國是首個工業化的國家，倫敦隨之成為世界上最大的城市。英國的經濟與社會的變化亦光榮地在其刑事法律、刑事行為以及兩者的關係中得以彰顯。

英國的體罰法令在 17 到 19 世紀期間不斷增加，然而關於英國國會背後的想法卻沒有太多的分析。

18 世紀之前的英國，政府缺乏一支可以保護市民的警隊。[3] 因此，大肆將犯罪者判處死刑（與其他附帶的嚴酷刑罰）就是他們維護治安最有效的做法。極速把罪犯問吊示眾也可能帶來反效果，在憤怒的群眾面前，也許明智之舉是施恩而不是下極刑。整個 18 世紀，人們都在反覆議論極刑與嚴法，連檢控官都常常被嚴刑嚇怕了，讓審判的公平性受到質疑。也由於流放與鞭笞兩種極刑的

---

1 Hay D., "Crime & Justice in 18th & 19th Century England", *Crime and Justice*, 1980, Vol. 2, (1980), pp.45–84.

2 同上，pp.46–47。

3 英國 1839 年才成立首支現代警隊。

惱人效果，讓整個體罰制度未能適時地改革。除卻問吊，這兩種極刑是唯一的選擇。縱使有許多投訴，政府還是認為有限度的問吊，對於維持社會的安寧有一定的阻嚇作用。

另一方面，監禁這種刑罰能夠保證安寧，它也被認為比流放更有成效：懲罰性重，亦帶有改造的作用。19 世紀以前，越來越多的地方開始不接受流放犯人，特別是因為美國的獨立，18 世紀末法國革命。在 19 世紀中旬，澳大利亞正式拒絕接受流放犯人。後來的囚犯船亦越來越被狠批沒成效、不人道，因此監獄就成為唯一的答案了。

可是，監禁 / 監獄也帶來另類的難題。流放與浮動囚犯船的成本比較低，但是監獄要奉行隔離制度設置獨立囚室是很花錢的。在此之前，英國也沒有修建過大型監獄。19 世紀之前，只有一些改造房舍收納待審的罪犯或欠債人，充其量是一些流浪漢、小偷或未婚媽媽的短期"罪犯"。當時的監獄沒有幾個獄卒，沒有什麼守則，就算有亦是貪污橫行的、囚犯自定的守則。後來出現了像本頓維爾這樣的大規模監獄，才令後來的英國社會開始一連串的改革。[1]

有學者認為，監獄的蛻變是資本運作下勞工供應難題的映射。另一說卻認為從體罰到監獄的演變過程，表現了整個歐洲權力的轉移。以前的斷頭台、嚴酷懲罰是"主權"的彰顯。[2] 到了 19 世紀，一股新的思想出現了——通過正在試驗期中的監禁系統來改造罪犯。就算該理想不能實現，至少監獄也提供了把危險的罪犯從人群或普遍勞動市民的生活中分隔出來的機會，簡單來說，就是把罪犯與好人區分出來。這樣一來，就把各種"權力"的威勢減低到社會結構的準則。[3]

至於英國"監禁"做法的來源，特別是推動者的目的與學理，現代有不少的研究。首先，是對歐洲與英國文化發展的融合。懲罰性也許符合人道立場，雖然心理上有損害，但衛生上卻是合情理的。它是平民化的，但又與宗教目的連扯著。它表達了一個維新的想法，就是犯罪行為是罪犯天生的惡根性，而並非社會環境因素導致的。因此，這般的惡根性可以通過宗教來改造。也利用工

---

1 本頓維爾監獄位於倫敦北面的伊斯靈頓，由總監獄測量司約書亞・傑布親自設計監工，1842 年落成，是實行隔離制度的楷模監獄。

2 Gibbs J., "Crime, Punishment, and Deterrence", *The Southwestern Social Science Quarterly*, March 1968, Vol. 48, No. 4, pp. 515–530.

3 Vause, Erika, "Disciplining the Market: Debt Imprisonment, Public Credit, and the Construction of Commercial Personhood in Revolutionary, France", *Law and History Review*, 2014, August, pp. 647–682.

業革命中學來的"工廠老闆怎樣強制紀律"，在非工廠的環境下實踐。[1] 起初的時候，人們改善了監獄骯髒的居住條件等，後來又基於人道方向提出改革。隨著建築技術的進步，完善了分隔罪犯的做法，卻導致更多囚犯出現精神問題——監禁能改變惡根性的說法又開始受到質疑。

歐洲的另一個大國法國，在 19 世紀改革之前，監獄系統以極其惡劣和不人道的條件而聞名。這段時期的法國監獄在囚犯管理、衛生和復原方面基本上全無組織。改革前制度的主要特徵包括過度擁擠、囚犯之間的暴力、不同類型囚犯之間缺乏隔離，以及惡劣的衛生條件。著名的法國思想歷史家米歇爾·福柯（Michel Foucault）在他的書中描述了舊制度下的懲罰，監獄主要作為懲罰前的臨時拘留場所，懲罰通常是酷刑或處決的形式。拘留條件是故意懲罰性的，監督也很少。[2]

在法國監獄改革之前，監獄制度主要側重於立即懲罰，而不考慮囚犯的身體或精神健康。這種框架經常被當代觀察家描述為混亂和不人道，為牢房拘留制度和道德改革哲學的引入奠定了基礎，道德改革哲學將重新定義 19 世紀法國的監禁概念。

> "舊制度"（l'Ancien Régime）是 1589 年至 1791 年法國大革命之前，法國採用的政治與社會系統。法國大革命正是因為推翻了這種由法國貴族操控的封建制度，而成功建立了新社會，讓中產階層冒出頭來。在舊制度統治下，有四個主要的監禁地點。1656 年 4 月 27 日頒佈的法令設立了普通監獄用以收容窮人、孤兒、乞丐、妓女等，並強迫他們工作。監獄有兩種類型。普通監獄主要關押被告和等待審判的被告、被定罪的債務人、未成年人等；由看門人管理，充當拘留所。國家監獄卻如同地獄，關押著被國王蓋章或警察法庭定罪的囚犯。

從 1789 年開始，法國大革命帶來了重大動盪：1791 年的刑法典規定了監禁，作為對舊政權專制主義的反應，在啟蒙運動思想的影響下，刑罰開始受合法性原則的約束。隨後 1810 年的《刑法典》通過創造強迫勞動、監禁和監禁在教養場所的懲罰來重新安排刑罰規模。

---

1 M. Gibson, "Global Perspectives on the Birth of the Prison", *The American Historical Review*, Oct 2011, Vol. 116, No.4, pp.1040–1063.

2 Michel Foucault, *Discipline and Punish: The Birth of the Prison*, US: Penguin Books, 1991.

普通監獄成為看守所、司法所、教養所，由各部門負責建造維護。中央之家歸國家所有，特別為被判處一年以上監禁的教養犯和被判處強迫勞動的婦女保留。未成年人被關在勞改營（如 1839 年開放的梅特雷勞改營）。從 1854 年起，被判強迫勞動的男子必須在圭亞那（Guyana）和新喀里多尼亞（New Caledonia）的殖民地監獄服刑。

福柯認為，18 世紀和 19 世紀初的法國監獄的特徵是混亂、囚犯缺乏分類、完全缺乏改造努力。他的分析強調了向基於紀律和監督的制度轉變背後的意識形態。

中國對於監獄的歷史溯源 [1]

中國監獄制度的源起可以追溯至夏商周時期，“皋陶造獄”的傳說標誌著監獄制度的初步形成。至周朝，獄政制度已有輪廓，囹圄、圜土、犴獄等設施相繼設立，其管理手段主要是以羞辱和勞役為特徵，古時監獄被稱為“囹圄”，在司法體系中佔有不可或缺的地位。從中央到地方，各級衙門均設有監獄，以漢代為例，全國監獄數量超過兩千所，涵蓋了中央司法機關以及地方各級衙門和特殊機關所設立的監獄。

學界對中國古代監獄史的研究起步較晚，李甲孚、薛梅卿、王利榮等學者，較早對中國古代監獄制度的沿革進行了系統性探討，涵蓋法制史、監獄法及監獄改良等多個領域。近年來，圍繞著不同歷史時期的專題研究，亦不斷深入。

監獄不僅是執行刑罰的場所，其與審判權的緊密聯繫亦對應出當時社會的法律制度與權力結構。監獄制度的發展與變革，更是不同歷史時期社會政治經濟狀況的縮影。中國歷史主要經歷了奴隸制與封建制兩大時期，監獄的歷史也從夏朝一直延伸到清朝，總共近四千年時間。中國古代監獄隨著第一個奴隸國家“夏朝”建立而正式產生。上面所提的“圜土”就是夏朝的監獄，是圓形的土圍牆，用以拘押囚犯。與西方的古代監獄相若，中國古代的監獄本身並不是一種刑罰，而是作為待訊、待質或待處決者的暫時收禁場所而已。到了秦朝實行封建制度，中央至各地的封邑都設置了監獄。根據史料，在秦朝的監獄制度

1　綜合研究成果有：李甲孚：《中國監獄法制史》，台北：商務印書館，1984 年；薛梅卿等主編：《中國監獄史》，北京：群眾出版社，1986 年；王利榮：《中國監獄史》，成都：四川大學出版社，1996 年。與本研究相關的研究成果有：曹強新：《清代監獄研究》，武漢大學博士學位論文，2011 年；徐達：《中國監獄的近代轉型研究（1840–1949），天津師範大學博士學位論文，2014 年。

中，甚至已經有勞役監（即本文經常提到的苦工監）。這種觀察也能解釋為何秦朝在短短 15 年的統治期間能落成多項巨大工程，其實就是因為監獄體系下凝聚了大量的勞動力。秦代後，漢、隋與唐都秉承封建社會的制度，監獄制度也漸趨成熟，成為各朝司法制度下的必須與常設機構。由於元朝蒙古人本身是遊牧民族，部落時常遷徙，與監獄禁錮人身的原意不合，因此在早期的蒙古國並沒有真正的監獄制度。直到局部漢化後，才出現司法制度與監獄制度。然而元朝的地方行政體系比較複雜，而且蒙古人一直未能好好掌握法典規條，只能說中央與地方監獄制度均已設立，亦為以後的明清兩朝奠定發展基礎。明朝在社會長期混亂的狀態下建國，因此非常重視法治概念，明太祖朱元璋提倡"刑亂國用重典"，即法典刑罰是治國的基本理念，對於監獄制度，有著不同的法律。儘管明朝重法典，但可能由於明太祖本身是農民出身，極痛恨不公平的官吏勾當，在監獄管理的層面上，明朝開始出現了確保囚犯不會受到不公平審判與被虐待的監控制度。

到了清代，也是本書研究跌進的歷史時段，封建制度日趨衰落，君主制企圖利用強權來維持國家的管治。清代的監獄制度，基本是秉承明末留下的獄制，又加上了一些自己的特點。例如：清朝法定中央監獄形式是刑部監，制度越來越周密、完善。清朝的地方獄與明朝的完全一致，沒有改變。

由於本書研究時段當值清朝，研究聚焦於英國在香港殖民統治時期實施的監獄制度，旨在揭示其在特定歷史背景下的特點，並與清代監獄制度進行對比，為進一步理解中國近代監獄制度的發展脈絡提供新的視角。

清代監獄制度管窺

首先，滿族入關建立清皇朝後，[1] 在法治與監獄制度方面，都沒有引進自己的制度，主要還是繼承了中國以往各個朝代的特色，選出符合滿清利益的制度作為根本。其實，與其說沒有引進自己的系統，不如說因為滿族本身是遊牧民族，因此根本就沒有一套完整的具體司法制度。這種情況一直持續到了清光緒年間，才有人真正地對司法制度中的監獄制度進行重新彙編。這次彙編由掌管刑部的一位官員趙舒翹負責。[2] 這位趙先生是陝西長安人，清末大臣兼法學家。1883 年中舉人，次年中進士。初為刑部主事，不久升刑部員外郎，1894 年調

1　徐達：《讀史明鑑——清代監獄制度管窺》，蘭台世界，2014 年 5 月，第 159–160 頁。

2　趙舒翹：《提牢備考》，獄政管理本子。

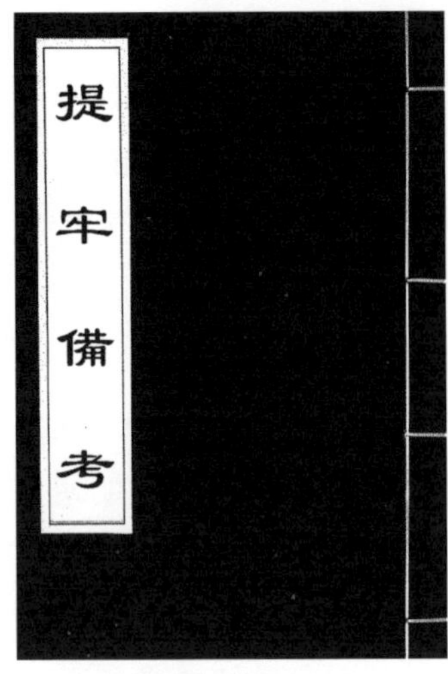

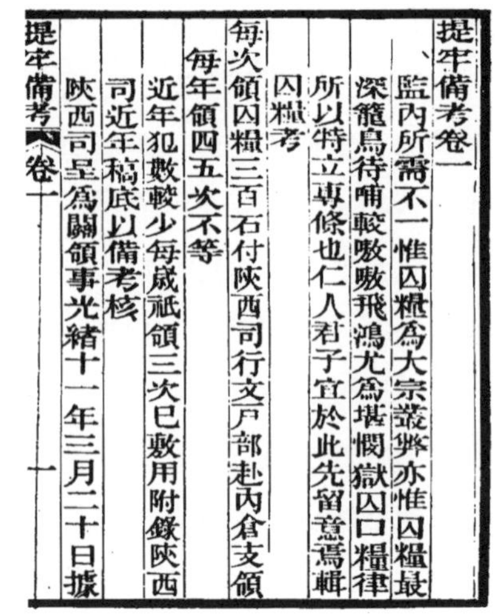
提牢備考卷一

一、監內所需不一惟囚糧為大宗叢弊亦惟囚糧最深籠鳥待哺較嗷嗷飛鴻尤為堪憫獄囚口糧律所以特立專條也仁人君子宜於此先留意焉輯

囚糧考

每次領囚糧三百石付陝西司行文戶部赴內倉支領

每年領四五次不等

近年犯數較少每歲祗領三次已敷用附錄陝西司近年稿底以備考核

陝西司呈為關領事光緒十一年三月二十日據

提牢備考〈卷一　一

"提牢備考"有四卷（卷一：囚糧考；卷二：條例考；卷三：章程考；卷四：雜項考）

任蘇州巡撫，後調回刑部任侍郎。由於他長時間在刑部工作，監獄自然也在他的管轄範圍之內。他認為清朝立國以來都沒有單獨的法律制度，因此單獨整理了所有關於監獄的法律法規，並進行彙編，書名叫《提牢備考》，可以簡譯為《監獄官記事》。由此可見，清朝的監獄法規章程，不僅有根有據，而且相當詳密完備。它雖然不算是清朝正式頒佈的官方法規，卻是規範監獄管理及獄政管理人員行為的重要法律法規彙編。[1]

其實這與香港在監獄司法方面的發展有點類似，就是從無到有——英國人剛登陸，從零開始，威廉・堅偉等人就馬上為監獄設計了一套守則（並非法令），主要就是從實際需要出發，設置管理監獄的日常運作守則。

《提牢備考》卷一：囚糧考的第一段：

> 監內所需不一，惟囚糧為大宗，叢弊亦惟囚糧最深。籠鳥待哺較嗷嗷飛鴻尤堪憫，獄囚口糧所以特立專條也。仁人君子，宜於此先留意焉，輯囚糧考。[2]

這句的意思大概是：監獄裏需用的物品不一而足，唯獨囚糧是大量需要的，因此很多積弊也唯有囚糧方面最深。籠中嗷嗷待哺的小鳥，較之哀鳴覓食

1　張秀夫：《提牢備考譯註》，北京：法律出版社，1997 年，第 2 頁。

2　趙舒翹：《提牢備考》。

的飛雁，更使人憐憫。所以，對犯人的囚糧，法律上沒有特別的規定，就是基於這個道理。凡是從事監獄管理工作的官員，應當首先從囚糧這方面著意。為此特編著此卷——囚糧考。[1]

《提牢備考》卷二：條例考的律文六一段：

凡獄卒非理在禁凌虐毆傷罪囚者，依凡鬥傷論。剋減衣糧者，計贓以監守自盜論，因而致死者，絞。[2]

這句的意思大概是：凡監獄看守無故在監獄凌虐、毆傷囚犯的，一概按鬥傷罪論處；剋扣囚犯衣糧的，折為贓款，以監守自盜論處；因而致死的，絞。[3]

《提牢備考》卷三：章程考的律文第六段第 4、5、6 點：

每年立夏後，各監口更換蘆蓆，銀拾兩，呈堂付庫支領。夏月，各監口薰燒蒼朮、柏枝，銀拾貳兩捌錢，呈堂付庫支領。歸奏銷。每年自五月初一起，各監犯散給冰塊，共用拉冰車價銀拾捌兩，呈堂付庫支領。歸奏銷。[4]

上面的這幾句蠻簡單，就不多作解釋。可以看出政府當時對監獄的情況也很上心，特別是最後一項，炎夏中居然會派發冰塊。這是直至 19 世紀香港監獄都沒有想到的。

《提牢備考》卷四：雜項考的其中一段：

年來坐鎮傳良法，雀鼠無爭大化齊。偶爾蒲鞭微示辱，常以孺子學驅雞。[5]

以上一詩指在獄中監管囚犯，教化他們，使其認罪悔過而痛改前非。[6] 所以清朝時的中國監獄，就已經有"更新改造"囚犯的理念，並不只是酷刑伺候。上面說過，清代的監獄制度，其實也是從明代傳承的，因此中國更新改造囚犯的理念有可能比英國還要早。

---

1 張秀夫：《提牢備考譯註》，北京：法律出版社，1997 年，第 4 頁。

2 趙舒翹：《提牢備考》。

3 張秀夫：《提牢備考譯註》，北京：法律出版社，1997 年，第 34 頁。

4 趙舒翹：《提牢備考》。

5 同上。

6 張秀夫：《提牢備考譯註》，北京：法律出版社，1997 年，第 148 頁。

簡單地考察《提牢備考》裏的條項，筆者有感其實清朝的監獄並不像我們固有的印象中那樣亂七八糟，天昏地暗。這與香港的情況其實有相似之處：光看香港監獄每年的報表，看似很規範，但通過其他渠道獲悉實情的才知道原來報表裏的是假像。可是，中國的情況剛好相反，因為當時的西方甚少甚至沒有人看過《提牢備考》，而只是聽聞一些牢獄中的口述見聞，因此西方人一直以來都認定清朝的監獄就是地獄。英國駐華商務代表查理士義律，在首條關於香港管治的判令中，雖然聲明在殖民統治香港的初期，華人可以用中國的習慣法，但特別申明“除了刑罰之外”，說明當時西方人對中國刑罰缺乏信心，但這有可能只是誤解。

清末中國與西方各國的接觸逐漸增多，但由於國勢開始轉弱經常受到指責，如稱清廷司法黑暗，濫用私刑等。因此在光緒 28 年（公元 1902 年），清廷倡議改良司法和獄政。湖南總督張之洞等清廷官員奏請變法，請求“恤刑獄”（即用刑慎重不濫，或者用現代語境來說：在司法實踐中對特定群組，如老幼婦孕殘等，在量刑和執行刑罰時給予特別寬恕和見面的制度）。另外，對監獄的要求也更嚴格了：1. 必須保持寬敞整潔；2. 不准虐待犯人，違者從嚴懲治；3. 對獄卒也有嚴格的要求；4. 監羈囚犯應優加口食，以示體恤。光緒 32 年（公元 1906 年），還創辦了監獄學校培養人才，設立女看守所收禁女犯，開辦習藝所訓練囚犯學藝。其實所有這些與西方的監獄，至少在方向上是一致的，但可能因為起步遲，所以有點趕不上，而革命已經爆發。清末的司法制度、監獄情況也只落得一個“差”字的評語而已。[1]

大清律法中存有關於監獄系統的法律和制度，有一些與香港監獄相同，例如在囚犯服刑期間要進行勞役，也有歲數區分。也有對囚犯越獄或者失職官員的處罰規定，對於再次犯罪入獄的罪犯要加大刑罰等等，這些香港監獄也有規定。

有一點要特別提到的是，在清朝的監獄中，關於滿族的罪行制定也有其獨特性。假如在旗的官員以及族民違法犯罪的話，也享受與漢族或者其他民族的犯人不同的待遇，這樣就明確了滿族至高無上的特權。[2] 這一點與本書，特別是本章最後一節所道出的英國人（歐籍人士）在香港受到的優待，絕對是一樣的。

1　林茂榮、楊士隆：《監獄學：犯罪矯正原理與實務》，台北：五南出版社，2021 年，第 5–7 頁。

2　遲雲飛：“清末最後十年的平滿漢畛域問題”，中華文史網，《近代史研究》2001 年第 5 期。

第二節　香港監獄組成與組織

英國殖民管治香港始於 19 世紀中葉，正確來說，在還沒有正式設立殖民統治之前，英國人一到香港，甫即建立起監獄設施。1841 年 6 月 21 日[1]，當時的署理輔政司馬儒翰（John Robert Morrison）就已經發函給警察裁判司威廉·堅偉，提到後者有權接受投標，花費不超過 5000 元的數額，建造一所監獄。[2] 可見英國當時對於監獄設施已經有逼切的需要。

對香港監獄情況最早的記錄，應該是《中國叢報》的第 12 卷，[3] 其中有以下描述，是一些傳教士在 1841 年 8 月到 1843 年 9 月期間，探視香港監獄的情況：

> 這份記錄是手稿，分為兩部分。第一部分包含 482 名囚犯的姓名，其中 430 名是華人，28 名是 Lascar（印度的海員軍人等），9 名是葡萄牙人，5 名是西班牙人，1 名是美國人，其他是歐洲人。第二部分包含 134 人的姓名，幾乎都是歐洲海員。其中有一些士兵，也許是 20 名吧，是被軍事法庭判了刑的。其他的人，即是海員，是被海事裁判處判刑的。也有極少數人是由港督判刑的。他們的懲罰都是單獨監禁（solitary confinement），視乎個別情況，從兩天到八十四天不等。一般來說，監禁是兩到三周。
>
> 關押他們的監獄 64 英尺 ×30 英尺，分成兩排囚室（cells），總共十二個。兩排之間有一條約 8 英尺寬的通道隔開。每個囚犯通常（不是一定）有一個單獨的囚室，裏面乾淨、光線充足、通風良好。每個囚犯每天都能獲分配一磅牛肉和一條麵包。1843 年 5 月 22 日，兩個歐洲人（士兵）被軍事法庭判處終身流放。海員的罪行大多是不服從命令、擾亂治安。水手與士兵通常犯的都是醉酒罪，或醉酒是引致犯罪的直接原因，他們亦因此必須受到懲罰。

1　香港的割讓是根據南京條約第 3 項，南京條約簽訂日期是 1842 年 6 月，生效是 1843 年 8 月。因此 1841 年英軍只是在上環水坑口登陸，實際上並沒有任何法律或外交權力或權利。

2　J. R. Morrison to W. Caine, 21 June 1841, FO17/46, pp.269–271.

3　《中國叢報》（*Chinese Repository, 1832–1851*）是 1832 到 1851 年間在廣州發行的一份期刊，目的是讓來到亞洲宣道的基督教傳教士對中國的歷史與文化有所認識，內容包括文件以及當時的時事見聞等，被視為漢學的首本主流期刊，亦是鴉片戰爭至第一批條約簽訂之前中國人獲取西方知識的主要來源。作者是來華的美國基督教公理會傳教士裨治文（Elijah Coleman Bridgman）。

以上敘述的都是關於歐籍囚犯的情況。至於華人囚犯，也有記載如下：

有兩棟建築物用作安置華人囚犯，一座 79 英尺 ×29 英尺，另一座 49 英尺 ×16 英尺，中間有一個方形的開放院子（庭院），約 68 英尺 ×30 英尺，囚犯可以在裏面乘涼（俗稱放風）、洗澡、運動等。較大的一棟分為兩個空間，一大一小，都是用來安置勞役囚犯的；都有良好的地板，沒有天花板，通風良好。較小的一棟建築物專門安置還未被判刑的人士，裏面有三個房間，每個房間是 17 英尺 ×16 英尺，有地板和床。這些房間的另一邊是一個寬闊的陽台，可以讓囚犯們免受炎熱和雨水的影響，讓他們舒適點，事實上這些建築應該比中產華人階級的普通住宅更為舒適。

華人囚犯有不限量的米飯作為食物，偶爾還提供鹹魚、蔬菜等，而山上的水就是他們的飲料。他們的衣服和床上用品都是自置的，除了有一次，因為要抵禦寒冬，監獄為他們配備了大量的夾克。

以上沒有將記錄全部列出，其他部分還會在本書後幾章中細讀。這裏就先看囚禁歐籍與華人囚犯的兩大不同：1. 單看囚禁場所的面積，似乎華人的比較寬闊，但其實華人囚犯數量很多，所以空間還是比較狹窄。另外華人囚犯都被關在同一囚室內，但是歐籍囚犯大部分時間都是獨自囚禁，這也與第四章談到的英國當時推崇的隔離監獄紀律制度相配合。至於華人的監禁空間，所有的準則都用華人普遍的生活環境做比較，因此從第一天起，（歐籍人士）就覺得無論華人囚犯在監獄中的條件有多差，都還是比外面好，那麼再差的條件都不需要改善了；2. 膳食方面，假如資料準確，歐籍囚犯每天有一磅肉！而華人只是吃米飯，偶爾才能吃點魚和蔬菜，這個差距也太大了；3. 刑罰，雖然這段描述中並沒有提及歐籍囚犯在獄中要受的懲罰，但是對於華人，卻有很詳細的一段描寫。華人囚犯受到的懲罰包括鞭笞、勞役（苦工監）以及監禁。華人囚犯要戴上腳鐐勞動，卻只能吃米飯，何來的力氣？全部（或幾乎全部）囚犯都會被鞭笞，從 20 到 100 鞭不等。有幾個是受 100 鞭，很多是 40 到 50 鞭，並且全部都是公開示眾地進行。這些囚犯背後有個告示牌子，從監獄巡遊到示眾的地方，回程也是如此。被罰勞役以及監禁的囚犯，為免他們逃跑，都上了腳鐐。監獄建好後的一年，曾經有 20 次越獄事件，但只有 2 個囚犯成功，他們都是在勞役時逃走的。[1]

無論如何，這時的威廉・堅偉已經被委任為警察總裁判司，負責籌備建立首支警隊，同時亦主理總裁判處，處理當時剛成型的維多利亞城內的"犯罪行為"，報章上不乏看到罪犯被判處入獄的消息。例如，1842 年第一季到 1843 年第一季的短短 15 個月間，裁判司總共處理了 94 宗案件，其中懲罰罪犯將其關進監獄的就有 9 宗。[2] 可以這樣說，雖然當時香港的法院還沒有成立，但是簡陋的刑事司法制度已經略見成型，包括裁判處（司法）、警隊（執法：刑事法）以及監獄（執法：刑罰法）。假如運用得宜，監獄應該是把持法治精神的依杖，能保證違法者在具公義的條件下為所犯的錯誤付出代價。

首先，在研究時段內，在以下幾個位置曾經有過香港監獄的足跡：

表 1.1：香港監獄概覽

地段	時段	作用
域多利監獄	1841–1921	監獄主體，後作羈留所
荔枝角監獄（分支）	1921–1939	監獄分支機構，後用作女子監獄
中環威靈頓街（租賃）	1885	作為女子監房
銅鑼灣監獄（分支）	1906–1908	監獄分支機構，是荒廢了的青年管教所
昂船洲監獄	1866–1867	新監獄已建好，但從未使用
Royal Saxon 囚犯船	1863–1866	暫時提供勞役囚犯居所
香港監獄（赤柱）	1938 至今	最高度設防監獄，囚禁被判終身監禁或較長刑期囚犯

從 Purcell Miller Tritton LLP 的調研書中[3]，得悉今天的活化項目"大館"在 1995 年被香港的古物古跡辦列為古建築，裏面一共有三個建築物群組：中央警署、前裁判處，加上我們的主角域多利監獄，成為今天甚火的一個遊人打卡點。關於這些建築物怎樣經歷重修的詳細過程，例如 1845 年的修建、1851 年

1 *Chinese Repository*, Vol XII, April 1843, No.4, p.535.

2 蘇載玓：《動盪時代的香港警察（1841–1898）》，香港：三聯書店（香港）有限公司，2023 年，第 29–30 頁。

3 Purcell Miller Litton LLP, *The Old Central Police Station and Victoria Prison HK Conservation Management Plan*, June 2008.

的加建、1856 年的改建、1858 年新建監獄等，[1] Purcell Miller Tritton LLP 的調研書已交代得十分清楚，在此不再贅述。1841 年 1 月 26 日，英國人在上環的水坑口登陸，當時的英國駐華商務代表（後來是全權代表）查理士義律也很快抵達香港，接管他們在中國的首片土地，也委任了威廉・堅偉為此地的總裁判司（警察裁判司）。威廉・堅偉的首要任務便是設立香港首支警隊，也獲撥款（不能超過 5000 元）籌建一所監獄。[2] 奈何由於種種原因，義律在 1842 年被調離香港，香港首任港督璞鼎查（Sir Henry Pottinger）在 1842 年底終於到港。但是根據史料，1842 年的首季，總裁判處已經開始審案，有甚多定罪後的罪犯被判監進牢獄。從以上看來，可以明白上一段說過的大館裏的三個建築物群組為何都在同一個地點，因為三個與司法程序有關的功能都集中在威廉・堅偉身上。威廉・堅偉的首個辦公地點僅僅是個草棚，但是卻能看得到香港島的海岸線。這個位置就是日後域多利監獄的所在地。選址這個地方是因為（當時來說）它處於半山，也算是處於高地，對於任何的動亂可具防禦作用，而且當時對於香港治安最大的威脅就是來自海上的海盜，因此殖民當局的權力核心越遠離海岸邊就越好。

殖民統治開始後建立的首支香港警隊水平參差，但是來港的人種卻越發複雜，既有從中國內地南邊省份（廣東等）來謀生的工匠或碰機會的投機分子，也有來自海外的經常醉酒鬧事的水手、海員等。一開埠的香港罪案不少，因此剛到任的警察總監梅查理（當時的監獄隸屬警隊）感到有必要擴大監獄，就建議把裁判處的建築物改建成一所監獄。

根據記載於藍皮書上的 1844 年首份監獄報表，當時的監獄有一個大房間，是晚上安置 "chain gang" 的，就是要戴手腳鐐銬的苦工監 / 勞役囚犯，當時應該全是華人。這一批囚犯早上出去幹活的時候要戴上手腳鐐，有監獄守衛監管 / 監視。隔壁是一個小房間，用以安置羈留待審或還押候審的罪犯。其他 11 個囚室全都有窗戶，所有囚犯混合關在一起，包括死囚、獨處監禁犯，甚至是欠債人（就是沒有特別分開監禁）。但是欠債人每天有 2–3 小時在裁判處範圍內自由活動的時間。關於欠債囚犯，在本書的第二章有詳細的介紹。1844 年的監獄報表總結說明，由於居住問題，無論在隔離、分類政策，還是

1 Purcell Miller Litton LLP, *The Old Central Police Station and Victoria Prison HK Conservation Management Plan*, June 2008, pp.11–23.

2 J. R. Morrison to W. Caine, 21 June 1841, FO17/46, p.269–271.

戴上腳鐐的囚犯（"Chain Gang"）
來源：Photography by Yoshisaka, Special Collections, University of Bristol Library (www.hpcbristol.net)

在欠債人的處理上，都不完善。

香港最早的監獄

接下來，域多利監獄一直在加建。1846 年，從一棟建築物，增加到 3 棟，外面有一道 26 英尺的圍牆封起來。1847 年，建築還是沒有完成。到了這年，關押欠債人的監獄改到位於監獄外面、以前是住家的一棟樓，但這似乎也不是滿意的選址。後來因為囚犯的健康關係，也要再加建一層樓。1848 年，在其西南與西北兩角落加建了兩座塔作為守衛的居所，那裏的視野剛剛可以覆蓋到整個監獄範圍。

也是在 1845 年，監獄裏面出了事，三名本來被判死刑的囚犯，行刑前在獄中自殺。[1] 事情鬧得很大，港督發報告到倫敦，透露了因為監獄太擁擠，三個囚犯關在同一個囚室內，所以他們在自絞的過程中彼此協助。從一名警察的口供得悉，監獄中有人定時巡邏，大概每半小時一次。但是囚犯上吊的囚室

1　Davis to Lord Stanley, 27 March 1845, CO129/11, pp.218–220.

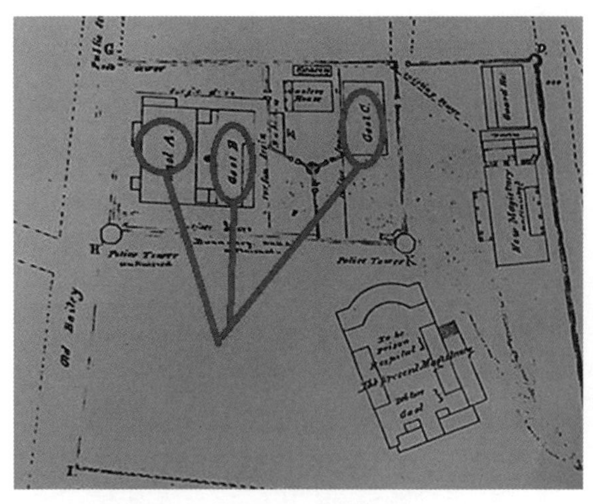

1846 年監獄報告中加建的 3 棟監獄
來源：Blue Book, Gaol Return (1846) , p.134

有許多安全隱患，例如地板可以拆開，室內放有一個水盤等，最後都成了三名囚犯自殺的工具。除了這些監獄的硬件，還有監獄的軟件，都一下子被曝光了。殖民當局急忙委任了一個調查委員會，報告當時監獄的實際情況，指出了空間不足夠的問題。倫敦亦因此找來了上面說過的監獄專家約書亞·傑布（Lieut Colonel Joshua Jebb）點評這份報告。[1] 然而，倫敦僅僅指出要多安排囚犯戶外工作的機會，從而減少他們被關在囚室的時間，這樣也可以為公眾帶來收益。在本書第五章會詳細分析這份報告的明細。

至於監獄最大的問題"空間不足夠"，並沒有太多的改善方針。監獄依然是 3 棟建築物，可能只是增加了幾個獨居囚室罷了（1845 年有 12 個可以監禁 2 名囚犯的囚室，1848 年增加至 14 個）。1853 年，一所新的錢債監獄啟建，建築期間，欠債人就被安置在其中一個瞭望塔裏。整體在建的項目包括監獄總長的宿舍和辦公室。1857 年，有一個房間周日闢作教堂用，平日就用作一個監獄長的商鋪。這一年，欠債人的監獄終於落成，這是一棟獨立的建築物，位於山上的南端，但是在報表中它仍然被稱為"不安全"。這一年，囚室增加到 26 間，但是假如建築物還是 3 棟的話，等於每一間囚室的面積又縮小了。1860 年，囚室更增加到 38 間。1862 年的報表說明，在監獄的南邊有一所新的監獄，部分已經完成，而且已經入住了歐籍囚犯。

1863 年新監獄

1863 年的報表看似氣象一新，把監獄描述成一個宜居之地。它是這樣說的：

> 域多利監獄是香港島特有的一座用堅硬的石頭和磚塊建造的新建築。

1 Lieutenant Colonel Joshua Jebb 本身是工程師，官階是監獄測量司（Surveyor General of Convict Prisons）。

它位於維多利亞定居點的北側中心位置，面向並俯瞰海平面以上176英尺、維多利亞峰以下約1580英尺的海港。它長354英尺，東西延伸，南北寬110英尺。它的高度約為60英尺。從衛生角度來看，位置儘可能好，排水良好，供水充足。

根據這年的記載，囚室已經增加至146個，供歐籍、中國籍與印度籍囚犯使用。除了146名單獨囚禁的犯人，另外還可以安置600名"集體"居住的囚犯。

原來1863年有新的監獄建築物落成。無論是通風還是衛生條件都有改善，例如提供了沐浴設施讓囚犯洗澡；院子裏有水槽，走廊也放有水缸。[1] 在工作坊也有足夠空間，讓囚犯在夏天乘涼，冬天不會被潮氣影響。至於囚室的面積，已經提升至8.5 ×10 ×12英尺，總空間是970立方英尺。每年會粉刷4次，夏天每周清洗一次。冬天的時候，囚室裏會安置一到三名囚犯（視乎監獄當時總人數）。犯了重罪以及被判苦工監（勞役監）的囚犯晚上睡在獨立囚室。

此外，1863年，監獄亦增加了一個"分支"——其實是一條名為"皇家撒克遜號"（Royal Saxon）的囚犯船。因為昂船洲新監獄的動工，從域多利監獄遷走了230多名囚犯，好讓他們能成為建築新監獄的人力資源。"囚犯船"的詳細資料在本書第四章有專節，就不在這多講了。

1864年，域多利監獄的稱號有所改變。從1844年開始，香港監獄都被稱為"Common Gaol"，但在這年卻增加了一個名字叫"House of Correction"，直譯為"改造所"。當年的報表對此有很長的備註，解釋域多利監獄可以被視為等同英國的"郡城"監獄，可與倫敦的布萊德韋爾（Bridewell）[2]——一所"教導所 / 改造所"監獄齊名。這一年，香港也開始接收英國在中國內地與日本領事港的囚犯。因為所有在這些港口犯下嚴重罪行的囚犯，都不能在本地審訊，有必要將其送往香港最高法院審判。另外，在領事港法庭判刑2個月以上監禁的囚犯，也會被送到香港監獄服刑。關於領事法庭囚犯這個問題，在本書第三章有較詳細的討論。監獄也根據英國《兵變法》的規定，[3] 接收來自中國和日本

1 Blue Book (1863), Gaols and Prisons, pp.353–358.

2 倫敦的布萊德韋爾監獄本來是亨利八世的皇宮，他在位首八年曾經居住在此。1553年，他的兒子愛德華六世把它送給倫敦市政府用作孤兒院，以及一些性格比較剛烈、不受控的婦女的教導所。1556年，部分地方闢作布萊德韋爾監獄。後來"Bridewell"變成"監獄"的另一種叫法。

3 The Mutiny Act 1873—— 對於軍事監獄、囚犯的監禁等問題提出規則。

海軍和軍事機構的囚犯。

關於這座“新”監獄，報表有註釋說它幾乎是全新的建築物，本身的狀況不差，應該不需要很多的修整工作。就算有，也是監獄的勞役囚犯可以以低成本應付的小修補而已。像 1863 年一樣，總體對於這所監獄的評語是大力度的讚譽：

> 該地點位於維多利亞市的中心，海拔 176 英尺，被認為可能是最健康、最方便的位置，它面向並俯瞰著東西長 354 英尺、南北寬 110 英尺、高約 60 英尺的港口。牢房通風良好，囚犯無論白天黑夜，因生病或其他原因都可以立即獲得援助，每個牢房都像英國監獄一樣配備了鈴拉。排水良好，有充足的優質水源。每個院子都有洗臉盆、抽水馬桶和洗衣房，走廊上也有水龍頭。外工作坊和運動場地得到了很好的保護，免受夏季陽光和冬季潮濕的影響。

1865 年，146 間囚室增加至 152 間，其中 46 間是獨立囚室，7 間是黑房。獄中的勞役囚犯在這一年又建好了另一棟新房子，被用作新囚犯入獄時的登記處，還有監獄部門的一個儲藏倉庫。1866 年，152 間囚室增加至 164 間，但裏面只有 45 間是獨立囚室。1870 年為 163 間，還有 4 個大倉。1866 年的報表裏有這麼一段：

> 港口稍後發生的火藥爆炸對西翼造成了一些輕微的損壞，這一情況已向測量總監報告，並由該辦公室和總督閣下進行了檢查，目前維修狀況良好，儘管為了增加住宿而進行的大規模改建已經並仍在進行中，但政府為此付出了代價，但數額很小，而且只有材料——整個工程由監獄勞工完成，排水良好，始終有充足的優質水供應。

從 1867 年到 1870 年，香港監獄也接收了海外來的不受控制的海員與水手等。為了這些額外“住客”的花費，殖民當局曾經向倫敦要求補貼，但遭殖民地部拒絕，他們認為香港作為一個商港應該自己承受，這些費用應被視為營商的恒常支出。[1]1869 年，監獄建築物本身的狀況不錯，又加建了一些額外宿舍給監獄員工。值得注意的是，晚間監獄本來沒有人看守，但到了這個時期，大部

1 Colonial Office London to Bowring, 25 February 1858, CO129/64, pp.292–294.

分的監獄職務人員都住在監獄裏，這也大大提高了監獄的安全程度。這一年，昂船洲新建的監獄雖然已經全部建好，但是1866年被叫停後，一直沒有投入使用，仍然在監獄總長的管轄下，後來用作殖民當局的火藥庫以及檢疫站。1867年的報表中說明，因為當年的颱風，建築物本身有部分損壞，但修葺完成後已經回復原狀。還有就是從英國運來的鐵閘抵港，安裝在監獄所有的走廊通道上，提升了監獄的安全程度，又不會對通風造成阻礙。1868年的報表中記載，欠債人已經不再與囚犯一起監禁，而是被安置在監獄職務人員宿舍，"非常舒適與通爽"，欠債人也感到滿意，沒有投訴。開埠20多年後，終於讓欠債人不再被視為"囚犯"，這個算是與英國同步了。到了1867年，監獄還是用油燈，光線比較晦暗。隨著新建築物的落成，煤氣管道已經接通，以後用煤氣燈，無論在安全還是整潔方面都比以前進步了。

1871年以後的報表要求不同了，記錄也簡化了很多，而且監獄建築物（群）已經穩定下來，本身的變化也不大。以下略述餘下研究時段內的概況：

1870年代—— 增加至190個可供晚上睡眠的囚室，還有15個懲罰室、4個大倉（只有1個晚上供睡眠用）。83個囚室採用隔離制度，107個是集體制度。

1880年代 ——總共還是190個囚室。1882年的報表開始稱有1個集體囚室用於監禁欠債人。1893年有2個特別的集體式囚室用於安置女性囚犯。

1990年代——囚室最後增加至421個，都是隔離制度下的，還有14個採用集體制度，其中2個用作監獄醫院。

1885年，根據監獄總監的報告描述，[1] 域多利監獄當時有150個囚室，只有49個採用隔離制度（其實已經增加了3個）。1884年，殖民當局批准把監獄裏的女性犯人搬去離域多利監獄不遠的一所房子，用作臨時女子監獄，裏面有八個大倉和一個獨立的院子。某種程度上對監獄的人滿為患問題作了援充，但只發揮了很小的作用。[2] 此事在立法局會議上曾兩度獲批撥款租金，這座臨時監獄的地址是中環雲咸街47號。

1906年的年度報表首次提到監獄在銅鑼灣有分支，裏面的囚犯都被監禁在集體制度下，而且全是不適合做勞役工的囚犯。報表上對於這個分支監獄的

1 Sessional Paper 1885, Gaol Return, pp.147–155.

2 同上。

LEGISLATIVE COUNCIL No. 2.

WEDNESDAY, 14TH OCTOBER, 1885.

C.S.O. 2090 of 1885.	(2.)	For converting house No. 47, Wyndham Street, into a Gaol for female prisoners, ...	$ 500.00
C.S.O. 2421 of 1885.	(3.)	For rent of a house in Wyndham Street to be used as a female prison, at $40 per month, for 2 months, (October and November), ...	$ 80.00

LEGISLATIVE COUNCIL No. 5.

WEDNESDAY, 4TH NOVEMBER, 1885.

Gaol.

C.S.O. 2421 of 1885.	(2.)	For rent of a house in Wyndham Street to be used as a Prison for females, at $40 per month, for 2 months, (October and November), ...	$ 80.00

描述很少，只在 1863 年提到整個晚上都有煤氣照亮的設施。1907 年的報表仍然提到了這個分支機構。1908 年的報表指出，銅鑼灣的分支監獄已在 1 月 31 日關閉，原因是被監禁人數快速下跌（從 1905 年的 216 名跌至 1907 年的 146 名）。在 1908 年監獄總監上呈立法會的報告中，透露了其實這個在銅鑼灣的分支監獄就是往日的“庇利羅士管教所”的舊建築物，管教所在 1902 年荒廢，因此在 1906 年被徵用為監獄分支。[1] 管教所的明細將在第二章有較詳細的論述。

1921 年，由於有歐籍獄長上班時遭殺害，事情鬧到倫敦去。之後監獄人滿為患的問題又再次暴露，為了舒緩民情，終於在荔枝角舊日的檢疫中心設置了永久的監獄分支機構。

1937 年赤柱（香港）監獄啟用，域多利監獄與荔枝角的男子監獄都關閉了。這所新監獄，除了醫院，其他都按照獨立囚室建成，可以安置 1559 名囚犯（不包括醫院與懲罰大樓）。報告中有一句“當中包括了 23 名歐籍囚犯”，意思不甚明確。在 1937 年 9 月 26 日正式搬遷的囚犯數量是 2215 名，[2] 到了 1937 年 11 月，這個數目又增加到 2757 名。

1860 年代監獄總監額外報告

1860 年代是監獄早期最多事情發生的年代，原因一是有新的監獄在興建，二是出現了囚犯船，因此這個年代的監獄總監除了報表，還準備了幾個特別詳細的報告。在這裏想帶領大家做出一些近距離的窺探。

---

1 Administrative Reports for the Year 1909, Prison Session.

2 Robert Jarman, *HK Annual Administration Reports 1841–1941*, UK: Archive Edition Limited, 1996, pp.345–347.

1863 年：牢房長 8.5 英尺，寬 10 英尺，高 12 英尺，每間牢房約 970 立方英尺，每年粉刷 4 次，夏季每周清洗一次，冬季關押一到三名囚犯。根據監獄總人數，關押三到五名囚犯。被判重罪並正在服勞役的囚犯睡在單獨的牢房裏。

1866 年：關於問題 1，監獄位於維多利亞市的中心和最健康的地區，靠近警察局和警察法庭，面向海港，俯瞰海港，海拔 175 英尺。它長 354 英尺，寬 110 英尺，高近 60 英尺，形狀呈八角形，有五個輻射翼。

港口晚些時候發生的火藥爆炸對西翼造成了一些輕微的損壞，這一情況已向測量總監報告，並由該辦公室和總督閣下進行了檢查，目前維修狀況良好，儘管為了增加住宿而進行的大規模改建已經並仍在進行中，但政府為此付出了代價，但數額很小，而且只有材料——整個工程由監獄勞工完成，排水良好，始終有充足的優質水供應。

在 3 月和 4 月期間，衛生委員會等調查了某些疾病，但沒有發現該建築有任何問題。如果資金允許，監獄的修道院用油燈照明，院子用煤氣照明，在內部使用煤氣也將是一個相當大的優勢，當所有通道、走廊等都按照總督閣下的指示安裝了鐵門時，這將增加監獄的安全性，並能夠減少監獄的工作人員數量。目前正在進行的改造完成後，全年將有足夠的空間容納 800 名中國和印度囚犯以及 200 名歐洲囚犯，而不會因過度擁擠而影響囚犯的分類或健康。有 10 個寬敞的工作或鍛煉場地，每個場地都有對夏季酷熱和冬季潮濕的防護措施。錢債監獄不在刑事監獄，在以前用作監獄長宿舍的大樓的辦公室裏有公寓，在這方面，就算是最挑剔的罪犯也沒有理由抱怨。

1867 年：監獄有足夠的宿舍，冬季可容納 1000 名囚犯，夏季可容納約 800 名囚犯。當通往牢房的鐵門（目前正在安裝中）完成時，通風將大大改善。

工作和鍛煉場地寬敞通風，等目前正在建設的新走廊棚屋完工時，它們將為囚犯提供防暑和防雨的一切保護。

第三節　香港監獄職員級別

從古到今，一個監獄看守者（或稱獄卒）的基本功用有兩點：1. 執行監獄的守則；2. 在監獄中維持治安。實際來說，工作包括監督囚犯在獄中所有的活動。雖然管理監獄有守則，但在這所圍牆以內的處所，如何演繹與執行這些守則卻全賴監獄職員。監獄工作最大的挑戰是怎樣平衡掌握在手中的權力，不讓其成為虐待的器具。另一方面，亦要確保這個權力得以適當發揮，維持圍牆內的秩序，向裏面的"居民"提供一個安全的環境。用現代的闡意來看監獄，要再加上"更新"囚犯的宗旨，因此"懲教"兩字能更貼切地形容監獄工作人員的功能。

香港史料中，有一份叫藍皮書（Blue Book）的文件，是英國政府要求所有殖民管治地區呈交的年度報告。這是根據 1843 年殖民地守則定下的對地區管治人的要求。因此香港最早的一份藍皮書寫於 1844 年。藍皮書年報裏基本都是關於殖民當局各個部門的資料，如收支表等，其中有關於整個殖民當局的官員名單，基本可以據此把某個部門的架構重新描畫出來。

1840 年代

關於香港的監獄，最早有記載的是一位名叫 J. Collins 的歐洲人做管理，職位是"Jailor"。他是在 1844 年的 7 月 15 日入職的，除了他，監獄似乎沒有其他的工作人員。當時的監獄是在總警察裁判司管轄下運作的。翌年，J. Collins 增加了一位歐洲人助理，以及一名葡萄牙人"Turnkey"（獄卒 / 把匙人），還有一些苦力，一名買辦以及一名劊子手。Collins 曾經是一名軍人，後轉獄長每月只有微薄的 15 元薪金。1949 年，Collins 去世時只有 48 歲，留下一大堆兒女以及債務。[1]

1846 年，監獄再增加一名印度人（lascar）。1847 年，獄卒換成了歐洲人。1848 年情況不變。1849 年，增加了六名印度籍獄卒，還有一名歐洲領頭人（headman）。1850 年，由於有女性囚犯，增加了一名女性獄卒，一名印度籍守衛以及一名華人守衛。1851 年，助理躍升至監獄獄長，新入職的助理是印度人。1852 年，有新入職的歐洲籍獄長（後來被殺死）。1853 年與 1854 年，情況沒變。1856 年，增加了特別管理錢債監獄的獄卒。1857 監獄長的頭銜升

1　Lim, Patricia, *Forgotten Souls*, HK: Hong Kong University Press, 2011, pp.129–130.

為“監獄總督”（Gaol Governor），下面是“獄卒”（Warder），獄卒也分了四個等級。還增加了一名印度籍的女性舍監（Matron）。這一年，監獄首次出現了華人獄卒（宋阿宗），其他四名獄卒是歐洲人，六名守衛依然非華人，錢債監獄的獄卒是印度人。1858 年，有一名華人阿林（Lokang）。1859 年，情況不變。1860 年，多了一名守衛（非華人），依然有一名華人阿林。1861 年，情況不變。1862 年，獄卒人數增加了，但沒有華人。1863 年，領導頭銜又變成“監獄總監”（ Superintendent），獄卒職位曾經空缺。華人阿林消失了，換成了小廝（Messenger）。1863 年，由於要為建築昂船洲監獄提供人手，建成了一條監獄船（Convict Hulk），裏面配備了一套幾乎完整的人手，多了四名華人，但全部都是船夫而已。另一方面，這並不等於減少了一貫的監獄人手。1864 年，船上的船夫全都換成非華人了。1865 年，情況沒變。1866 年，增加了一支人數為七名的手腳鐐一族監督“chain gang guard”（非華人），還有九名警察。到此為止，那艘監獄船仍然存在，船夫依然沒有任何華人。1867 年到 1869 年，手腳鐐一族監督人數增加了不少。1870 年，依然沒有華人。直到 1939 年的藍皮書，筆者發現監獄報告裏面的華人職員少之又少，除了 1877 年到 1884 年的幾年間，有不多於四個助理掌管鑰匙（即把匙人，Turnkey）外，華人一直都只負責煮食，或是跑腿苦力，連最基層的守衛一職都沒能攀到。至於文職，因為香港始終是以華人為主，監獄部門一直配有翻譯，大概在 1860 年代末就開始有文職。

至於監獄部門的職別，大致分為以下幾項：

- Gaoler/Jailor，後變為 Governor，再變為 Superintendent
- Assistant Gaoler/Jailor
- Turnkey/Assistant Turnkey——分歐洲籍與印度籍
- Warder（獄卒）
- Guard（守衛）

1857 年，隨著新的監獄守則出台，監獄的總指揮也從“Sheriff”變成“Governor”（總督）。1863 年，這個職務的名稱又變為“Superintendent”（總監）。最初，監獄總監對港督負責，後來在 1866 年，職位明顯升格了，變為向倫敦的國務大臣（Secretary of State）負責。

1853 年的監獄守則裏有關於當時的監獄領導的工作範圍，也在此記錄如下：[1]

> 在 Sheriff 之下（其實香港當時沒有 Sheriff 這個職別的官員，很明顯是從英國的守則直接搬過來的後果），獄長管治、管理整個監獄並對其負責。對所有的下屬，可以安排他們執行任務，不容許他們有其他的工作。獄長應該居住在監獄範圍內，或者居住在分配給他的房子裏。除非避免不了，晚上不應該缺勤，要先向 Sheriff 取得批准，還要在記錄冊中登記缺勤的因由。獄長應保證除了在執行職務時，監獄職員不能與囚犯有任何的互動或交流，還有除了囚犯、監獄職工或職工家眷及僕人，其他人不得在監獄中過夜。獄長要確保任何與監獄有關的人都不能私自探視女性囚犯，除非有舍監的陪同。他應確保包括自己在內的監獄所有職工，在執行任務時必須保持堅決態度，但同時又秉持人道主義以及良好態度。絕對不能在沒有權限之情況下毆打囚犯。
>
> 他應該巡視監獄範圍內所有地方，包括大倉、囚室、院子等，每 24 小時內必定探視每一個囚犯。如發現有囚犯不見了，馬上將原因記錄在冊子裏。獄長每周至少需要在晚上巡視一次監獄，探視每個當更的守衛。也必須在冊子上登記這些探視時間，監獄以及守衛的情況等。所有囚犯的投訴也務必登記在冊子中。

監獄報表

另外，藍皮書內的監獄年度報表也讓後世略對每年監獄職工的情況有所認識。這份報表上的問題都是英國殖民地部特別要求提供資料的，因此也在某種程度上反映了英國對於殖民統治的香港的要求。在首份（1844 年到 1870 年適用）標準的報表中，包括兩條與監獄“監管”或職員有關的問題：1. 監獄中有多少職員，他們是怎樣委任的？他們居住在監獄範圍內嗎？女性囚犯是否只由女性職員看管？另外一條“監管”層次比較高：2. 假如有本地的裁判司或其他機構（政府）要到監獄巡視，是以什麼法權與監管力或方法（measures）？（要求附送監獄守則一份）。研究時段內的另一份報表（1871 年到 1939 年適用），只有一條能與職員扯上關係的問題：假如監獄不是採納隔離制度的話，集體制

1　1853 Gaol Regulations, Hong Kong Blue Book (1853), pp.116–119.

度生活下的囚犯怎樣受到監管？其他就已經沒有任何直接關於監獄職員的問題了。

1840 年代的報表顯示，開始只有一個士兵與七個警察，當時沒有女性囚犯。第二年人手已經增加不少 ，有一個獄卒（Jailor），一個助理獄卒（Asst Jailor）以及一個把匙人（Turnkey）。獄卒住在監獄 10 到 12 碼範圍的房子內。助理獄卒與把匙人住在欠債人建築樓的一個小房間。此外，在監獄的主樓裏，也住了以下守衛：歐籍警長一名、警察六名，印度籍警察兩名，華人警察一名。這一點在翌年（1846 年）的報表中有說明。這些守衛不是直屬於監獄，而是警隊成員，只不過是附屬於監獄而已。這一年，女性囚犯人數依然很少。報表稱假如真有需要的話，將會是總監一人獨家監管。1849 年，監獄的職員人數增至四人（一名獄卒，一名助理獄卒，兩名把匙人）。只有把匙人在監獄範圍內居住，其他兩名高級職員住在圍牆以外的附件建築物。除此以外，還有一名華人與六名印度守衛住在監獄範圍內，他們似乎也是警隊成員，但對此沒有清楚交代。假如有女性囚犯，其中一名守衛將會專責派守。1850 年，直屬監獄的職員增加了一名歐籍守衛。但依然有外面的警察協助守衛（一名華人與十四名印籍守衛），並住在監獄內。這一年，假如有女性囚犯，會由一名女性把匙人看守，可以看到監獄制度已經開始有雛形。到了 1855 年，監獄的職員增加了幾位：除了一位獄卒，一名助理獄卒以及兩名歐籍把匙人外，還多加了一名歐籍的“工作看守人”。但其實從第一年開始監獄就派囚犯到外面工作，替殖民當局其他部門修建道路、設施等等。戶外工作的囚犯（只有華人與印籍被判苦工監的囚犯）要戴上腳鐐，由一名歐籍職員看守。還有一位額外的把匙人負責看守錢債監獄。有六名印度籍守衛、一名“綠衣”（警察），並不住在監獄範圍內。1857 年，監獄職員的級別有了變化：監督（Governor）、監獄長（Warden）、四名把匙人（Turnkey）、歐籍女舍監（Matron）、一名錢債監獄把匙人、六名印度籍監獄守衛、一名華人把匙人。他們全都由港督親自委任，全都住在監獄範圍內。這位女舍監應該是殖民當局最早聘請的女性僱員。[1] 1863 年，職員級別再有變化：總監（Superintendent）、翻譯員（文員）、監獄長、跑腿、十四名歐籍把匙人、一名錢債監獄把匙人、二十二名手腳鐐守衛。除了

1 Munn, Christopher & Holdsworth, May, *Crime, Justice and Punishment in Colonial Hong Kong: Central Police Station, Central Magistracy and Victoria Gaol,* HK: Hong Kong University Press, 2020.

總監，其他職員依然由港督委任，但總監 / 督察由倫敦殖民地部的國務大臣親自委任，相當於監獄部門的地位升格了。

如上所述，研究時段內的另一份報表（1871 年到 1939 年適用），只有一條與職員扯上關係的問題：假如監獄不是採納隔離制度的話，集體制度生活下的囚犯怎樣受到監管？其他就已經沒有任何直接關於監獄職員的問題了。由於問題不直接，答案也大部分沒有提及職員。反而另一條問及如何監管在監獄外工作的囚犯的問題，答案透露出更多訊息。1872 年的報表似曾提到華人囚犯一般是 10 到 12 人一起，戴上手腳鐐，在外面興建或修路，由一名歐籍、一名印籍"扛槍的"把匙人看管。從 1873 年開始，再沒有囚犯在外工作，因為當年發生了多宗囚犯逃掉的事情，直到 1919 年依然沒有變化。1920 年代，雖然恢復了囚犯的戶外工作，但他們只是做一點園藝工作而已。囚犯依然由荷槍的守衛看管，後來他們也參與一些修理或建築作業，但似乎都不是像以前那樣的大型工程。

監獄職員人數、族裔與級別

關於歷年監獄部門人數的數據非常多，1840 年代初期記錄不太完善，因為當時監獄剛開始運作，但 1846–1849 年的數據都得到記錄。之後的每個年代，只選取一年為代表（1859、1869、1879、1889、1899、1909、1919、1929 與 1938）。可以看到監獄部門已經擴大、漸趨成熟。

表 1.2：監獄職員人數、族裔與級別概況

年份	級別	人數	國籍
1846	獄卒 + 助理獄卒	2	歐籍
	把匙人	1	歐籍
1847	獄卒 + 助理獄卒	2	歐籍
	把匙人	1	歐籍
	劊子手	1	
1848	獄卒 + 助理獄卒	2	歐籍
	把匙人	1	歐籍
	劊子手	1	印度籍（存疑）

年份	級別	人數	國籍
1849	獄卒 + 助理獄卒	2	歐籍
	歐籍把匙人	1	歐籍
	把匙人	1	族裔不詳
	把匙人	6	印度籍
	歐籍頭人	1	
	守衛	8	印度籍
	守衛	1	華人
1859	總督	1	歐籍
	監獄長	1	歐籍
	總把匙人	1	歐籍
	把匙人	3	歐籍
	舍監（女性）	1	歐籍
	把匙人（錢債監獄）	1	歐籍
	守衛	6	歐籍
	華人警察	1	華人
1869	總監	1	歐籍
	文員（翻譯）	2	歐籍 + 華人
	獄卒	1	歐籍
	總把匙人	1	歐籍
	把匙人（一等）	7	歐籍
	把匙人（二等）	4	歐籍
	把匙人（昂船洲監獄）	2	歐籍
	把匙人（錢債監獄）	1	歐籍
	舍監（女性）	1	歐籍
	小廝	1	華人

年份	級別	人數	國籍
1879	總監	1	歐籍
	文員 + 翻譯	2	歐籍 + 華人
	監獄長	1	歐籍
	總把匙人	2	歐籍
	把匙人（一等）	4	歐籍
	把匙人（二等）	4	歐籍
	助理把匙人	4	華人
	醫院獄卒	1	歐籍
	醫院助理獄卒	1	歐籍
	助理把匙人（一等）	10	各族裔
	助理把匙人（二等）	9	各族裔
	守衛（一等）	5	歐籍
	守衛（二等）	13	印度籍
	舍監（女性）	1	歐籍
	小廝	1	華人
1889	總監	1	歐籍
	文員 + 翻譯	2	歐籍 + 華人
	監獄長	1	歐籍
	總把匙人	3	歐籍
	把匙人（一等）	4	歐籍
	把匙人（二等）	5	歐籍
	把匙人	1	華人
	醫院獄卒	2	歐籍
	助理把匙人（一等）	13	歐籍
	助理把匙人（二等）	12	歐籍
	幫辦（沙展）	1	印度籍
	守衛（一等）	4	印度籍
	守衛（二等）	13	印度籍

年份	級別	人數	國籍
	舍監（女性）	1	歐籍
	廚師	2	華人
	僕人 + 小廝	4	華人
1899	總監、副總監（梅含理）	2	歐籍
	文員（翻譯）	2	歐籍 + 華人
	獄卒（高階）	3	
	獄卒（普通）	20	歐籍
	助理獄卒	24	印度籍
	守衛	20	印度籍
	舍監	1	歐籍
	女性獄卒	2	歐籍
	獄卒廚師	2	華人
	印度廚師	2	印籍
	僕人 + 小廝	4	華人
1919	總監、副總監	2	歐籍
	文員	4	華人
	監獄長（長官階）	1	歐籍
	獄卒（高階）	6	歐籍
	獄卒（普通）	20	歐籍
	舍監（女性）	1	歐籍
	獄卒（女性）	3	歐籍 + 華人
	獄卒（高級）	2	印度籍
	獄卒（普通）	8	印度籍
	助理獄卒	33	印度籍
	獄卒（臨時）	8	印度籍
	助理獄卒（臨時）	6	族裔不詳
	守衛	20	族裔不詳
	守衛（臨時）	6	族裔不詳

年份	級別	人數	國籍
	廚師	4	族裔不詳
	苦力	5	族裔不詳
	僕人、小廝等	5	族裔不詳
1929	總監、副總監	2	歐籍
	文員	8	華人
	監獄長（長官階）	3	歐籍
	獄卒（高階）	11	歐籍
	獄卒（普通）	64	歐籍
	舍監（女性）	1	歐籍
	獄卒（女性）	3	歐籍 + 華人
	獄卒（長官階）	1	印度籍
	獄卒（高階）	5	印度籍
	獄卒（普通）	20	印度籍
	助理獄卒	109	印度籍
	守衛	48	族裔不詳
	守衛（臨時）	6	族裔不詳
	廚師	7	族裔不詳
	苦力	7	族裔不詳
	其他員工	1	族裔不詳
	培訓導師	3	族裔不詳
	醫院職工	2	歐籍
	小廝	1	
1938	總監、副總監	2	歐籍
	文員	10	華人
	監獄長（長官階）	2	歐籍
	獄卒（高階）	8	歐籍
	獄卒（普通）	54	歐籍
	舍監 + 副舍監（女性）	2	歐籍 + 華人

年份	級別	人數	國籍
	獄卒（女性）	26	有 7 名華人
	獄卒（高階）	7	印度籍
	獄卒（普通）	16	印度籍
	助理獄卒	104	族裔不詳
	守衛	98	族裔不詳
	醫院職工	3	歐籍
	醫院職工	9	印度籍
	監獄印刷部	7	歐籍 / 華人
	其他員工	14	族裔不詳
	廚師	7	族裔不詳
	僕人 + 小廝	6	族裔不詳
	苦力	21	族裔不詳

資料來源：殖民當局藍皮書政府架構（Civil Establishment）薪俸記錄表

從以上的記錄，可以發現以下幾點：

1. 縱觀監獄差不多 100 年的發展，規模增大了許多。假如用香港的人口增長來比較，監獄人數的增長量是巨大的（1870 年：人口 124198，囚犯 4305；1939 年：人口 150000，囚犯 16146）。

2. 毫不意外，監獄的"管理階層"清一色是歐籍人士。

3. 劊子手這個職位只出現了一年（1848 年，薪金職位都不低）。

4. 與香港警隊的發展有一點很不同的是，雖然兩個部隊都不重用華人，但至少警隊架構的底層華人佔大多數，因為始終每天要接觸的市民大都是華人，能夠溝通是有效執行警察任務的關鍵要素。但是在香港監獄，幾乎完全沒有起用華人。除了文職人員（當然翻譯人才必須是華人），真正參與監獄監守工作的華人不超過五名，從一封 1864 年港督致倫敦的信件中也可證明一點。[1]（1849–1859 年間曾有一名華人當過守衛，到 1869 年已經消失。）到了 20 世紀，1919–1929 年也曾經有一名女性華人獄卒，到了 1938 年，女性獄卒增加

1 Robinson to The Duke of Newcastle, 13 April 1864, CO129/98, pp.105–106

了七名。起用華人其實全是因為“逼不得已”，例如翻譯、文書、廚師、僕人等無關緊要的工作，或者有必要找女性來管理女性囚犯（擔任舍監或獄卒等）。真正要接觸囚犯的工作，除了首十年有一名華人守衛外，把匙人或獄卒都沒有華人。可能因為監獄是一處非常封閉的處所，倘若一旦發生事情，人群容易被牽起情緒。英國人可能就是擔心假如由大量華人負責看守監獄，失控情況難以管理——這就是對華人不信任的表現。在港督軒尼詩給倫敦殖民地部的一封函件中也曾經提過這一態度或取向。[1]

上面說過有一些比較高層的職位，是直接由港督委任的。但也需要向倫敦報告，例如在 1862 年，當時的港督羅便臣就向殖民地部的國務大臣推薦了幾位監獄職員的擢升[2]。

一直以來，對於監獄職員的情況，要上報倫敦的都是一般的替換、升職之類事項，沒有很特別的討論。直至 1877 年，有一個特別報告是關於獄中把匙人與守衛在上班期間的違規行為，內容是從監獄紀律冊中抽出來的。這些違規行為包括：失職（如沒有給囚室上鎖、擅離職守）、打架等，但更多的是醉酒，以及暴力對待囚犯（如亂肆毆打、搖晃、惡言侮辱囚犯）。[3]

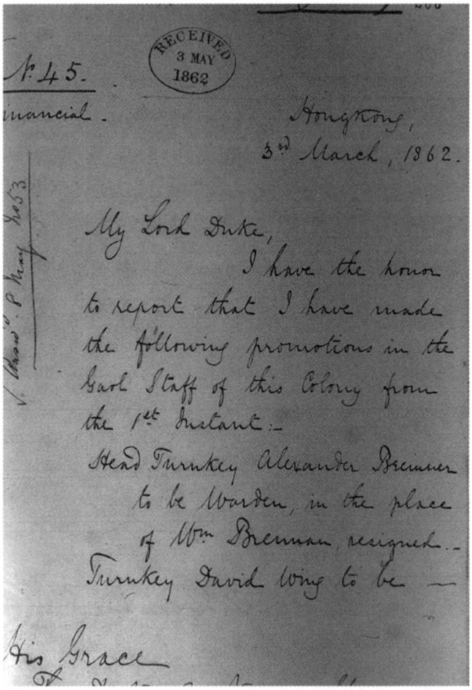
N.45.
inancial.
RECEIVED 3 MAY 1862
Hongkong,
3rd March, 1862.
My Lord Duke,
I have the honor
to report that I have made
the following promotions in the
Gaol Staff of this Colony from
the 1st Instant:-
Head Turnkey Alexander Bremner
to be Warden, in the place
of Wm Brennan, resigned.-
Turnkey David Wing to be —
His Grace

羅便臣推薦監獄職員擢升的信函
來源：CO129/85, pp.206–208

這事“表面上”受到了倫敦的關注。這份報告由當時的港督軒尼詩撰寫，他是早期眾多港督中最支持和顧及華人福祉的，所以在本地與英國商人關係並不良好，在倫敦議會中也不受歡迎。在軒尼詩的報告函件中，提到由於一直有理論（沒有提起源）說在香港不應該聘

1 Hennessy to Earl of Carnarvon, 13 August 1877, CO129/178, pp.543–545.

2 Robinson to Duke of Newcastle, 3 March 1862, No.45, CO129/85, pp.206–208.

3 Return of the Turnkeys and Guards on the 11 April 1877, CO129/178. pp.546–552.

請華人擔任監獄職務，因此當局一直都從本地招聘歐籍人士，大都是一些"跳船"的水手或者從其他工作轉工的人。軒尼詩提到一個個案，他解僱了一名歐籍一等把匙人，因為他在九個月內一共兩次醉酒，五次毆打囚犯。助理監獄總監馬上向港督推薦了另一名完全沒有監獄工作經驗的歐籍人士，但後來此人被發現亦是一名經常醉酒的遊手好閒之輩。軒尼詩又說可以參考最近一次的監獄調查委員會的評論——在香港任何想要改造華人囚犯的舉動都是徒然的，因為監獄的職工全部都不懂華人的言語、性格與品質等。軒尼詩提到，故意排除所有感化院或人性化因素的監獄系統，有可能對監獄工作人員和罪犯產生幾乎同樣有害的影響。最後軒尼詩指出，經常對囚犯用過激的體罰，監獄職工不但目睹，還有份參與，這可能會磨鈍他們自身的憐憫心。

19 世紀英國把匙人的形象

倫敦殖民地部收到這份報告，雖然表面上表示很驚訝香港監獄裏居然有這般劣質的職工，也同意換掉監獄總監湯姆林（Tomlin），由副總監補上，但是並沒有繼續討論怎樣解決問題。反之，函件大部分針對軒尼詩港督曾經在一封函件中扭曲了殖民地部國務大臣的話，在沒有獲得倫敦的同意下就公開一些觀點，這是不適當的做法。這封倫敦來函的草稿本來使用了較重的語氣，但在最終版本中就有所收斂。[1] 究竟監獄職工質素欠佳的情況有沒有被正視，這問題也是不了了之。

到了 1882 年，新進的監獄員工都有入職要求。例如雖然他們都是把匙人（也分等級），但總把匙人與一等把匙人的工作要求是有些許不同的，前者的職務是：

1 Colonial Office to Hennessy, 28 December 1877, CO129/178, pp. 553–558.

監獄總監委派他負責監獄任何一處，他就要負責監督那裏的監獄職工以及囚犯。因此此人必須要有策略與決策能力。要有閱讀與書寫能力，假如可以說粵語更好。[1]

後者職別低一級，他的職務是：

職務是當紀律官員。此人必須身高昂藏，年齡必須是 21 到 40 歲，要有英語閱讀與書寫能力，假如可以說粵語更好。[2]

至於招聘華人參與監獄工作，似乎在本書研究時段內，還是有非常大的阻力。從研究時段初期，一直到 1910 年代後期，才出現了幾位華人在女子監獄擔任獄卒。至於守衛工作，也可能有華裔，但由於職位太低，人數比較多，對於究竟是什麼族裔沒有詳細記錄。

從殖民當局的藍皮書薪金表中，統計了監獄職員族裔的分佈，根據下列報表可以看出，一直以來監獄都以印度籍的職員為主力，華人在 19 世紀的監獄職工中是"稀有生物"，這種情況直到 20 世紀才逐漸有改變。

表 1.3：監獄職員族裔分佈概況

年份	歐籍	印度籍	華人	女性	總數
1848	2	2			4
1858	6	7	1	1	15
1868	30	6		1	37
1878	21	7	6	1	35
1888	38	19	1	1	59
1898	28	44		3	75
1908	33	55	1	4	93
1918	25	71		4	100
1928	80	187		4	271
1938	65	235	55	28	383
1939	73	226	62	28	389

1 Job Description of 3rd Turnkey at 1882 Victoria Gaol, CO129/202, p.84.

2 Job Description of 1st Turnkey at 1882 Victoria Gaol, CO129/202, p.85.

監獄職務人員的薪酬

這一節記錄了監獄歷年各級別職務人員的年薪，也特別列出了警隊中相似級別職員的年薪。雖然職別頭銜不一樣，圖表盡量把職能相當之別放在一起，做較有意義的比較。

表 1.4：研究時段內（部分）監獄職員年薪概況

職級 / 年份	總監	獄長	獄卒（歐籍）	獄卒（印籍）	把匙（歐籍）	把匙（印籍）	守衛
1844		£130					
1845		£125				£37	
1850		£125			£37	£19	£19
1855		£125			£37	£19	£19
1860	£350	£81			£68		£25
1865	£500	£100			£82	£30	£37
1870	£700	£250	£100		£75	£82.10	£56
1875	£700	£250	£100				£57
1880	£700		250				£75
1885	$3360	$1200	$480			$300	$192
1890	$4080	$1440	$720			$360	$192
1895	$4000	$1440	$720			$192	$144
1900		$960	$720	$216			$168
1905		$1236	£96	$216			$168
1910		$1140	£96	$216			
1915		£200	£96	$252			
1920	£775	£320	£160	$264			
1925	£900	£330	£170	$300			
1930	£1300	£385	£190	$360			
1935	£1300	£385	£260	$360			

表 1.5：研究時段內（部分）警隊成員年薪概況[1]

職級 / 年份	總監	督察（歐籍）	幫辦（歐籍）	警察（歐籍）	警察（印籍）
1845	£500	£250	£50	£40	£22
1850	£500	£312	£47	£37	£15
1855	£500	£300	£70	£52	£25
1860	£300	£387	£84	£63	£27
1865	£800	£400	£100	£70	£35
1870	£800	£400	£100	£75	£35
1875	£800	£250	£112	£100	£38
1880	$3840	$1200	$540	$480	$186
1885	$5040	$1200	$540	$480	$180
1890	$5040	$1200	$540	$480	$186
1895	$5400	$1368	$720	$600	$186
1900	$6000	$1632	$864	$720	$186
1905	$6600	$1632	$864	$720	$186
1910	$7200	$1632	$864	£1080	$186
1915	$6000	$1632	£165	£120	$186
1920	£1250	£450	£280	£160	$216
1925	£1500	£450	£260	£160	$276
1930	£1800	£535	£260	£190	$336
1935	£1800	£535	£260	£200	$336

從以上雖然不盡全面的比較中，可以看出其實警隊成員的待遇比監獄職員的更好，幅度大概是 10%–40%。本地招聘來的警察一直都被認為素質參差，因此警隊從較早時候就開始從英國招聘歐籍警察。在 1879 年以後，也大量從印度招聘印度籍的警察。但是在監獄，卻一直沒有在外地或印度招聘印度籍職員。到了 1890 年代，新的（署理）監獄總監湯臣（A. M. Thomson）建議監獄

1 Hong Kong Blue Book (1844–1938), Civil Establishment Section.

職務人員也應該與警隊看齊，更多地直接從英國招聘。[1] 理由是監獄職工素質太差，這位湯臣先生在四個月內辭退了不少於十名把匙人，其中三名被裁判處判定觸犯了嚴重違規事件。例如，其中一位一等把匙人（歐籍）受賄賂，協助一名囚犯把違禁品帶進監獄中。其實這些違規行為大都與賄賂有關。[2]

事到如今，倫敦也再沒有藉口不批准了，但是規定不向這批新的監獄職工提供英國退休金與假期方面的福利，他們只享有與本地公務員一樣的待遇。這樣的做法與警隊有差異。[3] 除了從英國物色合適的人選，也擴大範圍至其他的英國殖民地區。另一方面，倫敦稱為做好準備，不能限制只讓單身人士合格，必要時也要考慮已有家室的人士，這當然涉及到成本增加的問題。殖民當局回覆倫敦，建議從本港招聘最低等級的把匙人，但香港能夠提供的薪水福利比起海峽殖民地的更低，因此該級別的人都被海峽殖民地招去了。[4] 最後倫敦同意提升底層人員的薪金，以增加招聘的吸引力。[5] 由此可以看出，香港的監獄在待遇方面，比起本地的警隊更低，比起海峽殖民地的監獄也更低，主要就是因為殖民當局一直不關注監獄管理的問題。

與 20 年前軒尼詩的報告相比，監獄職工依然主要是跳船的水手，他們依然經常醉酒和忽略工作。湯臣提出了幾個更換監獄職員以改善員工素質的建議，他強調新的聘用條件需向當時的警隊看齊，也獲得了警察總監的認可。

1. 基於新的聘用條件，重新與一些現有職員簽約；
2. 讓服務時間較長，但素質不合格的現有職員退休；
3. 在合約通知期滿後，辭退不達標的現有職員；
4. 用舊的聘用條件，將餘下職員歸類到一個等級，繼續聘用。

（奇怪的是，幾乎所有關於監獄職員的政府公函，都是在港督羅便臣任內的 1862 年發出的。）

1862 年，港督曾經上書倫敦，要求稍微提升管理女子監獄的舍監年薪。當時一位職員身體出了毛病要退職，港督支付了她 15 元的遣散費，並解釋她本來月薪是 5 元，機制是每增加一年的服務可以多拿一個月薪金，因此她服務

1 A. M. Thomson to Acting Colonial Secretary, 8 August 1891, No.216, CO129/251, pp.15–18.

2 A. M. Thomson to Acting Colonial Secretary, 4 May 1891, No.107, CO129/251, pp.23–28.

3 Colonial Office London to W Robinson, 19 November 1891, No.19831, CO129/251, pp.29–31.

4 W. Robinson to Lord Knutsford, 15 January 1892, No. 16, CO129/254, pp.79–82.

5 Colonial Office London to the Under Secretary of State, 5 March 1892, No.3529, CO129/254, p.83.

了三年可得 15 元，而這筆錢也是從一項退休金的基金撥備而來。至於增加職位的月薪，港督解釋因一直找不到合適人選來接任，要把薪金調高到 10 元，倫敦方面亦沒有反對。[1]

同年 6 月，港督報告因為啟用新監獄（其實是一棟建築物），需要額外的人手，上函倫敦殖民地部要求增加人手，其中亦確定到了 1862 年，除了本來監獄自聘的守衛六名，還由警隊調派來兩名署理沙展（幫辦）和十二名警察。這些警隊成員的支薪並沒有包括在監獄開支表裏。新增的人手主要是歐籍的把匙人，從六名增至七名，更新增了基層的印度籍把匙人九名。

表 1.6：1862 年監獄職員（原本與更新）預算

職務	國籍	原本預算（$）	更新預算（$）	備註
監獄總監		1920	1920	
文員		480	576	
翻譯		480	384	
獄卒		480	480	
總把匙人		420	420	
把匙人 4 名	歐籍	1440	2520	$360 = £75
把匙人 2 名	歐籍	720		$360
舍監（女性）		60	120	
錢債監獄把匙人		216	240	
把匙人 9 名	印度籍		1404	3 級制 （168、156、144）
監獄守衛 7 名		840		
華人警察		72	72	
其他支出		96	96	
總計		7224	8232	

資料來源：CO129/86, pp. 458–459

1 H. Robinson to The Duke of Newcastle, 15 May 1862, No. 96, CO129/86, pp.267–269.

歐籍監獄職工的不滿

在 1893 年的報表中，監獄總監萊斯布里奇（H. B. Lethbridge）報告歐籍職工積聚了許多不滿的情緒，幾乎要爆發不服從命令的行動。有一些員工甚至故意犯錯，希望被辭退，當中有兩名二等把匙人是 1892 年從英國招聘來港的。這一年的職工流失率很高，九名把匙人與一名護士都辭職了。某天，只有十七名三等把匙人上班，其中六人有 4.5 個月的工作經驗，有九名還沒有過試用期。看得出來，那段日子職工人數非常緊張，整體質量也不好。另外，職工們的健康狀況也令人擔憂。至於職工不滿情緒的由來，總監認為有幾個：1. 執勤時間很長；2. 底層員工薪水太低；3. 缺乏食堂、缺乏康樂；4. 時常需要承擔額外工作。與警察部門的員工比起來，各方面條件都較差。總監提到，本地招聘的新人都顯得特別無用，但從英國直接招聘的把匙人，其做法也有好有壞，但是他同意應該把部分職工送往英國接受監獄管理訓練。職工人手的短缺，令總監不得不暫停派遣把匙人去監管戶外勞動手腳鐐一族。

印度籍監獄職工的不滿

1914 年底，監獄中的所有印度籍員工發起了一個訴求（得到 39 人簽名），他們對於自己的工作條件不滿意，指出監獄的印度籍員工的薪水與福利是整個殖民當局裏最低的，但工作時間特別長，工作性質也特別艱難。[1] 亦因如此，監獄裏長期缺乏足夠的印度籍員工，當時人數大概不足五名，另外有十四名已經辭職了。當時的港督梅含理（以前的警察總監）為此致函倫敦，[2] 提出一個解決方法，就是減少歐籍獄卒，省下的費用就可以增加印度籍員工的人數，以及提高他們的待遇。這個辦法不會增加殖民當局的總體開銷，但能解決印度籍職工的不滿，又可以增加人手。梅含理確定方案已經獲得印度籍監獄員工的同意。他呈上的數字顯示，即使不算上歐籍員工在假期方面的花費，賬面上已經能為殖民當局省下大額開銷。換言之，梅含理認為削減幾名歐籍員工，多聘幾名印度籍員工，管理監獄的成效是一樣的——甚至應該成效更大。可能梅含理的理由實在太充分了，而且他提到的“節省”也十分有吸引力，因此倫敦在翌年 3 月回應，直截了當地批准了本次訴求。[3]

---

1 Warders, Assistant Warders and Guards of Indian origin to the Governor, 16 December 1914, CO129/420, p.258.

2 F. May to L. Harcourt, MP, 4 February 1915, No.43, CO129/420, pp.256–257.

3 Colonial Office in London to F. May, 30 March 1915, No.13479/15, CO129/420, p.260.

第四節　香港監獄——華洋囚犯處置有別

曾經被關進監獄 27 年的黑人民權領袖、南非前總統曼德拉（Nelson Mandela）曾寫道："一個人只有進過一個國家的監獄，才能真正了解這個國家。"現代有一套監獄對於囚犯的"最低標準"，裏面有 122 則條款。該條款起源於 1957 年，後來一直有修改，最後在 2015 年被聯合國採用，並取名為"曼德拉守則"。

現在翻開香港報章，有時候會看到外籍釋囚人士講述自己在香港監獄中的經歷，他可能會感到備受歧視，但因為自己是弱勢的一方，只能噤若寒蟬。例如：監獄康樂設施有兩部電視，本來應該分別播放中英兩個電視台的節目，但是由於華人囚犯比較多，有時候兩部電視都在播放中文節目，這被外籍囚犯視為種族歧視的表現。

在 1841–1939 年間，香港監獄經常人滿為患。華人囚犯肯定佔多數，這讓殖民當局覺得是一個頭痛的問題，亦不願意用英國處理囚犯的同一套方法對待華人囚犯，認為這些方法在華人囚犯身上不會奏效。根據史料發現，殖民當局對待華洋囚犯，無論在膳食、制服、被鋪、勞役、減刑等方面，處理方法都有甚大差異。本節把這些"名正言順"的監獄制度記錄下來，也許可以引發讀者的思考——來源於權力的歧視有時會令弱勢變成強勢，一切只看當權者的思維而已，人數少並不一定就是弱勢。

監獄膳食問題

19 世紀末，香港監獄總監哥頓少（A. Gordon）將曾經這樣說過：

> 我們一定要謹記，食物對於一名囚犯就好像一名僱傭兵的薪水。每一次對於這項權利有干擾時，都肯定會有亂事出現，因此要做好一切準備，避免嚴重暴亂與流血事件的發生是非常重要的。還有，我們的囚犯都是集體居住，因此他們一起密謀作反的機會甚大。[1]

現代犯罪學的專家發現，食物對於一群被監禁在牢獄裏的囚犯有著不同的意義。被監禁的人，因為不能取得外面世界的物質與服務，自然會覺得自己的某種權利被剝削了。為了平衡 / 應付這種匱乏，囚犯們常常會自己建立一種非正式的"商業交易圈"，就是一個封閉式的經濟圈，裏面的成員彼此有著共

1　A. Gordon to Colonial Secretary, 22 June 1886, CO129/227, pp.556–558.

同的價值與貨幣。圈內彼此交換 / 交易合法或不合法的物品，從而改善他們在物質或心理上的條件。因此一些外界不以為然的東西（如香煙、麵包、米飯、咖啡或罐頭等），在監獄中可能有著特殊的重要性。這些物品不光是交易的單位，還可能是有著某種代表意義的獎品、報酬等。

在第一章的開頭，我們已經粗略看到早期歐籍與華人囚犯在膳食上的區別。這一節希望更系統地對這個幾乎是囚犯處理中最重要的問題做詳細分析。

在《中國叢報》對 1841 年到 1843 年（還沒有正規報表以前）香港監獄的描述中，記載了歐籍囚犯每天能夠獲得 1 磅牛肉以及 1 條麵包，華人獲得的是不限量的米飯，偶爾會提供鹹魚與蔬菜。姑且不論資料是否可信，但其中差異實在很大。

打從有正規的監獄年度報表開始，對每年（到 1871 年前）的囚犯膳食都有非常詳盡的報告，包括監獄部門花在膳食的支出。[1]

1844 年，分類是“有色人種”與“白人”。前者分配得鹹魚、鮮魚、米飯與茶，花費是 35 先令一周。白人是 0.75 磅牛肉與 1 磅麵包，每天兩次提供茶和糖，花費是 1.4 元（56 先令）[2] 一周。1845 年到 1850 年，基本食物配給都沒有大變化，只是在價格上有些轉變，毫不奇怪，白人的花費總是高於華人的。1845 年，歐籍囚犯的牛肉從 0.75 磅減至 0.5 磅。1846 年，“有色人種”再加上了“華人”一項，歐籍囚犯的膳食也增加了蔬菜，但是前兩者的膳食並沒有加進任何肉類。這一年的報告說明，食物都是由一些華人買辦提供給總裁判司（當時監獄隸屬總裁判司管轄），價格比外面一些承包商更低。1847 年，報表使用的貨幣單位為英鎊，華洋花費差別更明顯（歐籍：￡3.3；華人與有色人種：￡1.3），幾乎達到兩三倍之差。這部分可能也與換了供應商有關，這年的膳食由一名華人承包。對華人的食物也有了量重記載：1 斤半米飯、2 兩魚、8 兩蔬菜（沒有魚時的替代品）。這裏看出一點，歐籍囚犯的蔬菜供應是必然的，但是對於華人膳食，蔬菜卻只能是魚的代替品。華人膳食沒有肉類，只有“一味菜式佐飯”，即魚“或”蔬菜——但是歐籍囚犯就有肉“與”蔬菜。1848 年，膳食配給的數量轉成每周（不再是每天）：歐籍囚犯每周配給 3.5 磅牛肉與 7 磅麵包，加上 7 磅蔬菜，另外還有茶、糖、鹽等。至於華人與有色人種，每周配給 10 斤半米飯，14 兩魚（或者是每天 8 兩蔬菜）。最特別的是，

1 Hong Kong Blue Book (1844–1938).

2 當時折算 1 元約等於 4 先令。

報表註明華洋囚犯都有一些柴火木供煮食用，這證明當時沒有“大鍋飯”，即監獄不負責提供煮好的餐食，只配給食材。

在 1850 年度報表中，除了食物，還多加了“肥皂”（1 磅的重量，後轉成 0.5 磅）一項，但只分配給歐籍囚犯，沒有提到華人或有色人種有份兒。報表好像也沒有再提到歐籍囚犯有煮食用的柴火木（但是這項到了 1858 年又再出現），不知道是否當時已經向他們提供預備好的食物；與此同時，華人依然要自己煮食。1851 年，華人與有色人種的米飯減成了 10 斤（1853 年升到 11 斤）。1857 年，華人和有色人種也分配了肥皂。1858 年，華人與有色人種的食物也用磅計算，包括 12.75 磅米飯，1.5 磅魚（或是 2/3 磅蔬菜，每周兩次）。這一年，歐籍人士除了牛肉，還可以選豬肉，但是華人依然只有魚或蔬菜任選其一。1862 年，向歐籍囚犯提供的肉定明是“沒有骨頭的”（即大口肉）。在 1863 年的報表中有說明，從 1864 年 2 月份起，所有的膳食都會在中央廚房內處理，由一名歐籍職員監管，歐籍囚犯與華人囚犯的膳食會分開兩邊預備。這裏沒有說明得很清楚，可能是由囚犯們自行煮食，但所有煮食過程都必須在中央廚房內進行。歐籍囚犯用餐時會被關進一個房間；華人就在院子裏分類進餐，期間有一名歐籍職員看守。1864 年，歐籍囚犯的肉類膳食增加了幾乎 2 磅多（5.25 磅），其他與之前並沒有很大分別。1868 年詳細一點的報告顯示，中央廚房可能只是負責派送食物而已，並不負責烹煮。[1]

值得一提的是，到了 1866 年，膳食的花費為：歐籍囚犯每周 98 先令，但是華人與印度人的花費只有 42 先令而已，足足相差一倍。1869 年，這個差距拉得更大，歐籍囚犯花費是 95 先令，而華人和印度人只有 35 先令而已。食物配給的津貼金額是由港督親自決定的，誰來負責提供食物是殖民當局通過投標產生的，有意者可以通過報章廣告知曉投標詳情。[2]

1871 年的年度報表有所改變，報表中新的問題是：餐單應遵循什麼守則？此時的運營商 / 承包商是由輔政司選定的。這一年的餐單還是很簡單，分為“歐籍囚犯”與“華人或有色人種囚犯”兩張餐單，從每周配給轉為每日配給。歐籍囚犯每天獲分配：1 磅麵包、0.75 磅牛肉或豬肉、1 磅時蔬或土豆。華人或印度人的配給如下：1 磅 13 盎司米飯、3 盎司鹹魚（每周 3 天）、1 磅 4 盎司蔬

---

1 Hong Kong Blue Book (1868), pp.359–362.

2 Hong Kong Blue Book (1869), p.385.

菜（每周 2 天）。這些是主要的食物，其他如茶、鹽、糖等就不在此贅述。開埠 30 年後，依然是歐籍囚犯有肉類與蔬菜（主食是麵包），但華人與有色人種只有魚或蔬菜（主食是米飯）。1874 年後，監禁 3 年或以上（苦工監）的華人與有色人種囚犯，額外可獲得 0.5 磅豬肉，每周兩次。這個優惠到了 1876 年改為每周四次，但是每次 0.25 磅，實際上數量沒有增加，只是次數頻密了。

1877 年，餐單有了改變。首先，加入了一類新的組別“女性與 14 歲以下小孩”（華人與印度人），理由應該是節省總開支，因為這一類囚犯的餐單比起普通的分量要少。其次要注意到的是，歐籍婦女與小孩不屬於這一類別，他們依然能獲得普通歐籍囚犯的膳食。但是也應該考慮到，實際上香港監獄中的歐籍女性以及 14 歲以下的囚犯數目可能很少甚至基本沒有。下面幾個圖表列舉了新的餐單內容：

表 1.7：歐籍或白人囚犯“每日”餐單

時段	餐品	分量	日期
早餐	麵包	6 盎司	周二、周四、周六
	稀粥	1 品脱	周日
	麵包	6 盎司	周一、周三、周五
	可可	1 品脱	
午餐	麵包	4 盎司	周一、周三、周五
	土豆	10 盎司	
	肉類	6 盎司	
	湯	1 品脱	
	麵包	4 盎司	周二、周四、周六
	湯	1 品脱	
	板油布丁	1 磅	
	麵包	4 盎司	周日
	大米（普通）	8 盎司	
	魚	12 盎司	
	咖喱等	7.25 小勺	

時段	餐品	分量	日期
晚餐	麵包	6 盎司	每日
	稀粥	1 品脫	

以上都是未煮熟以前的分量，肉的重量為不含骨頭的淨量。

表 1.8：華人與印度籍囚犯餐單

成年男性	分量
普通大米	1 磅 8 盎司
食用油	0.5 盎司
鮮魚（每周 3 天）	6 盎司
蔬菜（每周 2 天）	1 磅 6 盎司
鹹魚（每周 2 天）	3 盎司
酸辣醬	1.5 盎司
茶葉	0.5 盎司
鹽	0.5 盎司

以上是早餐和晚餐兩餐的數量。

表 1.9：（華人與印度籍）女性與 14 歲以下小孩餐單

女性與 14 歲以下小孩	分量
普通白米	1 磅 4 盎司
食用油	0.5 盎司
烤魚（每周 3 天）	4 盎司
蔬菜（每周 2 天）	1 磅
鹹魚（每周 2 天）	2 盎司
酸辣醬	1 盎司
茶葉	0.5 盎司
鹽	0.5 盎司

假如我們仔細看歐籍囚犯的餐單，會發現並沒有收緊條件，而是提供了更多選擇。例如：早餐的麵包是 7 天都供應，麵包配有粥與熱可可。晚餐的餐單也分 3 種：肉、麵包配土豆與湯；麵包、湯與板油布丁（suet pudding）；魚、麵包、米飯與咖哩等。讓我們比較一下主要的兩種食物的分量，新的餐單在肉食方面，3 天的總和是 18 盎司，就算加上 12 盎司的魚，比起以前的 5.25 磅，也確實是減少了。至於華人與印度籍囚犯的餐單，依然只有 1 種菜式（鮮魚、蔬菜或鹹魚）。

1878 年，又再增加一類餐單，針對華人與有色人種中刑期等於或少於 6 個月的，如下表顯示。與普通華人和有色人種的餐單比較，這類人的食物配給少了一點。

表 1.10：刑期不超過 6 個月的華人與有色人種囚犯餐單

成年男性	分量
大米（普通）	1 磅
食用油	0.5 盎司
鮮魚（每周 3 天）	4 盎司
鹹魚（每周 2 天）	2 盎司
蔬菜（每周 2 天）	1 磅
酸辣醬	1 盎司
茶葉	0.5 盎司
鹽	0.5 盎司
（* 以上是早餐和晚餐兩餐的數量）	

針對華人與有色人種女性，也備有特別餐單，如下表顯示，去年這個餐單包括 14 歲以下的小孩，但今年消失了，是因為他們都搬去管教所（Reformatory）了。

表 1.11：華人與有色人種女性囚犯餐單

華人與有色人種女性	分量
大米（普通）	1 磅 4 盎司

食用油	0.5 盎司
鮮魚（每周 3 天）	4 盎司
蔬菜（每周 2 天）	1 磅
鹹魚（每周 2 天）	2 盎司
酸辣醬	1 盎司
茶葉	0.5 盎司
鹽	0.5 盎司
酸辣醬 1 份，洋蔥 1 份，加林辣椒 3 份。油和鹽超出允許範圍。	

1879 年，增加了針對欠債人與輕罪犯的不同餐單，也分為歐籍與華人 / 有色人種兩類。

當然，欠債人與輕犯的待遇應該是相對比較好的，與普通的囚犯比起來，也確實如此。例如，麵包每天就有 1.25 磅，牛肉有 8 盎司（0.5 磅），每周 6 天，最後一天吃 14 盎司的魚肉，每天還有額外的牛肉煲湯，膳食總體比較豐富。即便是華人或有色人種的欠債人輕罪者，其餐食相較普通囚犯的都更豐盛，無論是米飯、鹹魚還是鮮魚都酌量多一點。最特別的是，這一類華人 / 有色人種囚犯每天有 4 盎司的無骨豬肉，而且每天都有 1 磅 6 盎司的蔬菜。

這個情況可能是監獄管理人士終於意識到，欠債人無論什麼種族都是“金主”，而不是什麼罪犯。到了這個時候，也應該有向欠債犯人收回膳食費的情況。很多輕犯只是那些鴉片小販之流、與經濟有關的犯人而已，沒必要讓人家受太多的苦。

這組餐單從 1878 年開始一直沿用下來，橫跨了整個 1880 年代，沒有大的改變。

到了 1890 年代末，餐單變得多元化。首先，歐籍囚犯的餐單也再細分為：普通、欠債與輕罪犯、苦工監（勞役）囚犯，還有懲罰餐單。印度籍囚犯有了自己的獨立餐單，不再包括在華人餐單中，當中還細分為普通（與欠債和輕罪犯同一等級）、刑期超過 6 個月（與待審還押犯同等級）、刑期超過 14 天少於 6 個月、勞役囚犯、懲罰餐單。至於華人，是與其他亞裔一個等級，裏面細分為：欠債人輕罪犯、男囚犯（也分兩種刑期，超過或低於 6 個月）、女囚犯、勞役囚犯（也有兩種）、懲罰餐單，內容就不在此贅述。

表 1.12：歐籍欠債人或輕犯餐單

歐籍欠債人或輕犯	分量
麵包	1 磅 4 盎司
牛肉、堅果或無骨豬肉（每周 6 天）	8 盎司
鮮魚（每周一次）	14 盎司
牛肉湯	8 盎司
土豆（每周 3 天）	8 盎司
蔬菜（每周 3 天）	8 盎司
白米（每周 1 天）	8 盎司
板油布丁（每周 1 次）	1 磅
燕麥粥（每周 1 次）	3 盎司
茶葉	1 盎司
糖	2 盎司
鹽	0.5 盎司
咖喱（每周 1 次）	7.25 小勺

表 1.13：華人與有色人種欠債人或輕犯餐單

華人與有色人種欠債人或輕犯	分量
大米（普通）	1 磅 10 盎司
油配蔬菜和魚	0.5 盎司
鹹魚（常見，每天交替）	4 盎司
新鮮魚（同上，每天交替）	6 盎司
豬肉（無骨）	4 盎司
蔬菜	1 磅 6 盎司
茶葉	0.5 盎司
鹽	0.5 盎司
酸辣醬（如上製備）	1 盎司

進行這樣的細分，應該是殖民當局終於體會到食物在監獄中的特殊價值。

進入 20 世紀，餐單更加細分，值得一提的是，增加了適合住院病人的餐單，裏面還分歐籍、華人（亞裔）以及印度籍，這是更加人性化的徵兆。懲罰餐單也漸漸細化，開始根據違規的輕重程度來制定餐單。如上所說，監獄管理層意識到食物在監獄中的特殊意義，可以用作衡量行為表現的報酬，一定程度上能給囚犯們一種努力做好的動力。雖然報表上的問題非常簡單："獄中餐單的簡單規定。"但答案就越來越複雜，到後期，報表中超過一半的篇幅都是不同等級的餐單。

還有註明關於烹調方法與原材料的要求，可見監獄措施越來越制度化。

監獄總監哥頓少將對 1885 年縮減囚犯餐單的回應 [1]

1885 年底，召開了一個為研究監獄"嚴峻"情況的委員會，報告在翌年 3 月出台。關於這個報告的詳情，在本書第五章有詳述。在這一節想討論一下，當時一個為監獄而設的專研小組（sub-committee）的報告內容，以及監獄總監就膳食減少問題做出的考慮。

專責小組只有三名組員，包括哥頓少將、律政司與其中一位太平紳士。調研報告稱比較的準則有二：1. 與其他殖民管治地區比較；2. 與香港監獄外其他苦力勞工的膳食比較。

首先考慮的是男性"華人苦工監 / 勞役監"的餐單，委員會認為他們的餐單太豐富了，遠超他們的健康需要。除此以外，每星期還有額外的 16 盎司豬肉，而新加坡的囚犯只有 4 盎司。[2] 委員會建議從 16 盎司減到 4 盎司，周日發放。至於其他刑期 6 個月或以上的華人囚犯，委員會建議本來每周 6 盎司的鮮魚減少至 4 盎司，每周 3 次。

INGREDIENTS AND INSTRUCTIONS.

(Chinese and Indian Diets.)

......	The weights given in the scale of diets are for uncooked provisions, which are to be cooked according to the usual customs of the two races respectively.
......	Only good, succulent and nutritious vegetables are to be issued; all stalks and mid-ribs are, so far as possible, to be excluded.
Chutney, ...	To be prepared according to the following formula:—onions one ounce; garlic one drachm; chillies three drachms. To these when cooked the oil of the dietary to be added before being issued.
Congee, ...	Each pint to contain two ounces rice, with salt.

1919 年藍皮書 302 頁的監獄報表

1 A. Gordon to Colonial Secretary, 22 June 1886, CO129/227, pp.556–558.

2 Sessional Papers laid before the Legislative Council of HK August 1886 to September 1887, No.34, Gaol Section.

報告第 7 項亦關於“懲罰餐單”，委員會報告說在整個大英帝國的統治版圖內，歐籍囚犯每天都分配到 1 磅麵包。11.5 盎司的白米煮成飯後是 24 盎司，營養價值就差不多等於 1 磅麵包。但是，考慮到華人一般比歐籍人士瘦小，委員會認為應該縮減至 12 盎司的白米，這已經提供了足夠的同等營養價值。因此委員會建議，華人懲罰餐單的最高需要為 12 盎司的“成飯”白米（即減量一半的普通餐單）。

委員會也建議，可以在總監獄醫務人員監管下，嘗試用其他蔬菜例如地瓜、小米來取替白米。（可能是因為白米比較貴吧？）

哥頓少將認為，縮減監獄的懲罰餐單應該不會在監獄中引起太多反對，因為影響到的只是一小部分人，就是那些違反了監獄守則的人。反之，一張縮減的餐單會更讓囚犯們知道，好的表現能夠讓他們免受“飢餓之苦”。但對於減少囚犯平常餐單的豬肉及魚肉，卻是個大問題，因為受影響的是監獄一半以上的囚犯，騷亂情況一觸即發。哥頓少將認為假如缺乏委員會建議的“加強權力”，他基本上不敢去實行。縱然如此，他卻說不需要軍隊的協助，因為這會引起囚犯更大的反感。只需要幾名士兵特別監視手腳鐐一族已經足夠，以免他們乘機越獄。

不難發現，以上的所謂“縮減”，全部都只針對“華人”餐單。減魚減菜減豬肉就不說了，就算是監獄部門自己定下的計算準則（如白米煮成白飯後），也可以再“搬龍門”，說因為華人瘦弱，又再要改變計算方法。

最後，哥頓少將的總結是：1. 懲罰餐單的縮減可以立刻進行；2. 減少豬肉與鮮魚的建議要延期，直到總監對於體罰（要報告港督）的權力得到恢復。他還補充說，既然委員會認為監獄大部分的餐單都超標了，殖民當局一定會堅持要削減餐食。假如他要求的加強權力未能得到滿足，他也仍然願意執行決定，但是如有騷亂發生，他可能要動用真槍實彈來應付。[1]

哥頓少將的函件是 1886 年 6 月發出的。1887 年 2 月，監獄果然發生了騷動，而且是香港監獄 40 多年來首次發生。在署理港督馬師（William Henry Marsh）發倫敦報備的函件中，[2] 提到騷亂是因為遵從殖民地部 12 月底的指令，對肉類實施削減，監獄爆發一次“嚴重”的騷動。馬師亦提到這是監獄

---

1 A. Gordon to Colonial Secretary, 22 June 1886, CO129/227, pp.556–558.

2 Marsh to Secretary of State, Colonial Office, 1 February 1887, No. 27, CO129/231, pp.102–104.

總監哥頓預料會發生的，但因為已經有了準備，監獄的守衛馬上備武，加上軍隊的協助，騷動很快就被鎮壓下去。署理監獄總監利用新賦予的權力，懲罰了幾個領頭犯事者 12 藤，立刻執行，似乎亦因為這般快速的行動立收成效，囚犯們都被震懾了。[1] 倫敦除了確認收到函件外，一直保持緘默，就算是殖民地部國務大臣查爾斯．普雷斯特伍德．盧卡斯（Charles Prestwood Lucas）對此也沒有評論。

囚犯制服被鋪問題

《中國叢報》提到，1841 年到 1843 年間的監獄不提供制服或被鋪，囚犯們要自備，但偶爾天氣太冷時會提供外套。[2] 雖然 1844 年到 1870 年的報表上一直有"要支付衣衫與被鋪的支出"的內容，但是記錄一般非常簡單。

1840 年代

1844 年：在外面修路的囚犯有兩套衣服替換，支出 1.60 元。沒有被鋪。

1845 年：冬天提供被鋪，但只限那些沒有自備的囚犯。

1846 年：可以提供衣衫，也只限那些沒有自備的囚犯，用者自付（華人衣衫要 1–2 元一套，歐籍囚犯是 2–3.5 元一套）。在有些情況下會提供被鋪，一般是 1–2 條被單，大概 2 元一條。

1847 年：歐籍囚犯的被鋪包括 1 條被單與 2 張毯子，費用 3.4 元；而華人囚犯包括 1 張蓆子與 1 條毯子，費用 1 元。

1849 年：有需要才會提供衣服和被鋪。

1850 年代

1850 年：不提供。

1851 年：不提供。

1852 年：不提供衣物，但是冬天天氣寒冷，提供了 200 條毯子。

1853–1856 年：對此沒有特別記錄，簡單說就是沒有提供，需要自備。

1857 年：向在外面修路的華人囚犯以及背叛流放囚犯提供制服，但都是修補過的（二手？），有需要時發放新的。向歐籍囚犯提供 2 條毯子，華人囚犯 1 條。

1858 年：同上。

1 Colonial Office London to OAG, 15 March 1887, No.9649, CO129/231, p.107.

2 *Chinese Repository,* Vol XII, April 1843, No.4, p.535.

1859 年：向所有判 4 星期勞役（苦工監）的重犯與不檢行為囚犯提供監獄制服。被鋪方面，歐籍囚犯冬天有 2 條毯子，夏天 1 條。華人一律分配 1 張蓆子，冬天多加 1 條毯子。

1860 年代

1860 年：同上。這年記錄了向歐籍囚犯提供被鋪，但只向華人囚犯提供 1 張蓆子與 1 條毯子。假如按監獄平均每天有 335 名囚犯計算，衣衫被鋪的花費大概是 1 英鎊 7 便士。

1861–1862 年：同上，沒有特別記錄。

1863 年：總監寫了額外詳細的描述。歐籍囚犯在冬天會穿著法蘭絨（俗稱毛布）襯衫、秋褲、襪子、鞋子、草帽和雜色麻布夾克和長褲。在夏天會穿棉布外套和長褲。至於華人，夏天會向他們提供毛布襯衫以及雜色棉布外套與長褲，還有一頂竹帽和一雙涼鞋，上面有獨特的徽章，顯示了刑期長短和性質，以及服刑時長與行為表現。歐洲囚犯睡在鐵床上，有 1 個纖維（可可豆料）枕頭和 10 磅重的床墊，冬天有 2 條毯子，夏天有 1 條毯子。中國人可以在冬季獲得可可纖維的蓆墊，2 條毯子，夏季獲得 1 條毯子。

1864 年：沒有特別記錄，但是道出了衣物被鋪的花費大概是：歐籍囚犯平均 6 元，華人 2.5 元。差異也比較大。

1865 年：首次披露歐籍囚犯有枕頭，華人囚犯則沒有。

1866 年：註明囚犯們的衣衫都是按照醫生的指示準備。花費方面，華人的數額增加至 3.5 元。

1867–1869 年：沒有特殊記錄。

1870 年代

1870 年：向歐籍囚犯提供床墊（床單與床褥鋪墊）、2 張毯子以及 1 個枕頭。華人依然只有 1 張蓆子與 1 條毯子。

1871 年：出台了新的報表，不再有關於囚犯衣衫被鋪的來自英國的提問，因此每年的報表也不再記錄這方面的資料。我們頂多只能知道一些特殊的囚犯，例如欠債人，監獄容許其親友從外面給他們帶衣衫。

囚犯減刑安排問題

研究時段內，減刑期很大程度上是因為要緩解監獄人滿為患的問題。1885 年，哥頓少將也提到這個方法，再配合立法由警察來管制早釋的囚犯。

在 1840 年代到 1850 年代的監獄年度報表中，英國沒有提出過相關問題。

在 1858 年監獄調查委員會的報告中，最早提出了考慮減刑制度。關於這個委員會召開的背景，在本書第五章有詳細介紹，這一小節只針對報告書中談及的減刑問題。

1864 年，港督親自“下諭”提出減刑期體系，監獄總監也稱讚這是一個很到位的制度，對於囚犯有相當大的鼓勵作用。該制度參考了調查委員會的建議，囚犯獲得減刑的條件是良好的表現加上勤勞的工作。同年的報告中有關於囚犯船的狀況說明，也有一小節是關於減刑的，裏面提到船上的囚犯（主要是勞役囚犯，負責昂船洲新監獄的建設）都非常努力地工作，相信也是因為這套新的減刑制度而受到鼓舞。1869 年的監獄報表中也提到了正在受苦工監（勞役監）的囚犯，當年因為英國對於殖民統治地區的一道命令，受益者獲得有條件假釋後，大都選擇離開香港，只有一個個案是回到了香港。1865 年新的監獄法令並沒有考慮到減刑期的問題。

在 1878 年 11 月的一次立法局會議中，監獄的議題是當天的主角。當時的港督軒尼詩發言表示希望能繼承前任港督羅便臣對於減刑期的做法，就是除非一個囚犯已經服刑不少於 2/3 他本來的刑期，餘下的 1/3 刑期只能通過良好表現才有機會減少。

1871 年以後的年度報表

新的報表中有針對減刑制度的問題。問題 17 項是這樣的：“滿足怎樣的條件才可以獲得減免刑期？”

1871 年的報表稱香港監獄是參照英國本土的減刑制度，已獲國務大臣的批准，還會參照醫學理據。有幾宗案件還會結合本地的特別考慮。1877 年是特別的一年，這一年的報告特別詳細地針對減刑做了很詳細的描述：

首先，香港的減刑制度是根據 1865 年 8 月獲殖民地部國務大臣批准的一套制度。制度如下：

表 1.14：香港早期的減刑制度

刑期	可能在以下時期早釋			總共可能減刑的部分		
年	年	月	日	年	月	日
2	1	8	—	—	4	—
3	2	5	—	—	7	—

刑期	可能在以下時期早釋			總共可能減刑的部分		
4	3	3	—	—	10	—
5	3	11	—	1	1	—
6	4	8	—	1	4	—
7	5	5	—	1	7	—

報告還說明在 1866 年 11 月，一個新的關於刺青與流放的系統開始運作，凡是已經在獄中服刑超過所判刑期一半的囚犯，就可以被釋放，並沒有考慮囚犯在獄中的表現或品格。有的情況下，因為監獄實在太多人，囚犯甚至還沒有呆滿 1/3 刑期就已經被釋放。這樣的做法一直持續到 1877 年 5 月，當時刺青的做法被叫停（國務大臣要求提交報告兼考慮其他認別方法）。1865 年的減刑制度亦有些微的變動，但凡被判刑 12 個月或以上的囚犯，假如獄中表現與品格持續保持良好的評價，可以獲得 1/3 刑期的減免。從 1878 年起，就一直依照 1877 年 5 月的新做法，這個做法被證明在刑期較長的囚犯身上特別奏效。1866 年香港的減刑制度是根據 1865 年 8 月獲得殖民地部國務大臣批准的一套制度。

到了 1886 年 1 月 1 日，減刑方面又有一個新的計分制度。所有被判 12 個月或以上刑期的囚犯，假如勤勞工作以及在行為方面沒有失過分數的話，可以獲得港督批准 1/3 刑期的減免。因醫學理由減免刑期的做法保持不變。

1891 年 10 月 22 日，減刑制度又有變革，只能給刑期超過 6 個月的囚犯減刑 1/3。1892 年 11 月 7 日，計分制度更新：刑期 2 年或以上的男性囚犯，可以減刑 1/4 刑期，女性囚犯可以減刑 1/3 。減刑明顯收緊了。

1893 年的報表有再說明關於減刑的問題：對於初次入獄、判刑 2 年或以上的苦工監囚犯，可以憑著勤工以及良好表現獲得減刑。男性囚犯最多可以獲得 1/4 刑期的減免，女性最多可獲 1/3 刑期的減免。假如是第二次入獄，判刑 2 年或以上的苦工監囚犯，沒有資格在首年獲得刑期減免。但是假如首年在獄中的表現良好，獲得監獄總監的認可，男性囚犯可以獲得 1/4 刑期的減免，女性可獲 1/3（餘下）刑期的減免。假如是第三次或更多次入獄，判刑 2 年或以上的苦工監囚犯，沒有資格獲得任何刑期減免。

1894 年到 1922 年都是依照這項 1893 年最新的制度，沒有變動。1923

年，報表中簡單說明：勤勞與表現良好的刑期 2 年或以上的男性囚犯可能獲得 1/4 刑期的減免，女性囚犯可獲 1/3 刑期的減免。刑期不少於 6 個月但不超過 2 年的男女囚犯，假如勤勞兼表現良好的，可以獲得 1/6 刑期的減免。這樣的政策一直維持到本書研究時段下限 1939 年都沒變。

歐籍囚犯的實際例子

1859 年 8 月，代港督威廉・堅偉上書倫敦殖民地部，[1] 提到有太平紳士巡視監獄時，碰到一些正在等待流放或是背叛苦工監的歐籍囚犯，他們經常會問究竟自己何時會被流放，又或者是否苦工監全期都要在本地執行（意思就是說能否送往其他地方服刑）。威廉・堅偉對倫敦提出，在香港的天氣下受監禁，對於一個歐籍人士來說是比在其他任何地方都更加嚴酷的刑罰。當時除了中國內地，也沒有其他可以流放囚犯的地方，就算是送往中國內地也不是必然的事。縱然威廉・堅偉沒有提出任何要求，也能猜得出來其最終目的就是想要求優待這些白人囚犯。威廉・堅偉甚至預備了一份名單，裏面是所有歐美囚犯的資料，這份名單記在附件（四）供參考。[2] 縱觀這份 13 人的名單，一眼看去都是重犯，所犯罪行包括但不限於海盜、誤殺、越獄、謀殺、偷竊等。然而，對他們的性格評價，只有 2 名是"差"，其他的都是"尚可"甚至是"好"。

當時香港是英國在亞洲"熱帶"地區收納最多歐籍囚犯的地方，倫敦殖民地部 11 月中的回應發給了已經回港的港督羅便臣。倫敦承認這些個案確實引人同情（但是如上述記錄，這些都是重罪犯！何來同情？），但是殖民地部表明（英國）政府無權把他們從香港流放到其他地方。假如他們是軍人的話（當中其實有幾名海軍或士兵），可以考慮把他們送往西澳，但是花費不低，超出預算。倫敦方面提醒，這些囚犯都是由法庭定罪的，就算有人認為在香港監禁屬於嚴厲懲罰，法庭判這麼重的懲罰也一定有它的道理。

但是，倫敦也介紹了英國監獄中囚犯的減刑制度，並說明假如殖民當局可以提出合理理由，他們會考慮根據英國的系統縮短這一群歐美囚犯的刑期。這個制度如下：[3]

---

1 Caine to The Duke of Newcastle, 8 August 1859, No.138, CO129/74, p.213.

2 List of European and American prisoners in Victoria Gaol as at 4 August 1859, CO129/74, pp.219–221.

3 Pardon Scale in England, Enclosure Colonial Office London to H Robinson, No.9820, CO129/74, p.221.

表 1.15：英國服刑囚犯的早釋制度

本來刑期	服刑多久以後表現良好	可以縮短刑期
3 年	2 年 6 個月	六分之一
4 年	3 年 3 個月	五分之一
5 年	4 年 3 個月	同上
6 年	4 年 6 個月	四分之一
7 年	5 年 3 個月	同上
8 年	6 年 3 個月	同上
10 年	7 年 6 個月	同上
12 年	9 年 6 個月	
15 年或以上	三分之二刑期	三分之一
終生監禁	詳見下文	

對於最後一欄的終生監禁囚犯，定罪判刑後的首 12 年不具備早釋條件。之後，每個案件獨立申請與考量。當局考慮的因素不只是囚犯的表現，還要看罪行本身的性質等。

另一方面，1862 年 3 月曾有個案，幾名華人因為被高等法院定罪海盜與謀殺，被判死刑，港督因此要報告倫敦。報告中，[1] 港督附上了高院的判詞，並說沒有特別的減刑理由。

1919 年，差不多 60 年以後，同類的問題又再次被提出。當時的署理港督施勳（Claud Severn）發函倫敦，詢問是否能將一些監禁刑期超過 12 個月的歐籍囚犯運回母國的監獄受刑，理由又是因為香港潮熱的氣候，加上監獄不理想的條件，跟把囚犯改造成社會良好市民的盼望背道而馳。以前一般都會在這些囚犯服刑滿期後將他們放逐出境。施勳提出，是否能夠按照英國的"殖民地囚犯遷移法"（Colonial Prisoners Removal Act 1884）將他們遣返回國，這樣才能讓囚犯在母國充滿"輔導"方向的監獄制度下獲得改造。[2] 施勳希望能夠"立法"，讓此等做法變得制度化，他又說明這樣的案例數量不多，最多每年 2 宗而已。

1 Robinson to Duke of Newcastle, 10 March 1862, No.46, CO129/85, pp 209–212.

2 C. Severn to Viscount Milner, 27 September 1919, No.316, CO129/455, p.458.

倫敦經考慮後，認為沒有必要立法，只要能利用“健康理由”，港督就可以要求把囚犯遷移回國。在香港，要創造健康理由應該不是問題，總之“氣候問題大過天”。最後他們決定，只要是囚犯是白種人，又是英國公民的話，就能夠獲得此等處理。[1] 但是倫敦也沒有完全抹殺在香港本地立法的可能性，總之，倫敦方面完全認同英國公民白種人“不應該”在香港本地接受犯罪後的法律後果。

倫敦在 1920 年的 1 月 6 日回應了施勳，兩個月後就有囚犯得益了。一名以前是警隊成員的英國人，在高等法院因為強姦罪而被判 5 年的監禁（加苦工）。當時的港督司徒拔（Reginald Stubbs）發函倫敦，申請用“殖民地囚犯搬遷法”裏的第 2 項 A 把囚犯送回英國，理由是“繼續在熱帶地區被監禁，囚犯的健康將永久地受到損害”。[2] 需要一提的是，囚犯在英國監獄的所有支出，還有運送到英國的費用，包括服刑完畢回港的費用，將全數由香港殖民當局負擔。

本書並不打算詳細研究英國法律，但對於“殖民地囚犯遷移法”的立法本意做了一點解讀。1869 年，在討論這項法令的前身時，殖民地部的國務大臣格蘭維爾勳爵（Lord Granville）在一封給助理總督（西澳）的信中，曾經對立法的本意有一點解釋，他說：

> 女皇陛下政府（英國）認為，一般來說，每一個殖民地都應該處理自己的囚犯。但是在一些較小的西印度殖民地，要進行較正規的監獄紀律與管控確實有難度。這道法令的其中一個目的是要加快在較大的一兩個島嶼上建立中央監獄制度，當然還需要獲得殖民者的同意。[3]

這道英國法令到了 1920 年，用在這個強姦犯的個案上，顯然並不符合立法的本意。不過在殖民統治下，香港只得從命。從實際的角度來看，香港也不一定想要把這名重犯留在香港監獄中。在實際經濟效益上，香港也就虧了送他前往英國的旅費罷了。1912 年又有一宗案件，上海英國領事館要求把一名關在香港監獄的英國女囚犯送回英國，理由也是身體不適。[4] 其實她的刑期只有 9

---

1 Colonial Office London to Stubbs, 4 June 1920, No.8, CO129/458, pp.36–37.

2 Stubbs to Viscount Milner, 3 March 1920, No.68, CO129/460, p.181.

3 *Sydney Morning Herald,* 4 October 1869, p.3.

4 Foreign Office to the Under Secretary of State, Colonial Office, 2 January 1913, CO129/405, pp.27–29.

個月而已，而且在 6 月 29 日的法官判詞中也提到，這名犯人犯了幾宗類似的騙案（騙取銀行支票提款），不過究竟有沒有每次都被人抓到並報案就不得而知，但她一樣獲得了遣返的"優惠"。[1] 到了這個時候，把英國囚犯遣返英國受刑似乎已經成為風氣了。

1922 年有一宗更加離譜的類似案件，有一名囚犯在哈爾濱英國法庭因為殺人被判死刑，後來獲得減刑至終生監禁。當然，所有有關人等都不願意他在中國境內服刑，於是有人想到能否把這名（屬於英國子民的）印度籍囚犯遷往香港受刑。這樣的做法是根據另一套法律"China Order in Council 1904"。當時的港督司徒拔表示反對，認為香港不適合收留這名從來沒有在香港居住過的囚犯，認為他應該被送回家鄉印度。港督還說香港的監獄非常擁擠，香港本地都不夠用。[2] 本以為香港可以就此撒手不管（"wash our hands off"），不料印度政府的回應是驚人的，考慮之餘還聲稱假如印度政府以後真的要接收這名囚犯，他終生在監獄中的費用應該由香港殖民當局（或者英國駐北京領事館）負責。幸好倫敦在 10 月 23 日的回應中撇清了香港在整件事中的關係。[3]

本來，這本書將時間下限設為 1939 年，但這條 1884 年的古老法例竟然在 1978 年仍被香港採用，令筆者感到非常驚訝，因此仍想在此加以記錄。

1976 年 2 月，一名華人在新界石崗軍營內被兩名醉酒英軍毆打，因腦部重傷而去世，案中另有其他華人受傷。1976 年 7 月，兩名英軍被判死刑；一年後，即 1977 年 7 月，港督與香港行政局商議後，將其刑罰改判為終身監禁。1978 年初，英國上議院的一位大臣代表兩名罪犯，根據 1884 年《殖民地囚犯遷移法》提出申請，將他們遣返英國服刑，最終成功。從定罪到離開香港，兩人在港實際被監禁時間僅約兩年（630 天）。

根據殖民當局的文件，事件亦揭示了若干重要信息：1. 1884 年的法例中明確規定，法律涵蓋對象包括犯罪時為英國軍人身份的人士；2. 罪犯一旦被遣返，即視作定罪與服刑程序皆發生於英國，因此可依當時英國法律處置。例如，若一名被判終身監禁的囚犯在服刑三年後獲"假釋委員會"推薦，即有機會提前釋放。即使首次申請未獲通過，仍可再申請。

---

1 *The North China Herald,* 29 June 1912, p.65.

2 Stubbs to Acting Consul of India Garstin, 28 March 1920, No.2945/1907, CO129/477, pp.414–415.

3 Colonial Office London to Under Secretary of State, FO, 23 October 1922, FO 47196/22, CO129/477, pp.418–420.

殺釀酒師傅英兵兩死囚
獲赦免死改為終身監禁

（特訊）港督於考慮行政局之意見後，已決定赦免兩名囚犯之死刑，改為終身監禁。兩囚犯名為當奴·比錫（譯音·DONALD DAVID BOSSETT）及佐治·砵托（譯音·GEORGE WILLIAM PUTTOCK）。他們被控謀殺吳輝（譯音），於一九七六年七月三十日被裁定罪名成立，判處死刑。

該案發生於去年二月廿八日夜晨，兩名上述英籍炮兵，涉嫌酒後以木棍將過路釀酒師擊斃，事後為警方拘捕落案，控以謀殺及傷人罪名，解高院刑庭審訊。

被謀殺男子吳輝，是釀酒師傅，乃新界鄉民，在案發日夜晨五時卅分，遭兩名歐籍男子用木棍毆打致死。死者被擊時曾逃走及高叫救命，但仆倒坑渠，致被追及，被木棍擊中腦部，受傷致死。控方舉示：兩被告英兵雖然在案發時，曾經飲過酒，但根據一連串事件看，兩人顯然沒有醉至不能控制自己的程度，反而看出兩人當時係有心挑事，直至有警車到場，才匆忙逃去。

被告兩英兵，當時否認控罪，全案審訊至七月卅日終結，五男二女陪審團於下午一時四十分退庭，經過七小時商議，一致認定謀殺罪名成立，主審按察司楊鐵樑判處上述兩人死刑。（啟）

《華僑日報》1977 年 7 月 6 日

這宗遣返申請於 1978 年 4 月 4 日提交行政局審議，最終獲批准，且處理速度甚快[1]。4 月 21 日，兩名囚犯已被送返並抵達英國。英國方面事前亦不知情，因為提交行政局的文件中明言應盡量保密，以免引起香港社會情緒波動。事實上，兩人刑罰獲減時已引起傳媒關注，尤其是對歐籍與本地（華人）囚犯待遇差異的批評。若受到批評，說明傳媒關注點在於人道立場及一貫對軍方人員的處置方式上。[2] 附件中還有一份附表，列出 1977 年前 10 年間被遣返英國服刑人士的簡要資料，其中包括一名於 1970 年底因誤殺被判終身監禁者，其實際在港被監禁時間僅 193 天。最後，港督下令，在應對媒體時不宜強調“人道立場”，這項指令似乎與原有安排不盡一致。無論如何，兩名罪犯最終被順利遣返英國，後續仍需殖民當局提供所有與案件審理相關的法律文件，以備英國

1　當時香港行政局成員共 15 人（6 名官守、8 名非官守），其中 5 名非官守成員為華人。

2　Memorandum for Executive Council, 4 April 1978, FCO40/1016, pp.19–22.

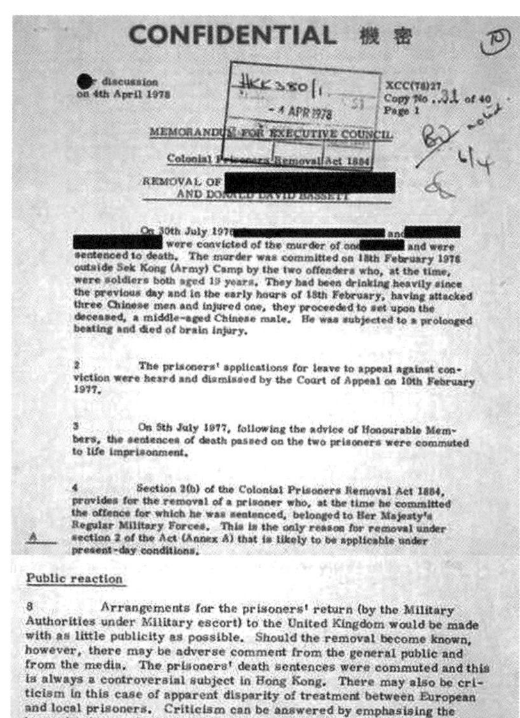

CONFIDENTIAL 機密

[illegible] discussion on 4th April 1978

HKK 3801/1 - 4 APR 1978

XCC(78)27
Copy No 31 of 40
Page 1

MEMORANDUM FOR EXECUTIVE COUNCIL

Colonial Prisoners Removal Act 1884

REMOVAL OF [redacted] AND DONALD DAVID BASSETT

On 30th July 1976 [redacted] and [redacted] were convicted of the murder of one [redacted] and were sentenced to death. The murder was committed on 18th February 1976 outside Sek Kong (Army) Camp by the two offenders who, at the time, were soldiers both aged 19 years. They had been drinking heavily since the previous day and in the early hours of 18th February, having attacked three Chinese men and injured one, they proceeded to set upon the deceased, a middle-aged Chinese male. He was subjected to a prolonged beating and died of brain injury.

2 The prisoners' applications for leave to appeal against conviction were heard and dismissed by the Court of Appeal on 10th February 1977.

3 On 5th July 1977, following the advice of Honourable Members, the sentences of death passed on the two prisoners were commuted to life imprisonment.

4 Section 2(b) of the Colonial Prisoners Removal Act 1884, provides for the removal of a prisoner who, at the time he committed the offence for which he was sentenced, belonged to Her Majesty's Regular Military Forces. This is the only reason for removal under A section 2 of the Act (Annex A) that is likely to be applicable under present-day conditions.

Public reaction

8 Arrangements for the prisoners' return (by the Military Authorities under Military escort) to the United Kingdom would be made with as little publicity as possible. Should the removal become known, however, there may be adverse comment from the general public and from the media. The prisoners' death sentences were commuted and this is always a controversial subject in Hong Kong. There may also be criticism in this case of apparent disparity of treatment between European and local prisoners. Criticism can be answered by emphasising the humanitarian reasons for the transfer and the fact that the removal is in accordance with previous practice in cases involving members of HM Forces.

1978 年殖民當局向行政局發出開會之前關於遣返罪犯的文件

假釋委員會日後審議使用。

筆者認為，這種做法不僅反映出對華洋罪犯待遇上的差異，更在刑事司法制度層面對殖民統治地區的法律程序造成了間接干預，甚至可以視為某種程度的藐視與踐踏。

小結

看 19 世紀 40 年代以後香港的監獄史，都是一個個關於“妥協”的故事：囚犯承受不公平的待遇、監獄職工忍受欠佳的環境、港督忍受商人驕橫的干預、英國容忍有些港督的橫蠻等等，這些故事影響了施政，也阻礙了監獄的發展。

一直以來，人們對監獄的印象都充滿著偏見與誤解，監獄常常讓人覺得是一個沒有希望、充滿罪惡和混亂的地方。西方人對於中國的監獄的了解，大都來自他們頻密來華後的經驗。清朝的弱勢、地方施政的不規範，讓西方認為清朝的刑罰“野蠻、殘酷”。亦因為英國 19 世紀初在國內正推動監獄改革，令英國人更先入為主地否定一切與自己文化有對比的對立文化。其實，當時地方監獄的不規範，正是英國人自己經歷過，要做出改革的事項。本來英國的監獄沒有中央制度化，都是“郡城”的監獄。其實清朝本來的監獄規定《提牢備考》，與後來英國人在香港設立的監獄守則，裏面的大原則是接近的，只不過英國人因為沒接觸過實情，而只看到人治後的不理想狀態。就連在首份對香港的授權令中，雖然英國方面答允華人將按照中國法律與習俗治理，但是定明“酷刑除外”，可見其對清朝刑罰制度的認知有多淺、誤解有多深。

香港監獄從 1841 年開始，一直到 1938 年都位於同一個地點，其建築物始終都是 3 棟 A、B、C，加建、修繕、重建了無數次，在每一次的專責調查委員會報告中，選擇都至少有修繕、加建與重新覓址起建新監獄，但最後的選項都不會是另覓新址。一早選址域多利監獄所在地，當時的原因可以理解——所在地位於高處，對於防守從海上來的“敵人”如海盜、偷渡者等更有優勢。但是隨著香港城市的發展，這些原因也許不再合時宜，但雷打不動的域多利監獄在 96 年後依然屹立不倒，仍然是香港最主要的監獄，縱然香港的人口已經增長了（1841：7500；1938：160 萬）213 倍。[1]

在研究時段內，監獄的職員清一色是英國人與印度人，而且據說都是一些文化水平不高的海員、水手之類。從監獄總監撰寫的年度報表也看得出來，他們的文字表達水平不高，這也為本書搜集資料帶來困難。報表的確有數據上的記錄，但是缺乏詳細的解釋。除了對個別的總監有較詳細的記錄，如哥頓與以後當港督的梅含理外，其他的就只像是流水賬一樣。

英國的獄卒一般都有酗酒的問題，而且沒有實際管理監獄的經驗。監獄部門多次要求從英國直接聘用獄卒，也未能獲得倫敦的積極推動。而因為印度獄卒的待遇差，雖然也有從印度直接聘用獄卒的建議，最後也不了了之。監獄部門一直都希望待遇能向警隊看齊，這也是令監獄職工心有不忿的原因之一，因為兩者的薪水確實有落差。而且從級別來說，監獄的架構也是過於簡單，令晉升機會不理想。由於監獄一直是一個向內的部門，因此與外面世界的互動不

1　香港在 1906 年曾短暫在銅鑼灣設有分支監獄，1921 年增設荔枝角監獄。

多，外界對監獄職工的認知也很表面，甚至缺乏了解。在港督報告倫敦的函件中，都很少提到監獄職工的情況。

早期的香港確實存在華洋族裔待遇不平等的現象，但在早期監獄中，這種歧視是明顯而公開的。從囚犯的居住條件、膳食、衣物被鋪、勞役，以及減刑等安排，都白紙黑字寫得一清二楚，甚至在本身就講求平等的人道主義上也分等級。英國人善待歐籍人士這一點並不奇怪，卻硬要搬出一個理由：他們不習慣亞熱帶的生活，因此在某些條件上要更優惠，如囚室的空間要特別寬敞。亞熱帶冬天的天氣其實並不比歐洲更寒冷，但歐籍囚犯的被鋪和禦寒衣物卻比華人的更多。在中國其他領事法庭審判的英國罪犯，坐牢就要從非亞熱帶地區（如上海）遷移到香港這個位於亞熱帶的城市，然後又再因為受不了亞熱帶氣候，以健康為理由將其遣返英國，同理也可以用在其他類似案例上。監獄內的勞役工作是由監獄職工調派的，囚犯在外修路建築的工作，為殖民當局省卻不少建築費用，這一點得到總測量司[1]不下一次的公平核定。香港開埠初期需要大量的建設作業，監獄囚犯功不可沒。然而根據監獄年度報表，出去戶外勞動的都是華人囚犯，還是上了手腳鐐銬的，他們都在烈日下幹苦活。而歐籍囚犯（至少在前期）通常得以逃脫這份苦工，即便是參與，也從來不會給他們上手腳鐐銬，亦沒有荷槍實彈的看守監管。膳食是獄中囚犯唯一可以指望的生存"樂趣"，但華人的膳食一直跟歐籍囚犯的有差異，而英國人的"依據"當然是飲食習慣的不同。華人一方面要參與體力勞動，另一方面只能吃到鹹魚青菜，後來連米飯量也要減少。而歐籍囚犯不用外出勞動，卻肉食充足。英國的監獄專家明明知道削減膳食會引起騷動，也要冒著此等風險削減華人的膳食。這些都是從監獄報表裏挖出來的證據，不過這些也只是表面的歧視而已。

深層的歧視，在於英國對人道主義的區分。監獄空間（硬件）的缺乏，不但讓囚犯的居住環境、衛生條件都不達標，以"人道主義"為旗號的監獄紀律制度，也長久不能在香港實施。

英國人是以殖民統治者的身份在港，他們有著同一目標：以最省錢的方法管理香港，並收到最大的成效，讓香港擁有合適的營商環境，讓當權者有權力去推動一些舉措，最終實現英國殖民的目標。在推動的過程中，他們往往依靠自己的親信，而這些親信又會起用他們自己熟悉的族群。這些錯綜複雜的

1　總測量司相當於現代的工務局局長，負責領導工程項目。

關係，就形成了一個集團；有些人乘機從中取利，就形成了一個利益團體。19世紀的香港，就是以這種方式被管治，我們看不到被統治者（華人）的角色，然而他們的命運卻直接被這些統治者所影響。

第二章

香港監獄的早期法律依據

英國普通法下，“法”與“規”兩字各有不同闡釋。“法”是法令 / 法例（Ordinance/Legislation），而“規”卻是守則 / 規則（Regulation）。簡單來說，法令是告訴我們要做什麼，而守則卻是告訴我們怎樣去做。深入正統一點的說法，法令是需要立法機構通過投票制度後通知公眾的“公共政策”，但訂立守則的權力卻可以不通過立法機構，而是授權給其他行政機構（例如某個政府部門），讓這些公共政策得以實行。假如跟隨這個思維，那麼兩者有著分工的作用。要注意的是，修改法令仍然必須由立法機構通過同一投票程序，但是修改守則卻不用。

不像香港警隊，香港的監獄制度是先有守則，然後才有法令的。這個可以理解，因為香港的立法局（前稱定例局）是 1844 年殖民統治正式開始後才設立。然而英國人 1841 年甫抵埠就需要建起監獄囚禁“罪犯”。最早的監獄守則（Prison Regulations）究竟是何時出現，現在還沒有定論，但是在 1844 年的藍皮書中，[1] 找到一份監獄守則，這份文件很有趣，下面會有詳述。

1843 年 7 月 6 日，監獄守則還沒有出現。在一封函件中，當時的輔政司透露了監禁囚犯的大概程序，還叮囑裁判司威廉·堅偉日後會出台一套關於監獄的守則。與此同時，也有其他幾個需要處理的罪案與“囚犯”，但似乎程序做法都不太清晰。[2] 無論如何，在早期的香港，從 1842 年的第一季度到 1843 年的第三季度，在報紙上關於警察裁判司的報導中，已經有罪犯被判關進大牢的案例。因此推算香港監獄最早在 1841 年英國人到埠就已經開始運作。

在仔細研讀監獄的守則法令之前，筆者擬在這一章花點篇幅，簡述與監獄息息相關的香港早期刑事司法制度。

第一節　香港刑事司法制度簡述

19 世紀香港早期的刑事司法制度主要由英國殖民當局建立和管理，旨在維護殖民統治和治安，以提供一個合適的營商環境，達到英國在香港的殖民目的。

1　藍皮書是香港殖民當局每年向倫敦殖民地部上呈的各種數據彙總，包括經濟與殖民當局的運作情況。

2　Woosnam to Caine, 6 July 1843, No.5, CO129/10, p.471a.

19 世紀，英國殖民統治下的香港，其司法制度主要由英國移植而來。然而，早期香港的法治長期處於差強人意的狀態，原因有幾個：1. 歷史遺留因素，首先負責香港事務的查理士義律在 1841 年登陸香港後公告，答應香港華人繼續遵循中國法律與習俗，然而這跟南京條約第 3 條說到的香港由英國法律管轄不同。這種所謂的二元法律一直混淆不清，直到 1875 年才正式被廢除；2. 缺乏法律專才，特別是在當時的裁判處，負責審判案子的許多人都是太平紳士，並不具備任何法律專業知識；3. 華人罪犯不熟悉英國法律，亦不懂英語。這些都有損於早期司法制度的公信力。

司法機構和程序：19 世紀香港的司法機構主要包括：總裁判處，這是港英政府設立的司法和警察權力合一的機構，主要維護治安；後在 1843 年設立香港高等法院和海事法庭，負責管轄刑事和海事案件，維護英國在華的利益。之後更一度成為唯一可以審訊在中國所有英國領事案件的法庭，但在華洋商也對此議論紛紛，終於在 1862 年另在上海設置了領事法庭。在研究時段內的不同時間，香港也曾有其他的法庭，例如：海事法庭、小額錢債法庭、死因法庭、簡易程序法庭以及海事裁判處等。

法律：香港法律來源分為本地與外來。研究時段內，外來法律當然來自英國的皇室特權立法，如：英皇制誥、皇室訓令、英國議會立法等。而本地法律主要就是通過成立於 1844 年的立法局，經法定程序定出的成文法。當然，因為香港沿用英國的普通法制度，因此判例法也適用於香港。[1]

立法程序：任何法令均以草案形式，先經行政局（舊稱議政局）審議立法背後的政策，然後交律政司進行草擬。再交立法局（舊稱定例局）審議，進行立法程序。條例草案在進入立法程序後，便會刊登於憲報。之後在立法會進行一讀、二讀與三讀。這些“讀”其實是提供機會給殖民當局向議員們解釋法令明細，亦接受議員們的反饋信息。法令在立法局以大比數通過後，就成為正式法律，會再刊登下個周一的憲報。到了這個時候，法令雖然在本地通過，但仍然要上呈倫敦殖民地部，申請女王的正式批准。這個程序在研究時段內，並不只是一個形式，有很多法令被打回、不獲批准，或者要修改後再以修改法令甚至全新的法令出現。

1　陳弘毅、張增平等合編：《香港法概論》，香港：三聯書店（香港）有限公司，1999 年初版，2015 年第 3 版。

司法制度：香港所有的刑事案件審訊均會在裁判處開始。裁判處負責審理案情較輕微的刑事案件，無論是對罰款還是刑罰，裁判司的權力都有限制。對於案情較嚴重的案件，裁判處要轉介到高等法院審理。

刑事訴訟：香港的法令中並沒有"刑法"，但在許多關於各種事項的法令中，假如觸犯法令就會有刑事後果。香港的刑事法令其實只是"刑事訴訟法令"，就是提供一套既定程序而已。

對現代司法制度的影響：儘管 19 世紀的香港刑事司法制度主要是為了維護殖民統治和治安，並通過設立專門的司法機構和執行嚴格的法律來確保英國在華的利益，但它為現代香港司法制度的發展奠定了基礎。隨著時間推移，香港的法治觀念逐漸深入人心，形成了較為完善的司法體系，包括裁判法院、區域法院、高等法院和終審法院等不同層級的法院。

第二節　香港監獄守則

首份監獄守則

1844 年的藍皮書中關於監獄的部分，記載了首份監獄守則。這份"關於香港島上女王陛下監獄的監管守則"是當時的輔政司卜魯斯（Frederick W. A. Bruce）簽署的。內容比較簡單，[1] 只有 7 項，顯示了其臨時性質。事實上，翌年它就被另一套新的守則取代了。前面說過，當時的監獄受總裁判司兼警察總監威廉·堅偉的權力管轄，所以在這套守則中，也可以清楚看到監獄的監管權是落在警察的手中。[2] 守則定明，總共有 5 名（本地）警察會經常參與監獄事宜，1 名歐籍警察為主管，每天必須駐守監獄，通往監獄院子的鑰匙握在他手中。[3] 假如有警號，2 名警察仍會駐守監獄，其他人則必須趕回裁判處聽命。另一方面，監獄（監房）的鑰匙卻握在一名士官（non-commissioned officer）[4] 手上，但守則也沒有說清楚這名士官究竟是誰，估計就是某位太平紳士（因為他們都不受薪）。這套監獄守則對於囚犯比較嚴格，如無特殊需要，囚犯之間或

1　Hong Kong Blue Book (1844).

2　Hong Kong Blue Book (1844), Return of the Gaols.

3　香港在 1844 年 5 月按照法令成立了最早的警隊。

4　"士官"通常是沒有軍官職務的軍人，在後來的香港警隊中，被稱為"員佐級"警員職別。

者與當值警察都不准交談，所有物品、行為都要獲得批准，有些要求（例如探監）甚至要達"天庭"（裁判處）。但在某種程度上，守則也體現了一點人道風：例如，囚犯可以購買煙草、水果甚至奢侈品，但是只限於行為良好的囚犯，所以這也算是些微滲進了"更新 / 人道"的元素。

第二份監獄守則[1]

上面說過，首份守則是臨時性質，只推行了兩年。到 1846 年，就有另外一份新守則出現在藍皮書中。雖然在尾段有註釋，註明該條例將會在興建中的新監獄竣工後立即進行修訂，但事實上這份守則一直沿用至 1853 年，隨著監獄法令的出台才被取代。[2]1846 年的監獄守則由當時的總裁判司（亦是輔政司）威廉・堅偉簽署。這時候，上面說的歐籍警察的工作範圍更清晰了：負責照顧監獄中生病的囚犯，負責煮飯以及清潔。假如囚犯要離開監獄，必須由一名負責守衛的印度籍警察陪同。囚犯要獲得監獄長的允許才能有探監人士，並且只能在走廊中接見。這位歐籍警察晚上也很辛勞，每半小時要巡視在獨居監倉（solitary cell）當更的印度籍警察，保證他們沒有偷懶。印度籍的警察需在每天黃昏到獨居囚室守衛，直到翌日清晨 6 點。還有一位"監獄長"（Jailor）負責監獄的鑰匙，每天早晚各巡視囚室一次，確保囚犯們的安全。他還要確保監獄內的衛生條件合格，不會滋生疾病。另一方面，根據當年的公務部門薪俸記錄，監獄只有四名職員：監獄長、助理監獄長、把匙人、劊子手，因此也明確證實監獄主要由警隊成員兼任監管。

一名警察裁判司（裁判處的"法官"）每周至少訪問一次監獄，之後要向港督提出書面報告。當時的裁判司就是太平紳士，此時還沒有區分受薪與義務人員，但相信以後太平紳士巡視監房的做法就是從這一份監獄守則開始的——至於有沒有嚴格執行守則就另當別論。

把這份更新過的守則與第一份比較，有感這份"開闊"多了，多了新的條款，卻不一定比舊的更苛刻，而且對一些守則進行了更清晰的說明。

第三份監獄守則 / 欠債囚犯守則

在 1847 年的藍皮書中，除了上一節與 1846 年無異的守則，還出現了另一份守則，名為"錢債監獄中每一名囚犯需遵守的守則"。這份守則很有特色，

1　Hong Kong Blue Book (1846), Return of the Gaols, Regulation Article 6.

2　正式的域多利監獄首階段在 1845 年完成建築。

19 世紀英國的一所錢債監獄

展現了欠債囚犯的特殊地位，也就是間接承認了他們沒有實際犯罪的事實，只不過是殖民當局避免商業惡性循環的管控手段而已。隨著歲月流逝，欠債人特殊的地位越發被監獄系統承認，後來連他們的膳食也有特別對待。

這份守則確實對囚犯很寬鬆，法令唯一的目的就是要通過失去自由的限制，逼令這些欠債案人士趕緊把債務還清。要“震懾”（deter）這些囚犯的意味不重，唯一就是讓他們“失去自由”而已。最重要的是，這些欠債囚犯對食物、衣物等基本條件有自己的要求，因此可以讓外面的親友提供，但是要先通過獄長的檢查，除了安檢理由，也必須“防止鋪張浪費”。這裏看得出來，殖民當局雖然容許這些欠債囚犯有自己的要求，另一方面，又不容許他們在沒有付清債項的情況下，自己卻過奢侈浪費的生活。這是要嚴肅地保證對債主的公平，不然設立錢債監獄的目的就不成立了。其實，用現代的眼光來看，這是用來監管社會上“金融財政”的一種方法，避免出現資金鏈斷裂的骨牌效應。漸漸地，由於“破產”法律機制的出現，對這方面的監管就有了更複雜而熟練的處理方法。

錢債監獄的設立

這個特殊的監獄，雖然在 13 世紀已經存在，但“遍地開花”卻是英國工業革命後商業蓬勃的衍生物。這類監獄的目的是把一些未能及時還清欠債 / 賒賬的欠債人關起來，直到還清欠數才釋放他們。英國大文豪狄更斯（Charles Dickens）的父親，也曾經因為欠債 40 英鎊而被收進錢債監獄，狄更斯的母親沒法在外生活，於是也進牢中與丈夫一起，還帶上他們最小的小孩。狄更斯當時已 12 歲，就自己去鞋靴工廠做工。世界名著《塊肉餘生錄》（*David Copperfield*，又譯作《大衛・科波菲爾》）以及《小杜麗》（*Little Dorrit*）的背景就是狄更斯親身的經歷，錢債監獄在他的另一本小說《尼古拉斯・尼克貝》

（*Nicholas Nickleby*）裏也數度出現，可見這個經歷在小小狄更斯的腦海中留下了深刻印象。

據說 1837 年，全英國大約有 3–4 萬的錢債欠款人，[1] 原因可能與工業革命的成果 / 後果相關，人們做生意或買賣貨品、消費品的普遍程度大增，但是當時貨幣在市場上不是太流通，因此黃金或白銀仍然是主要的交易工具。然而又因為黃金與白銀都很短缺，很多的交易都以記賬形式進行，不但是沒有利息、沒有信貸的"放款"（粵語方言，意為賒借），有時甚至沒有規定還款的日期。日子久了，賒賬多了，欠債人已無法償還欠下的債務。雖然欠債人經濟失控，但他依然可能繼續花費 / 浪費錢財在奢華的生活上，這對於債主是不公平的，因此甚至有一條法令叫"無力償還債務人法令"（The Insolvent Debtors' Act），[2] 目的就是要欠債人對債主負責，提供一定的保障。法令說明，坐了牢並不等於就不用還錢，欠債人還要自己負責坐牢的費用。錢債監獄的法律根據是合同法與法律授予執達吏（Baliff）逮捕的權力。假如交予法庭處理，一般的錢債糾紛只算民事訴訟，（法律）費用高昂之外，需時也太久，而錢債監獄只需要根據合同確立欠款的真確性以及執達吏的逮捕令就可以。"執達吏"到今天仍然是香港司法機構中的一個部門。

錢債監獄的監禁期不確定，因此對出獄的渴望成為欠債人儘快還清債務的原動力。曾經有統計說，超過 90% 的錢債監獄囚犯只需要不超過 1 年的時間就可以把債務還清出獄。

英國在 1869 年通過法令，廢除了可以在未進行法庭審判前判處欠債囚犯無期徒刑的做法。部分原因也是因為經濟轉向，工人階級的出現讓商業（小本生意）逐漸式微，硬幣的流行也讓人們開始只用自己擁有的錢去買東西，而不再依靠"賒借"系統。在政府通過廢除法令之前，其實大部分的錢債監獄都已經荒廢了。香港在 1890 年的監獄調查委員會中，對錢債監獄的存在價值提出質疑，而倫敦方面也回應支持廢除錢債監獄。

除了英國，在歐洲大陸內，法國也存在錢債監獄。在法國革命期間錢債監獄曾經被禁止，有一陣子，法國人認為越文明的社會，越不應該依賴一個欠債人的"身體"（即監禁）來還款，而是應該依賴他的財產。但後來因為商業錢

---

1 據說 18 世紀末，英國人口中大概每 25 人就有 1 人債台高築，有可能被關進錢債監獄裏面。

2 Insolvent Debtors (England) Act 1813.

債現象變得頻密，錢債不再是個人之間的交易，而是涉及公共財政，必須得到監管才能避免社會被拖累。民事錢債的錢債監獄終於在 1867 年（差不多與英國同時期）被廢除。當中涉及資本主義的發展成熟度，錢債已經從“罪行”變成“風險”，從“道德的淪陷”變為“經濟的失敗”。

香港的錢債監獄

首先，上面提到的“無力償還債務人法令”，其實香港也有相應的法令。香港立法局（舊稱定例局）成立於 1843 年 6 月 26 日，在 1844 年 2 月通過首份法令。兩年後，在 1846 年 5 月初通過首項關於錢債欠款人法令。[1] 這份法令篇幅很長，足足有 32 頁，69 項條款，它比正式的監獄法令還要早出台 10 年。

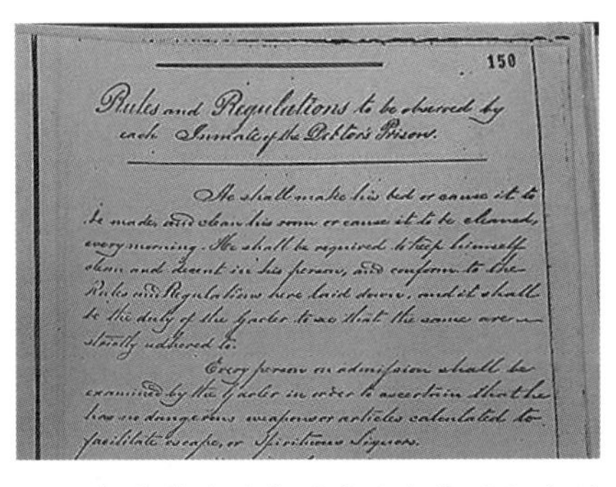

150

Rules and Regulations to be observed by each Inmate of the Debtor's Prison.

He shall make his bed or cause it to be made, and clean his room or cause it to be cleaned, every morning. He shall be required to keep himself clean and decent in his person, and conform to the Rules and Regulations here laid down, and it shall be the duty of the Gaoler to see that the same are strictly adhered to.

Every person on admission shall be examined by the Gaoler in order to ascertain that he has no dangerous weapons or articles calculated to facilitate escape, or Spirituous Liquors.

1847 年香港監獄守則裏的欠債囚犯守則

前面提到，香港正式通過首份監獄法令是在 1856 年，但是監獄守則卻一直在運作，監管著從開埠第一天開始就有的香港監獄。現存有記載的首份監獄守則訂立於 1844 年，1847 年增加了一份錢債監獄守則，相信就是與 1846 年底 3 號欠債人法令配合而衍生的。這份欠債人法令經幾次修訂後，終於在 1864 年被破產法取代了。[2] 但這不表示欠債人就不會再被監禁。[3]

這份欠債人守則很有趣，現把其中一些條款記錄如下：

首先，囚犯（欠債人）可以從外界接收或購買食物、衣物，甚至是含酒精的飲品如啤酒或餐酒（但是每天的數量有限制），當然這要獲得獄長的批准。就算是從親友處接收的衣物，也需要獄長的同意，除了安檢的目的，還需要避免鋪張浪費。在沒有還清欠債以前，欠債人的生活條件是受限制的，這與今天破產者的生活條件受法庭 / 法律監管是同一個道理。欠債人囚犯不准與其他囚犯進行有償或無償交換，違規者將不再被容許接受 / 購買來自外面的物品，還有可能受處罰。假如情況需要，他可以向探視監房的太平紳士說明自己的情況（即外界不會提供任何生活用品），要求監獄提供糧食配給。但一旦被發現其

1　香港法律編章 1846 年第 3 號法令。

2　香港法律編章 1864 年第 5 號法令。

3　最後有 1984 年立法的 1984 年債務人（逮捕及監禁）條例。

實他接受了外界提供的物品，他將失去監獄提供的糧食。欠債人囚犯可以有親友探監，但是有時間限制，一般是在白天。欠債人囚犯的女性親友任何時間都不准進入監獄探視，除非是囚犯的妻子或小孩。假如獄長對於任何探視親友有懷疑（不良分子），探視將被拒絕。錢債監獄裏任何時間都不准有賭博行為。[1]

從以上的守則可以看出，這類監獄的自由度其實比較大。因為囚犯們都不是真正的"罪犯"，只是官方想監控他們的債務，這可能是一個商埠的特色。從現代商業的角度來看，這是早期英國人經商的一種風險監控方法。假如官方沒有做出任何監控，任由人們不償還債務，那被欠債的一方也就沒有保障，一旦債款積累太多，整個商業圈（或用現代術語稱"經濟"）就會被拖垮。香港的錢債監獄可能比起英國的稍遜色，英國有的錢債監獄修築得非常奢侈豪華，例如在約克郡的約克監獄，有人形容其為全英國最怡人、最完善的監獄。[2]

1853 年，港督般咸（Sir Samuel George Bonham）上書倫敦要求修築一所新的錢債監獄。根據 1853 年的監獄報表，這所錢債監獄確實開始建設了，1859 年終於落成。

這套守則一直沿用至 1853 年正式的監獄法令出台才消失。在香港，監禁欠債人的做法一直到 1984 年新的債務人（逮捕與監禁）法令出台才正式被終止。[3]

第四份監獄守則

1853 年，當時的港督般咸發現一直在用的過去三份監獄守則都有可能缺乏法律依據，因此在立法會通過首份監獄法令之餘，也趕緊重新制定了一份監獄守則，他說明這份守則大部分是依照英國的監獄法令起草的，因此倫敦殖民地部批准的時候應該不太費勁。[4]這份守則與舊的三份比較，篇幅長很多，覆蓋的範圍也更廣。倫敦在審批的時候只提出一點注意事項，是關於監獄牧師的責任，應該定明每周都要舉行禮拜，而不是"隨他的意願"，還要定明每周探視囚犯兩次。

以下是守則中一些新定或特別的項目：

1. 香港監獄由此地的警長（Sheriff）監管，因為當時的監獄還是隸屬警隊

---

1 Hong Kong Blue Book (1847), Return of the Gaols, Regulation.

2 語出一位有名的旅行家 John Macky 。

3 香港法律編章 1984 年第 1 號法令。

4 Bonham to Duke of Newcastle, 5 October 1853, No.76, CO129/43, pp.239-240.

的一個機構；這名警長身兼數職，所以只可以說是名義上的監管，沒有實質的每天工作。

2. 港督可以委任幾位特定的太平紳士每周巡視一次監獄；稱名“探視紳士”（Visiting Justices），負責把探視記錄寫進記錄冊；

3. 牧師可以建議監獄購買一些書籍提供給囚犯閱讀；

4. 警長可以根據個別情況更改膳食餐單；

5. 警長可以指令一些被判“流放”的重犯參與勞役工作；

6. 警長可以向港督推介行為良好的囚犯，考慮為他們減刑；

7. 警長可以對囚犯下腳鐐，也可以取消腳鐐；

8. 監獄的職員如下：警長 / 獄卒 / 舍監 /2 名把匙人 /1 名牧師 /1 名醫務——這份名單與殖民當局年度報告中關於監獄員工的部分差異甚大。

9. 對於監獄官員的獨立性（防止勾結）也有要求。

10. 監獄內部也有責任保持某種要求，例如燈光，又如所有囚犯進入監獄的時候需在收納室登記以及搜身等。但是域多利監獄一直沒有地方設放這個收納室，直到後期才有改善。

11. 囚犯應當每天都洗澡，衣服至少每周要換一套新的。整個監獄至少每周需要徹底洗滌一次。囚犯不能在彼此面前脫光身子。囚犯的頭髮應該按照囚犯的意願梳理。男性囚犯至少每周刮一次鬍子，形狀隨囚犯們意願；

12. 囚犯的被鋪應該經常洗滌並保持乾燥；

13. 應為重犯備有編碼的制服。其他囚犯自備不足時，監獄也要提供相關物品；

14. 應向每個囚犯提供足夠的被鋪，而且要每月洗滌一次；不能你的換我的；

15. 應當向囚犯提供有意義的工作，並提供訓練與物料；

16. 監獄中不許賭博或任何遊戲；

17. 有需要時，可以對囚犯下手鐐或腳鐐；要記錄下原因；

18. 已經審判的重犯需時常配戴腳鐐；

19. 每一宗違反監獄守則的案例都需要記錄下來；

20. 每一次體罰囚犯，獄卒都需要在場。記錄詳情如：時間、鞭笞次數、醫務人員的指令。任何情況之下，沒有醫生批准，鞭笞用刑不能超過 6 下；

21. 除非裁判司反對，欠債囚犯或民事囚犯可以見自己的律師。罪犯如獲裁判司等同意，亦可以見自己的律師。但該律師必須是在高等法院執業或有關的法律人員；

22. 再審或初審的囚犯可以接見他們的親友，通常是一周兩次；

23. 定了罪的囚犯可以每三個月接見親友一次；需要記錄親友名字；

24. 囚犯可以接收從外面來的信件，頻密程度視乎是哪一類的囚犯；假如拒絕囚犯接收信件，需要記錄；

25. 一定要分隔開男女囚犯，就算鎖也要分開處理；

26. 其他囚犯一律分類如下，不許混合：判處死刑的重罪犯 / 其他重罪犯 / 行為不當與違反政府法令的囚犯；重罪待審之罪犯；行為不檢或需要擔保待審之罪犯；（任何不是重罪的罪犯都是行為不檢罪犯）；還押待審之囚犯；自首的罪犯（Approvers）；欠債人或民事訴訟人士；

27. 永遠不能將兩名男囚犯放在一起；同一囚室只能容納 1 人、3 人或多於 3 人；

28. 獄卒或守衛不准向囚犯收取任何費用或酬金；

29. 獄卒或守衛不能接受膳食配給，除非是從警隊派調的職工；

30. 獄卒或守衛不准進入任何女性囚犯的囚室；

31. 任何膳食或衣物的配給都應該由獄卒或監獄職工監管分配；

32. 華人（或其他習慣華人膳食的）囚犯每天至少有兩餐是熱餐。其他囚犯每天三頓餐，當中至少兩頓是熱餐。吃飯時間定在 30 分鐘，用餐完畢 15 分鐘之後才能開始幹活；

33. 對舍監、醫務人員與牧師的職責也有規定。舍監專責女性監獄，假如有人不能執勤，應該把職責分配給一位監獄員工的妻子或其他的已婚女性；

34. 應該將判了死刑的囚犯與監獄中其他所有人分隔開，其膳食應由警長與醫生規劃。除了監獄職員外，不容許其他人探視。

35. 周日是休息日，監獄裏不可以有任何工作，特別定明猶太族裔囚犯不用在安息日工作。

36. 對於囚犯的膳食餐單（與其他配給）也有如下規定。水是不限量取用，但不准浪費。在醫生的建議下可以更改餐單，但要獲得港督批准。

表 2.1：1853 年監獄守則中關於囚犯膳食餐單的記錄

1. 華人與習慣華人口味的囚犯		
米飯	每人每天	1 斤半
鮮魚或鹹魚		2 兩
蔬菜（代替魚）		8 兩
2. 所有其他囚犯		
牛肉或豬肉	每人每天	0.5 磅
麵包		1 磅
蔬菜		1 磅
茶		1/3 盎司
糖		3 盎司
3. 所有囚犯		
鹽	每人每天	0.25 盎司
肥皂	每人每月	1/3 磅

細讀這份守則，再與當年或翌年（1854 年）實際的監獄年度報表做比較，會發現許多地方都沒有按照守則辦事，又或著未能達標。總之，這些守則只能算是殖民當局對監獄管理機構的"最高"要求，至於能不能做到，有沒有做到，實際與理想的差距很大。

守則很多，以下只選幾條比較有興趣的討論一下。

例如，上述第 11 點關於囚犯髮型的規定，雖然彈性極大，並以囚犯的意願為優先，但在實際操作中，未必能夠真正落實。第 12 點與第 14 點提及被鋪的衛生問題，從後來的監獄報表來看，也只是空談——實際上，有些囚犯甚至連被鋪都缺乏。至於第 13 點關於囚犯制服與編號的規定，在香港監獄長期未提供制服的情況下，也形同虛設，無非是紙上談兵罷了。撇除這些近乎可笑的細節，第 26 點有關囚犯分類的規定，充其量也只是早期殖民當局對監獄管理的一種指標，同時亦是本書擬加以探討的重點之一。由於空間與資源的限制，分類與隔離這兩項英國一直倡導的監獄管理制度，始終難以在香港真正落實。相關內容在後續章節中已有具體討論，此處不再贅述。反倒是第 25 點與第 30 點，關於女性囚犯的處理規定，似乎才是真正得以貫徹執行的條文，且執行得相當嚴格。綜合來看，這份守則給人的感覺，更像是直接照搬自英國的一套模版。

1857 年的監獄守則

這套守則一直沿用至 1869 年，值得注意的是，這份守則的修改仍然由太平紳士負責（證明當時的監獄仍然以太平紳士為監管主持）。[12] 守則開宗便註明監獄現在由監獄總監（Gaol Governor）監管，不再由警長負責。由於職別上有很大的轉變，所有守則需要申明，因此這份新守則有存在的必要。這份守則還說明港督可以在任何需要的時刻，委派警隊成員到監獄執勤。

這份守則有幾項特別的條文是通過一個特別會議後才決定的。監獄總監為了要維持獄中的秩序與紀律，可以對如失職等行為的監獄職工罰款。在其他太平紳士同意下，亦可以判罰該等職工不超於一個月的監禁。對於嚴重違犯守則的囚犯，監獄總督可以下刑不超於 15 藤的鞭笞。上述兩項的處罰，總督一定需要記錄在案。這些都是特別賦予新設職級：監獄總督的新權力。

1877 年的新監獄守則 [3]

這份守則是根據 1875 年監獄調查委員會的建議修訂而成的，由當時的署理港督柯士甸（Austin）呈交倫敦，解釋這份新守則的主要作用是因立法需時，有一些既定的修改就先由守則做起。當時剛好是兩任港督（堅尼地與軒尼詩）交接期，詳細立法程序要等新的港督上任後才能進行。

這些馬上需要實施的修改包括膳食以及對囚犯的懲罰兩方面。

膳食餐單：懲罰餐單下的囚犯每天都要幹活，但都是如拆麻絮（大概 0.5–1 磅）之類的並不是很透支體力的活。對於超過 3 年刑期的華人，每周配正常餐單，廢除了額外配給 1 磅豬肉的做法。任何餐單以外的改變，都必須要獲得醫生的同意。

囚犯懲罰：關於裁判處以及法院判下的懲罰，調查委員會報告華人很抗拒拆麻絮，但是對於曲軸（shot-drill）態度尚可。因此新的守則將會把拆麻絮列為苦工監（勞役監）的一種，但曲軸卻是輔助性質。規定在拆麻絮的過程中不准再用輔助工具（jigger）。

有需要時，可以用搬石取代碎石。石頭的重量是 90 磅。碎石要碎 2 蒲式

1 Attachment to John Bowring to Henry Labouchere, 9 July 1857, No.110, CO129/63, pp.433–436.

2 太平紳士根據 1853 年第 1 號監獄法令中第 2 項賦予的權力對規條做出修改。

3 Austin to Earl of Carnarvon, 11 April 1877, No.75, CO129/177, pp.468–476.

耳（容量單位，相當於 16 加侖）。刑期超過 3 年的囚犯，有可能被分派做打磨石頭以及其他與工業有關的工作。把匙人讓長刑期犯人替他們煮飯或做家傭的做法需立刻叫停。

當倫敦回應這份守則時，軒尼詩已經到埠。倫敦指出，無論宿舍是在監獄範圍內或外，都不容許把匙人的此種做法。可以看到倫敦在這事情上的態度是嚴謹的，因為其關注點是不允許監獄職員用公帑買來自身的舒適。[1]

1891 年的新監獄守則

1891 年底，當時的港督發函倫敦，附上了一份新的監獄守則，這份守則從上一份的 124 項變成 333 項。[2] 然而倫敦對此的反應極為冷淡，在內部討論中指出文件有多處錯漏、重疊、不知所謂，當時的殖民地部常務秘書（Under Secretary）盧卡斯說的話頗能反映這種負面情緒：

> 這套守則已經多次被"醫理"（doctoring）過，但這一次沒有比第一次進步多少；除非真的有需要，否則再對它提出批評已經沒有多大意義……我們需要的是一所新的監獄，配上一套嶄新的守則。然而，如果將這項任務交給當地的官員，這座新監獄永遠都不會建成。[3]

另一方面，倫敦此時的監獄改革已經到了十分成熟的階段，已經能夠高度遵循人道立場來管理監獄。因此，倫敦對於香港監獄對待囚犯的許多不人道的處理頗有微言。盧卡斯指出，當時的監獄總監哥頓少將規定囚犯進出監獄都要戴著腳鐐是不對的。在英國監獄中，讓囚犯戴腳鐐是絕對不應該發生的事情，囚犯在外工作需要上腳鐐應該只是一種"例外"，而不能作為一定要遵守的守則。盧卡斯認為，哥頓少將對於香港監獄囚犯要上腳鐐"規範化"的想法，全是由監獄空間狹窄引起的。其實倫敦並非不明白香港監獄制度不能好好實行、跟不上英國本土"人道化"背後的原因是什麼，但是英國並沒有積極採取任何強硬的方針，讓香港做出改善以及解決基本問題。就像盧卡斯自己說的那樣："再說都沒作用。"

這套守則非常冗長，我們無需一一細讀，不如只看看倫敦最後的回函做出略論。關於腳鐐的問題，後來香港監獄提出，原來新加坡也採用同一做法，因

1 Colonial Office London to Hennessy, 20 June 1877, No.72, CO129/177, p.476.

2 Government Notification – No.440, 30 October 1891, CO129/251, pp.549–558.

3 Internal Discussion of Colonial Office London, CO129/251, pp.539–540.

此殖民地部又再詢問新加坡，但最後結果不詳。[1] 倫敦也想知道削減行為不當囚犯的膳食的做法是否帶來了不好的後果。其實倫敦沒有堅決反對，假如一直這樣做，就算不人道，但因為沒有壞的後果，倫敦就不會反對。但是在內部討論中，盧卡斯的意見比較強烈："一天辛苦勞動，晚上肯定需要吃飯……獄卒不應在任何情況下有這種做法（指削減膳食）。"[2]

上面幾條關於囚犯的處理（例如洗澡、制服、被鋪、工作、訓練、閱讀書籍等），肯定只是紙上談兵，假如與監獄提交的年度報告或者監獄調查委員會的報告比較，就會發現實際完成情況遠不達標。所以這些守則只可以看作"理想"的最高指標，並不能反映實際情況。

港督軒尼詩關於警察法令的修例風波

翻開香港的歷史，時常有感港督軒尼詩的施政總是困難重重、舉步維艱，有來自本地洋商的"妨礙"，也來自倫敦殖民地部的"阻攔"。原因也不難猜度，軒尼詩是出了名關顧華人福祉的港督，因此他的政策時常與殖民統治階層或殖民統治者有利益上的衝突。

即使在監獄管理一個看似沒有實際"利益"的事項，也曾經出現問題。1880 年 9 月，軒尼詩把一份打算修改監獄守則的法案上呈倫敦，請求批准。[3] 簡單來說，軒尼詩在新法令中削弱了太平紳士對因違反監獄規例的（重罪）囚犯加重懲罰的權力，倫敦斷然拒絕批准，語氣也挺凌厲：

> 我向女王陛下建議不批准這份法令，她也下達了這個指令……請你以後上呈的監獄法令都與英國的監獄法令看齊，不同之處需要提供解釋……請注意，對於違反監獄守則的（非重罪）囚犯，也可以在他們身上用體罰。[4]

在倫敦的內部討論中，沒有很清楚地說明為何不能削弱太平紳士的權力，唯一解釋是與英國的法律不同。但其實太平紳士的起源很大程度上與英國地方政權的分佈有關，而香港只是一個小地方，太平紳士的作用其實不大。但是在香港（至少早期的香港）的太平紳士，一來全都是洋人，二來大都是在社會上

1 Colonial Office London to Sir Cecil Smith, 28 January 1892, No.35, CO129/251, p.564.

2 Internal Discussion of Colonial Office London, CO129/251, pp.539–540.

3 香港法律編章 1880 年第 7 號法令。

4 Colonial Office to Hennessy, 28 December 1880, No.95, CO129/189, pp.631–635.

·PROCLAMATION.—No. 6.

By His Excellency Sir JOHN POPE HENNESSY, Knight Commander of the Most Distinguished Order of Saint Michael and Saint George, Governor and Commander-in-Chief of the Colony of Hongkong and its Dependencies, and Vice-Admiral of the same.

[L.S.] J. POPE HENNESSY,
Governor.

Whereas the commands of Her Most Gracious Majesty the Queen, conveyed through the Right Honourable the Earl of KIMBERLEY, Her Majesty's Principal Secretary of State for the Colonies, have been received, disallowing Ordinance No. 7 of 1880, entitled "*The Prisons Regulations Amendment Ordinance, 1880*":—

Notice is hereby given of the same, and the Provisions of the Ordinance aforesaid are declared to be null and void and of no effect.

Given at Victoria, Hongkong, this Second day of September, in the year of Our Lord, One thousand Eight hundred and Eighty-one.

By His Excellency's Command,

M. S. TONNOCHY,
Acting Colonial Secretary.

Colonial Secretary's Office, Hongkong, 2nd September, 1881.

有影響力的洋人，其中很多人是洋商。因此削弱他們的權力，就等於間接削弱了殖民統治的威力。這也是軒尼詩維護華人權益背後受壓的一大原因。[1] 最後，這份法令在一年後就被廢止。

囚犯違反監獄守則的後果

囚犯如觸犯了以上討論的監獄守則會受到刑罰。事實上，每年送往倫敦的報表中亦有針對此類事項的問題。

在 1844 年到 1870 年的報表中，與此有關的問題是："刑罰、鞭笞、上手腳鐐或獨自監禁的理由？" 但是回答都沒什麼規範，不成氣候。例如 1848 年的回答是"偷懶、打架、傷人（守衛）與拒工"，也沒有什麼數據統計。1850 年記錄下鞭笞一般是用來懲罰拒工，腳鐐懲罰暴力行為，單獨監禁懲罰說髒話及打架。1853 年開始有數據，例如：因為在外工作有暴力行為，3 名囚犯被鞭笞；6 名囚犯因不守規定被罰關進 "垃圾房"；29 名囚犯因違反監獄守則被罰單獨監禁，30 名囚犯因為懶惰被罰手動轉輪（handmill）。總之，因為問題不嚴格，回答也都很鬆散、不成體系。到了 1869 年，新表格開始使用之前兩年，法官以及總裁判司仍會因為囚犯偷竊兼用暴力，以及許多其他的違規行為如打架、偷盜、吸煙、不合法物品、拖延與裝病而判其鞭笞處罰——看起來鞭笞是很普遍的一種懲處手段。1866 年，監獄總長對這問題補充說，過去兩年的經驗讓他們知道，無論公開與否，鞭笞都對 "震懾" 罪犯有莫大的成效，特別是再與刺青和放逐的手段結合。隨著蒸汽船變得普遍，監獄長認為從中國來了許多罪犯甚至是慣犯。他還對刺青做了額外的描述：刺青後，監獄裏的

1 Internal Discussion of Colonial Office London, CO129/189, pp.624–626.

囚犯在一年內減少了 26 名。因此沒有必要在昂船洲建立另一個監獄。這麼一來，社會上的盜竊行為也減少了。在 70 名被刺青放逐的罪犯裏，最後只有兩名再潛逃回港，證明刺青配合放逐的手段是有效的。

在 1871 年新的報表中，有一條直截了當的針對性問題："怎樣處罰因違規而被監禁的囚犯，被處罰總人數是多少？"而回答也非常明確：1871 年有 254 名囚犯被罰，其中 62 名受到體罰，148 名的食物配給被停止，19 名要戴上加重的腳鐐（短期），25 名歐籍囚犯被罰不得蓋被睡覺。其他年度的數目節錄如下：

表 2.2：1871–1930 年受處罰囚犯人數

年份	人數	年份	人數	年份	人數	年份	人數	年份	人數	年份	人數
1871	254	1881	6557	1891	12135	1901	2411	1911	957	1921	957
1872	401	1882	2510	1892	7494	1902	1971	1912	1971	1922	421
1873	451	1883	3967	1893	5108	1903	1530	1913	961	1923	432
1874	470	1884	4784	1894	4784	1904	798	1914	897	1924	463
1875	1231	1885	6463	1895	5365	1905	1029	1915	897	1925	897
1876	3029	1886	7993	1896	3887	1906	627	1916	826	1926	516
1877	2465	1887	11174	1897	2619	1907	755	1917	821	1927	616
1878	3973	1888	5338	1898	4033	1908	593	1918	622	1928	524
1879	4892	1889	6936	1899	2495	1909	775	1919	978	1929	524
1880	4416	1890	12718	1900	2844	1910	728	1920	803	1930	524

（有時記錄總人數比實際受懲罰人數少，因為有些囚犯只受告誡，有些被詢問後可能案子不成立）

1898 年，有特別多囚犯因違規而受罰，這當然是因為監獄人太多。還有就是以下因素，令監獄紀律不能很好地實行：1. 監獄裏有一些集體囚室在進行改造，因此其他集體囚室裏塞了更多人；2. 監獄內的在建工程，對於囚犯平日的日程、勞動等都有影響；3. 監獄中的印度籍職工的流動性很大，新手沒有經驗，對於監獄紀律的執行不到位。而大量的印度籍職工離職，是因為在外面找到了其他待遇更好的工作。

關於懲罰的種類，在 1871 年有"體罰 / 停止配給食物 / 加重腳鐐 / 拿走床鋪”，1873 年加上了“獨處監禁”，1874 年開始出現了報表式的回答，顯示出多元化的懲罰。1975 年後的報表如下圖顯示：

表 2.3：1975 年報表

被罰人數	懲罰內容
2	僅限關黑房
21	僅單獨囚禁（短期）
88	同上，只供麵包與水（短期）
604	同上，只供米飯與水。其中 19 人被罰從事曲軸勞動，6 人被罰搬運鐵丸（並在一段時間進行重量級搬運），1 人被罰暫停豬肉配給
43	強制曲軸勞動一段時間
20	被罰在一段時間內搬運鐵丸，還是重的
43	工作時間後額外進行搬運重物勞動
122	停止供應晚飯（這群人中的 1 名犯人還需要搬運重物，3 名犯人必須要轉一段時間曲軸）
74	有一頓飯只提供米飯與水
4	有兩頓飯只提供米飯與水
6	同上，三餐
1	同上，三天
7	一頓飯停止供應魚
1	一次性停止豬肉配給
37	受到體罰
2	被剝奪使用圖書館的權利
1	被剝奪使用圖書館的權利，短期被單獨監禁，只提供米飯與水
1	從較輕工作名單中移出
2	被裁判司判額外監禁（其中 1 人嘗試自殺，1 人行為不當，判罰額外苦工監）
總計	1085

從軒尼詩港督開始，鞭笞不再出現在違反監獄守則的懲罰中，以 1885 的報表為例，比較嚴厲的懲罰大概包括：獨處監禁、水飯（減膳食）、勞役、轉軸等。

表 2.4：1885 年報表

<table>
<tr><th>被罰人數</th><th>懲罰性質</th></tr>
<tr><td>7</td><td>水飯 1 天</td></tr>
<tr><td>62</td><td>水飯 2 天</td></tr>
<tr><td>80</td><td>水飯 3 天</td></tr>
<tr><td>22</td><td>水飯 4 天</td></tr>
<tr><td>54</td><td>水飯 5 天</td></tr>
<tr><td>1</td><td>水飯 6 天</td></tr>
<tr><td rowspan="11">138</td><td>水飯 7 天</td></tr>
<tr><td>水飯 14 天</td></tr>
<tr><td>水飯 1 天 + 單獨監禁</td></tr>
<tr><td>水飯 2 天 + 單獨監禁</td></tr>
<tr><td>水飯 3 天 + 單獨監禁</td></tr>
<tr><td>水飯 4 天 + 單獨監禁</td></tr>
<tr><td>水飯 5 天 + 單獨監禁</td></tr>
<tr><td>水飯 6 天 + 單獨監禁</td></tr>
<tr><td>水飯 7 天 + 單獨監禁</td></tr>
<tr><td>水飯 14 天 + 單獨監禁</td></tr>
<tr><td>水麵包 1 天</td></tr>
<tr><td rowspan="3">5</td><td>水麵包 2 天</td></tr>
<tr><td>水麵包 3 天</td></tr>
<tr><td>水麵包 4 天</td></tr>
<tr><td rowspan="2">4</td><td>水麵包 5 天</td></tr>
<tr><td>水麵包 1 天 + 單獨監禁</td></tr>
<tr><td rowspan="3">44</td><td>扣分</td></tr>
<tr><td>助理總監與太平紳士下發鞭笞</td></tr>
<tr><td>助理總監下發鞭笞（藤打）</td></tr>
<tr><td>總計</td><td>417</td></tr>
</table>

關於體罰，1879 年，監獄總監杜老誌（Malcolm Struan Tonnochy）報告說有 12 名囚犯因為違反監獄規條而受到體罰。1879 年 8 月 8 日以後，軒尼詩港督廢除了鞭笞，以後就再沒有體罰了。因此在 1880、1881 與 1882 年的報表中，受體罰的只有 1–2 名囚犯，針對違規的懲罰變成以削減膳食為主。但從 1882 年開始，體罰又再出現，只不過在報表上已經不再有特別形容為“體罰”的專項，反而多了一項“等候監獄總監與太平紳士發落”，其中一部分違規囚犯會受到體罰。所以報表送到倫敦，至少不會那麼顯眼。1883 年與 1884 年都沒有人受到體罰。然而，到了 1885 年，當哥頓少將上任後，似乎體罰又再出動。那年有 11 宗不服從命令的個案，其中 8 名違規者受到體罰，3 名被單獨囚禁。傷人與打架的囚犯也會被體罰，而他們傷的人甚至是監獄總監——因為那年監獄削減了懲罰餐單中的白米，引發了監獄起哄事件。1892 年，報表中再次出現“不服從命令，有 98 名囚犯被鞭笞”。1893 年，被鞭笞的囚犯達 98 人（1894 年：140 人；1895 年：467 人）。似乎鞭笞已經全面“復興”，1897 年的一份新監獄守則特別賦予了監獄總監額外的權力，可以懲處不超過 7 天的單獨囚禁以及不超過 42 天的隔離監禁（等於水飯餐單），總監覺得這種懲罰特別有效。

在 1899 年的年度報告中，當時的總監梅含理解釋說，鞭笞用刑大幅度減少，原因可能是 3 月出台的新監獄守則有新的計分制，用獎賞（例如減短苦工監等）鼓勵囚犯表現良好。

報表上一直都報告了每年被鞭笞的人數，到了 1900 年代後期，確實減少了很多（1905：7 人；1909：4 人），同時需要在助理或監獄總監的監管下才能進行。1910 年代，可能受辛亥革命的影響，革命活動活躍，監獄中的人數又有增加，1912 年的鞭笞人數又飆升回 14 人。1913 年以後，該數據就短暫消失了。1915 年又再度出現，不過人數不多。1925 年，被鞭笞人數再次回升到 10 人以上（15 人）。一直持續到研究時段的下限，鞭笞依然存在。實際上，香港在 1990 年 11 月才正式廢除了體罰。[1]

---

1 參見懲教處網頁，https://www.csd.gov.hk/tc_chi/about/about_history/abt_his_1950.htm。

第三節　香港監獄法令

1853 年首份監獄法令

這份法令在 1853 年 9 月 20 日通過，是香港的首份監獄法令。之後，港督般咸在上呈法令到倫敦批准的函件中，提到原來一直沿用了 12 年的監獄守則（Regulations）是沒有法律依據的，因此技術上所有根據舊守則執行任務的監獄職務人員都有被法律訴訟的可能性。把情況提請到立法局後，一致決定要通過一份監獄法令矯正錯誤。般咸提到新的法令大都依照英國的法令草擬，但亦配合了本地的情況。[1]

法令有 9 項，不算很多，也說明了要讓一些監獄監管守則，特別是關乎處罰的守則得到立法局的批准。開宗明義，法令第 1 項就說明了會繼續沿用當時的監獄守則，由於有了這個新法令的保護，守則就變得合法了。這一項法令還定明需要在監獄的顯眼處張貼守則，好讓所有人包括囚犯都可以閱讀。法令第 2 項賦予了太平紳士對守則做出修改的權力，但是必須由 3 位太平紳士一起行動，在此之前，必須將要修改或增加的部分告知警長與其他太平紳士。修改後要抄送一份給港督，港督會同立法局也有權隨時反對修改。但是這些修改不能加重原有關於違反監獄守則的懲罰。

法令第 3 項列出了違反監獄守則或紀律的一系列罪行。獄長有權力將違反守則的囚犯關進獨處囚室（但不能超過 3 天），同時這些囚犯會被分配懲罰餐單（就是只提供清水和麵包，或是清水和米飯）。假如囚犯本來就是重犯（felon），可以懲處不超過 12 天的中級體罰。這一系列的罪行如下：襲擊與暴力傷害他人；褻瀆宗教或是說髒話等；不合適、不合理或目無法紀的行為；勞動時懶散或失職、故意毀壞或破壞；惡意損壞監獄囚室、房間中的家具或財產；等等。[2]

假如獄長覺得自己的權限不夠，可以會同太平紳士，懲處有關囚犯不超過 14 天的獨處監禁和懲罰餐單。假如囚犯是 3 個月內的慣犯，又或者本身是重罪犯，那可以懲罰不超過 36 藤的“個人糾正”（personal correction），這裏並沒有說明什麼是“personal correction”，不過推測應該是鞭笞（打藤）。當時

1　Bonham to the Duke of Newcastle,5 March 1853, No.76, CO129/43, p.239.

2　香港法律編章 1853 年第 1 號法令第 3 項。

監獄對協助越獄的外界人士要重罰——不超過 6 個月的苦工監。假如有人帶違禁品進監獄供囚犯使用，也要受到懲罰，不過只是罰款。[1]

假如一個囚犯獲得有條件釋放，但後來卻被發現沒有遵從這些釋放條件，獄長或警察有權將其再度送進監獄，但是這類案例需要上報港督。

法令第 8 項首次說明了監獄中幾種監禁形式的類別，特別是勞動情況；

- 苦工監 / 勞役監（hard labour）：可能會在在獄中或獄外進行，由獄長定奪。這部分會在第三章第 3 節詳細闡述。
- 監禁（imprisonment）：監禁期間囚犯要幹輕活。
- 擔保案（want of sureties）：簡單的監禁，囚犯不用幹活。
- 欠債人（debtors or civil process）：包括民事案件或初審犯人（還未定罪），囚犯是否需要勞動，視獄長需要。

監獄職工執行監獄守則，不會受到法律訴訟，這一條無疑加強了監獄職工的監管權力。從這份最早期的監獄法令中，可以看出當時的監獄並不受殖民當局關注，監獄管理的最終權限掌握在太平紳士與獄長手中，並通過監獄守則來執行。

翌年 1 月，這份法令獲得倫敦的批准，可以通報香港市民。倫敦對於那份監獄守則唯一的評語是關於獄牧的職責，指出應該保證至少每周日舉行禮拜，而不能讓獄牧自行決定，還有就是獄牧每周要探視囚犯不少於 2 次。這是 1853 年，亦是英國本身監獄改革的高峰期，對於香港這塊"新拿下"的區域也本想依照英國宗教的理想主義來管治。[2]

1858 年的勞役監禁（苦工監獄）

關於"苦工監"的詳細內容會在第三章說明，在這裏先簡略提一下英語中"penal servitude"與"hard labour"的分別。嚴格來講，前者是包括後者的一種刑罰（通過審判定罪後由司法機構判定的懲罰），而後者則是在獄中可以懲處囚犯的刑罰（因為其違反監獄守則）。在研究時段內，有兩條法令是關於這個課題的，1858 年的法令後來被 1887 年的法令取締了，前者講的是"penal servitude"，後者講的是再沒有"penal servitude"，之後的刑罰改稱"imprisonment with hard labour"（監禁加苦工）。當然，監禁也可以沒有苦

1　香港法律編章 1853 年第 1 號法令第 4 項。

2　Colonial Office London to Bonham, 25 January 1854, No.48, CO129/43, pp/241–242.

工監。

首份勞役監禁法令在 1858 年 5 月 10 日首次被呈上立法局首讀。在這次會議中，律政司提出港督需要提交一份名單，包括 1857 年 5 月 1 日到 1858 年 5 月 1 日在監獄的囚犯，區分出哪些是已定罪的罪犯，他們是在本地犯罪的還是在中國內地或海外犯罪的，以及這些罪犯的原生地與國籍（假如是中國，又要分開說明）。

法令終於在 1858 年 6 月 15 日通過，[1] 上呈到倫敦批准的函件中提到，這項法令是為了讓司法系統的有關人等在必要時可以以流放懲罰取代原有的苦工監。至於當時究竟能否找到地方流放囚犯，要打上一個大問號。這不光是香港的問題，美國獨立後好不容易找到澳大利亞作為流放地，但是澳大利亞政府也在 1868 年正式宣佈不再接收囚犯，後期考慮過印度某些地方，以及海峽殖民地（現馬來西亞）的納閩島（Labuan）。殖民當局可能不想完全抹殺流放囚犯的機會，因此所定的法令其實具有彈性。

倫敦接到申請後，針對法令中未交代清楚的內容提出一個問題，就是究竟要懲罰哪些囚犯。假如懲罰範圍包括一些無心之失，有的人只因為沒有協助獄警阻止其他人越獄都要受罰，那就太苛刻了。倫敦認為，新的懲罰只應該用在真正越獄或積極協助囚犯越獄的囚犯身上，因此著令做出修改。最後，這條法令一直沿用到 1887 年才被取締。[2]

1863 年第二份監獄法令

首份法令沿用了十年後，一份新的監獄法令在 1863 年 5 月 26 日出台了。這份法令完全取代了 1853 年的第 10 號法令。雖然兩個月後倫敦回應該法令得到女王批准，但是也要做出一系列修訂。

頒佈這份新法令最大的理由，是要把"昂船洲"新建監獄以及把囚犯遷往"皇家撒克遜號囚犯船"的計劃合法化。與此同時，監獄最高領導的級別也從總督（Governor）升到總監（Superintendent），[3] 由港督委任。[4] 不像以前，殖民當局顯得很重視這一次的法令頒佈，甚至加上了律政司對法令背後原因及明

1　1858 年 5 月 10 日立法局首讀，5 月 25 日二讀，延遲到 6 月 10 日第二度開始辯論，15 日二讀通過，決議可以登憲。

2　香港法律編章 1887 年第 10 號法令。

3　Bonham to Duke of Newcastle, 28 May 1863, No.110, CO129/92, p.264.

4　香港法律編章 1863 年第 4 號法令第 7 項。

細的詳細解析。在 1850 年代，中國內地發生了一些動亂，除了不少人湧進香港，香港社會本身也發生了一些事件，包括針對在港外國人的毒麵包事件，因此一下子要關進監獄的人頗多。殖民當局也首次感到在港施政的外來衝擊，因此對於刑事司法制度和監獄等議題，提升了敏感度。

首先，律政司申明香港的罪犯與其他囚犯數目都增加了很多，有必要對各種囚犯做出相應的分辨（注意是分辨，不是分類）。原來，根據醫生的估量，從囚犯的健康考慮，當時的監獄空間（當中還包括了錢債監獄）只能滿足囚犯 50% 真正的需要。在律政司的解釋中，申明昂船洲打算用來安置已定罪的重犯（加上最差勁的罪犯），也預備了一條囚犯船作為暫時的緩衝。監獄守則的合法性又再一次在法令中得到肯定，也預早提到守則會在短時間內加以修正。[1]

這條新法令首讀是在 5 月 13 日，然後在 5 月 26 日的立法局二讀並且獲得通過。該法令篇幅比以前的法令更長，總共有 16 項條款。法令的序言直言香港監獄不足夠安置當時的囚犯，因此要（立法）為囚犯們提供額外的居所和管控。

第 2 項列明，現有的監獄將會被命名為"域多利"監獄，內部會包括一所錢債監獄（以及其他監獄）。從這裏開始，香港有了一所獨立的"錢債監獄"——雖然其實是監獄原址上的一棟建築物而已，但也算是跟隨了英國的做法。第 3 項條款，亦是筆者覺得這份法令最重要的目的，就是把昂船洲要新建監獄的施政合法化。這一項明確申明：

> 港督通知把全部或一部分在維多利亞港口的"昂船洲"預留作監獄用途，以後將稱為"新監獄"。直到"新監獄"修建好之前，現時有一條船在整理中，目的是收容一批將會受僱協助修建新監獄的囚犯，這條船以後亦會被視作新監獄的一部分。[2]

從上述可以看出，在昂船洲新建監獄：1. 已經通過立法局的批准；2. 已經完成立法程序；3. 已經刊憲。[3] 合法性是 100% 毋庸置疑的了。除了昂船洲，殖民當局也做了兩手準備，如有需要可以在其他合適地點選址建監獄，而對於監獄的原址，港督也有權力收地撥作其他用途。筆者認為，這是為日後利用域多

---

1 Note from Attorney General, 28 May 1863, CO129/92, pp.266–267.

2 香港法律編章 1863 年第 4 號法令第 3 項。

3 Government Gazette, 6 June 1863, Vol X, No.23.

利監獄的部分土地做鋪墊。因為新建監獄的費用不少，但在所有的建議文件中，都計算了出售部分監獄原址土地的預計收入（因為在市中心，估算價值不菲）。

第 4 項條款賦予了港督更多的彈性，指出以後有需要，可以再覓其他地點闢作監獄之用，這麼一來，下一次就無需再在立法會通過新法令了。[1] 因為昂船洲已經被列為政府用地，也需要定明不許其他人等再上島，船隻也不准在該島 100 碼以內的範圍出沒，違例者罰款 500 元。殖民當局對昂船洲的原“居民”做出了一點賠償，詳細後述。[2]

關於獄中的懲罰，新法令有特別篇幅說明。與 1853 年的法令比較，大致一樣，但是假如要進行體罰，必須獲得醫生的書面同意。當然，假如是欠債人囚犯或者是輕罪犯，不可以對其進行體罰。[3]

倫敦沒有對新法令做出什麼特別的評語，但指出監獄守則不應該由太平紳士（或裁判司）主導，而應是港督會同兩局，聽取前者的資料與建議而做出決策。內部討論稱太平紳士始終是義務性質，不是受薪的級別，而倫敦認為在新的法令中，沒有清晰地體現這一點。對於獄中的鞭笞刑，倫敦還是耿耿於懷，認為法令中需要申明有必要記錄每一次的鞭笞刑罰。[4] 因為假如在法令中列出，那就是法律，人們不能不遵從。倫敦主要的關注是獄中對囚犯的鞭笞刑罰，指出需要把每個案例都記錄在記事冊中（根據守則，這個冊子需要每周 / 每月上呈港督審核）。[5]

最後，這份法令沿用了 15 年，在 1878 年的 10 月做出修訂（1878 年第 2 號法令）。[6] 修訂只有一項，主要是為了澄清一點：根據 1863 年法令中的第 11、12 項，監獄總監與太平紳士因囚犯違反監獄守則和紀律而下達的刑罰，如囚犯本來定罪判刑的監禁期限已過，是否還能繼續執行。答案是：就算囚犯本來的刑期已經到期，還是可以繼續。在法律上，監獄總監有權繼續監禁並處置任何囚犯，即使他們本來的刑期已經到頭。

---

1 香港法律編章 1863 年第 4 號法令第 4 項。

2 香港法律編章 1863 年第 4 號法令第 5 項。

3 香港法律編章 1863 年第 4 號法令第 13 項。

4 Colonial Office London to Acting Governor, 29 July 1863, No.100, CO129/92, pp.268–269.

5 Internal Discussion of Colonial Office, CO129/92, p.265

6 香港法律編章 1878 年第 2 號法令。

1885 年第三份監獄法令[1]

上述這份 1863 年的監獄法令又沿用了 22 年，到了 1885 年 11 月才被全面取締。新的監獄法令有 20 項條文，取締了 1863 年的第 4 號法令以及 1878 年的第 2 號法令。1885 年，律政司在上呈已經通過的新法令給倫敦時說："這一法令把在英國實行的監獄紀律融合進了香港的系統中。"

原來早在 1883 年，法令的草稿已經得到倫敦國務大臣德比勳爵（Lord Derby）批准。[2] 奇怪的是，從 1877 年開始，倫敦的殖民地部似乎給香港殖民當局下達了頗多關於英國監獄制度的指令。[3] 無論如何，在 1883 年首次上呈倫敦的時候，律政司與當時的監獄總督杜老誌都做足功夫，附上詳盡報告。雖然杜老誌去世了，但他們對頒佈這份法令的初心從中可見一斑。

監獄紀律

律政司愛德華．奧馬利（Edward O'Malley）於 1882 年 10 月 7 日報告：（由於本書最關注的還是英國監獄紀律"傳承"議題，以下就先看這個）律政司申明，新的法令對於這個問題，是從英國本土的法令（1865 年與 1877 年的兩份 監獄法令）"原封不動"地照搬過來的。[4] 他申明新法令裏第 6、7 項關於隔離制度的條文，就完全類似於英國 1865 年監獄法令裏的兩項條文（第 17 、18 項）。但是律政司也明白，這樣的照抄（adoption）未必適用於住宿問題短缺的香港監獄。律政司當時的工作似乎只是依樣畫葫蘆地設立了一個框架而已，他們明知道很多條款都不適用於香港。在報告的最後，律政司再次強調，也許實際情況應該由香港監獄的總督來評核，並在以後的法令中做出配合。

至於監獄紀律的另一個問題"勞役監 / 苦工監"的性質，新法令在第 8 項有所規定，亦等於英國 1865 年監獄法令中的第 19 項。

律政司提到，英國監獄的監管以及紀律是根據下列三個文件執行的：

1. 監獄法令中的條款；
2. 1865 年法令附件中的監獄守則；
3. 1877 年法令賦予國務大臣的一些守則。

因此，香港的監獄草案也是參照這些模式：

---

1 香港法律編章 1885 年第 18 號法令。

2 Internal Discussion of Colonial Office, CO129/207, pp.20–26.

3 Marsh to Derby, 6 January 1883, No.6, CO129/207, pp.26–27.

4 Memorandum of the Attorney General, 7 October 1882, CO129/207, p.37.

1. 法令中的某些條款；

2. 法令的附件“監獄守則”——很大程度上參照英國 1865 年監獄法令附件 A 守則；

3. 法令第 18 項賦予港督會同立法局的權力。

這份報告還在送往倫敦的途中，殖民地部的金伯利勳爵（Lord Kimberley）就已經在前兩天（1882 年 10 月 6 日）又發了函件給港督，下達了新的指令，因此律政司在 12 月 18 日又再致函對法令草稿做出進一步解釋。但是這些與監獄紀律裏的隔離制度沒有關係，就暫時擱置一下。

無論如何，倫敦接到律政司的兩份報告，署名“EW”（應該是 Edward Wingfield），當時殖民地部的助理副國務大臣非常仔細地閱讀了草案。

1898 年第四份監獄法令

1898 年 3 月 16 日，香港向倫敦提交了一份新的監獄法令，[1] 但是關於立法目的的內容並不多。反而倫敦在內部討論中提到，法令只是形式上的需要，因為香港監獄部門增加了助理總監的官階，只需要把這個官階的權力添加進所有的法律守則而已，因此也沒有必要細看這一份法令。

1899 年第五份監獄法令

一年後，一份新的監獄法令在 1899 年 3 月 7 日出台了。事實上，這份法令並不太重要，甚至在港督年終的行政報告書裏隻字未提。倫敦除了對一些程序上的不滿意做出批評，對此法令只有一個關注點：港督被賦予的修改監獄守則的權力太大，需要小心監管。這些權力還包括可以對違反守則的囚犯與監獄職務人員強加懲罰或罰款。[2] 倫敦在內部討論中曾提到這一點，在回覆當時的港督卜力（Sir Henry Blake）時也正式提出了意見，要求殖民當局先上呈監獄守則，他們才能對法令做出批核。[3]

這一年是 1899 年，究竟隔離制度有沒有得以實踐？法令第 7 項提到了關於分隔囚犯的要求，這項條款下有“處罰房、女性囚犯、欠債囚犯、16 歲以下囚犯”等 6 個類別。法令對這些類別在字面上有“嚴格”要求——“必須”要分隔開，英文用了“shall be”。對於罪犯（criminal prisoner），要求是“盡量”不要讓他們彼此交談，而對於監獄裏的囚室，要求是“盡量”提供，比例是取

1 Internal Discussion of Colonial Office, CO129/282, pp.17–20.

2 香港法律編章 1899 年第 7 號法令 18 條。

3 Colonial Office in London to Sir H. Black, 9 June 1897, CO129/290, p.249.

過去五年裏每年最多容納人數的平均數。

到了這一年，太平紳士在監獄中的角色已經變得很被動，他們基本上只剩下巡視監房、傾聽囚犯投訴並作彙報的工作，已經不像開埠那時候有份監管與制定規則了。[1]

1932 年第五份監獄法令

1899 年的法令一直沿用至 1932 年底，才有新的法令出台，目的說是要整合與修改關於監獄的法律。律政司對於這份新法令的評語也不多，[2] 主要是：1. 容許囚犯從監獄轉移到其他地方，例如到法庭出席審訊做證人；2. 監獄總監認為，監獄不可能像以前一樣完全"安靜"，要完全阻止囚犯講話也是不可能的事，因此監獄不再完全阻止囚犯交談，但另一方面監獄守則也要監管"講話太多"的囚犯。隨著新監獄的落成，以前關於囚室的一些條文已不再適用，因此都被刪掉了。例如，關於懲罰房間要獲得港督批准之類的條文已經過時，因為新的囚室大小都一樣，假如適合住人，也必定適合作其他用途。律政司做了一份很有用的比較圖表。[3]

倫敦也認為這份新法令沒有什麼法律上的問題，因此也批准了。[4] 以下是對於新舊兩個法令的條款比較。

Ordinance No. 4 of 1899. Section.	New Ordinance Section.	Remarks.
1.	1.	A consolidating Ordinance.
2.	2.	"chief warders" omitted in (3) these being subordinate officers. "Medical Officers" for "surgeons".
3.	3.	Lai Chi Kok Prison, the Female Prison and the Prison Ward of the Civil Hospital as well as Victoria Gaol set apart as prisons.
4.	4.	As enacted by No. 26 of 1927, s.s. (4) re-numbered (5). New s.s. (4) inserted (See Objects and Reasons).
5.	5.	"and chief warders" omitted.
6.	6.	Last four words of s.s. (1) omitted as surplusage. "Magistrate or other" for "justices of the peace, or" in s.s. (2). last three lines of s.s. (3) omitted.
7.	7.	"As far as possible" for "altogether" in para. 4. Para. 5 omitted. (See Objects and Reasons).

比較 1899 年與 1932 年的兩份法令（CO129/537/9, p.12）

1 香港法律編章 1899 年第 7 號法令 19 條。

2 Attorney General's Report on Ordinance No,32, 1 December 1932, CO129/537/9, pp.10–11.

3 Attorney General's Chart of Comparison, CO129/537/9, p.12.

4 Approval Note by Colonial Office London, 2 February 1933, CO129/537/9, p.2.

第四節　青少年罪犯管教所

我們不難猜到，香港是從什麼時候開始討論設立少年罪犯管教所。1877 年 8 月，港督軒尼詩因為一個罪犯（慣犯）的案件，發函倫敦要求在香港設立一所少年罪犯管教所。[1] 案中涉及的罪犯從 1874 年起，在 3 年間已經有 5 次犯罪記錄，首兩次都是被判短期徒刑，加上鞭笞。第三次，他依然被判監禁，然後被放逐出境，豈料他又潛逃回港。第四次他被判坐牢 12 個月，進苦工監獄，但是刑期過了一半，他就被刺青後在 1877 年 2 月被放逐。軒尼詩上書時，剛好是他第 5 次犯案，他又潛逃回了香港。

軒尼詩認為，在他首兩次犯案時，只是一個小夥子（青少年），其實應該進入青少年管教所，而不必與一些成年慣犯放在一起，這樣他可能就不會持續地犯罪，最後成為慣犯。

其實軒尼詩早前曾就少年管教所發表過意見。在這封函件中，軒尼詩對刑事司法制度中的幾個做法表示反對，包括隨意放逐囚犯、刺青等。縱然他明白這樣的做法只是為了減少監獄中的囚犯人數，但是他質疑做法的“公平性”——無論初犯、慣犯，無論囚犯表現好壞，當他們服完 1/3 刑期，就一齊被送往中國內地。軒尼詩認為這樣的做法未必對監獄紀律有幫助。

軒尼詩注意到，由於獄長都不諳粵語，有可能誤會了囚犯的真正意願，不清楚他們究竟是否願意先刺青後被放逐。畢竟，刺青等於在身體上留下一個永久的“我是壞人”的記印，哪怕有些犯人的刑期只有 3 個月。再者，雖然法律依據是 1872 年第 4 號法令，但是囚犯們要簽字的都是他們看不懂的英文表格。

不知道倫敦有沒有認真回應軒尼詩這一次的請求。1886 年 5 月，署理港督馬師把一份關於少年管教所的法令上呈倫敦請求批准。[2] 附件中有當時律政司的報告，裏面對於法令做出了解釋。原來政府對於這所少年管教所的資助很少，主要是由天主教堂的神父負責。這封函件亦證實其實事情已經被擱置很久了，再回到討論桌上已經是 1885 年秋季。因為 1884 年的監獄年報表暴露出獄中有甚多的青少年囚犯，當時的港督寶雲詢問有沒有其他方法安置這些年輕囚犯。這說明當時的香港沒有任何工業學校或管教所設施，但解決問題卻已經是

1　Hennessy to Earl of Carnarvon, 1 August 1877, No.79, CO129/178, pp.474–475.

2　Marsh to Earl Granville, 29 May 1886, No.176, CO129/226. pp.318–323.

No. 4 of 1872.

An Ordinance to make Provision for the Branding and Punishment of Criminals in certain Cases.

[5th April, 1872.]

1. In all cases where Chinese convicted of any crime and actually undergoing sentence of imprisonment, may voluntarily petition the Governor to be released on condition that they shall be sufficiently marked or branded, to be thereby recognised subsequently, and shall also undertake to quit the Colony and not return thereto without permission from the Governor, it shall be lawful for the Governor to order any convict so petitioning as aforesaid to be marked and branded accordingly: Provided, nevertheless, that every such convict so petitioning, shall state in his petition his willingness to leave the Colony, and, if found therein subsequently without due permission, to be dealt with as the law may direct. Branding in what cases to be resorted to. Must be ordered by Governor.

燃眉之急了，因此只有這些才可以改造年輕的罪犯，又或者讓在街頭流浪的貧窮孩子接受一點工業訓練。

由於政府不打算撥款建立少管所，當時最好的選擇就是利用在西環的一所天主教學校作為少管所，政府每年撥款 600 元資助該學校。這所學校原來是一個已有 20 年歷史的教會團體，原本就會在街上收容一些流浪小孩，給他們一些職業訓練。以前曾有裁判司法官判一些孩子進這所學校，但這種做法並沒有繼續，後來發現其中一個問題是學校的校長並沒有可以“羈留”孩子的法律權力，而現在推動法令就是想賦予學校這種法律權力。曾經的問題還有學校的宗教取向，考慮到華人可能擔心學校會把孩子們變成教徒。但是這一切也無關緊要。署理港督曾經親自探視過這個學校。[1]

無論如何，當律政司檢視這份新法令時，也推薦根據國務大臣在 1885 年 10 月已經批准過的指令草擬。法令特別提到了宗教事項，不過只是委婉地說假如有人反對送小孩進這所學校，那就必須提出更好的安排。倫敦很快就批准了法令，但是加了一句，希望家長們可以對於孩子的住宿有所補貼。[2] 這項條款果然被添加進法令，因此需要再通過一道新法令。[3] 在新法令下，幾年間由裁判司或法庭判進管教所的青少年增加了不少。

1895 年，學校出了自己的一套守則，[4] 可以看出越發重視這項工作。倫敦也

1 OAG to Colonel Stanley, MP, 26 August 1885, No.336, CO129/222, pp.137–172.

2 Colonial Office London to Hong Kong, 26 July 1886, No.112, CO129/226. p.323.

3 香港法律編章 1886 年第 19 號法令。

4 Rules for the West Point Reformatory School, 5 February 1895, CO129/266, p.251.

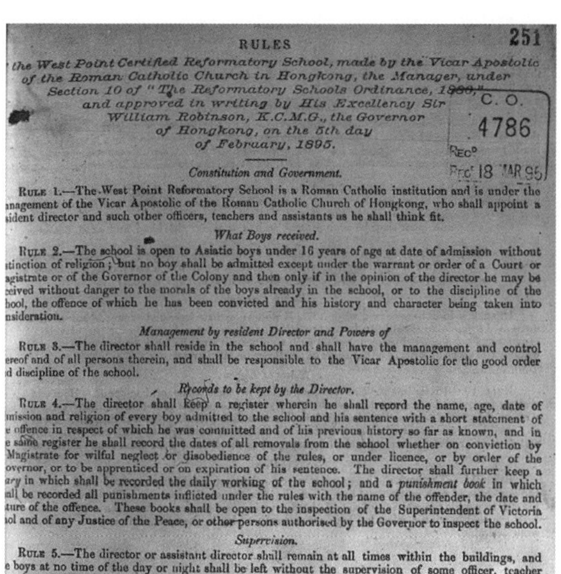

251

RULES

the West Point Certified Reformatory School, made by the Vicar Apostolic of the Roman Catholic Church in Hongkong, the Manager, under Section 10 of "The Reformatory Schools Ordinance, 18[illegible]," and approved in writing by His Excellency Sir William Robinson, K.C.M.G., the Governor of Hongkong, on the 5th day of February, 1895.

C. O. 4786 REC

Constitution and Government.

RULE 1.—The West Point Reformatory School is a Roman Catholic institution and is under the nagement of the Vicar Apostolic of the Roman Catholic Church of Hongkong, who shall appoint a sident director and such other officers, teachers and assistants as he shall think fit.

What Boys received.

RULE 2.—The school is open to Asiatic boys under 16 years of age at date of admission without stinction of religion; but no boy shall be admitted except under the warrant or order of a Court or agistrate or of the Governor of the Colony and then only if in the opinion of the director he may be ceived without danger to the morals of the boys already in the school, or to the discipline of the hool, the offence of which he has been convicted and his history and character being taken into nsideration.

Management by resident Director and Powers of

RULE 3.—The director shall reside in the school and shall have the management and control ereof and of all persons therein, and shall be responsible to the Vicar Apostolic for the good order d discipline of the school.

Records to be kept by the Director.

RULE 4.—The director shall keep a register wherein he shall record the name, age, date of mission and religion of every boy admitted to the school and his sentence with a short statement of e offence in respect of which he was committed and of his previous history so far as known, and in e same register he shall record the dates of all removals from the school whether on conviction by Magistrate for wilful neglect or disobedience of the rules, or under licence, or by order of the overnor, or to be apprenticed or on expiration of his sentence. The director shall further keep a ary in which shall be recorded the daily working of the school; and a *punishment book* in which all be recorded all punishments inflicted under the rules with the name of the offender, the date and ture of the offence. These books shall be open to the inspection of the Superintendent of Victoria ol and of any Justice of the Peace, or other persons authorised by the Governor to inspect the school.

Supervision.

RULE 5.—The director or assistant director shall remain at all times within the buildings, and e boys at no time of the day or night shall be left without the supervision of some officer, teacher

1895 年青少年罪犯管教所守則
來源：CO129/266, pp.251–252

指令學校必須定時派人檢查，還需要是突擊檢查。[1] 這時候的管教所仍然由天主教堂管理，但是殖民當局應允向每個青少年囚犯提供每年 65 元的補貼，上限 10 人，假若超額，補貼就降低到每人 60 元。[2]

1898 年，在羅便臣臨別秋波要離港返回倫敦之際，一位猶太裔商人、慈善家庇理羅士（Belilios ER）承諾資助 1.2 萬元建設一所青少年管教所。這在當時的環境下可以說發揮了很大作用，因為西環那所教導所辦得並不成功。新的管教所選址在銅鑼灣。倫敦樂見有這麼一筆捐款，他們經內部討論認為，這只不過是這位慈善家希望能在英國爵位中更上一層樓而已。[3] 盧卡斯對此曾說：他真的給香港付出了許多（錢），他比其他人付出更高的價錢"買來他的爵位"。一個月後，似乎一切就緒了。與此同時，署理港督請求倫敦安排當時正在英國的監獄副總監參觀當地的青少年管教所。[4]

1900 年 4 月，新任港督卜力上書倫敦，告知管教所的外牆還有很多工程沒完工，因此開幕要等到翌年年初。因為本來的 1.2 萬元資助不夠，庇理羅士

1 Colonial Office London to Hong Kong, 22 Match 1895, No.68, CO129/266. p.252.

2 Robinson W. to the Marquess of Ripon, KG, 11 February 1895, No.41, CO129/266, pp.248–251.

3 Robinson W. to the Marquess of Ripon, KG, 31 January 1898, No.24, CO129/281, pp.106–111.

4 Marsh to Chamberlain, MP, 25 March 1898, No.92, CO129/282, pp.161–162.

Belilios Reformatory for Girls

Hitherto the Belilios Reformatory has been used as an overflow or branch prison. This building was a charitable bequest given to the Colony for a specific purpose, and in my view it is altogether irregular to use it for such a purpose as a branch prison. It is, moreover, very distant from the central prison, and not well suited for such a purpose. The object of the donor was that the building should be used as a reformatory for boys, but changes in the law and its administration in regard to juvenile offenders were partly responsible for the fact that no inmates were forthcoming to occupy this building, even supposing that such an institution were adapted to the requirements of this Colony, of which I have doubts. Only one boy was ever placed in it, and he shortly after escaped. (Laughter.)

On the other hand, owing chiefly to the exertions of the lady whose name the institution bears, the "Eyre Refuge" for derelict Chinese women and girls had come into existence, and its good work was recognised by the Po Leung Kuk, which is, as you are aware, an institution maintained entirely by Chinese for the rescue of women and girls. The Po Leung Kuk, however, does not profess to provide a permanent home, but only to repatriate or otherwise dispose of the women who, under local Ordinances, are committed to its charge. When no means of disposal, such as marriage or repatriation, presented themselves, the directors were glad in many cases to hand over girls to the care of the Eyre Refuge. This institution has now been organised with a representative Committee under the presidency of the Right Reverend Bishop Lander, and with an extended sphere of usefulness. It appeared to me that no better use could be found for this building than as a reformatory for girls. I consulted Mr. Belilios on his recent visit here, and with his cordial concurrence the home has been handed over to the Eyre Refuge Committee.

1909 年 10 月 7 日立法局會議程記錄

又增加了 6000 元捐款。這封信裏再次提到，這所學校除了是英國子民的犯事子女的管教所，還會向青少年罪犯提供職業 / 工業訓練，這些都是短期的。[1] 港督也提到管教所應該歸教育署而不是監獄署管理，正是不想裏面的青少年以後被人標籤化。倫敦的回應中也重點提到，最差的青少年罪犯不會被送到這所新的管教所。[2] 等到管教所正式開幕時，當天的報紙都報導了其開幕盛況。[3]

大慈善家庇理羅士在致辭中這樣說：一開始，我們當然不期望改造的果子有很多，但是我們可以合理地盼望，就算是華人男孩也可以從充滿罪惡的環境（意指成人監獄）中"提取"出來，他們就可以多受好的影響，而遠離那些"老雀"。我不相信華人男孩對於向好是完全冷感的。一定有一些人想要學好，希望這一所管教所能夠提供這麼一個機會……

庇理羅士當時即將要去 3 年外遊，可惜的是，3 年的時間還沒有過去，在 1902 年，因為有新的法令出台，這所管教所已經不再被需要。[4] 新的法令目的是把原有的庇理羅士管教所改造成一所普通學校。原來早在 1892 年，便有一

---

1 Blake to Chamberlain, MP, 3 April 1990, No.138, CO129/298, pp.295–298.

2 Colonial Office London to Blake, 12 June 1990, No.187, CO129/298, pp.301–303.

3 *The Hong Kong Daily Press*, 3 April 1900, p.2.

4 香港法律編章 1901 年第 14 號。

份香港預備建築一所工業學校的草案，不過一直沒有落實。根據後來的一份1909年立法局會議記錄，最後這所管教所成效不高。由於法令對管教所管理事項的修改，再沒有很多"囚犯"被送到該處（只有一名男孩曾經被送來，但他甚至逃走了）。後來，該處所就被用作監獄的臨時分支機構，但是因為它與監獄距離很遠，所以效果也不理想。

有人建議把它改造成一所英童學校。[1] 倫敦對此無異議，但是提到因為地點問題，那裏不會有許多歐籍人士，因此學校應該開放招收歐籍人士、華人以及歐亞混血人士。值得注意的地方是，這封倫敦回函對當時的教育制度提出了批評，因為當時的學校似乎更偏向於教授中文。倫敦的意見如下：

The main object of Education in Hong-Kong is to convert the Chinese youths into loyal and useful British subjects. To endeavour to teach them Chinese is a waste of time and productive of no advantage. I therefore hope that the Secretary of State will insist upon English only being taught in the Reformatory building. I enclose a few rough notes which I have prepared on the general subject and shall be glad to wait on the Secretary of State and give him further information if he should require it.

香港教育的目的應該是把華人青年改造成"忠心與有用的英國子民"。因此教他們中文是浪費時間，完全沒有好處。[2]

這時段的史料中有一個簡報是關於英國人怎樣看待香港的教育制度。具體內容就不在此贅述，但有幾點比較值得關注的是：

1. 連手工工作（handicraft）也只適合本地人，因為他們能習慣當地氣候；

2. 招收華人的醫學院成功在鼠疫時期為本地提供大量的華人醫護，相信一所工業學校也會同樣成功；

3. 醫學院曾經嘗試多用中文教學，但是遭到家長的反對（雖然家長也是華人）；

4. 英國子民出了錢，就相當於便宜了華人（甚至中國）。

5. 堅決反對香港的教育系統，提升教授中文的比重必定帶來金錢上的

1 Correspondence on Kowloon School, 1902, CO129/311, pp.95–108.

2 Behko to C. P. Lucas of Colonial Office London, 6 October 1902, No. 23020/1902, CO129/315, p.206.

損失；

其實到了這個年代，殖民當局或倫敦都已經感受到了華人的高消費能力。他們認為在學校教授中文是徒勞無功，因為中文確實是一門很難的語言，這封信函還說：

> 你看中國的科舉考試，甚至有 90 歲的文人還在參考。所以不是更應該讓香港的華人群體有機會接受一種能讓他們成為對社會有用的資源的教育嗎？[1]

小結

香港直到 1853 年才有了首份監獄法令，之前只是依靠監獄守則來監管。這也證明了當時的管理思維——在香港，需要監管的只有囚犯，因此一直沒有人關注已經在英國盛行的監獄"紀律"制度。1853 年正值英國本土監獄改革的高峰期，主要的改革是監獄紀律系統化，但是香港的監獄管理卻滯留在一個頗原始的階段。

無論是監獄的法令還是守則，都非常強調太平紳士在監獄中的重要角色，反映了英國傳統的做法。因為在 1870 年以前，英國沒有統一中央監獄法令，只有郡城的監獄，而太平紳士是地方級的（司法）首長。香港一直沿用了這個慣例，至 1863 年才被倫敦殖民地部指出不再適用，但也只是針對監獄守則的主導權而已。太平紳士制度在監獄始終保持著它的地位，直到今天，太平紳士巡視監獄依然是獄中最重要的工作之一，但是只起到"次要"的消極性監管作用。研究期間，監獄總監曾經一度要求限制太平紳士下達刑罰的權限。可以看出太平紳士的角色有點尷尬，亦可以說是英國監獄系統中的一個特色，一個申訴機制。可能這正符合倫敦的心意，1863 年倫敦的介入表明，監獄守則應該由港督會同兩局主導，太平紳士負責監管而已。研究期間，監獄的總管理人不斷升格，從獄長到總監到督察；本來隸屬港督，後來直接由倫敦委任。

至於監獄守則，雖然是整個監獄制度的核心文件，但是十分粗製濫造。首

1 Rough Notes on the General Subject of Education in Hong Kong, CO129/315, pp.208–212.

條由當時的輔政司草擬，內容簡單尚可理解。基本上，所有監管囚犯的守則都是依據這份文件執行。第二份則由總裁判司威廉·堅偉執筆，雖然條款苛刻，但至少是根據本地情況擬定，不至於太過“離地”。這套沿用已久的守則，一直到 1853 年首條監獄法令的出現才被廢除。

1853 年，由於新法令的通過，當局意識到舊有的守則缺乏法律依據，也趕緊“縫製”一套新的出台。為了儘快獲得殖民地部的批准，港督般咸稱該守則是依照英國的監獄守則抄襲而來。因此雖然條文增加了，但內容未必適用於香港。這套洋洋大觀的守則，在實際執行中屢屢碰壁。從監獄總監的年報中可以看出，實際並未真正依照這套守則來監管囚犯。報表上的問題也是基於守則設計，並不適用於本地情況，因而報表上的回答也顯得馬虎了事，只是苟且過關。

之後的守則不斷推出新版本，而 1891 年倫敦殖民地部的盧卡斯卻認為這些守則其實都無甚新意。

從對監獄法律依據的簡述中，可以觀察到殖民當局，甚至是倫敦當局，在研究時段內對監獄管理與發展的態度並不積極、熱心或進取。原因也不難理解，因為監獄並非對外單位，不像警隊那樣與香港居民或商人（尤其是洋人）有頻繁的接觸。此外，被送往監獄的通常都是已經被定罪的“罪犯”，因此社會對他們的福祉關注甚少，而大部分囚犯又是華人，他們的生死與狀況更是無人問津。即使偶爾出現像軒尼詩港督這樣的人物，但因受到內外壓力，最終結局也注定是螳臂當車。

第三章

早期監獄的最大挑戰——人滿為患

導致一所監獄過度擁擠的原因不一定是犯罪率上升，而可能與刑事司法政策有關。過度擁擠會削弱監獄實施人道主義的能力，例如影響監獄的衛生條件、囚犯的健康狀況、膳食供應與住宿環境等。此外，過度擁擠也會降低康復計劃、職業與教育培訓以及康樂活動的成效。現代監獄醫學研究更指出，監獄擁擠及其相關問題，例如空間狹窄或缺乏私隱，會加劇囚犯的精神健康問題，增加獄中暴力、自殘與自殺的風險。

監獄過度擁擠普遍被認為是影響囚犯健康的主要原因之一，同時也是導致囚犯行為惡化與釋囚成為慣犯（recidivism）的原因。這個數據被視作一項重要的指標，因為它能反映監獄在"重建"囚犯生活方面的成效。[1] 一般情況下，衡量監獄是否過度擁擠有幾個標準：每個囚犯佔用的面積或空間、每個監倉容納的人數，以及監獄實際人口與計劃容量的比例。[2] 當然，每個囚犯對於擁擠的看法是主觀的。

現代監獄學研究未能全面概括擁擠的監獄所導致的惡劣後果。相反，研究主要集中在以下兩方面：1. 大倉裏的囚犯需要更頻繁的醫療照護（相較於單人倉、雙人倉或面積較小的大倉）；2. 容納人數較多的監獄發生傷人事件的頻率更高。

此外，有研究指出，客觀上的擁擠可能是必要的，但並不足以引發主觀上的擁擠感。研究發現，主觀擁擠感（perceived crowding）是引發擁擠反應的必要且充分條件。這意味著，雖然客觀擁擠並不一定會讓人感受到主觀擁擠，但當主觀擁擠感出現時，無論是基於什麼客觀因素，通常都會導致退縮、攻擊性與緊張情緒等。這種擁擠與緊張情緒具有目的性與情境性。總的來說，當一個人對空間的需求超過現有條件所能提供的範圍時，就會產生緊張情緒，從而激發其減輕這種情緒的意願。最後，監獄中的職業培訓原本旨在幫助囚犯"更新"自我，但當監獄過度擁擠時，集體勞動難以實施，因為需要增設更多的監管人員，這使得本來的益處被削弱。[3]

監獄擁擠導致"慣犯"增加，這是當時殖民當局最不想看到的結果。如果

---

1 Farrington D. P. & Nuttall C. P., "Prison size, Overcrowding, Prison Violence and Recidivism", *Journal of Criminal Justice*, Vol. 8, 1980, pp. 221–231.

2 Gaes, Gerald G., "The Effects of Overcrowding in Prison", *Crime and Justice*, 1985, Vol. 6, pp.95–146.

3 Miller, Martin B., "Rediscovering the 19th Century Prison", *Issues in Criminology*, 1974 Spring, Vol.9, pp.91–114.

說監獄擁擠與慣犯之間形成了惡性循環，那為了保證囚犯不再重蹈覆轍，又走上犯罪之路，監獄寧可釋放部分囚犯。有研究曾探討在大型監獄中是否更容易出現暴力行為。通過分析囚犯的數據（如年齡、職業等），基本上可以估算出每所監獄的慣犯率。然而結果卻出乎意料地顯示，在英國與威爾斯，人口密度較高的監獄反而有較低的慣犯率。一般認為，改善監獄擁擠情況的方向有以下幾種，例如：

- 考慮監獄以外的選擇，例如審訊前的羈留所；
- 把輕罪犯（或非罪犯）從刑事司法制度中分流；
- 著眼於加強預防與減少犯罪的長遠策略；
- 提供司法公義途徑，以減少審訊前的羈留人數；
- 對於特定群體（如兒童、婦女、精神病患者），設置監禁以外的替代方案。

由於早期香港的數據保存不完善，罪案數字難以進行有意義的比較。然而，從 1898 年開始，每年都有一些數據顯示監獄中收容的“非罪行囚犯”人數。所謂“非罪行”，實際上是一些輕罪或與殖民當局收入相關的罪行。通過參考以下圖表，可以對這些數據有所了解。或許可以看出，監獄的擁擠在某種程度上是因果必然的事，因為一些根本不構成犯罪的行為，基於殖民當局要講求“嚴格”執法，就把這些所謂的“罪犯”關進獄中。

表 3.1：1898–1929 年在囚“非罪行囚犯”人數統計

年份	入獄總人數	非罪行總人數	熟鴉片法令	市場法令	衛生法令	擾亂治安法令	賭博法令	小販管制
1898	5427	1837	505	210	286	513		
1899	4789	1858	386	254	118	439	205	
1900	5432	2267	444	180	146	477	509	
1901	5077	2345	576	123	153	240	423	
1902	5988	2729	576	272	115	313		
1903	7273	2500	747	294	140	607	351	
1904	7464	3278	1186	257	273	472	218	
1905	6227	3383	1397	288	141	726*	342	

年份	入獄總人數	非罪行總人數	熟鴉片法令	市場法令	衛生法令	擾亂治安法令	賭博法令	小販管制
1910	4867	2453	882	266	39	252	389	
1911	4178	3418	596	103	23	201	448	
1912	6232	4482	2347^	50	13	198	676	274
1913	6885	1991	274	51	14	152	349	226
1914	4050	1651	180	76	4	116	247	305
1915	4179	1894	208	124	2	97	165	441
1920	5153	2501	866		6	84	122	427
1921	4990	2791	990		8	93	85	534
1922	5014	3351	1607			120	101	475
1923	5338	4695	2457			105	147	498
1924	7382	4720	2932			89	79	549
1925	6389	4509	2595			105	169	443
1926	6511	4842	2775			67	201	278
1927	7740	3778	1037			51	228	243
1928	5756	2717	566			126	158	463
1929	5779	3290	554			47	86	618

（*包括不當行為、傷人與打鬥事件，^包括鴉片煙館法令）
資料來源：殖民當局監獄總監報告

另一方面，自 1885 年起，監獄的年度報表也新增了一項統計，即每年監獄開支中有多少可以領回“償還”（refund）。雖然來自各方（例如軍方、海軍等）的償還金額少之又少，但這項統計顯示，香港的監獄實際上關押（監禁）了一些與本港無關（即並非觸犯香港法律）的囚犯，這也是導致監獄長期擁擠的原因之一。這些囚犯包括：軍方人員、海軍人員、領事港口人員、水手、海員等。

事實上，殖民當局曾就這一問題向倫敦方面反映過，但得到的回應並不令人滿意。後來，倫敦方面僅同意對領事港口送來的罪犯實行實報實銷的償還政策，而對於監獄因長期關押這些與香港無關的囚犯所導致的空間不足問題，卻視若無睹，也沒有支持香港新建監獄的要求。這些問題將在第四、五章中詳細說明。

第一節 觸犯法令的“非罪行”囚犯

本節擬從幾個方面分析當時香港監獄所面對的“人滿為患”問題。[1]

上文列表中提到了幾項法令，觸犯這些法令的人士就要被關進牢獄。包括：

- 熟鴉片法令
- 市場法令
- 衛生法令
- 擾亂治安法令
- 賭博法令
- 小販管制

下面筆者擬對這些法令做簡單介紹，希望能進一步了解這些法令的立法目的，從而探究對違例人士作出逮捕並收監的行動是否“合理”。

市場法令

香港最早的市場法令於 1847 年在立法局（定例局）通過，[2] 此後不斷更新版本，制定了各種更為嚴格的條件。這些法令的主要目的是管制未向殖民當局申請牌照的私營“街市”，規定只有獲得牌照的商戶才能經營街市。這樣一來可以讓這些地方名正言順地納入警察的執法範圍，二來也能通過收取牌照費增加殖民當局的收入。[3] 研究時段內最後一份市場法令是 1887 年通過的第 17 號法令。實際上，違反這些法令只需要繳納罰款，但這些罰款是根據裁判司處的簡易程序法來追討的，因此被關押的人士通常是因為沒有繳納罰款而入獄的。[4]

1　香港在 20 世紀仍受殖民管治的時候，也曾經歷過類似的情況——越南船民。這個問題從 1970 年代到 1980 年代，困擾了香港 25 年。

2　香港法律編章 1847 年第 1 號與第 4 號法令。

3　John Davis to Earl Grey, 13 February 1847, No.18, CO129/19, pp.140–144.

4　香港法律編章 1847 年第 6 號法令第 2 項。

2. And be it further enacted and ordained, that if any pecuniary fine or penalty imposed by this or by any other ordinance now in force in the Colony of Hongkong and its dependencies, shall not be paid on conviction, the said Magistrate or Magistrates, Justice or Justices, shall commit the person convicted to the jail or public prison, there to be kept at hard labour for any time not to exceed three months, as the said Magistrates or Justices shall think fit to direct, unless such pecuniary fine or penalty shall be sooner paid; or the said Magistrate or Magistrates, or Justice or Justices, may send the person convicted to the jail or public prison, there to remain for three days, exclusive of the day of commitment, with an order that within the said time the person so convicted shall be once or twice publicly whipped at the market or other public place.

In default of payment of fines, parties convicted to be imprisoned for three months, or until payment, if sooner made, &c.

香港法律編章 1847 年第 6 號法令第 2 項

衞生法令

報表中提到的衞生法令，應該是 1883 年立法局通過的，[1] 但實際上香港自開埠以來便有管理街道清潔衞生的法令。1883 年的法令可以說是將保持香港衞生的措施制度化了，因為該法令授權設立了一個“衞生局”，專門負責監管市內的衞生問題。在此之前，相關職責都由警察、裁判司、太平紳士等承擔，缺乏系統化的制度。

法令賦權給衞生督察，允許其進入並搜查被懷疑衞生條件欠佳的房產。任何人若拒絕配合搜查，將被處以罰款；若未繳納罰款，則需監禁 14 天。此外，法令還對家中飼養家畜（如豬隻）進行了管制，違規者將被罰款 5 元，未繳款者同樣需監禁 14 天。最後，港督有權針對其他衞生問題（如夜桶、污水、水井、垃圾處理等）制定衞生守則；違規者將被罰款 100 元，或監禁（可能附加苦工監）3 個月；未繳款者將被監禁 14 天，未繳納的罰款也是根據裁判司處的簡易程序法來追討的。

12. The Governor in Council may from time to time make and when made, revoke, add to, or alter regulations for the carrying out of all laws relating to sanitation and especially for the better removal by householders and public contractors, of night-soil, urine, dust, rubbish or filth collected or deposited or remaining on any tenement and may by such regulations affix penalties not exceeding in any case $100 or imprisonment with or without hard labour for 3 months for the breach of any such regulations to be recovered on summary conviction of the offender before a Magistrate.

Governor in Council may make regulations.

香港法律編章 1883 年第 7 號法令第 12 項

擾亂公共治安

香港的首份正式“反滋擾”法令於 1872 年 4 月出台。雖然法令的名目看

1 香港法律編章 1883 年第 7 號與第 4 號法令。

似涉及較為嚴重的問題，但其目的主要是監管一些擾民行為，例如：在公共場所製造噪音、燃放鞭炮煙花等、打磨建築物上的石塊、叫賣商品等行為。其中一項比較引人發笑的規定是，禁止在晚上 11 點到清晨 6 點期間在街上進行“猜枚 / 猜拳”時發出喊叫聲音。

這些行為實際上都是一些不構成真正“犯罪”的擾民行為而已。與上面說過的市場、衛生等法令類似，違反這些治安法令同樣會被罰款 25 元。

除了被視作笑話，這份法令實際上也帶有歧視成分。在港督堅尼地請求倫敦批准法令的函件中，提到立法局在討論該法令時，有議員認為“在熱帶地區，這些滋擾行為尤其令人煩心與擔憂”。倫敦方面對限制小販叫賣的條款也有所反饋，認為實際執行可能存在困難，但最終還是全數通過，沒有提出任何批評。[1]

堅尼地在函件中解釋，當時已有條款限制小販在歐籍人士與英國人居住的區域叫賣。不過他亦表示，未來根據法令制定的守則將盡量避免影響底層華人的生計。

然而，在律政司的解釋函件中，[2] 列舉了一些“吹毛求疵”的瑣碎事項。例如，第 1（b）項提到，華人常用的木頭車因輪子未上滑油而不斷發出吱吱聲，律政司稱這些聲音“令人恐懼”。這些木頭車是華人謀生或搬運物品的必需品，若強行將其定義為“擾民”，那麼這個“民”字顯然只能解釋為“英國的子民——洋人”。這一項條款在幾個月後的新法令中被刪除。[3]

此外，華人工匠在建築過程中，在工地上打磨石塊，也被視為極其擾民的舉動，並被納入立法管制範圍。一個更體恤民情的政府或許會多加考慮，在當時沒有貨車、沒有起重機的年代，工匠的做法其實別無選擇。

小販阻街檢控

研究時段內雖然沒有單獨針對小販管制的法令，但應該是在滋擾法令下對小販進行檢控。然而，對於小販的管制仍然相當嚴厲。1883 年，小販阻街問題日趨嚴重，甚至上報到倫敦。當時的華人領袖何啟曾對此發表意見。雖然這與現在討論的監禁問題沒有直接關聯，筆者認為仍有必要多談一下這個問題。

1　Colonial Office London to Pauncefote, 15 June 1872, CO129/157, pp.406 & 413.

2　Report of Attorney General on Ordinance No.2 of 1872, 10 April 1872, CO129/157, pp.409–412.

3　香港法律編章 1872 年第 2 號法令。

何啟爵士關於流動小販阻街的申訴

1883 年 1 月 17 日，報章上刊登了一則關於“小販滋擾”的講話。原來，何啟爵士在當天早上曾在裁判處目睹了幾名因“阻街與滋擾罪”被控告的小販，因此決定有責任說兩句話，特別是因為其他華紳認為他早前的一些言論可能引起了誤會。他表示，其實“所有”華商，與歐籍居民一樣，都認為街上充斥著太多小販，造成很多不便。然而，他們從未公開表態，因為擔心殖民當局會對這些小販採取過於嚴厲的行動。何啟建議殖民當局以“寬容、強硬以及審慎”的措施來解決這個滋擾問題，過於嚴厲的方法可能會對小販造成損害，且未必奏效。由於小販被允許在街上擺賣已經很久了，因此需要逐步通知，並給予時間讓他們適應改變。此外，何啟提醒殖民當局，如果過於匆忙地採取行動，可能會對香港造成損害，因為小販失去生計後，犯罪率可能會上升。[1] 本節末段提到了一些當天何啟聽審的案件，這些案件反映了所謂的違規行為其實是多麼無聊且無意義的事。從懲罰小販的方式（罰款或監禁）來看，當局應該很清楚他們都是靠擺攤掙口飯吃的草根階層，罰款並不奏效，因此只能將他們監禁，而這又導致監獄過度擁擠，可謂是搬石頭砸自己的腳。

署理港督接到華紳的請願後，[2] 表示會給小販們 10 天的時間離開擺攤的地方，如果他們不再在大街上擺攤，或者搬進華人區，就不會受到干涉。[3] 從這封回應中可以清晰感覺到，到了 1883 年，殖民當局（有時）極需“華人”的“請願”（或表態），因為只有這樣才能有效地推行某些他們很想“動手”實施的、涉及削弱華人福祉的政策。這一次，以何啟為首的 1159 名華人發聲了，殖民當局感覺底氣足了很多。

倫敦對於這兩派華人關於小販的紛爭，採取了不置可否的態度。一方面，他們同意署理港督馬師對何啟一派的回應，並讚許他們終於有勇氣將不滿之處直接帶到殖民當局面前。倫敦要求殖民當局解釋為何當日軒尼詩港督能夠容忍小販阻街的情況。雖然倫敦表示並未看到這些小販造成嚴重的阻礙，但最終仍批准了殖民當局逐步取締流動小販在街上販賣的措施。不過，倫敦也提醒殖民當局，一切行動都要以“公眾方便”為本，切勿只維護同一區或街道上某些商人或店主的利益而對其他人採取行動。

---

1 *China Mail*, 17 January 1883, p.2.

2 其實這個請願主要關於賭博與娼妓，小販阻街只是其中一個很小的問題。

3 Minute by His Excellency the OAG, 4 January 1883, No.4492, CO129/207, pp.128–129.

表 3.2：1883 年 1 月 17 日裁判司處關於阻街的案件記錄

案件編號 350/53	
投訴人	JR Germain，滋擾督察
被告人	胡阿勤，番禺人士，32 歲，小販
	陳明，廣州人士，19 歲，錢幣換算
	陳修，鶴山人士，41 歲，店主
	陳修力，新會人士，40 歲，店主
被控	阻街
判決	第 1 第 2 被告罰款 2 元或監禁 4 天
	第 3 第 4 被告罰款 1 元或監禁 2 天
案情簡介	第 1 被告的檔口是賣燒肉的，把檔口從自己的店一直延伸到路邊的下水道，佔領了整條人行道
	第 2 被告的換錢檔口從他的店一直延伸到路邊的下水道，大概在路邊一尺位置
	第 3 與第 4 被告賣的舊家具，幾乎從行人路擺放到了大路上
	不是小販的被告過去一周每天都受到告誡，之後便收到告票
案件編號 349	
投訴人	JR Germain，滋擾督察
被告人	陳阿麟，番禺人士，31 歲，小販
被控	阻街
判決	罰款 2 元或監禁 4 天
案情簡介	檔口是賣燒肉的，把檔口從自己的店一直延伸到路邊的下水道，大概在路邊一尺位置
	不是小販的被告已經被多次告誡
投訴人	朱桂林，警察號 254
被告人	王阿友，東莞人士，44 歲，女
	吳阿瓊，東莞人士，33 歲，女
被控	阻街
判決	告誡後釋放
投訴人	JR Germain，滋擾督察

被告人	黎阿登，南海人士，39 歲，小販
	黃澤，新安人士，43 歲，小販
	沈喬，新安人士，31 歲，小販
被控	阻街
判決	每人罰款 1 元或 監禁 2 天
案情簡介	全部都是小販，檔口在橫街，超出範圍近 4 尺
	已經被多次告誡

資料來源：CO129/207,pp.124–125

香港鴉片專賣制度

從本章開首的圖表來看，因違反"熟鴉片法令"而被收監的人數位居"非罪行"囚犯之首，因此以下想花點篇幅深入探討鴉片在香港的歷史背景及其影響。

圖表中針對的是觸犯"熟鴉片"法令的違規者。在 19 世紀的香港法令中，專門針對"熟鴉片"的法令基本上只有兩份：1858 年第 2 號法令和 1891 年第 8 號法令。由於 1856 年的法令後來被 1884 年的法令所取代，所以下文將對這三份法令做出詳細介紹。

經常有這樣的說法認為，鴉片貿易是早期英國殖民統治香港的唯一理由。實際上，這一貿易主要掌控在一些大商賈手中，加上英國人早已將香港定為自由港，不對進口貨品徵收關稅，因此無論從香港轉運到世界各地的鴉片貿易有多蓬勃，香港本地並不能直接得益。然而，對於包括印度在內的英國帝國而言，鴉片貿易當時確實是一本萬利的生意。美國獨立戰爭後，英國決定未來的殖民統治地域必須在經濟上自給自足。在倫敦的鼓勵、推動與批准下，為了增加本地收入，殖民當局從香港開埠之初就決定推行鴉片零售業務，通過專賣發牌制度直接賺取稅收，以支撐殖民當局的運作。因此，在香港推行鴉片專賣制度的唯一目的，就是為殖民當局的庫房增加收入。香港警察作為執法者，為這些害人不淺的政策護航，鴉片專賣事業成為眾多"惡法"中最終極的鐵證。曾任香港早期財政司的馬田（Robert Montgomery Martin）[1] 曾說過以下幾句話：

1 馬田（Robert Montgomery Martin），香港 1844–1845 年間的財政司。他因不同意當時港府從鴉片貿易中謀取收入的行為，憤然辭去官職。

比起“鴉片貿易”來，“奴隸貿易”甚至算是仁慈的。我們沒有摧毀非洲人的肉體，因為我們的直接利益需要維持他們的生命；我們沒有敗壞他們的品格，腐蝕他們的思想，也沒有毀滅他們的靈魂。可是鴉片販子在腐蝕、敗壞和毀滅那些不幸的罪人的精神存在之後，還摧殘了他們的肉體；每時每刻都有新的犧牲者被獻祭於永不知飽的摩洛赫之前，英國的殺人者和中國的自殺者競相向摩洛赫的祭壇上供奉犧牲品。[1]

香港最早的鴉片法令於 1844 年 11 月出台，即立法局成立 11 個月後，可見殖民當局對鴉片零售事業的高度重視。法令一讀於 11 月 20 日進行，並於 11 月 26 日二讀後當天通過。從當時的港督戴維斯（Sir John Francis Davis）的一段文字中，可以看出部分英國人的立場：

在鴉片問題上，我們的英方全權代表跟中方大臣琦善已經達成完全的互相理解。中英雙方將對各自的子民採取各自的規則和法律，因此在香港對鴉片開徵稅項不會有任何顧慮。中方政府也公然允許鴉片在通商港口流通。[2]

至於鴉片經營的道德問題，戴維斯與首任港督璞鼎查的態度一致：他們只把鴉片視為與酒精或其他刺激物品相似的商品。因此，戴維斯毫不猶豫地採納了上一任政府的建議，在香港對鴉片經營開徵稅收。

從 1844 到 1900 年間，香港總共通過了 11 道法令，為英國政府在港經營鴉片貿易的合法化鋪平了道路。1844 年的首份鴉片零售法令主要針對在港出售一箱以下（即零售）的生鴉片或熟鴉片（及其他麻醉品）實行“餉碼制度”（Farming system）。[3] 鴉片專賣商獲得一年的專賣權，並可自行擬定鴉片的零售價格。法令亦對違例者（即擁有非從專賣商處買來的鴉片）做出處罰。[4] 這些法令能讓專賣商獨享香港境內所有鴉片買賣的利潤，並杜絕其他競爭者壓低鴉片價格的可能性。雖然法令原本涉及多種物品的專賣權，但對於鴉片，特別賦予

1　《馬克思恩格斯選集》中文第 2 版，第 1 卷，第 713–720 頁。

2　British Parliamentary Paper, China Vol. 31, Sessions Opium War and Opium Trade 1840–1885, Irish University Press, pp.298–299.

3　香港法律編章 1844 年第 21 號法令第 6 項。

4　香港法律編章 1844 年第 21 號法令第 4 項。

了總督"獨一無二"（all and singular）的權力範圍，[1] 這顯示出殖民當局對於鴉片專賣寄予厚望。法令開宗名義地指出，其目的是儘快為被殖民統治地區籌得資金，用以應付殖民當局的公務開銷。[2]

戴維斯在 1847 年 7 月 23 日呈倫敦殖民地部的文件中，提出了支持改變香港鴉片零售制度的論據。[3] 最初，殖民當局的監管範圍僅限於生鴉片，但在 1853 年的第 4 號法令中，這一範圍擴展至生鴉片與熟鴉片，[4] 這意味著在香港境內禁止進行鴉片的加工處理。

第二次鴉片戰爭爆發，中國被迫在 1858 年 11 月與英國簽訂《中英通商章程善後條約》，自此鴉片貿易在中國不再被視為違法。[5] 殖民當局抓住這一時機，迅速加大對中國出口鴉片的力度，將香港打造成最大的鴉片處理中心。1858 年第 2 號法令取消了所有在港分發生鴉片的限制，但熟鴉片的分發與售賣仍然由政府專利管理。英國政府要求所有專賣權中標者繳納一筆巨額押金（至少十萬元，而當時一名華籍警察的年薪只有 18 元）[6]。

1858 年新法令出台後，立刻有案件被提交至裁判司審理。案中"違法"的半箱鴉片是在新法令出台前已裝運並簽署提單的，但華人秦姓專賣商仍將案件提請至裁判司，要求違例者賠償。案件案情無需再詳細分析，但報章上的評語卻值得關注：

> 案中的鴉片的確存在，而該條例的條款又很寬泛，裁判司別無選擇，只能處以罰款並宣佈沒收鴉片……此案對被告來說是不公正的判決，因為根據以前的條例，許可證持有者有權在三月最後一刻之前準備鴉片……如果被禁止處置這些鴉片，他顯然被剝奪了從政府獲得的公平權利……如果這都不是不公正，我們就不知道什麼才是不公正了。當然，政府絕不會想到這樣的事情，而此案的專賣商法律代表 Dr.Bridges 既是立法局議員，自己也是專賣權的擁有者，居然容許他的客戶堅持提出指控，

1　香港法律編章 1844 年第 21 號法令第 6 項。

2　Preamble: "Whereas it is expedient to raise such funds as may be necessary to defray the civil expenses of the Colony of Hongkong and its dependencies..."（香港法律編章 1844 年第 21 號法令序言）。

3　John Davis to Earl Grey, CO129/20,23 July 1847, pp.171–184.

4　香港法律編章 1853 年第 4 號法令第 4 項。

5　《中英通商章程善後條約》第 5 款，洋藥准其進口，聽商遵行納稅貿易。

6　香港法律編章 1858 年第 2 號法令第 2 項。

是很奇怪的事情。[1]

其實，這種情況並不奇怪，只是顯示出鴉片專賣營商中錯綜複雜的關係。立法局議員居然也是鴉片專賣商之一，而又代表其他專賣商擔任法律代表。最終的判決也不令人意外，維護專賣權是首要任務，因為這關乎殖民當局的收入。

1858 年的熟鴉片法令簡單列出了兩類違規行為：1. 沒有專賣特權（牌照）而處理、出售熟鴉片；2. 進口或擁有任何熟鴉片。違規者將被罰款，首次違規者罰款 250 元，或監禁不少於 1 天但不超過 3 個月；再犯者罰款 500 元，或監禁不超過 6 個月。罰款數額會經常更新，並在政府憲報中公佈。欠繳罰款者將按照小錢債法庭程序追討。

1884 年的修改法令進一步細化了違規範圍，新增了一項違規行為：1. 進口或擁有任何熟鴉片（鴉片渣滓除外）；2. 未獲得牌照或專賣權而在港內處理（煮製）鴉片，但明確規定洋人醫生為醫療目的處理鴉片的情況除外；3. 未獲得牌照而開設煙館或其他提供鴉片吸食的場所。此外，法令還對鴉片渣滓進行了細化規定。原來，鴉片渣滓是一種有價值的物品，因為可以再提煉成鴉片。法令特別說明，擁有或收集鴉片渣滓是違規行為，但假如這些渣滓來自個人或他人在家吸食的鴉片則不受限制。這表明吸食鴉片本身並不觸犯法律，只要鴉片來源於專賣商或有牌照的煙館即可。

法令還詳細規定了獲取或運作專賣權及牌照的細則，對於違規者的處罰也更加嚴厲：首次違規罰款 500 元，或監禁（可能附加苦工監）不超過 3 個月；再犯罰款 1000 元，或監禁（可能附加苦工監）不超過 6 個月。

這份法令附有專賣權或牌照的式樣，其中一項重要規定是：假如專賣權已經過期，或有了新的專賣商，那就不能再吸食從舊專賣商手中購買的鴉片，除非獲得新專賣商的許可。

至此，法令並未對吸食鴉片者進行任何管制。因此，本章開首的圖表中顯示的"熟鴉片法令"違規者，並不是染上毒癮的癮君子，而是那些可能令殖民當局失去鴉片專賣收入的人士。

最後一份關於熟鴉片處理的法令於 1891 年出台。[2] 律政司在向倫敦解釋這

1 *China Mail*, 8 April 1858, p.2.

2 香港法律編章 1891 年第 8 號法令。

此照不得交給別人

如已用完鴉片即將此照繳回

按照香港之例　號

即日賣與　街

熟鴉片　兩

錢　分係自己所用

年　月　日發

啟者本公司現所承充

在本港煮賣熟鴉片之

利權於　年　月

日期滿所有各家

買賣之熟鴉片倘屆該

期第三日午後例不得

留存或吸食須得新承

充人允准或稟懇

督憲批准乃可

謹啟

香港法律編章 1884 年第 1 號法令附件 B

份法令時，坦率承認：“鴉片專賣制度長期在香港運行，是香港一直以來並在未來仍會賺取其主要收入的一項制度。” 新法令的部分目的是終止一些現有的優惠，並應對不斷出現的投訴（對專賣價值貶值等）。不變的是，法令仍舊對專賣商提供不懈的保護，從而“保障香港本地的收入”。[1] 新法令限制了個人擁有鴉片渣滓的數量，最多不得超過 2 兩；還制定了針對船隻每年將熟鴉片帶入香港的新規定，船主、代理人等若違規，將被檢控並處以不超過 1000 元的罰款，這一類違規者是新增的；其他修改主要與完善法令運作有關，細節就不在此贅述。

通過分析上述幾項法令，我們可以看到：由於殖民當局對鴉片實行專賣制度，且早在 1844 年已通過立法實施，鴉片貿易在香港成為合法行為，並受到法律的保護。警察的天職是執法者，因此他們就成了護法“天尊”，即便這些是害人無數的惡法。在鴉片專賣制度的法令措施下，警察表面上似乎在打擊違法行為，整治犯法之徒，即那些未取得牌照的鴉片經營者、鴉片處理者。實際上，當時的警察可以說是為虎作倀，為殖民當局的專賣制度保駕護航，為專賣制度下的持牌人排除障礙。通過消除非法經營鴉片生意的競爭，確保持牌人的利益得到保障，從而避免持牌人向殖民當局索賠，使殖民當局從鴉片專賣制度獲得的利潤得以保障甚至增長。這一環扣一環的“如意算盤”，必須依賴名正言順的鴉片法令，加上警察的強力執法，才能實現。

進入 20 世紀，還有四份關於鴉片的法令：

- 1909 年第 23 號法令
- 1914 年第 4 號法令

---

1 Report by Attorney General on Ordinance No.21 of 1891, 12 November 1891, CO129/252, pp.71–76.

- 1923 年第 30 號法令
- 1932 年第 7 號法令

由於想討論的課題“觸犯熟鴉片法令的究竟是誰”已經很清晰，對於其他這些法令，無論是修改，還是推出全新的法令，也都是萬變不離其宗，在此就不再深入研究了。

在一批刊登在報紙上的法庭報告（裁判司報告）中，有 18 宗案件涉及違反鴉片法令。現節錄其中兩宗較能全面反映當時鴉片零售情況的案件以供參考。

第一宗案件：被告張阿順，無業。在 11 號那天，在未從鴉片專賣商取得執照的情況下，非法擁有一些熟鴉片。沙展金寶（Campbell）表示，他在當天傍晚與告密者和兩名海關官員一同前往被告位於威靈頓街 40 號的房子。根據搜查令，他們在房子裏搜查鴉片，最終找到兩個盒子，裏面裝有一些熟鴉片及鴉片渣滓。被告聲稱這些物品都是他的朋友留下的。屋內另一房間中，約有 8 到 10 人正在吸食鴉片，顯然該處平日就是用於此用途的。被告出示了幾張執照，但法庭翻譯後發現這些執照均已過期。與警察同行的告密者提供證據，稱他在 8 號那天從被告處購買了鴉片。被告否認曾向證人販賣鴉片，但承認藏有鴉片，部分從鴉片專賣商處購買，其他則是從朋友處取得。最後，被告被罰款 25 元，或面臨 6 星期的監禁，屋內搜到的鴉片也被充公。[1]

第二宗案件：被告何阿雨是一名店員，在未取得鴉片專賣商發放的執照的情況下，非法擁有一些熟鴉片。警官佩里（Perry）和兩名海關官員及一名告密人，根據搜查令前往威靈頓街 80 號搜查，找到兩個罐子，內有 5 兩熟鴉片，以及 73 斤生鴉片、天平和沾滿鴉片的器具。被告在法庭上出示了 6 個執照。黎阿金是一名無業工人，在 11 號那天到威靈頓街 80 號，從被告處購買了 1 毛錢的鴉片，隨後前往警察局告發，並與警官佩里一同前去搜查。

那兩位官員提供的證詞與警官佩里先前的陳述非常吻合。他們估計查獲的鴉片價值約為 205 元，並確認那些器具曾被用於處理鴉片。法庭上的翻譯指出，被告出示的 6 個執照中，只有兩個屬於何阿雨。被告聲稱，他在 1 號那天從專賣商處購買了兩罐熟鴉片，並承認自己是一名鴉片商人。他的生鴉片是從另外三個人處購得，但他否認曾向告密者售賣任何鴉片。他解釋說，呈堂的煮

1 “Police Intelligence”, *China Mail,* 12 January 1882.

具是他用來煮食的，而天平則是用來稱量生鴉片。案件被延遲審理，以便被告能夠繼續追查賣鴉片給他的人。最後，每人繳納了 100 元作為“保釋金”。[1]

從以上兩宗鴉片案件中，也許能得出一些觀察與結論：

1. 案件的懲罰：除了罰款，似乎都配有監禁作為替代選擇。這是可能因為當時一般人的經濟狀況貧困，無力繳納罰款。然而，對於罰款數額與替代監禁的長短似乎並無明確的準則。

2. 鴉片的處理：案件中搜出來的鴉片被充公，這是當時的慣例——無論非法鴉片來源為何，最終一律送往專賣商處。可以看出，為了落實殖民當局與專賣商的協議，政府願意在任何情況下對專賣商的利益損失做出賠償。這一做法不僅保障了專賣商的利益，也確保了殖民當局能從專賣制度中獲取高額利潤。

3. 專賣商的優勢：這種做法實際上構建了一個預設的控制機制，為鴉片專賣商創造了巨大優勢。專賣商可以大量走私鴉片至中國內地，卻無需擔心鴉片損失。如果這些非法鴉片被英國有關方面查獲，充公的鴉片會全數被送還給專賣商，他們可以在香港境內銷售鴉片或再次嘗試走私。這些保底政策使鴉片專賣生意極為有利可圖。

4. 警察的角色：值得注意的是，鴉片案件中提到的警察均為歐籍，並無華人警察。當時法律規定，只有達到一定官階的人員才有權進入房屋或船隻搜查，[2] 而殖民當局對華人警察的信任幾乎為零。這表明，整個專賣制度的運作系統都是為了便於殖民統治者在最有利的條件下攫取最大的利益，因此基本上與華人警察無關。

到了十九世紀末，英國由於受到國際壓力，開始對鴉片貿易採取積極禁止政策。因此，殖民當局也在英國的壓力下，同意逐步縮減在港的鴉片零售經營，具體措施是由政府接收經營場地及煮煙設備等。換言之，香港的鴉片生意全部轉由政府直接經營。這樣的改變只有一個目的，就是要盡量延長鴉片專賣制度的生命。1945 年，第二次世界大戰結束，日軍戰敗，英國恢復對香港的統治。歷時整整 100 年的鴉片專賣制度才終於落幕，畫上了句號。

---

1 “Police Intelligence”, *China Mail,* 16 January 1882.

2 香港法律編章 1858 年第 2 號法令第 2 項。

19 世紀的公共鴉片煙館

香港的賭博法令

網上有一個名為“香港戒賭中心”的網頁，這是一個義工團體，目的是在香港推動戒賭事工（發起人是一名基督徒）。在網頁的首頁，可以看到這麼一句話：

> 自從香港開始受到英國殖民管治，殖民當局一直忽略了關於禁止賭博的法律。[1]

假如不了解這段歷史，可能會對這句話感到驚訝，尤其是這與本章開頭的圖表形成了明顯的落差。圖表不是顯示監獄中有許多“罪犯”是因為違反賭博法規而被關進監獄的嗎？按理說，應該是因為有法令才會有人觸犯法令，然後被抓，最終被罰款或被關進監獄。這一節，我們將花一些篇幅探討一下香港的賭博法規。

香港最早關於公眾賭博的法令始於 1844 年。1844 年的法令字面上禁止經營賭館，違例者罰款 200 元；如果將某個場所用於公開賭博，則罰款 50 元。欠繳罰款者將根據裁判司處的簡易程序法進行追討。這條法令一直沿用了 32 年，直到 1876 年才被廢除。比較這兩份法令，會發現其中的用詞很接近，那

1 https://www.hkgamblers-recovery.org/eng/about_person.php.

為什麼要多此一舉，重新頒佈一次法令呢？原來這背後有一段很長的故事。

1855 年 10 月 8 日的《德臣西報》上，有一則關於殖民當局公告其不容許“賭館”的記載。文中似乎批評了政府假惺惺的態度：一方面呼籲民眾舉報華人經營賭館，另一方面又“暗地裏”容許代表向這些賭館經營者收取費用。

1860 年 6 月 21 日的《德臣西報》刊載了一則讀者投訴，該讀者稱雖然有禁止賭博的法律，但當時滿街滿巷都是賣“白鴿票”的店鋪。居民們似乎深知地保有份參與其中，而立法局的尊貴議員們在路過這些店鋪時也視而不見。這位明顯是洋人的讀者感慨，此事已經不僅限於華人圈，因為家裏的傭人也會因輸錢而盜竊主人家的財物變賣。

這位讀者說得對，雖然 1844 年便已有法令禁止公開賭博，但因為一直沒有嚴格執行，法令形同虛設。到了 1864 年，香港經濟的自給自足越發明顯。隨著港督羅便臣於 1865 年離任，香港迎來了一位新港督——麥當勞（Sir Richard Graves MacDonnell）。[1] 這位港督作風強硬，與倫敦的不協調更加明顯，其管治中的一些措施也引來不少非議，特別是他對博彩業的監管，他是首位在香港推行“賭博合法化”的港督。本節將特別對麥當勞的這項措施加以論述，因為它對警政有著直接的影響。以下幾點需要特別說明：1. 殖民當局與英國的

1　雖然羅便臣在 1865 年 3 月就已離任，但新港督麥當勞卻在 1866 年 3 月才到港接任，期間由當時的輔政司孖沙（William Mercer）擔任署理港督。

不協調持續；2. 英國政治架構中殖民地部與議會的分歧；3. 在直轄式殖民統治下的香港，港督的權力極大，有時甚至可以擺脫立法的制肘，實行完全的行政主導。

新任港督麥當勞從一開始便認定，貪污賄賂問題是培養一支高效警隊的最大障礙。[1] 麥當勞提到一名被他解僱的妓院督察，此人每月收取至少 300 元的賄款，而其工資僅為 60 元。貪污問題也不僅限於華人警察群體，麥當勞還提到另一名被解僱的警察，他在離職前居然匯了 7000 元回英國，推測這是一名英國人。

1867 年 4 月，麥當勞上任剛好一年，他開始推動政府用“發牌制度”監管賭館。對此，雖然他預期將會碰不少釘子，但是仍然按部就班地推進計劃。當時的警察總監迪恩向他報告了警察在對賭館進行突擊行動時受到的不少阻力。[2] 而且在很多情況下，裁判司都裁定賭館對警隊成員行賄不構成違法行為，因此在警隊內很流行每周“派片”[3]。迪恩認為，只要一天不將這些賭館納入“制度內”（就是通過發牌制度使之合法化），鍋裏的老鼠屎（警隊裏的問題人物）就會有辦法繼續這種勾當。

在麥當勞上呈倫敦的建議書中，有一段描述指出，從發牌制度中“可以輕易獲得超過 20 萬元的金額，即使造幣廠關閉，香港仍能利用這筆收入恢復其軍事貢獻”。在這段文字旁邊，有人（可能是殖民地部的官員）加了一句“最好省略這一段”，[4] 這暴露了當權者的虛偽。麥當勞更指出：“在這裏（香港）討論遊戲的抽象道德將是一個錯誤……事實上，適合英國的情況可能不適用於香港的華人人口。”[5] 這似乎表明，女王的代表有時認為英國的價值觀（甚至法治）是有選擇性的。麥當勞還建議必要時可以到澳門“取經”，因為當時博彩業在澳門已經合法化，那裏“維護秩序和保護其壟斷的責任由合作夥伴承擔——政府在必要時向其（指博彩業）提供警察援助”。最後他指出，在澳門博彩機構中，任何類型的糾紛或騷亂都極為罕見。[6]

---

1 MacDonnell to Earl of Carnarvon, Sec of State, 07 January 1867, No.183, CO129/120, pp.42–43.

2 Quin to Mercer, 25 April 1867, No. 82, CO129/122, pp.23–26.

3 “派片”是香港俚語，意思是向警察支付保護費，也是犯罪集團如三合會經營的娛樂場所中需要支出的費用。

4 MacDonnell to Duke of Buckingham & Chandos, 09 May 1867, No.280, CO129/122, p.16.

5 MacDonnell to Duke of Buckingham & Chandos, 09 May 1867, No.280, CO129/122, pp.13–20.

6 MacDonnell to Duke of Buckingham & Chandos, 09 May 1867, No.280, CO129/122, p.20.

預知到倫敦可能會有負面反應，麥當勞特意將發牌制度的法令安排在一份關於維持社會秩序與"風化"的法令中，只佔全部 24 項條文中的一項（第 18 項）。這一項條文的文字顯然經過精心雕琢："賭博之風盛行於香港，目前的禁賭條例未能起到肅清之效。為逐漸監控並最終打擊賭風，政府將在未來設立法規，以實現最終全面（目前逐步）肅清賭風的目標。"[1] 然而，條文並未具體說明實際做法，敏感字眼如"發牌制度""賭博合法化"並未出現，其深意隱藏在"逐漸"與"最終"兩個詞中。[2]"最終"意味著會打擊賭博，但"逐漸"則表明目前不會採取行動。事實上，政府不但沒有打擊賭博，還通過發牌制度對其加以保護。

這樣避重就輕的安排，目的是避開倫敦的審查。但是在討論階段，仍免不了要徵求殖民地部的意見。一方面，麥當勞提出向賭館徵收牌照費，每年高達 20 萬元；另一方面，他強調賭博合法化（發牌制）純粹是為了改善治安與提高警隊效率，政府收入並非考慮因素。在這個前提下，倫敦方面欣然同意了這一提議。對於徵收的牌照費，設立了一個特別基金，規定只能用於警隊支出，還規定了每年的上限，以防止為增加收入而濫發牌照。這無疑是一種掩耳盜鈴的做法，但倫敦卻樂於接受並批准。由於這個特別基金背景不太光彩，對外披露的資料很少，日後經常被批評缺乏透明度。倫敦殖民地部的批准方式也是"推手式"的，顯得模棱兩可。當時新任的殖民地部外務大臣錢多斯公爵（Duke of Buckingham & Chandos）這樣回應："我的前任卡那封勳爵（The Earl of Carnarvon）在其 11 月 22 日的第 84 號文件中批准將賭場的賭博置於"發許可證"或其他監管制度下——前提是該措施不被視為收入問題，而被視為警察問題。"[3] 這段回應有兩層含義：第一，批准的決定是由上一任作出的（這意味著錢多斯公爵本人並未明確表態）；第二，批准的理由是基於"警察免受貪污的問題"，而非看重"來自殖民管治地區的收入"。

到了 1870 年與 1871 年，也就是發牌制度運行了若干年後，香港掀起了對這一制度的大控訴。本意旨在杜絕警察受賄的發牌制度，反而令罪案增加不少，這成為城中熱議的焦點。甚至有各華洋團體向政府發出請願信，要求正視賭博業對社會治安的不良影響。這些投訴不僅局限於本地，還鬧到倫敦，

---

1 香港法律編章 1867 年第 9 號法令第 18 款。

2 實際做法是從賭博的盈利中抽取 7%–8% 作為牌照費。

3 Duke of Buckingham & Chandos to MacDonnell, 18 July 1867, No.76, CO129/122, pp.21–22.

甚至英國議會也對此議題展開討論。[1] 事實上，根據議會下議院的記錄，1869 年至 1871 年間，總共有 5 次發往殖民地部的各類請願、信件等，請求考慮阻止賭館在發牌制度下繼續經營。[2] 因此，殖民地部的外務大臣金伯利勳爵也不得不做出回應，勒令港督告知請願者，已責成署理港督徹查香港的治安情況，包括警隊的狀況以及禁賭事宜。[3] 與此同時，到了 11 月，本地的三位傳教士聯名上書，投訴總登記司史密斯在回應一份華人請願書時的言論與態度。[4] 在倫敦殖民地部的內部討論中，也提到一封由香港 947 名華人居民簽署的請願書發往倫敦，要求禁賭。雖然殖民地部在回信中表示不希望請願信的意願因總登記司的言論受影響，[5] 但其內部討論顯示，殖民地部的態度仍偏向發牌制度，畢竟其帶來的收入可觀。除非壓力真的很大，否則他們根本不想處理此事。

接下來，由於治安狀況惡化，反對賭館發牌制度的壓力越來越大，甚至引發市民在集會上公開要求禁賭。解鈴還須繫鈴人，麥當勞只好將自己先前定下的措施與想法完全推翻，從頭再來。這再次顯示出港督在香港施政的權力是何等超然，正如他在後來完全推翻昂船洲新建監獄的計劃一樣，港督的想法蓋過了一切。

麥當勞選擇僅通過行政手段來實現禁賭，並未採用英國人一貫的立法程序。

1872 年 1 月 20 日，殖民當局發佈了一份中文公告，部分內容如下：

> 通知　殖民地秘書根據總督閣下的命令發佈了一份重要通知
>
> 20 日，香港公共博彩館的執照被吊銷，從此以後，維多利亞城、九龍以及該島的村莊禁止任何種類或形式的博彩活動。在過去的四年中，政府在某些公佈的嚴格條件和規定下，允許在某些知名場所進行賭博。這一計劃消除了警察部門腐敗的有害根源，根除了眾多小偷、流浪漢以及其他對和平與良好秩序有邪惡意圖的人士，明顯減少了迄今為止大量的僕人盜竊案件。通過這種方法，非法博彩活動在香港已經銷聲匿跡了很長一段時

1 Whitfield to Earl of Kimberley, 25 September 1871, No.145, CO129/152, pp.55–56.

2 Correspondence and Papers relating to Gambling House Licence System in Hong Kong, House of Commons Papers 1871, No. 379, Vol. 47, XLVII. 855, pp.54–59.

3 Earl of Kimberley to MacDonnell, 01 December 1871, No.148, CO129/152, pp.86–88.

4 Missionaries to Colonial Secretary Austin, 05 October 1871, No.153, CO129/152, p.119.

5 Lord Kimberley to MacDonnell, 04 December 1871, No.158, CO129/152, p.124.

間。由於和平與良好秩序已重回島上，原本允許在幾個固定地點進行賭博的控制系統現在受到壓制。[1]

不知情者也許會對通告的最後一句信以為真。事實上，從 1869 年到 1871 年期間，關於警察的種種投訴、埋怨、不滿以及警方自己的辯護與檢討等，都無法打消社會各界對警隊的質疑。在 1871 年秋季，非官方的太平紳士終於召開了一次公眾會議。當天會議上，很多居民（當然是洋人）表達了對當前治安的擔憂、對警隊表現的不滿以及對警察法令不足的批評。有人指責政府怕事，因大部分人口是華人而不敢對罪犯執行嚴厲的法律。會上揭露的事例頗有意思，例如警隊中只有數名警長可以進入賭館，其他普通警察無權進入阻止或調查罪案；還有人（特別是洋人家中的僕人）攜帶賊贓進入賭館作為賭本。[2] 這些發言也反映了香港社會中存在的許多利益衝突，例如殖民當局財政困難，但由於"發牌制度"可以收取可觀的牌照費，因此他們即使明知賭館是罪惡的溫床，也容許其繼續開放。

麥當勞向倫敦解釋通告內容時的原話是："除了禁止街頭賭博，警察不再被賦予任何對賭徒的特別權力。"[3] 而禁止街頭賭博仍在執法範圍內，但這只是為了防止其阻塞交通而已，與禁賭沒有關係。實際上，殖民當局將要採取的辦法，基本理念是把警察摒除在"賭博生態圈"之外。麥當勞聲稱這是一項新嘗試，但他有信心會走得通，因為禁令出台後 16 天內，沒有一家賭館重開，賭場東主找不到可以收買的"法律服務人員"作為保護者。[4] 麥當勞果然是相當進取的官員，對於推翻 1867 年他親手推動的賭博合法化，他直言不諱地向倫敦承認錯判，並認為現在正是糾正的機會，補救的方法也名正言順。他告知倫敦，除非動用立法局修改法例，實施一系列禁賭措施，否則只能採用他的方法，因為 1867 年法令中的第 18 項已經提供了足夠的彈性與空間，港督可以隨時（from time to time）通過法規做出全面禁止。[5] 而關於警察的禁賭權力的條款，也只適用於當時實行的規則或規例。因此，在那些規則已經失效的情

1 Notification by Colonial Secretary, CO129/156, p.294.

2 *HK Daily Press*, 29 September 1871, p.2.

3 MacDonnell to Earl of Kimberley, 06 February 1872, No.941, CO129/156, pp.285–289.

4 MacDonnell to Earl of Kimberley, 06 February 1872, No.941, CO129/156, p.287.

5 香港法律編章 1867 年第 9 號法令第 18 項。

況下，所提及的權力就不可能發揮作用，[1] 這是對英國法律體系高明而靈活的運用。然而，香港的大法官約斯梅爾（Mr John Smale，他也是禁賭的支持者）曾兩度上書，甚至草擬了一份正式的法令，預備在香港實行禁賭。[2] 最後，倫敦殖民地部在 1871 年 5 月回函副港督，正式提到待麥當勞回港後，立即責成他考慮"禁止"整個發牌系統，[3] 不必採用正統的立法方式而達到施政目的。這種做法確實快速而精準，但這樣隨時改動政府法規，對於營商的生意人來說並不是好事，這令他們無所適從，預算大失。

另外，與軍警衝突一樣，賭博問題也反映出英國與香港本地存在的分歧。成立倫敦都會警隊的原意，包括推動新教的某些價值觀，例如盈利應該建立在勞動的基礎上，而不是從事賭博活動。因此，英國議會中有不少禁賭的擁護者。但殖民當局以及倫敦殖民地部，均認為發牌制度既可以平定警心（至少在最初實行階段），又能為殖民當局帶來可觀的進賬，因此並不抗拒。如果不是驚動了像倫敦會這樣有影響力的組織並鬧到英國議會，相信倫敦並不會急於扼殺這一政策。

到三月初，禁賭已經實行了七周的時間，當時有讀者向報紙投稿，質疑政府採取的措施：禁止警察干預賭博（或賭徒），實際上是在變相"鼓勵賭博"。[4] 除此之外，把警察的這一職能交到幾名華人偵探手上，而不認為他們同樣會成為賄賂的對象，也很難讓人信服。警察總監或總登記司是否可以全心信賴這幾名華人提供的信息資料，也是一個問題。

這名讀者的質疑並不是無理取鬧。但麥當勞在給倫敦的回應中，[5] 並未對這些質疑做出解釋。他只提出當時的"事實"確實如此，自從禁令開始，沒有一家賭館在運作，警隊亦沒有出現受賄的情形。對於文中說仍然有多處賭場在經營，麥當勞推說是子虛烏有之詞。他解釋說，不熟悉華人的習性，就不會了解為何新的舉措能成功打擊賭博活動與貪污。他指出有影響力的華人圈子在香港漸趨成熟，因此"希望"他們會比以前更願意與政府合作，提供正確的信息，

---

1 香港法律編章 1867 年第 9 號法令第 20 項。

2 Correspondence and Papers relating to Gambling House Licence System in Hong Kong, House of Commons Papers 1871, No. 379, Vol. 47, XLVII.855, pp.57–64.

3 Correspondence and Papers relating to Gambling House Licence System in Hong Kong, House of Commons Papers 1871, No. 379, Vol. 47, XLVII.855, p.75.

4 *HK Daily Press*, 2 March 1872.

5 MacDonnell to Earl of Kimberley, 6 March 1872, No.957, CO129/156, pp.396–417.

這樣就不用全部依靠那幾名華人偵探。對於日益增多的路邊非法賭檔，麥當勞承認無法阻止，因為喜愛賭博是華人的特性，只要不阻塞道路就可以了。雖然新的制度是否成功還言之過早，但他認為肯定比此前更好。麥當勞不忘指出，以前的發牌制度其實是成功的，但“奈何因為一些在英人士所願，而這些人的影響力讓他們所信的成為主流”。[1] 這裏再次證明，殖民當局與英國政府一直都存在不同的觀點。綜合來說，麥當勞的這份報告實屬言之無物，用現在的話來說就是“硬挺”罷了。

因此，香港戒賭中心網頁上的那句話是正確的：殖民當局要禁止的不是市民賭博的惡習，而只是未付過牌照費的賭博事業營運商而已。

以下是一些被法庭判觸犯“賭博”法規的案件，我們可以看看究竟是觸犯了什麼法律？

> 1860 年 3 月 1 日，根據上周在中央警察局收到的信息，署理裁判司簽發了搜查令，太平山的三棟房子被包圍。搜查人員一進去就發現了許多賭博工具，18 人立即被拘留。之後，他們被帶往裁判司受審，其中一名男子是房主，被罰款 200 元，即六個月的苦役；其餘每人被罰款 25 元。[2]
>
> 警方對興隆街（Endicott Lane）、機利文新街（Gilman's Bazaar）、皇后大道西、太平山等地的賭場進行了全面清查，共抓獲 18 名男子並收繳一批賭博工具。[3]
>
> 昨晚，警方包圍了 Lower Bazaar 一家長期可疑的賭場，逮捕了 30 名男子。他們今天被帶到助理治安法官面前，每人被罰款半元。[4]
>
> 警方昨晚進入皇后大道西的一家賭場，逮捕了大約 50 名罪犯。賭注很大，因為除了黃金和白銀，還發現了幾張 50 美元的紙幣。所有賭款當然都將被沒收，加上罰款，這對殖民當局來說是一筆不小的收入——如果這些都能到達財政部的話。[5]

總的來說，殖民當局通過賭博法令徵收牌照費，積累了不少財富。根據

---

1 MacDonnell to Earl of Kimberley, 6 March 1872, No.957, CO129/156, pp.396–417.

2 *China Mail*, 1 March 1860, p.2.

3 *China Mail*, 4 October 1860, p.2.

4 *China Mail*, 2 August 1860, p.2.

5 *China Mail*, 22 November 1855, p.1.

九龍城寨賭館外觀
來源：CO1069/453

一份報告，截至1876年6月30日，殖民當局在三家英資銀行（東方匯理、渣打和匯豐）的"特別基金存款"竟高達66萬，推測全數來自賭博牌照收入[1]。報告還指出，若將這筆資金一次性匯往倫敦，恐將引發香港銀行體系的崩潰，可見其數額之龐大，也反映出賭博法令為殖民當局帶來了一筆相當可觀的財政收入。

香港的嚴重罪行

筆者嘗試把真正的嚴重罪行列舉出來做個比較，奈何史料不足，但仍列舉部分以作參考。

表3.3：嚴重罪行概覽

年份＼罪行	殺人	誤殺	傷人	搶劫傷人	撬門偷竊	盜竊	接贓	綁架拐帶	海盜
1880		1	12	7	19	809	213	38	20
1881	1	3	12	16	26	898	227	29	
1882	1	1	11	10	23	1009	122	17	6
1883		12	17		23	893	199	7	4

資料來源：監獄總監年度報告

1 "Stability of Local Banks", 29 November 1879, CO537/33/33.

本節篇幅頗長，目的是想證明一點：英國人一直埋怨香港罪犯很多，特別是華人罪犯，但是根據他們自己的數據，經分析後發現，其實絕大部分都是他們自己標籤的"非罪犯"囚犯。而這些"非罪犯"觸犯的罪行，要麼是為了維護香港殖民政府的利益（如鴉片法令、賭博法令），要麼是為了維護英國人的喜好，使其免受華人"滋擾"（如小販阻街、衛生法令等）。當下次再看見有評論說"早期香港充滿罪犯，特別是華人囚犯"時，可以重新思考這句話的真實性。

第二節　英國領事法庭罪犯的處置

領事裁判權與治外法權

在第一章中，提到 1864 年香港監獄已經非常擁擠，又成了英國在中國內地與日本設有領事館的囚犯收容所，把囚犯的數量再推到高點。本節擬討論香港成為英國在華領事法庭囚犯收容所的問題。首先，在了解"領事法庭"的背景前，必須指出題目中的兩個詞其實指的是同一件事：領事裁判權[1]（Consular Jurisdiction）是一個國家通過外交途徑，如領事等，對處於另一國領土內的本國國民根據其本國法律行使司法管轄權的制度。但也可以從另一個角度理解：治外法權（Extraterritoriality）是免除本地法律司法權的情況，通常是外交談判的結果，例如一個國家的公民在他國訪問期間可以享受治外法權。在這種情況下，如果這個人涉嫌犯罪，他國的法院不能進行審判，必須將其交還本國的領事處理。治外法權是兩個國家之間的相對權利，但通常是戰勝國對戰敗國提出的要求。原本這種特權僅被賦予外交官，普通民眾不得享有。然而，由於清朝國勢衰弱，司法制度不被信任，列強因此要求普通人也享有領事裁判權。

在鴉片戰爭之前，尚未有條約規定的治外法權時，外國人在中國犯下刑事罪行，必定會依據中國的法律嚴懲。[2] 但在某些情況下，清廷官員仍願意行使一定的酌情權。例如，1810 年，在黃埔港的一艘船上發現了一名華人的屍體，後來查明兇手是一名在東印度公司船隊工作的英國海員。起初，清廷官員拒絕

1　領事裁判權亦是一種治外法權。

2　大清律例刑罰篇第 34 條。

發放船隻許可證，除非交出兇手。但後來，清廷又同意只要按照類似英國法律的方式對兇手進行懲罰即可。這種行為有時被視為清廷在條約制度之前，已經開始對治外法權妥協。但是亦有看法認為，清廷只不過是想尋找一個最方便的解決方案而已。[1]

有時，在肇事雙方同意的情況下，清廷也可能不予追究。例如，1821年，一名華人婦女疑因一艘外國船的不慎行為而喪命。在獲得船公司賠償後，其家屬決定不再提起訴訟。根據大清律例，官員可以介入這種糾紛，因為政府有責任維護公共安全。但如果事件不牽涉公共安全的話，官員也可以不予干涉，除非受害方家屬堅持要求公正處理。但是很顯然，在此案中，由於家屬已獲得金錢賠償，他們對此沒有異議。[2] 另一方面，清廷有時並未堅持對外國人執行中國法律，但又盡力承擔起另一項責任——在發生事件時保護外國人。當有外國人被華人打傷或殺害時，清廷官員必定依據清朝法律處罰兇手，絕不輕易放人。

19 世紀，英、美、法等列強侵略中國，通過簽訂一系列不平等條約，侵犯中國的主權，包括設立領事裁判權這樣的特權——領事裁判權起源於古希臘，在西方早已經被廢除，但是隨著帝國主義入侵東方，又再"復活"。其實，最早出現在中國的治外司法管轄權（簡稱"治外法權"）協定，是 1689 年與俄國簽訂的《尼布楚條約》，[3] 其中規定：雙方在對方國家的罪犯必須移交本國當局法辦。不過，這種權利是相互的，因而是平等的，不含近代殖民主義不平等條約下的領事裁判權的意義。[4]

在鴉片戰爭之前，中國一直都是一個司法獨立的國家，在國土的每一個角落都實行自己的司法管理。然而鴉片戰爭爆發後，中國的司法獨立情況發生了很大的變化。

英國的治外法權

1843 年，英國從《中英五口通商章程》中正式取得治外法權。[5] 美國也緊隨

---

1 Koo, Wellington VI Kyuin, *Status of Aliens in China*, New York: Columbia University, 1912, pp.50–51.

2 Koo, Wellington VI Kyuin, *Status of Aliens in China*, New York: Columbia University, 1912, pp.55–57.

3 "Pactum Nertschiae" 是清朝和俄羅斯沙皇於 1689 年簽訂的第一份邊界條約，也是中國歷史上首次在國際法的精神下簽訂的條約。

4 郭衛東：《不平等條約與近代中國》，北京：高等教育出版社，1993 年，第 82–83 頁。

5 Cassel, Par Kristoffer, *Grounds of Judgement: Extraterritoriality and Imperial Power in 19th Century China and Japan*, London, NY: OUP, 2012.

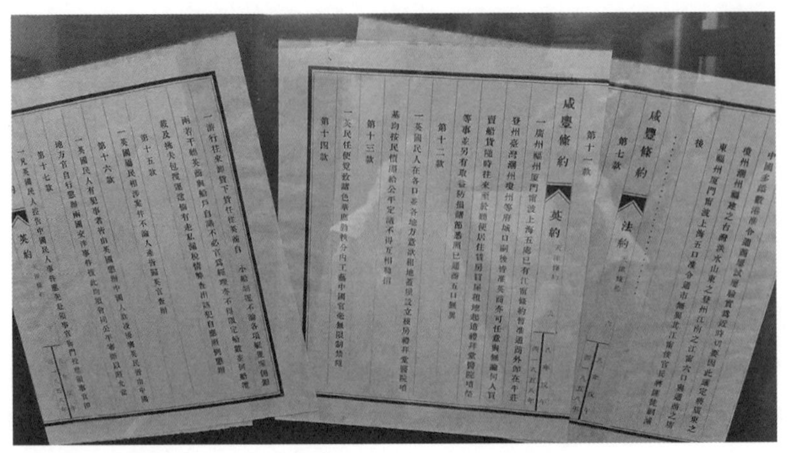

中英《天津條約》

其後，在 1844 年簽訂的《望廈條約》中獲取了更大的權利。英國也因最惠國待遇而獲得額外權利（《虎門條約》）。後來在 1858 年的中英《天津條約》中，英國也被直接賦予了這些額外的權利。1858 年，英國還從《英日友好通商條約》（Anglo-Japanese Treaty of Amity and Commerce）中確定了在日的治外法權。

中英《天津條約》確定了治外法權的範圍，原文的幾項記錄在附錄六。我們看到的附錄六是中文版本，其實中英版本也曾引起不少的爭議。例如，第 16 款的中文版本如下：

> 英國民人有犯事者，皆由英國懲辦。中國人欺凌擾害英民，皆由中國地方官自行懲辦。兩國交涉事件，彼此均須會同公平審斷，以昭允當。[1]

最後一句究竟是在講述“普通涉及兩國的糾紛，應該由雙方公平合理、不偏不倚地貫徹執行”，還是“因為要公平合理，所以兩國的華洋混合案件（mixed cases）須要公平合理地會審”？這與英國人原本想要爭取的不讓英國子民受清律制裁的原意大相徑庭。這樣不同的解釋使原本已經不易理解的治外法權顯得更加複雜。

無論如何，《天津條約》中關於治外法權的規定大致如下：純屬英國國民間的糾紛，全依據英國相關法律審判；[2] 在刑事案件中，華人的逮捕與懲罰權，皆依照中國法律進行；同理，英國國民則按照英國法律由領事（或委託

1　中英《天津條約》第 16 款 .

2　中英《天津條約》第 15 款。

人）進行審判；若英國國民要投訴華人（或中國人要投訴英國國民），需先到英國領事館。若糾紛仍無法得到解決，則可加入中國有關方面進行“會審”。[1]

原屬民事糾紛，中國方面負責中國國民必須償還虧欠英國國民之欠款，這項優惠本是對等的。[2]起初，法治權與其他涉及英國被告的糾紛，都在英國的領事法庭中處理；所有關於刑事行為與錢債、涉及華人被告的糾紛，則在一個“混合法庭”——洋涇濱理事公廨（會審公廨）中處理。而上訴法庭最初由香港的高等法庭處理，但後來因為長江一帶的商務增加，遂於 1865 年在上海設立了“英國在華的高等法院”，地點設在上海的公共租界。除了處置在上海一帶的案件，該法院還是一所在中國境內、日本境外（1880 年後包括韓國）領事法庭審判案件的上訴法庭。1879 年後，英國亦在日本設立法庭，其上訴權利也移師到上海。後文會有關於領事法庭問題的詳細介紹。

上海租界的衍生

上海作為條約港口，鴉片戰爭後的條約僅賦予外國人在新設口岸的居住權（之前只限於廣州十三行），但當時並未提及允許他們有自己的“租界”。1843 年上海正式對外通商時，英國人在上海城內外均能自由租賃房屋，沒有受到太多限制。然而，不久後因涉及外國人的暴力事件頻發，上海巡捕房對中英雙方過多的接觸產生了顧慮。因此在 1845 年，關於英租界的構想應運而生，即後來著名的“洋涇濱”北面區域。此後，英國更將租界事宜制度化，與中國簽訂《上海租地章程》。根據章程，理論上華人不得在租界內租賃房產。租界文件規定，英方有權懲罰違反守則的人，有人認為這揭開了“外國人裁判權”的序幕。起初，華人在英租界內犯了事，會被送回上海縣城由上海區裁判處審判，但租界內的外國人一直對這種做法感到不滿。此外，一向強硬的法國人卻在法租界內實一套行完全不同的守則：犯罪的華人由法國領事單獨審判，在某些刑事案件中，領事會邀請巡捕房人員一同參與審判。[3]

1850 年後的太平天國運動改變了租界的性質。由於租界是受保護區，吸引了大量華人湧入，以逃避小刀會起義引起的動盪。到了 1865 年太平天國運動平息後，上海租界內人口激增。

---

1 中英《天津條約》第 17 款。

2 中英《天津條約》第 22 款。

3 Cassel, Par Kristoffer, *Extraterritoriality and Imperial Power in 19th Century China and Japan,* NY: OUP, 2012, pp.64–67.

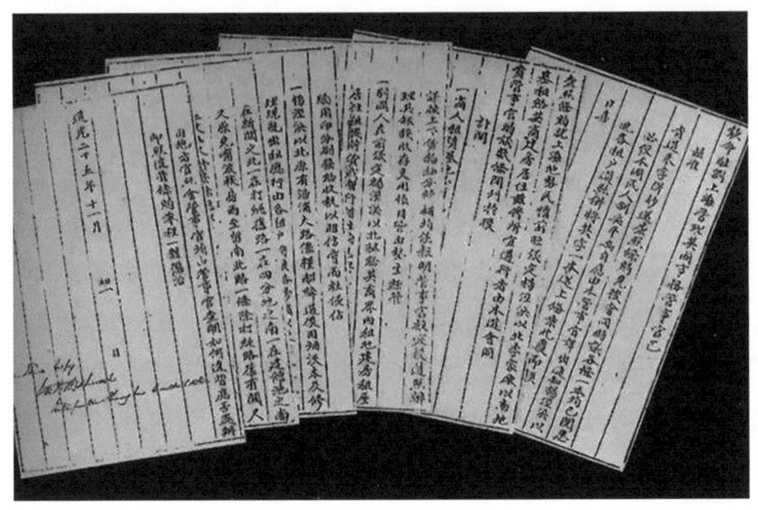

1845 年《上海租地章程》

相對而言，清廷在上海的勢力大幅削弱，而英美法三國在上海的勢力卻有增無減。法國更有意將其租界逐漸發展為近乎“殖民地”的形式，清廷後來也同意法國在 1849 年設立法租界，地點位於英租界與上海內城之間的一處條狀地帶，名為上海法租界（French Concession of Shanghai）。而英美租界則合併，成為日後的公共租界（Shanghai International Settlement）。

英國在上海的高等法院

原本，英國在華最早的法院並不在上海，而是通過 1842 年清政府與英國簽訂的《南京條約》以及後來的《五口通商章程》，並根據英國女王的命令，於 1843 年 6 月在香港設立了香港最高法院。當時的香港最高法院不僅審理香港本地的犯罪行為，還被賦予對中國境內涉及英國人的案件的管轄權。可以說是以條約形式確認了英國在華治外法權的歷史印記。1843 年簽訂的《虎門條約》，進一步擴大了通商口岸英國領事的權力，促使英國第一任駐上海領事喬治・貝爾福（George Balfour）上任後，在上海設立了英國在華的首個“領事法庭”。此後，各通商口岸的英國領事都設立了各自的領事法庭，但這些領事法庭的上訴案件始終由香港高等法院處理。

然而，到了 19 世紀中葉，上海成為亞洲所有條約港口的中心。除了英國，當時各國的領事法庭都設在上海，再加上中國本身在上海也設有不同的法庭，使得當時上海的法律架構極為複雜。這裏存在著“非中国法庭”，主要包含兩個體系：公共租界的國際法庭以及英國高等法院。

上海的司法制度

大約在 1850 年代中期，上海至少存在三種司法制度：1. 上海的華人居民仍然受大清律例的管轄；2. 不受條約保護的外籍人士（未與中國簽訂條約的國家，如瑞典）以及沒有領事代表的外籍人士，同樣受大清律例的管轄；3. 條約下的外籍人士則受治外法權的保護，等於"不受"大清法律管轄。然而，由於清廷的弱勢，上海基本缺乏有效的本地政府管治，因此第 1 項與第 2 項中的人士事實上也要受條約國領事的管轄。太平天國運動平息後，曾有人提議將公共租界變為"自由城市"，使其有自己的法律，這意味著租界內的華人會繼續受外國法權的管轄。但是英國堅決反對這一提議，因為他們不希望條約所賦予的權力受到任何改變或削弱。[1]

顯然，1860 年後上海的法律系統十分混亂，面對許多挑戰，亟需整頓。作為列強之首，英國於 1868 年率先提議在公共租界設立一個"mixed court"，即上文提到的"會審公廨"，也稱"會審公堂"。所謂"會"（mixed），是指華洋官員共同參與審理一些"混合"案件，即涉及華人被告以及其他沒有領事保護的外國人的案件。1927 年，隨著民國政府的建立與成熟，會審公堂將法權交還給中國，正式"壽終正寢"。

在"會審公廨"或"會審公堂"設立的同時，英國人也趁機整合其在中國境內遍佈各地的領事法庭。當時，英國在華最高等級的法庭本是香港的高等法院，但第二次鴉片戰爭後，英國在華的利益已明顯擴展至長江流域，因此他們不希望領事法庭的運作完全依賴於香港。此外，在華的外國人一直都對香港高等法院頗為輕視，認為其非常不濟事。1865 年，英國人在上海設立了高等法院，毫無疑問，這一舉措並未受到任何清廷官員的阻力。或許，清廷官員認為這樣假如有人對審判有什麼不滿，至少實際距離比之前（在香港）更近，而且審判人員離案發現場也更近。至於清廷原本反對英國在華擁有法權，就是不希望將英國疑犯送往遙遠的英國受審，所以現在英國的法庭設在上海，已經算是較好的情況了。

以下筆者花一些篇幅摘錄幾個當時報章上報導的真實案例，從中可以看出這些五花八門的領事法庭運作並不完善，進一步加劇了當時司法制度的混亂。

---

1 Cassel, Par Kristoffer, *Extraterritoriality and Imperial Power in 19th Century China and Japan*, NY: OUP, 2012, pp.64–67.

1867 年 11 月，[1] 一宗案件被提交至上海租界的裁判處，這本是一起簡單的案子，但由於領事法庭的法權非常混亂，案件的審訊拖延了許久。原告是一艘船的船長，被告是一名來自廣州的服務員。被告被懷疑從船上偷竊財物，因為證據不足，最終被判無罪。然而，本案重點在於案件如何被提交至裁判處的過程，這背後也有一段很長的故事。案件發生時，船正從上海駛往福州。發現失竊後，船長在抵達福州時立即通知了福州的領事，要求將這名廣州人送交領事法庭。但領事拒絕受理案件，理由是被告是華人，但仍派人上船蒐集證據，並計劃將被告送往本地法庭待審。然而，蒐集的證據不足以立案。船長對此感到不滿，他認為既然華人犯案時是在英國船上，就應該臨時被視為該船所屬國家的子民，因此應該在英國領事法庭受審。由於福州領事拒絕受理此案，船長決定將案件帶回上海。然而，在上海的會審公堂，法官認為這是英國人的案件，應該由英國領事法庭審理。不料，大法官卻認為案件應該由福州領事法庭處理，於是被告又被帶回福州，但福州領事依然拒絕受理。最終，案件被帶回上海的英國高等法院審理。由於歷時太久，證據已經消失了。這起案件充分反映出一個"亂"字，而這種混亂的根源正是治外法權使司法權變得極為複雜。

這種混亂連"中國通"赫德（Sir Robert Hart）也不知道該如何解決。[2] 另一起案件中，原告是赫德聘請在北京學院任教的一名教授。由於聘書中的一則條款表述不清，教授將案件提請至高等法院，要求赫德賠償。赫德則堅持自己在案件中的身份是中國政府的代表（當時他擔任海關總監），因此核心問題在於英國高等法院是否有權審理此案——儘管赫德和原告都是英國人。

十年後，這種混亂依然存在。1877 年，另一宗案件在上海審理。[3] 一名英國人控告他的兩名伙計，起因是薪水糾紛。然而，其中一名被告提出，由於在另一宗殺人（華人）案件中，英國上海高等法院未能對原告進行公平審判，因此會審公堂的華人裁判司陳某拒絕受理這起民事訴訟。這種混亂的法權與法律概念，使得許多案件無法在正常情況下獲得公正的司法處理。

最後一個案子發生在 1901 年 9 月 18 日。[4] 一名外國人因傷害一名華人被控傷人罪。由於這是一宗刑事案件，審訊時有陪審團出席。最終，被告被判有

---

1 "Judicial Delay", *The North China Hearld*, 9 November 1867, pp.3–4.

2 "Summary of News", *The North China Hearld*, 29 March 1870, p.3.

3 "Summary of News", *The North China Hearld*, 22 February 1877, p.5.

4 "HBM's Supreme Court", *The North China Hearld*, 25 September 1901, p.34.

H.B.M.'s SUPREME COURT.

Shanghai, 17th September.

Before H. S. Wilkinson, Esq. (Chief Justice), and Messrs. William S. King, Arthur E. Jones, N. E. Möller, H. W. Pilcher, and H. C. Davis (Special Jury).

R. v. G. F. Keeling.

U. S. CONSULAR COURT.

Shanghai, 24th September.

Before A. H. White, Esq., Deputy Consul-General.

Blake and Son v. F. Ingold.

THE TRIAL OF A FOREIGNER AT THE MIXED COURT.

At the Mixed Court on Wednesday morning, before Mr. Chang (magistrate) and Mr. F. E. Wilkinson (British Assessor), Fred-

MIXED COURT.

At the Mixed Court on Friday morning, before Mr. Chang (Magistrate) and Mr. F. E. Wilkinson (British Assessor), Dr. R. J. Sloan prosecuted a building contractor for

《北華捷報》1901 年 9 月 18 日

罪，處以三個月苦工監禁。被告名為 Federick G. Keeling，此人已有多次前科。

雖然案件本身並無特別之處，但值得關注的是當天報紙報導的一頁內容，顯示上海各領事法庭的案件數量之多，堪稱“濟濟一堂”。

其中一宗案件涉及在上海犯了事的一名外國人，因其不受領事保護，只能被帶往會審公堂受審。負責逮捕的洋人警察要求延遲案件，以便美國法官能夠出席。在回答法官詢問時，被告稱自己是瑞士人，而瑞士在上海由法國領事代表。然而，由於他在美國居住多年，已經獲得美國國籍，但他無法提供任何身份證明文件。會審公堂同意將案件延遲到下一周，以便美國判官能夠出席審判。終究只得一個“亂”字。

香港與英國領事法庭的牽扯

正如上文所述，第一次鴉片戰爭後，英國武力侵佔香港，並將其發展為英國在遠東 / 東亞的一個較為成熟的殖民統治地區。英國人將在中國領事港口的司法權都放在香港，香港的高等法院是當時英國在華最高等級的法庭。然而，在華洋商與外交家對此做法不甚認同，特別是在第二次鴉片戰爭後，英國在華利益已經擴展到長江流域，在華洋商與外交家們對香港高等法院的不滿情緒日益加劇。以下是引起他們不滿的主要原因：

1. 司法獨立的擔憂：香港高等法院作為殖民統治下的機構，直接受英國殖民者的利益（尤其是商業利益）影響。在華的洋人擔心，當案件涉及華人時，香港高等法院可能會因為殖民利益（商業）而無法做出不偏不倚的判決；

2. 地理距離的困擾：香港與上海、天津等北方城市相距甚遠。頻繁往返香港處理法律程序，在成本和時間上都是一種負擔；

3. 法權問題：根據條約，在華洋人（包括英國人）享有治外法權，保證他們能在屬於自己國家的法庭（而非中國法律機構）受審。然而，洋人不願意由“殖民統治區域”的法庭來處理他們的案件。這一點值得注意，因為雖然香港當時受英國殖民統治，但在洋人的眼中，英國“領事”能為他們提供的保護，與“殖民地”的不同；

4. 法律框架不成熟：香港當時的法律框架被認為不夠成熟和專業，特別是在處理複雜的商業糾紛與外交事務時，顯得力不從心；

5. 缺乏公平代表性：香港高等法院雖然是一所英國人的法庭，但被認為對其他國籍的人士缺乏公平代表性，這引發了對其能否真正代表不同國籍的外國人福祉的擔憂；

6. 英國在華勢力過大：在華貿易的各國商人和使節目睹英國在華影響力日益擴大，香港高等法院甚至越過“國界”參與在華事務，有人認為這是英國帝國主義的擴張行為。[1]

在各種壓力下，英國於 1865 年在上海設立了領事法庭。然而，當時上海租界內各國法權並存，使得實際情況更加混亂。這種混亂也反映出列強瓜分中國的粗暴行為，某種程度上就是八國聯軍侵華的預演。[2]

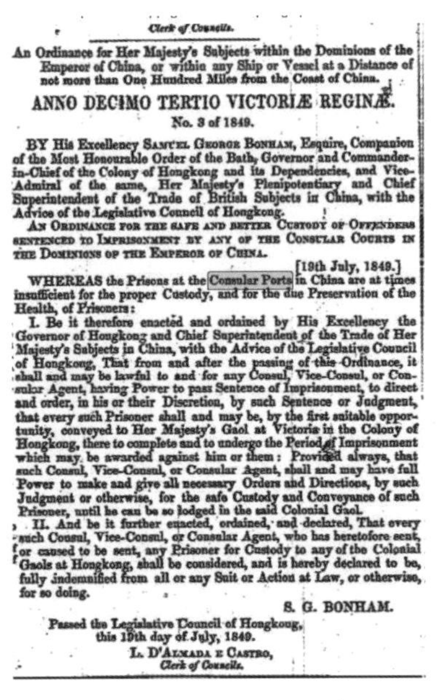

Clerk of Councils.

An Ordinance for Her Majesty's Subjects within the Dominions of the Emperor of China, or within any Ship or Vessel at a Distance of not more than One Hundred Miles from the Coast of China.

ANNO DECIMO TERTIO VICTORIÆ REGINÆ.

No. 3 of 1849.

BY His Excellency SAMUEL GEORGE BONHAM, Esquire, Companion of the Most Honourable Order of the Bath, Governor and Commander-in-Chief of the Colony of Hongkong and its Dependencies, and Vice-Admiral of the same, Her Majesty's Plenipotentiary and Chief Superintendent of the Trade of British Subjects in China, with the Advice of the Legislative Council of Hongkong.

AN ORDINANCE FOR THE SAFE AND BETTER CUSTODY OF OFFENDERS SENTENCED TO IMPRISONMENT BY ANY OF THE CONSULAR COURTS IN THE DOMINIONS OF THE EMPEROR OF CHINA.

[19th July, 1849.]

WHEREAS the Prisons at the Consular Ports in China are at times insufficient for the proper Custody, and for the due Preservation of the Health, of Prisoners:

I. Be it therefore enacted and ordained by His Excellency the Governor of Hongkong and Chief Superintendent of the Trade of Her Majesty's Subjects in China, with the Advice of the Legislative Council of Hongkong, That from and after the passing of this Ordinance, it shall and may be lawful to and for any Consul, Vice-Consul, or Consular Agent, having Power to pass Sentence of Imprisonment, to direct and order, in his or their Discretion, by such Sentence or Judgment, that every such Prisoner shall and may be, by the first suitable opportunity, conveyed to Her Majesty's Gaol at Victoria in the Colony of Hongkong, there to complete and to undergo the Period of Imprisonment which may be awarded against him or them: Provided always, that such Consul, Vice-Consul, or Consular Agent, shall and may have full Power to make and give all necessary Orders and Directions, by such Judgment or otherwise, for the safe Custody and Conveyance of such Prisoner, until he can be so lodged in the said Colonial Gaol.

II. And be it further enacted, ordained, and declared, That every such Consul, Vice-Consul, or Consular Agent, who has heretofore sent, or caused to be sent, any Prisoner for Custody to any of the Colonial Gaols at Hongkong, shall be considered, and is hereby declared to be, fully indemnified from all or any Suit or Action at Law, or otherwise, for so doing.

S. G. BONHAM.

Passed the Legislative Council of Hongkong, this 19th day of July, 1849.

L. D'ALMADA E CASTRO,
Clerk of Councils.

《德臣西報》1849 年 7 月 19 日第 3 頁

另一方面，從一開始，英國領事在通商口岸審判的罪犯都“可以”被送往香港的監獄服刑。

1849 年 7 月，《德臣西報》刊登了一則通告，當時的港督般咸宣佈通過一項法令：各在華口岸的領事、副領事與官員等，可以在“領事法庭”中判決並下達指令“一有機會，每一個囚犯應該（與可能）被轉送到女皇陛下在香港的監獄中，完成或進行刑期中要坐牢的部分”。法令註明目的是“要更好地為這些囚犯提供更安全與妥善的監管”。

在第二次鴉片戰爭之前，英國在華還沒有完全擴張，而且其在華的領事法庭規模不大，估計遣送香港監獄的囚犯應該也

1 Munn Christopher, *Anglo-China: Chinese People and British Rule in Hong Kong, 1841–1880*, HK: Hong Kong University Press, 2009.

2 John Darwin, *Unfinished Empire: The Global Expansion of Britain*, UK: Penguin Books Limited, 2012.

不少。到了 19 世紀末，英國在華通商口岸增加了，在一些比較大的城市如上海、天津與廣州，處理的案件數量多，性質也更複雜，商業與刑事案件都有。1877 年後，理論上倫敦已經允許將這些囚犯的年度開銷以實報實銷的形式支付給香港，但在香港的盈虧表上卻未顯示出很大的數額。

SUPREME COURT.
Before C. W. Goodwin, Esq.
September 28th, 1868.
Regina v. Thos. Walter Prior.

Charged on the 1st count with wounding one James Hamilton with intent to kill and murder. 2nd count, wounding with intent to do grievous bodily harm.

On the indictment being read the prisoner pleaded guilty on the 2nd count; and the prosecution was, in consequence, dropped as to the first count.

Prisoner was sentenced to eighteen months hard labor to be undergone in Hongkong goal; and whatever wages he has due to be paid to the injured man, towards his Hospital expenses.

圖為報紙的真實報導，關於一名殺人犯 / 嚴重傷人犯在上海英國高等法院被判刑，在香港執行 18 個月的苦工監。[1]

遣往香港受刑的英國罪犯通常犯下了較為嚴重的罪行，如騷亂、越獄、走私鴉片、暴力傷人等，這些罪行的刑期較長，使得遣往香港服刑的理由較為充分。以下記錄了一些在上海和其他英領事法庭審理的此類案件，被判處監禁的囚犯最終都被送到香港的監獄服刑。

1866 年，已有多宗案件將在上海高等法院定罪並判處監禁的囚犯，送往香港監獄服刑。其中一宗涉及三名英國船員，他們因在船上鬧事被定罪，刑期其實不長，僅三個月。然而，由於當時缺乏合適的領事監獄，最終只能將他們送往香港服刑。[2] 另一宗案件則涉及一名退役軍人，他因在部隊犯事被判監禁但中途逃脫，後在上海因偷竊再次被定罪，判處三個月苦工監禁。儘管刑期不長，法官仍決定將其遣送至香港服刑。[3]

到了 1870 年，一名原在上海高等法院被判三年刑期的囚犯，因在香港監獄表現良好，獲監獄總監推薦提前釋放，香港殖民當局更提供船費資助他前往美國。[4]

1880 年 4 月，一名因多次毆打他人（包括警察）而在上海高等法院被判刑的海員，在服刑期間情緒不穩，更對獄卒施以暴力和恐嚇。最終，上海領事決定將他遣送至香港服刑。[5]

1 "Supreme Court", *The North China Hearld*, 3 October 1868, p.6.

2 Supreme Court Shanghai to Governor of Hong Kong, 26 July 1866, No.76, FO656/16, pp.13–14.

3 Supreme Court Shanghai to Governor of Hong Kong, 14 April 1866, No.4, FO656/16, pp.11–12.

4 Supreme Court Shanghai to T. F. Wade, 23 March 1870, No.6, FO656/23, pp.296–300.

5 Supreme Court Shanghai to T. F. Wade, 24 April 1880, No.3, FO656/23, pp.519–524.

Provisional Rule *for the conveyance of British Subjects sentenced to deportation to Hongkong from Ports not ordinarily in direct communication with that Colony.*

Whereas by Articles XX and XXI of an order of Her Majesty in Council, dated June 13th, 1853, it is provided that British subjects sentenced before any of H. M.'s Consuls to be sent out of the dominions of the Emperor of China to Hongkong, shall be embarked on board any of Her Majesty's ships of war or any British vessel bound to Hongkong, and whereas at certain of the Ports of China opened by treaties or conventions negotiated since the date of Her Majesty's order in Council, it has been found difficult to embark persons so sentenced in vessels bound to Hongkong, the undersigned, in pursuance and in execution of the authority vested in him by Art. III of the same order in Council, as Her Majesty's Chief Superintendent of Trade for the time being, hereby makes the following Rule:—

[No. 747—November 19, 1864.

Until the pleasure of Her Majesty's Government shall be farther declared, it shall be in the power of any Consul or Consular Officer Acting as Consul at any port in China, to send any British subject duly sentenced to deportation as above, to whatever intermediate port shall appear to him to possess the greatest facilities for the transmission of the persons sentenced to Hongkong; and it shall be lawful for the commander or master of any British vessel bound to such intermediate port, to receive any such person on board, under the usual warrant addressed to the Chief Magistrate of Police of the Colony of Hongkong, and to convey him in custody to the port to which the vessel is bound, and on arrival to deliver him with the warrant to the Consul or Consular Officer Acting as such at the said port: and the Consul or Consular Officer aforesaid shall grant him a receipt for his prisoner and for the warrant, and shall detain the prisoner in custody until a suitable opportunity for sending him to Hongkong shall present itself, and shall then forward him thither in the manner pointed out in Article XX of the order in Council before cited. And this provisional rule shall farther apply to all cases wherein British subjects may be sentenced by Her Majesty's Consuls to imprisonment at Hongkong, as provided by Art. XXV of the same order in Council.

(Signed) Thomas F. Wade.
Chargé d'Affaires and Actg. Chief Superintendent of Trade

《北華捷報》1864 年 11 月 9 日

如前文所述，英國亦在日本設有領事法庭。1878 年，有一名在日本犯罪的英籍海員被遣送至香港。他原為在神戶"跳船"的海員，在船上擔任廚師，因抗工被判監兩個月，後在日本多個港口流連，最終因酗酒鬧事和無業狀態被捕。領事法庭最終決定將這名"麻煩人物"遣送至香港。至於是否進一步關押，史料未有明確交代。[1] 同年，在日本伊豆亦有類似個案。一名男子因刑事損毀他人財物被控，罪行本身不重，但鑒於其有醉酒傷人的前科，領事法庭最終決定將其遣送至香港。[2]

在本書其他章節中，曾多次提及香港殖民當局及倫敦官員批評香港治安惡化，歸咎於來自中國內地的"壞分子"。但從上述案例來看，對於這些在區內惹是生非、不受歡迎的西方囚犯，區內英國領事往往選擇以最簡單的方法處理——直接遣送至香港。雖同為"壞分子"，但華人與西方人的身份，構成了殖民當局處理與態度上的微妙差異。

---

1 Consular Court at Nagasaki to James Troup British Consul, 30 November 1878, FO656/42, pp.178–182.

2 Deputy Chief Judge Yedo Court to Sir Henry Parkes, No.3, 16 September 1878, FO656/23, pp.296–300.

到了 1864 年，英國政府對於 1853 年最早頒佈的關於英國各領事口岸遵從香港作為司法中心的通告做出重要解釋。與此同時，再次肯定了英國子民被送往香港服刑（監禁）的做法。請參左頁《北華捷報》當日剪報。

倫敦的承諾

終於，倫敦答應對實際上收押在香港監獄中的領事囚犯做出補貼，但只限於實報實銷的支出。至於監獄擁擠的情況，需要擴充的資本性投資，倫敦堅決不支持，認為必要時可以舉債。

1860 年 3 月，當時的港督羅便臣上呈了 1859 年的監獄資料，而倫敦後來只返還了 80 英鎊——儘管原本的請求是希望倫敦方面支持 2500 英鎊用於起建新監獄。

表 3.4：1859 年經英國在各通商港口領事判往香港域多利監獄服刑的囚犯報表

地點	囚犯名字	判罰刑期	入獄日期	出獄日期	關押天數	英鎊	先令	便士	備註
廈門 1	省卻	1 年	09/08		145	4		5/8	印度籍
廈門 2	省卻	1 年	09/08		145	4		5/8	ditto
廈門 3	省卻	6 個月	09/08	12/12	126	3	9	66/8	ditto
廣州	省卻	3 個月	10/01	06/04	87				歐籍
福州	省卻	28 天	26/02	21/03	24				ditto
長崎	省卻	1 年	27/09		96				ditto
寧波	省卻	18 個月	04/02		331				ditto
上海 1	省卻	1 年	11/01	28/12	352	15	11	8	ditto
上海 2	省卻	3 個月	09/09	28/09	18		15	11	ditto
上海 3	省卻	6 個月	09/09		114	5		11	ditto
上海 4	省卻	3 個月	09/09	09/10	31	1	7	5	ditto
上海 5	省卻	84 天	09/09	01/11	54	2	7	9	ditto
上海 6	省卻	6 個月	09/09	05/12	88	3	17	11	ditto
上海 7	省卻	84 天	26/09	12/12	78	3	9		ditto
上海 8	省卻	84 天	11/11		51	2	5	1	ditto
上海 9	省卻	84 天	11/11		51	2	5	1	ditto
上海 10	省卻	84 天	11/11		51	2	5	1	ditto

地點	囚犯名字	判罰刑期	入獄日期	出獄日期	關押天數	英鎊	先令	便士	備註
上海 11	省卻	84 天	11/11		51	2	5	1	ditto
上海 12	省卻	84 天	11/11		51	2	5	1	ditto
上海 13	省卻	7 個月	12/12		20		17	8	ditto
上海 14	省卻	84 天	25/12		7		6	2	ditto
返還總額	80.6								

資料來源：CO129/77, p.246

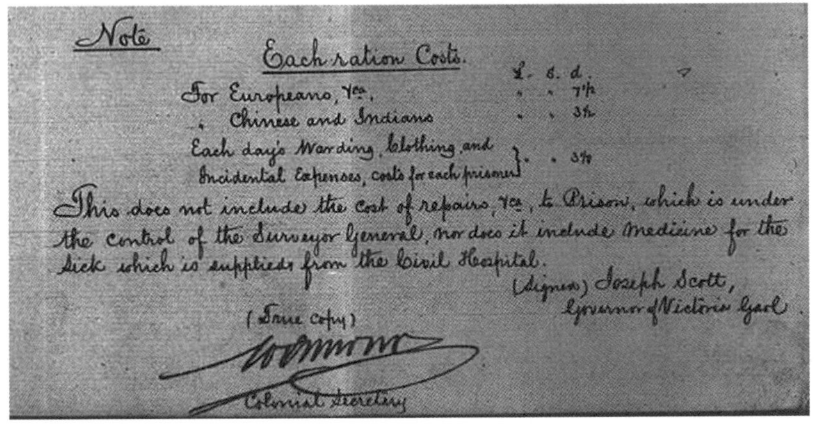

Note

Each ration Costs. £. s. d.

For Europeans, &c. . . 7½

" Chinese and Indians . . 3½

Each day's Warding, Clothing and Incidental Expenses, costs for each prisoner } . . 3⅛

This does not include the cost of repairs, &c, to Prison, which is under the control of the Surveyor General, nor does it include Medicine for the sick which is supplied from the Civil Hospital.

(Signed) Joseph Scott,
Governor of Victoria Gaol.

(True copy)

Colonial Secretary

如上圖史料所示，輔政司還說明了當時膳食（含配給）的計算費用。例如：歐籍囚犯每天的配給成本是 7.5 便士，華人及印度籍囚犯的是 3.5 便士。其他開支（包括獄卒薪資、衣物等雜項）平均每人約 3.125 便士。儘管倫敦已明確表態不會補貼監獄建設費用，輔政司仍不忘在最後加上一句：此金額不包括監獄的修繕費用（由總測量司部門負責），也不包括生病囚犯的醫藥費用（由公共醫院提供）。[1]

自 1907 年起，總監年度報表開始記錄每年（包括 1906 年）從領事法庭遣送香港監獄的人數，但其實此時這種做法已經到了尾聲。筆者將這些數據整理於下表，可惜資料並不是很齊全，但仍可以做個參考。

1 Return of Consulate Prisoners admitted into Victoria Gaol during the year 1859, CO129/77, p.246.

表 3.5：1906–1929 年從領事法庭遣送香港監獄囚犯人數

年份	總人數	領館	年份	總人數	領館	年份	總人數	領館
1906	5799	3	1914	4050	3	1922	5014	
1907	5877	6	1915	4179	10	1923		
1908	4778	3	1916	4169	3	1924		
1909	5215	9	1917	3386	1	1925		
1910	4867	1	1918	3577	3	1926	6511	0
1911	4178	0	1919	5212	5	1927	7740	1
1912	6236	7	1920	5153	2	1928	5756	3
1913	6885	6	1921	4990	0	1929	5779	7

接下來想探討的是，這種將領事法庭囚犯遣送香港的做法，實為英國人規避中國法律及香港法律管轄的途徑。以下兩例可資佐證：

1890 年 12 月 9 日，殖民地部與外交部就香港接收英國港口領事館囚犯的事宜進行了公文往來[1]外交部官員山德森（J. W. Sanderson）傳達首相索爾斯伯利侯爵（Marques Of Salisbury）指示：在華的英國高等法院的法官與領事在判決罪犯到香港服刑（監禁與勞役監）時，應在判決書中載明監禁須遵守殖民當局的監管守則。這個建議也獲得了殖民地部的認可。[2]

兩個月前，一個名叫 R. J. Rennie 的人致函倫敦外交部，為上海領事館移送香港服刑的一位英國囚犯 Hone 陳情，希望協助後者返回英國服刑（監禁）。[3]而核心爭議在於，領事法庭移交的囚犯到了香港，是否應受香港監獄守則的監管（守則包含因表現良好而獲得加分減刑的機制）。顯然，若不遵循當地（香港）守則，而遵循樞密令（Order in Council），囚犯將喪失此項權益。根據樞密令規定，減刑優惠僅適用於在華在日居留（或服刑）的英國公民，因此被移送香港者無法享有此項權益。Rennie 對此提出了異議。

其實這個問題早在 1864 年已有先例。當時在華總監卜魯斯（Sir Frederick W.A. Bruce）致函港督羅便臣，討論在華領事法庭定罪的囚犯是否能獲得特赦

1 Foreign Office to the Under Secretary of State of Colonial Office, 9 December 1890, CO129/248, pp.377–378.

2 Colonial Office to Foreign Office, 15 December 1890, CO129/248, p.381.

3 R. J. Rennie to Her Britannic Majesty's Supreme Court in Shanghai, 24 October 1890, CO129/24, pp.379–380.

（pardoning）。[1]。卜魯斯表示雖然他可以行使特赦權，但是詢問港督是否可以在不影響中國沿海打擊犯罪行為的前提下行使該權力。

兩個月後，署理港督孖沙（William Thomas Mercer）覆函指出：在領事法庭定罪並移送香港服刑的囚犯，經領事先行同意後，仍可獲香港總督特赦。囚犯的犯罪地點不影響此權限行使。[2]殖民當局就此問題曾徵詢律政司的意見。

需注意，這個方案要求所有此類囚犯必須接受香港監獄法令及守則的監管。然而實際情況如何？直至 1890 年，將領事法庭囚犯移送到香港的慣例仍然存在，監獄年度報表持續記錄每年從外交部收回的關於此項開支的實報實銷數額。

第三節　威海衛囚犯在港監禁問題

送往域多利監獄的威海囚犯

位於山東的威海（舊稱威海衛）是 1898 年英國通過不平等條約強行從中國租借的地區。坊間常有誤解，認為威海衛也是像香港一樣的"殖民統治"區域，特別是香港警隊早期招募了大量來自威海的山東警察（俗稱"魯警"），更強化了這種印象。然而，這種認知存在偏差。威海衛只是英國租借地，與香港有別。從港英官方函件中即可見端倪：威海衛僅被稱為"territory"（領地），而香港則被稱為"colony"（殖民地）；威海衛當局最高領導〔如港人熟悉的駱克（駱任廷）與莊士敦〕的官銜是"Commissioner "（行政長官），但香港的卻是"Governor"（港督或總督）。自 1902 年起，威海衛的確隸屬倫敦殖民地部管轄。然而，英國始終沒有投放資源發展威海，讓其成為真正的殖民地。箇中原因眾多，其中一大考量或許是因為威海衛地處山東，臨近當時在德國管轄範圍內的膠州，在政治上長期具有一定的風險。

歷史上人們大致認為，英國在 1898 年對獲取威海衛並無強烈意願，此舉更多是出於制衡俄國在東北奪取旅順港（Port Arthur）的被動反應。1898 年，中英簽訂另一條不平等條約《訂租威海衛專條》，租期與俄國租借旅順大連相同，均

1　H. G. Robinson to Duke of Newcastle, 13 February 1864, No.4, CO129/97, pp.242–250.

2　Mercer to Sir F. Bruce, 9 February 1864, CO129/97, pp.246–247.

為 25 年，至 1923 年期滿。史料顯示，自 1921 年起，英國便開始評估是否要續租威海衛，最終在 1924 年簽訂《收回威海衛條約》（Convention for the Rendition of Weihaiwei）。當時的南京國民政府將於 1930 年收回威海衛的大陸部分，只留劉公島作為英國海軍基地續租 10 年。直至 1940 年，英軍全面撤離。

香港監獄年報首次出現威海衛囚犯的記錄是在 1905 年。報告中有一節詳細列出了香港監獄年度開支及成本收回情況，其中包括英軍（陸軍與海軍）、欠債囚犯、流浪無業者等款項開支，以及來自其他領事口岸（如上海、廣州、廈門等地）囚犯的費用。自 1905 年起，威海衛囚犯的費用被列入其中，在某些年份，其收回數額所佔比例甚至相當可觀。

表 3.6：1905–1930 年香港監獄成本收回威海部分情況

年份	總額	威海	百分比（%）	年份	總額	威海	百分比（%）	年份	總額	威海	百分比（%）
1905	2314	195	8.43	1914	4854	109	2.25	1923	無資料	無資料	無資料
1906	2653	741	27.93	1915	2188	110	5.03	1924	無資料	無資料	無資料
1907	3533	685	19.39	1916	1861	396	21.28	1925	無資料	無資料	無資料
1908	2844	649	22.82	1917	1587	438	27.6	1926	無資料	無資料	無資料
1909	3017	701	23.24	1918	1546	377	24.39	1927	無資料	無資料	無資料
1910	3846	936	24.34	1919	1541	186	12.07	1928	891	106	11.90
1911	2251	429	19.06	1920	2533	128	5.05	1929	2050	557	27.17
1912	1462	67	4.58	1921	1885	128	6.79	1930	2399	1360	56.69
1913	2463	113	4.59	1922	553	120	21.70				

資料來源：香港當局藍皮書

1910 年威海衛官方文件顯示，為接收一批從南非德蘭士瓦（Transvaal）轉介的囚犯，[1] 威海衛監獄總監曾到訪考察中國上海、中國香港以及新加坡等地的監獄。據公函記載，威海衛法庭判處的長期監禁囚犯（刑期兩年以上），一直

1　20 世紀初，英國在南非發現大量金礦，需要大量勞動力幫忙開採。於是在 1904 年到 1906 年的三年裏，從威海衛招募了大量華工。可能由於北方戰事頻繁，日俄戰爭使北方民眾不停遭受戰火摧殘，當時願意外出打工的人不少。

都被遣送至香港域多利監獄服刑，費用由威海衛當局承擔。文件提及，若威海衛監獄進行大規模擴建，不但可以接收從南非轉介的囚犯，以後也無需再將本地的長期囚犯遣送香港。[1] 不過建監獄的事最後亦沒有落實。

到了 1930 年英國撤離威海衛時，還留了一筆 "糊塗賬" 在香港——那些在港服刑的威海衛長期囚犯還有待處理。[2] 英國當局與國民政府交涉，原假設後者會答應全數接收，因為這批囚犯全是華人，中國似乎沒有理由不接收。自 1930 年夏秋起，雙方便展開複雜的法律外交磋商，主要考慮了三種處理方案：1. 將囚犯繼續關押在香港監獄，待刑滿後將其驅逐出境（至中國內地）。這個方案涉及龐大的開支，包括囚犯生活費、看守費，以及驅逐時的路費等，需確定承擔單位；2. 在威海衛移交當日，將囚犯送回威海衛，他們到埠就已經是釋囚自由人身份；3. 將囚犯移交廣州英國領事館處理，但此方案牽涉香港立法程序。

交涉的過程非常繁複，也凸顯部分英國官員的傲慢態度。1930 年 5 月 2 日，殖民地部官員根特（Gent）建議儘早致函外交部，國務大臣建議從國民政府處取得承擔囚犯（含精神病患者）後續費用的保證，並確保不讓他們滯留香港。英國財政部明確表示不會承擔相關費用，假如國民政府也拒絕承擔，那唯一選擇就是在英國撤離當日將囚犯送返威海衛並釋放。有人（顯然是殖民地部人員）在這裏多加了一句：

> 我同意。反正中國應該不會介意（威海衛）多了額外一兩個罪犯的。[3]

1931 年的一封函件清晰解釋了整個情況。[4] 英國有一份頒佈於 1869 年、[5] 並在 1915 年開始適用於威海衛的法令。基於這份法令，又在 1917 年正式簽訂同意書，把部分囚犯移送到香港服刑。[6] 當時的協議規定：刑滿或刑期終止時，囚犯應被遣返威海衛，相關費用將由威海衛當局負責。然而，囚犯移交程序存在法律問題，加上費用承擔方不明，導致這批囚犯的處置陷入困境。他們究竟是繼續被關在香港監獄中完成服刑，還是被移送回威海然後釋放，當時情況不甚

1 H. B. Ching to Commissioner Jm, 8 June 1910, CO873/308, pp.1–2.

2 Maintennace of Prisoners after Rendition, CO521/72.

3 Remarks by London Officials, 2 May 1930, CO521/72, pp.1–5.

4 H. Duncan's Note dated 9 January 1931, CO521/72, pp.1–12.

5 Colonial Prisoners Removal Act 1869.

6 Lord Passfield to Governor of HK,12 June 1931, CO521/86, pp.36–46.

明了。

1931 年 3 月，倫敦財政部甚至建議香港當局在威海衛移交當日直接釋放這些在押囚犯，無論他們是否刑滿，並稱香港監獄已人滿為患，理應不會反對這種做法。至於中方反應，則交由外交部處理。一周後，香港總督表示不反對該建議，但囚犯必須要遣返北方（而不是往廣州）。[1] 外交部顧慮此舉可能損害英國“光榮撤退”的形象，不贊成草率把囚犯遣返到威海衛。[2]

幾經波折，殖民地部國務大臣帕斯菲爾德勳爵（Lord Passfield）在 1931 年 6 月做出最終決定：在個別囚犯刑期屆滿前，不得將其移交中方（無論威海衛或廣州），亦不得隨意釋放。因此，唯一可行的方案就是將囚犯繼續關押在香港監獄直至刑滿。至此，財政部也不得不同意由英國全數承擔相關費用。[3]

1931 年 12 月，香港當局發電報告知倫敦，若需將囚犯移送廣州，需要有關當局的正式文件，並報知當時仍有 11 名從威海衛法庭判刑的囚犯在港服刑。1932 年 1 月初，有官員（疑似為 Calder）指出威海衛已無可用資金來支付香港監獄的相關開支，建議儘早遣返這些華人囚犯，雖然他們也擔心廣州當局不會善待這批囚犯，但也表示別無他法。

1931 年 7 月，港督貝璐（Sir William Peel）發電報催促當局儘快決定在押威海衛囚犯的處置方案，顯然事情還沒有得到解決。9 月，港督再次致函，提議假如能獲得 1.5 萬英鎊撥款，香港可以全權負責這些囚犯往後的生活費及最終的驅逐旅費等，但並沒有標明這筆撥款由誰負責。[4]

在資金來源確定前，還需釐清這些囚犯日後的驅逐地點，亦即他們本身的國籍問題。根據英國法律，任何“租界”仍屬“外國”領土，因此當地出生的居民不屬於英國國民。另一方面，根據香港的驅逐法令，這批囚犯既非自英屬領土放逐來港（以囚犯身份移押），亦非因觸犯香港法律而被判驅逐，故需特殊處理。香港域多利監獄提供了這 11 名在押囚犯的姓名、刑期及生活費用估算等記錄：[5]

---

1 Internal Discussion in London, 5 March 1931, CO521/72, pp.12–13.

2 Foreign Office Comments, 4 April 1931, CO521/72, pp.14–16.

3 F. Skevington, Treasury to Colonial Office, 4 May 1931, CO521/72, p.23.

4 CO521/86, pp.1–2.

5 J. W. Franks, Superintendent of Victoria Gaol, 31/07/1931, CO521/86, pp.29–31.

Name.	Maintenance Claimed. (Both days inclusive.)		Number of days.
	From	To	
Chiang Liang Shih	1.10.30.	13.7.34.	1382
Chang Liu Shih	"	11.7.35.	1745
Chong Hsueh Tseng	"	26.3.36.	2004
Wang Ssu Tang (life) X	"	12.12.49.	6710
Sun Hsing Piao	"	21.12.33.	1178
Chen Chao Hsiang	"	19.6.32.	628
Wang Hung Kee	"	10.9.31.	345
Tsung Lien Sheng	"	22.3.33.	904
Lu Te Chang	"	29.12.36.	2282
Wang Hung Tso	"	20.4.32.	568
Chang Yang Wu	"	1.10.44.	5115
Cost of repatriation at $13 each			23,861

關於 11 名囚於香港監獄的威海衛囚犯的明細

港督根據以上明細，估算總支出約為 2.7 萬元，但若一次性付款可折算為 1.5 萬元（按囚犯平均 20 年刑期粗略計算）。這項所謂“放逐”方案後來設有 10 年期限。由於涉及官方款項，該提議在 1931 年 10 月底被提請到倫敦財政部。這次財政部反應迅速，在 11 月中旬就回話願意接受 1.5 萬元的方案。期間，雙方就匯率波動對實際金額的影響進行了多次公函往來，顯示出英國當局對於財政的管控極為嚴格。1932 年 1 月 30 日，殖民地部正式批准該方案。[1] 於是，香港監獄年度報告自 1931 年開始，不再記載威海衛囚犯的相關費用。在 1932 年的香港收支表中，顯示了 1.5 萬元的收入，標誌著此事告一段落。

Wei Hai Wei Prisoners, Compounded Payment for maintenance, ...	......	15,000.00	15,000.00	......	New item non recurring.

顯示 1.5 萬元有關威海衛囚犯收益的報表
來源：1932 年藍皮書收支表

1 P. Gunliffe-Lister to Governor of HK, 30 January 1932, CO521-86, pp.11-12.

第四節　香港監獄中的刑罰——苦工（勞役）監

關於苦工監 / 勞役監

苦工（hard labour）是法庭（或裁判處）判決中的一種附加刑罰，囚犯除監禁外還需從事強制勞動；當然法庭也可以只判處監禁而不附帶勞役，此外，如果囚犯違反了監獄守則，也可能被罰勞役。例如，僅在 1842 年第三季度裁判處判決中，就有 13 宗囚犯被判處苦工監 / 勞役監的案例。苦工監的具體內容，根據當時的監獄守則規定而定。苦工亦被稱為“強制勞動”或“勞役”。在英國維多利亞時代，監獄中的苦工包括腳踏轉輪（treadmill），這個設備有時會連接磨米機，使囚犯成為生產勞動力；但有時只是讓犯人不停地踏動轉輪，直至筋疲力盡，像其他勞役如曲軸（crank）或拆麻絮（oakum picking）等一樣。這些勞役曾經長期存在於香港早期的監獄生活中。

具體勞役說明：

● 腳踏轉輪（Treadmill）：自 1818 年起在英國監獄使用了數十年的“懲罰腳踏轉輪”，通常為直徑約 20 英尺的大型轉輪，環繞 6 英尺高的圓柱體設有 24 級台階。囚犯每天須工作 6 小時以上，相當於攀登 5000 至 14000 英尺的垂直高度。雖然這個設備主要用於懲罰，但也可以用於研磨穀物、抽水或操作通風系統。

● 搬運鐵丸（Shot-drill）：要求囚犯彎腰但不彎曲膝蓋，將沉重的鐵丸緩慢舉起至胸部高度，向右邁出三步後放回地面，後退三步，然後重複動作，將一堆鐵丸從一個位置移動到另一個位置。

● 曲軸機（Crank machine）：一種手動旋轉裝置，囚犯需轉動曲軸使槳葉（四個大杯子或勺子）在箱子裏攪動沙子，此舉除了折磨囚犯外沒有任何實際用處。根據錶盤記錄，男性囚犯每天必須在 6 小時內轉動把手 6000 至 14400 次（每次轉動 1.5 至 3.6 秒）。獄警可以通過擰緊調節螺絲來增加操作難度。

監獄年度報表中關於勞役囚犯的內容

在香港 1844 年首份監獄守則（亦是香港首份任何形式的監獄管理守則）中，已經提到“勞役”（labour），但並未詳述具體情況。[1] 早期監獄報表顯示，

1　Blue Book (1844–1848), Gaols and Prisons.

英國 19 世紀監獄中作為懲罰的腳踏轉輪（Treadmill）

用以操練的鐵丸（重量為 18、24 或 32 英磅）[1]

曲軸機

1 Le Pichon Alain, Crime and iots Punishment in Victorian Hong Kong, Revue Francaise de Civilisation Britannique, XII-3, 2003, pp.1–13.

雖然法庭曾判處“苦役”（hard labour），但當時並沒有明確規定具體勞動項目。這可能與英國殖民管治初期亟需開展基礎建設有關，例如修建公路等工程，這些強制勞動的囚犯似乎主要就是從事此類工作，每日工作時間是早上6點到傍晚6點，中間有1.5小時用餐休息時間。此外，監獄內的其他雜務如清潔等，也是由這些勞役囚犯負責。[1]

1848年的報表暴露了歐籍勞役囚犯無需在外勞動的事實，1849年的記錄顯示他們僅留在監獄裏碎石（stone breaking）。一直到1856年的報表，都顯示歐籍勞役囚犯沒有在外勞動，但是報表並未對此做出解釋。然而，在1848年3月總測量司寫給總裁判司關於公共工程的函件中，[2]卻詳細地描述了這些勞役囚犯 / 工人的苦況。他們需戴上腳鐐勞動，由於必須在天黑之前趕回監獄，他們的實際勞動時間有限。儘管如此，他們完成的工作量可達一般非囚犯工人的5/7。當時這些勞役囚犯的主要工作是參與修路工程，包括中央警署附近道路及皇后大道的修建等。總測量司對這些勞役囚犯的工作表現總體滿意，但也表示看守囚犯不是易事，因為他們逃逸的風險很高。[3]函件同時解釋，儘管勞役囚犯的工作為監獄創造了經濟價值，但因其僅佔監獄總人數的1/3.5，因此他們帶來的工作成果並不足以支付監獄的大部分開支。

1850年的報表顯示，歐籍勞役囚犯的勞動時間較華人更短（華人：早上6點到日落[4]; 歐籍：早上6點至下午4點）。至1856年，華人的勞役時間略有縮短（下午5點結束），與歐籍囚犯的差距縮小。1857年，全體勞役囚犯的勞役時間統一了，不再區分種族：夏季為早上6點到下午5點，冬季為早上7點到下午4點。除了尚未審判者與欠債人囚犯以外，實現“全民就業”（所有囚犯均需勞動）。1864年2月起，勞役囚犯的工作時間再度微調：每日分兩段（早上7點到正午，中午在工地上吃飯；下午1點到5點，晚上回監獄吃了夜宵就睡覺)[5]，不再區分季節。此次調整的實際目的是增加1小時的勞役時間。[6]監獄總監不忘申明此舉會加重監獄職員的負擔，但因此而帶來的收入就翻了一倍。他特別指出，華人勞役囚犯最適合（且盈利最多）的工作就是在監獄外修路，

1 Blue Book (1844–1848), Gaols and Prisons.

2 Cleverly, Surveyor General to Caine, No.8, Blue Book (1848), Gaols and Prisons.

3 Blue Book (1846), Gaols and Prisons.

4 香港的地理位置決定，就算是在冬季，太陽下山也不會早於6點，但肯定晚於下午4點。

5 Blue Book (1866), Gaols and Prisons, Additional Notes No.8.

6 Blue Book (1863), Gaols and Prisons, Additional Notes.

因為華人囚犯的技能有限，其商業知識在監獄裏也沒有用武之地。[1]（此種言論不知是否在間接承認，這一年增加的監獄收入其實正是來自這些華人勞役囚犯。）另一方面，監獄總監建議為歐籍勞役囚犯增加如編草蓆之類的適合他們的工作，以提高其勞動收益，分擔監獄開支。最後，他提到在香港的氣候條件下，即使要求歐籍囚犯從事“碎石”工作也是非常具有爭議性的。

到了 1857 年，華人與印度人（報表中稱為“有色人種”）的勞役工種有所擴展，除了修路，新增了裁縫、木匠、鐵匠、油漆匠、砌磚匠等工種。報表顯示歐籍囚犯也從事上述工作，並參與守衛、織布與製作袋子等工作。還特別註明，短期勞役囚犯中未戴腳鐐的男性囚犯也需使用腳踏轉輪。

自 1860 年起，監獄內的勞役包括拆麻絮、編草蓆、裁縫、製鞋等。監獄外的勞役工作仍以修路、碎石及清潔為主，但已不再區分“有色人種”與歐籍人士的工作類別。1865 年，因香港計劃鑄造本地硬幣，勞役囚犯參與了香港鑄幣廠的建設，但依然不清楚勞役人員中是否包括歐籍囚犯。此後，監獄外的勞役工作均有總測量司部門統籌安排。

其他關於監獄勞役監 / 苦工監獄的內容

在本書第二章已經探討過關於勞役（苦工監）的兩份法令。

從 1844 年的第一份監獄守則到 1852 年的監獄守則，都未提及“苦工監 / 勞役監”。1853 年監獄法令出台，同時頒佈了一份新守則，其中一項涉及“苦工監 / 勞役監”：根據罪犯類型，其勞役要求有所不同。例如，重犯需戴手腳鐐；錢債犯人的勞役屬自願性質；其他定罪囚犯或違反監獄守則者則沒有選擇權。

守則裏也有一則關於監獄中勞役類別的條款，是這樣分野的：

> 所有被定罪的囚犯，以及因違反稅收法或缺乏擔保而被監禁的囚犯，都應在監獄內盡其所能地勞動。他們應被安排從事符合其自身能力或過往經驗的勞動，並應在監獄外進行戴鐵鏈的勞動，除非承諾令有特殊規定或治安官另有命令。對於未經審判或因債務及民事訴訟而被監禁的囚犯，應在其本人要求下，且僅在其自願的情況下，以與已定罪囚犯（非重罪犯）相同的方式工作。每年 12 月結束後，獄卒應向治安官提供詳細資料，以使治安官編制上一年度監獄的損益賬目，並將該賬目轉呈殖民地大臣，供

1 Blue Book (1864), Gaols and Prisons, Additional Notes No. 8 & 10.

總督審閱。[1]

最早提及監獄"苦工監 / 勞役監"的是 1847 年底倫敦委派的英國監獄總測量司傑布向調查委員會提交的報告。[2] 這份報告的詳情將會在第五章第一節闡述。關於苦工監的部分，英國專家的意見主要集中於監獄建築物的設計，建議預留出空間供犯人勞動，但這些建議似乎並未經過深思熟慮。

倫敦當局只對一點表現出興趣：在香港的炎熱氣候下，應當多指派囚犯外出勞作，例如修路等對公眾有益的苦役；但也申明要加強監管，避免囚犯彼此接觸與溝通而引起治安問題。對此，倫敦給出詳細解釋：對於法庭判處苦工監的囚犯，在其大部分監禁期間均可實施上述措施。就算囚犯沒有被判處苦工監，巡視監獄的太平紳士或其他有權下令的相關人士，也可以隨時指派他們進行這種戶外勞動，此舉為英國法律所允許。若囚犯抗拒，則可以對其獄中"配給"（即膳食）做出"決定"（即減少）。對於已被判處與沒有被判處苦工監的囚犯，分配的工作也應有差別（未被判處苦工監者可以從事輕量勞動），但大前提是要保持彼此隔離。

> 若這些建議得以全面執行，那麼原本用於修繕監獄住宿的支出可在一定程度上減少。囚犯在囚室內的時間相對縮短⋯⋯與全天關押相比，囚犯僅需在囚室過夜。[3]

另外一點是，雖然倫敦表示會大力支持監獄修繕的支出，但不得超過委員會預期的 545.19 英鎊，傑布在報告中也認可了這個數額。細究之下，這兩點都未能切實解決當時監獄最嚴峻的問題——人滿為患。安排囚犯戶外勞作只是一個自欺欺人的權宜之計，囚犯呆在囚室的時間是減少了，但監獄仍然過於擁擠。即便接下來要進行必要的監獄修繕工程，也須控制在預算之內。此外，囚犯出外勞動亦可為殖民當局節省部分工人開支，歸根結底仍是關於"錢"的問題，這也一向是殖民地部對香港監管最為嚴格的一環。最後，在這份從倫敦殖民地部發出的指導性文件中，並沒有提及以人道立場處理囚犯問題。

倫敦對港督的指示僅圍繞兩個問題[4]：第一，監獄改建等建議可予實施，但

---

1 Hong Kong Blue Book (1853), Gaols Return, Regulations.

2 Memorandum of J. Jebb, 1847, CO129/27, pp.129–133.

3 Colonial Office London to Bonham, 23 February 1848, No.16, CO129/27, pp.125–126.

4 Colonial Office London to Bonham, 23 February 1848, No.16, CO129/27, pp.126–128.

不得超支，上限為 545 英鎊，如確需超支需經事先批准；第二，須遵循將囚犯派往戶外勞作的建議（以節省開支並減少囚犯在囚室的時間）。

此後直到 1872 年，報表都顯示大部分囚犯都在為總測量處工作，包括參與修路工程等。工作期間，華人囚犯均戴上手腳鐐，並由配槍的歐籍與印度籍把匙人看守。而歐籍囚犯"從來不會戴手腳鐐"工作，且僅由未配武器的歐籍職員看守。[1]

1873 年報表顯示，自 11 月起戶外勞役停止，原因是當月有囚犯趁著戶外工作時間越獄，然而報表並未交代事件經過。直到 10 年後的 1883 年，才恢復了囚犯在監獄外勞動，參與新建公共醫院的工程。

儘管 1873 年 11 月發生了越獄事件，史料中卻找不到具體細節，前後報表也未有記載。值得注意的是，戶外勞役這一持續已久的做法突然改變，倫敦方面卻並未特別問責。

以下是關於獄中勞役的相關記錄：

1852 年：總測量司在報表中提到，監獄內有囚犯從事碎石工作，這些碎石對鋪路工程大有幫助。此外，利用兩名木匠囚犯的技能，完成了手推車的修理工作。聽起來，這些監獄囚犯所做的工作對公眾是有益處的。在總測量司 1853 年的報表中，說明了被判苦工監的囚犯大都是華人。[2] 同時，也有很多囚犯參與戶外勞動，[3] 這是因為自 1853 年監獄守則實施起，要求量化囚犯的工作量，以便與監獄總體支出做比較。

1874 年：報表稱停止戶外勞役後，監獄紀律有所改善。這種說法令人費解，但倫敦方面還是予以接受。[4]

1888 年（哥頓少將報告）：當年約有 50–60 名戴手腳鐐的囚犯參與了公共工程勞役，分為 6 隊。由於看守職員短缺，有時需要減少一隊。工作地點通常在監獄 3 英里範圍內。因為工作效率不高，最終停止了此類勞動，這與 1848 年初期的報告有所不同。哥頓少將表示，這類工作可能會暫停，直至嚴格執行隔離制度。至於其他工業類工作，哥頓少將指出因場地不足，工作條件不理想，需利用走廊通道進行。然而，椰殼纖維加工、編織、製鞋、書本裝訂等工

1 Blue Book (1872), Gaols and Prisons, Q. IX.

2 Robert Jarman, *HK Annual Administration Reports 1841–1941*, UK: Archive Edition Limited, 1996, p.197.

3 Robert Jarman, *HK Annual Administration Reports 1841–1941*, UK: Archive Edition Limited, 1996, p.201.

4 Blue Book (1874), Gaols and Prisons.

作卻逐漸增加。

此後，戶外勞動逐漸減少，但監獄內帶有工業性質的勞役卻有所增加。到了後來，印刷（政府報表）與書本裝訂成為監獄收入最多的項目。

監獄內的健康情況

在 1844 年至 1870 年的首份監獄年度報表中，涉及囚犯生病與醫生的問題包括：監獄中是否有“流行”的疾病，醫生在監獄中的職責是什麼，是否有獨立的建築物可供生病的人居住。此外，還有涉及健康的問題：獄中有沒有被監禁的“精神錯亂者”？如有，請提供其姓名、年齡、所犯罪行及監禁時長，此人是否與其他囚犯分隔開？到了新報表（1871 年至 1838 年）中，問題與監獄的衛生狀況扯上了關係：xx 年度，監獄的衛生狀況如何？獄中有什麼流行病？關於監獄衛生條件的回答通常是“非常好”。到了 1877 年，這個回答突然變成：乾土系統（沖水系統）是在 1877 年 7 月才安裝好的。1877 年 6 月 6 日，報表中曾指出監獄衛生在這方面的不足，在之後的半年內乾土系統就安裝完成了。

報表中的答案都十分僵化且缺乏新意，沒有過多披露關於監獄健康的實際情況，頂多只是提及有哪些疾病。但從 1863 年開始，監獄總監的答案變得稍為詳細，提供了更多關於監獄的實際情況。例如，在 1863 年，我們得悉監獄中有一所醫院，內有分隔的房間，殖民醫生每天會巡視一次，有需要時會更頻繁。常見疾病包括：腹瀉（Diarrhoea），痢疾（Dysentery），發燒（Fever），風濕（Rheumatism），梅毒（Syphilis）。

此外，還得知一所新醫院正在籌建中，內設配藥處、淋浴間以及供康復病人休息的院子。1864 年，獄中曾有 7 名精神錯亂的病人（華人），其中 3 名後來被放逐離開香港，其餘都交還家人照顧，證明監獄中缺乏照顧這類囚犯的設施。1865 年，發燒情況嚴重，甚至有人因此死亡。同年還有一名年僅 16 歲的精神錯亂的非洲籍囚犯，因為在街上暴露身體而被關進監獄，殖民當局當時在考慮是否應將其送回非洲。1866 年的流行病增加了黃熱病（Yellow Fever），傷口潰爛也成為嚴重問題。這年的年中有幾名精神錯亂的囚犯被遣送，歐籍的被遣送英國，華人則被遣返原籍。報表中提到他們與其他正常的囚犯是分隔開的。這一年還出現了一種只發生在華人囚犯身上的疾病——手足潰爛，後經裁判司與醫生調查，發現是一群常戴腳鐐手鐐的囚犯在裝病，後來更換了新的腳鐐後問題得以解決。1867 年，疾病又增加了肺癆病（Phthisis）和氣管炎

（Bronchitis）。獄中曾有過精神錯亂的囚犯，醫生治愈後將其交還親友。大部分囚犯是在被放逐回國前，經裁判司推介來做健康檢查。1869 年的報表做了一個小統計，證明過去三年監獄內的發病率較低。

表 3.7：1867–1869 年監獄內囚犯生病情況

年份	生病總人數	每天平均入住囚犯	住醫院總人數	生病（輕）	最多生病人數（1 天內）	死亡總人數
1867	4,907	427.18	496	236	23	14
1868	4,982	532.249	156	713	53	10
1869	4,122	465.66	57	526	27	5

資料來源：1869 年殖民當局藍皮書監獄年度報表

莫瑞醫生（Dr. Murray）曾指出，這裏的監獄健康狀況是整個香港最為良好的。他不僅是一名一生，也是一位太平紳士。每個周日，他都會花很長時間在監獄中為病人診治。病人們排隊經過他面前接受檢查，有任何投訴也可以當場提出，可謂一舉兩得。

值得一提的是，自 1863 年開始，監獄在昂船洲附近設立了一條囚犯船，關押了從域多利監獄轉移過來的 200 多名囚犯，目的是讓他們協助建造昂船洲監獄。囚犯船一直以來都被視為“人間地獄”，那這條香港唯一的囚犯船是否有所不同呢？關於囚犯船的其他情況，在本書第四章有詳細記載。1867 年，由於昂船洲新監獄建築工程叫停，相關記載也隨之終止。縱觀四年的報表，囚犯船上的囚犯在健康方面似乎沒有出現重大問題，這可能是因為他們每天都在戶外工作，反而對健康有益。

1863 年，囚犯船上有一位專職醫生，每天（必要時會更頻繁）上船檢查囚犯，他每周工作六天，為生病的囚犯開藥。生病的囚犯會被帶到海上設置的浮動警察局的一個房間，顯然是為了防止船上疾病傳播。囚犯船上的疾病與監獄的有所不同，例如：霍亂（Cholera），亞洲霍亂（Cholera Asiatica），霍亂引起的腹瀉（Choleraic Diarrhoea），高燒（Consecutive Fever），腹瀉（Diarrhoea），痢疾高燒（Dysentery Fever），其他高燒（Fever），痢疾（Dysentery），梅毒（Syphilis），潰瘍（Ulcers），膿腫（abcesses），眼炎（Opthalima）等。

如前文所述，自 1879 年後，監獄年度報表中出現了額外的篇幅，有時會提到監獄醫生對於囚犯健康的整體報告。以下記錄一些比較有代表性的額外表述供參考。

1885 年，最具名氣的監獄總監哥頓發表了關於監獄的年度報告，連續兩年，他都提交了長達三四頁紙的篇幅，但沒有提到囚犯的健康和疾病問題。這份報告在本書第五章有詳盡記載，引起了殖民當局甚至倫敦對於監獄紀律管理的關注。

1894 年是唯一提到監獄健康情況的一年，因為當年鼠疫肆虐香港，但報表依然堅稱獄中衛生條件很好。在獄中發現了 3 例鼠疫病例，根據病人的入獄與發病記錄，監獄醫生確認病例並非由監獄內部傳染，並提到會實施更多措施以防止囚犯互相感染。

除了年度監獄報表，港督每年都會向倫敦上呈報表，其中有時會專門提及香港的健康情況，偶爾會特別提及監獄情況，因此筆者在此花了點篇幅審視。

下圖顯示了在一些年份進入域多利監獄的囚犯人數，以及生病和死亡人數。殖民當局醫生認為這樣的死亡率相對來講是很低的。（抽調這些年份沒有特殊意義，只是因為其他年份數據不詳。）

表 3.8：1848–1908 年收容囚犯及生病和死亡人數

年份	收容囚犯人數	生病人數	死亡人數	生病率	死亡率
1848	1093	152	8	13.9%	0.7%
1849	1252	134	6	10.7%	0.48%
1858	266	163	23	61.27%	8.64%
1879	3669	445	6	12.13%	0.165%
1880	3530	407	2	11.53%	0.057%
1881	4150	374	2	9.012%	0.048%
1907	5877	424	14	7.21%	0.23%
1908	4778	432	10	9.1%	0.2%

資料來源：1848 年港督行政報告與監獄年度（其他）報告

醫生透露，許多獄中死亡案例都是街上的流浪漢，他們進入監獄時已經因為飢餓或疾病而身體虛弱。對於醫院中的精神錯亂病人，一般做法是尋找他們在港的親友，如沒有的話，就將他們送往廣州的英國領事館，讓領事館安排將其送往當地的瘋人院。

香港監獄未曾暴發大規模傳染病，這也成為殖民當局一直拖延不另覓地點新建監獄的一個重要理由。本書第五章提到，在 1890 年的一場關於監獄過度擁擠的討論中，時任署理港督菲林明表示，雖然域多利監獄太擁擠，但囚犯的健康狀況尚可，沒有暴發大規模瘟疫。[1]

小 結

監獄人滿為患的問題，直接引發了外界對政府監管能力的質疑。傳統的監獄學研究認為，擁擠的監獄會引致一系列惡劣後果，包括囚犯身體健康受損、疾病的傳播等。健康問題不僅限於身體，還包括精神健康。受壓迫的感覺會令人陷入反射性條件，產生暴力傾向等。基於一些客觀因素，通常會導致囚犯出現退縮、攻擊性行為以及緊張情緒的表現。這種擁擠 的緊張情緒與目的性行為密切相關。總的來說，當一個人對於空間的需求超過了條件所能提供的條件時，就會產生緊張情緒，進而產生減輕緊張情緒的願望，隨之出現自我保護的發洩行為，如打人、傷人或其他異常反應。此外，史料中也有很多監獄專家評估指出，監獄過度擁擠導致工人囚犯無法獲得培訓，影響其精神健康。擁擠還使得最起碼的囚犯分類也無法完成，19 世紀的絕大部分香港監獄都沒有實行"隔離"制度。監獄的種種黑暗面，往往都始於過度擁擠。

英國的監獄改革始於 1820 年代，當時由於流放囚犯突然滯留在本國無處可去，導致監獄人滿為患，從而引發了監獄改革，甚至推動了整個司法制度的變革。幾乎在同一時期，殖民統治者來到香港，角色不同，思維方式也有所改變。

本章討論了兩個層面：一是 19 世紀香港監獄的擁擠情況達到了瘋狂的程度（一個原本只能容納 500 人的監獄，高峰期曾容納 1200 人）。真實的惡果屢見不鮮，例如獄中多次暴發傳染病、發生越獄事件，甚至出現囚犯殺害獄卒的事件等。然而，擁擠並非無因，通過分析監獄報告數據，發現囚犯主要的"來源"並非重罪犯，而是一些"非重罪"和"與收入相關"的囚犯。通過

1 Fleming to Lord Knutsford, 16 September 1890, No.334, CO129/246, pp.687–699.

分析這些囚犯被定罪的罪種的法律依據，發現英國人一直埋怨香港罪犯眾多，特別是華人罪犯。但是通過分析他們自己的數據，卻發現絕大多數囚犯其實都是他們自己標籤化的“非罪犯”。而這些“非罪犯”觸犯的罪行，要麼是為了維護殖民當局的利益（如鴉片法令、賭博法令），要麼是為了維護英國人的喜好，使其免受華人“滋擾”（如小販阻街、衛生法令等）。

另一個層面，基於香港當時是英國在東亞地區唯一的殖民統治地區，因此其扮演著頗為重要的角色。首先是在防衛方面，英國的海軍和陸軍都在香港駐軍；其次是在司法領域的角色，香港擁有與英國本土接近的司法系統（如裁判處、高等法院等）。另一方面，隨著第一次、第二次鴉片戰爭爆發，英國在華的事務參與日益增加，無論是商業、民事還是刑事糾紛都大幅增加。香港高等法院原本是所有英國領事館的唯一合法法庭，案件都送往香港審理。後來上海設立了自己的高等法院，但上訴法權依然留在香港高等法院。在上海受審的罪犯可以申請或在判詞中明確規定送往香港受審。雖然具體數字未經核算，但問題的嚴重性曾讓殖民當局將問題提請到倫敦，希望獲得正視，資助香港監獄的年度開銷或改善監獄硬件設施。然而，倫敦對此一口回絕，只同意以實報實銷形式提供小額補貼。

這種“搬起石頭砸自己腳”的做法，恐怕只會出現在受殖民統治的地方。

第四章

英國對於香港監獄管理思維的優次

英國殖民管治香港始於 19 世紀中期，正值英國監獄改革。因此，了解英國監獄的制度，也許更有助於理解香港監獄的發展史。

被譽為監獄文學開山鼻祖的俄國著名小說家陀思妥耶夫斯基（Dostoevsky）在其作品《死屋手記》中傳遞了這樣的信息：

> 只需走進監獄，即可判斷一個社會的文明程度……[1]

2020 年是香港紀律部隊"香港懲教署"慶祝其獨立於香港警隊，獨自挑起專責管理香港監獄的第一百個年頭。1843 年 6 月，中國在首次鴉片戰爭中戰敗，被逼簽訂首條不平等條約，英國在香港的殖民統治亦在同年開始。然而，香港警隊與香港監獄實際上都是在 1841 年英人甫一抵達香港時就成立的。警隊之所以將 1844 年定為成立之年，是因為香港立法局（前稱定例局）於 1844 年正式成立，同年 10 月通過了首條關於建立警隊的法令，因此有法律依據的香港警隊隨即誕生。另一方面，香港監獄卻有著不同的遭遇，首份關於香港監獄的法令遲遲未受關注，監獄的運作僅依據一份監獄守則按章辦事。首份香港監獄法令直到 1853 年才在立法局通過。

本書的研究時段聚焦於英國維多利亞時代的鼎盛時期，法治與治安是這個時代的顯著特徵。工業革命在創造財富的同時，也催生了大量犯罪與罪犯。興建更多、更大的監獄並未能徹底解決這些問題，由此引發了英國的監獄改革運動。改革者們基於不同理念推動著各自的理想：虔誠的宗教信徒認為囚犯同樣是上帝的子民，理應得到公平與人道的對待；而較為激進的改革者則主張監獄應是懲罰與改造並重的場所。這些理念的交融，使英國的監獄改革在歐洲獨樹一幟，成為監獄改革領域的先驅。

套用文基賢（Christopher Munn）教授在《大館》一書中的觀點：

> 需要重申的是，這類研究不僅局限於監獄本身的建築結構層面，還需結合對刑事司法制度的認識以及行政措施的實施等。

本書想傳遞的不僅是監獄內部的歧視或惡劣環境，還包括英國在亞太地區應用其推崇的監獄改革精髓的積極性與支持程度，以及其背後的原因。

---

1 Dostoevsky, Fyodor, *Notes from a Dead House*, Everyman's Library, 2021.

第一節　英國的監獄管理制度與思維

本書的核心研究課題之一是 19 世紀英國的監獄紀律制度——隔離制度。通過考察英國本土監獄制度的發展歷程，我們可以探究當時處於英國殖民統治下的香港，其監獄制度在多大程度上受到英國的影響。若發現兩者相似之處，我們將深入追溯其淵源；若存在差異，則需進一步剖析背後的原因——究竟是無奈之舉、條件限制，還是某種妥協？是殖民當局執行不力、阻力過大，還是英國政府放任不管？研究這些問題，能夠揭示英國殖民統治的實際力度，以及其在特定議題上的妥協傾向，進而探討其深層原因。總體而言，這將為本書提供一個更為準確的歷史背景與語境。19 世紀的英國看似將"人道主義"塑造成其獨有的榮光，然而通過觀察其是否真正落實於各個殖民管治地區，我們才能更清晰地認識殖民統治的本質。

隔離制度的出現並非偶然，它與 19 世紀英國的監獄改革運動密切相關。在深入分析這一制度之前，我們首先需要梳理改革前英國監獄的整體狀況。

在第一章中，我們談到監獄的歷史沿革，提到監獄最初並非用於長期"監禁"，而只作為短期"羈留"之用。17 世紀的英國，刑事法律變得非常嚴苛，許多今天看來罪不至死的小偷小竊行為，在當時都可能被判處死刑。有一種說法認為，這些嚴苛法律的推動者多為富人，他們對社會上的貧困階層毫無憐憫之心。他們認為犯罪的人都是懶惰、邪惡以及貪心的，不值得任何的仁慈對待。當時的刑事法律只有一個目的：震懾。他們認為，如果犯罪的結果是死刑，人們就不敢犯罪，特別是做出對富人的生命與財產構成威脅的行為。因此，死刑通常是公開執行，以達到震懾之效。曾有人認為，正是這套被稱為"血滴子"（Bloody Code）的法律制度，[1] 使得一些法官望而卻步，不敢輕易把人命攸關的案子判死罪，轉而選擇其他形式的處罰，例如"流放"（transportation）就變得更為普遍。可是，隨著美國獨立，原本可以流放到別處的囚犯，一下子無處可送，對監獄機構的需求因此大幅增加。

另一方面，18 世紀期間監獄內發生了多起虐待事件。當時許多地方監獄被外包給私人經營，貪污賄賂等罪行屢禁不止，監獄變成與特權和勒索相關

1　"Bloody Code"是 17 世紀到 19 世紀在英國實行的法律系統，因對於大量罪行嚴判死刑而聞名。

的場所。[1] 總的來說，監獄給人的印象是污穢、骯髒且害蟲滋生的地方。儘管從1823 年後，國家開始要求地方每年報告監獄情況，但實際上，當時的英國並沒有中央的監獄紀律管控制度。

監獄內的實際情況逐漸引起社會的關注，事實上，監獄改革已經悄然啟動。首先，英國與威爾士許多地方監獄的糟糕狀況與賄賂問題，在英國監獄改革家約翰·霍華德（John Howard）1777 年的一份文件中暴露無遺。文件揭露了監獄的惡劣條件、囚犯受到的非人道對待、監獄內缺乏隔離措施、高死亡率以及監獄生活缺乏紀律等問題。[2] 在前維多利亞時期，[3] 監獄改革實際上已經啟動，最初的改革動機並非完全源於對囚犯的虐待或不公平待遇的道德訴求，而是出於對疾病的恐懼。當時普遍認為，病菌從惡劣的環境中滋生，進而引發疾病甚至傳染病。因此，要求改善監獄環境成為改革的重要推動力。

約翰·霍華德的文件進一步喚起了社會對監獄的關注，實際促成了政府在 1835 年首次委任監獄督導員，更為監獄改革揭開了序幕，霍華德協會（Howard Association）推動英國的監獄改革正式開始。這個團體到今天依然存在，是世界上歷史最悠久的監獄改革組織。在約翰·霍華德那本僅有八章的書中，"隔離"（separate）一詞出現了 26 次，可見他對隔離制度在監獄中的重要性持肯定態度。

> 囚犯們並未被合規地分隔開。儘管其中一名把匙人走進院子試圖阻止混雜，但實際上要持續保持不混雜是困難的……（第 83 頁）
>
> 有些郡城的小型監獄（bridewells），連輕罪犯與重罪犯都沒有分隔開。我把輕犯與重犯放在同一條文…… 這樣做就是因為知道獄長照顧兩三個囚室已經足夠，不同於我建議在郡城監獄中採用隔離倉房……（第 201 頁）

以上從書中選錄的小節顯示出，隔離制度的種子早在 1777 年就已經播下。

英國監獄改革過程

如前所述，監獄改革在前維多利亞時期已經開始了。最初的改革動機除了

---

1 Henriques U. R. Q., "The Rise and Decline of the Separate System of Prison Discipline", *Past & Present*, Vol. 54, Issue 1, February, 1972, pp.61–93.

2 Howard, John, *The State of the Prisons in England and Wales* (1777), London: Warrington, 1780.

3 維多利亞女王的統治始於 1837 年 6 月。

對於疾病的恐懼，還包括“精神上”的改革，即基於基督教的精神康復原則。早期的“精神改革者”希望在監獄中引入豐富的宗教影響，把魔鬼從（罪犯的）靈魂中驅走。後來，改革的頂峰體現在所謂的監獄隔離紀律系統中，成為 19 世紀中最重要的改造罪犯的嘗試，至少其初衷與理念是朝著這個方向發展的。

然而，“精神改革者”在改革初期仍以當時的主流監獄制度——分類制度（Classification）為基礎，認為監獄是一個彼此污染的場所，但同時分類制度也比堅持獨處（solitary）的主張更為經濟與緩和。在分類制度下，囚犯根據性別、定罪前後的情況以及所犯罪行的輕重被分組。此外，年輕罪犯與年長慣犯分開；已定罪者與候審者分開；男性與女性分開；缺乏道德者與可能會受其影響者分開。這一制度逐漸成為公共政策，到 1830 年代早期，已在英國與威爾士大部分的監獄中實行。[1] 這也是改革者對於 18 世紀英國監獄制度之“混亂”的其中一個回應，實際上是對囚犯進行合適分組或者等級劃分的討論，最終也被歸入 1823 年與 1824 年的監獄法令中，被視為一項進步性選擇。

通過一群監獄改革派的努力，公眾對監獄情況的關注逐漸增加，英國下議院在調研後發佈的兩份報告書促成了 1823 年的《普通監獄法案》（The General Gaol Act 1823），開啟了政府為全國監獄管理設定統一準則的時代。1823 年法令的第一項明確規定：

> 監獄應該是安全的場所；監獄職員應該受薪；女性囚犯應該與男性囚犯分開；醫生與監牧應該定期探視。最後，應該努力改造囚犯。[2]

然而改革者自己也發現，即使在分類措施下，監獄裏的“污染”依然十分嚴重。例如，一個因行為不檢而入獄的罪犯，可能被分類與輕罪犯一起生活，但他以前可能曾是重罪犯甚至被審判過，只是其過去在某個監獄中無人知曉。因此，把他與輕罪犯編在一起，就違背了分類制度的初衷。此時，監獄改革者清楚地意識到，需要一種新的監獄紀律模式，才能有力對抗那些只支持震懾酷刑的另一派人。這就是讓一套新的監獄紀律制度——隔離制度誕生的早期動力。

本書多次提到的一位關鍵人物——監獄總測量司約書亞・傑布（Joshua

---

1 Ogborn, Miles, “Discipline, Government Law: Separate Confinement in the Prisons of England and Wales, 1830–1877”, *Transactions of the Institute of British Geographers*, 1995, Vol 20, No.3, 1995, pp.295–311.

2 Premeable 1823 General Gaol Act.

Jebb）在 1845 年指出分類制度的另一不足：假如將某一類罪犯全部放在一起，如傷人犯、盜賊或乞丐等，他們只會對自身熟悉的罪行變得更加熟練。[1] 從這時起，另一種想法逐漸形成：首要任務是把初犯與少年從監獄中分離出來，安置在別處。但是這種做法與司法制度中對同等罪行罪犯統一懲罰的大原則相抵觸。後來，這些考慮催生了"青少年改造所"的建立。[2] 本書第三章對香港青少年囚犯的"改造"過程進行了討論。

1835 年，英國議會委任了兩位監獄視查員惠特沃斯·拉塞爾（Whitworth Russell）與威廉·克勞福德（William Crawford），這是 1835 年監獄法令出台的主要原因，亦是英國監獄轉向奉行隔離紀律的基石。這一紀律制度一直主導著英國的監獄制度，直到 1865 年才略有動搖。兩位督導員的工作包括巡視英格蘭、威爾士以及蘇格蘭的所有監獄，隨後確立了有法律依據的監獄督導制度。

惠特沃斯·拉塞爾從 1835 年第一所國家監獄（米爾班克監獄，Milbank）開始就在那裏擔任監獄牧師。他在 1835 年上議院的監獄特別委員會中提供了證詞，對隔離制度做出了系統化解釋，突出了這一制度相較於其他制度的優越性。他指出，隔離制度包含兩個核心元素：一是每個囚犯與其他囚犯的絕對分隔（isolation），從而避免受到污染以及集體抗拒監獄制度的力量；二是通過道德與精神上的教誨與贖罪，培養囚犯的悔改之心，為囚犯出獄後回歸社會（以及最終會回歸上帝）做好預備。1835 年，拉塞爾不遺餘力地推動隔離制度，將整個系統——包括囚室分隔、持續的道德與宗教規勸贖罪、不斷的宗教培養以及阻嚇作用等——寫成文字，目的是將曾經犯罪的人的意識帶上拯救的正軌。後來，拉塞爾更成為內政部的大臣。1835 年的法令將監獄監管權力交給了內政部，要求地方監獄改變守則，否則不得繼續運作。此外，地方監獄每年還需向議會提交報告，並接受督導員的監管。[3]

另一位關鍵人物威廉·克勞福德，自 1818 年起就參與監獄紀律改良工作和青少年罪犯改造工作。在 1820 年代，這兩項工作就是監獄發展的主要推動

---

1 Major J. Jebb, RE, "*On the Constitution and Ventilation of Prisons*", Papers on Subjects connected with the Duties of the Corps of Royal Engineers (London, 1845), p.15.

2 Henriques U. R. Q., "The Rise and Decline of the Separate System of Prison Discipline", *Past and Present*, Vol. 54, Issue 1, February, 1972, pp.61–93.

3 Forsythe, W. J., "The Beginnings of the Separate System of Imprisonment, 1835–1840", *Social Policy & Administration*, Vol. 13, No. 2,1979, pp.105–110.

力。克勞福德對於青少年犯罪有特別的認知與經驗，多次參與議會委任的監獄特別調查委員會工作。[1]

克勞福德極力主張隔離制度，特別是與當時另外兩個頗為流行的系統——沉默制度（silent system）和獨處制度（solitary）相比較。沉默制度是指在典型的集體監獄環境中，禁止囚犯進行任何言語交流。克勞福德在報告中指出，"在囚室的沉默中，污染不可能會被引發"，[2] 囚犯日復一日地沒有同伴，但其思維會進行反思並聽從良知的呼喚，反覆思量自己的過錯，並能接受任何能讓自己感覺較好的東西。這一制度的不同之處在於，囚犯在白天的勞役是集體進行的，雖然不准交談，但他們仍然會有交流與接觸，晚上他們仍然回到獨立的囚室。這一制度下的囚室空間狹小，僅用於睡眠，而非作業場所。

另一方面，獨處制度的特徵是囚犯在監禁期間完全被關在囚室內，與任何其他人的接觸為"零"。克勞福德指出，獨處制度下不容許囚犯與監獄人員互動的限制會讓人瘋癲，阻礙其他能讓他懺悔的途徑。而沉默制度亦不會成功，因為囚犯的不真誠會阻礙制度的初衷。1834 年，內政部已經著手把位於倫敦的米爾班克監獄改造成一所奉行隔離制度的監獄，儘管當時對於高昂的建築費用存在爭議。

在英格蘭，隔離制度的推行時機恰到好處。1831 年後的十年間，新的執政黨魁格黨（Whig）剛剛上台。中產階級的崛起，特別是對道德與知識分子的尊重，使他們確信通過社會行政系統可以改造貧困階層的道德水平。當時另一個特點是中央政府的力量比以往更為強大，因為需要鞏固新政府的地位。這一時期也是《貧民法》（The Poor Law）出台並被普遍接受的時期。社會上普遍願意接受新政府填補舊政府家長式鄉紳統治模式下的缺陷或空隙。實際上，監獄紀律委員會的主席塞繆爾・霍爾（Samuel Hoare）在 1835 年上議院下令組成的監獄專責委員會（克勞福德與拉塞爾均為成員）報告中，了解到真實證據後，非常樂意接受並認同這一新系統。上議院在 1835 年決定委任監獄檢查員，直接向內政部報告，克勞福德與拉塞爾均被委任。很快，這個系統被推廣至整個英國。英國首次對罪案增加和流放安排中斷的情況找到了解決方案，因此獲得了政治家（議員）們的支持。這一精神改革下的產物——隔離制度似

1 Forsythe, W. J., "The Beginnings of the Separate System of Imprisonment, 1835–1840", *Social Policy & Administration*, Vol. 13, No. 2,1979, pp.105–110.

2 "Prison Discipline – The Separate System," House of Commons Debate, 10 February, 1848, pp. 368-384.

乎能夠堅持下去，儘管以後的道路仍會面臨挑戰。[1]

美國獨立戰爭後，也加入了監獄改革的行列，並走在了英國與歐洲之前。美國的費城監獄[2]是首個採用單獨監禁（solitary confinement）監獄紀律制度的監獄。這個系統最初以費城所在的州名命名為“賓夕法尼亞系統”（Pennsylvania System），後來演變為上述最有名且廣為採用的隔離制度（Separate System）。這一制度不但在美國各州推行，甚至在歐洲也被採用。當時的理念基於一種理想化的觀點：孤獨可以幫助犯罪者懺悔，而懺悔之心最終會促成改造。在費城監獄裏，每個囚犯無論是在自己的囚室還是外面的院子裏，都是單獨一個人。勞動工種包括編織、木工、製鞋等，也是單獨進行的。除了監獄職員或者偶爾的外來探視人士外，囚犯幾乎沒有任何人際接觸。

1840 年以後，隔離制度成為英國監獄裏最重要的部分。很多有名的監獄（如本頓維爾監獄與雷丁監獄）都是按照隔離制度的要求建成的。1842 年到 1848 年間，總共有 54 所新監獄落成，其中大部分的建築與配套設施都適合隔離制度的實施。儘管如此，威爾士的監獄發展一直是雙向的——一些監獄採取沉默制度，另一些則採取隔離制度。一些依照傳統方針的監獄甚至同時採用兩種制度；但也有部分郡城監獄很極端，要麼嚴格遵循隔離制度，要麼完全偏離。

總的來說，在隔離制度的發展中，克勞福德與拉塞爾功不可沒。在他們的推動下，隔離制度成為監獄改革中一個站得住腳的方向。兩位利用他們的影響力，讓這個系統的運用更得宜，[3]特別是在 1839 年通過的法令中，[4]這一制度得到了正式的內政部批准執行，可以說是這兩位先生一手推動的。儘管此前這個制度的“中央化”遇到很大的阻力，但在 1839 年 2 月，拉塞爾再一次提請上議院。這一次，他承諾不會立即強制全面執行這一法令，最終獲得了上議院的通過。與此同時，一系列監獄守則也得到通過，獲得了法定地位。約書亞・傑布與克勞福德更成為日後設計監獄守則委員會的成員。傑布後成為英國的監獄總測量司，在香港的監獄事宜中也常有參與。

---

1 Forsythe, W. J., The Reform of Prisoners 1830–1900, London: Croom Helm Ltd, 1987, pp.35–44.

2 Eastern State Penitentiary（費城國家監獄），1829 年。

3 Forsythe, W. J., “The Beginnings of the Separate System of Imprisonment, 1835–1840”, *Social Policy & Administration*, Vol. 13, No. 2, 1979, pp.105–110.

4 The 1839 Prisons Act.

隔離制度的思維

這個制度最主要的目的是改變囚犯與自身及他人的關係，而不僅僅依賴於刑罰對身體造成的痛楚。這些改革旨在將囚犯引向上帝的國度、基督應允的拯救，並促使他們歸順上帝的旨意。這些想法很快便獲得 18 世紀後期一些有權力的改革者、當權者以及法律界的認同，並以“監獄探險者”約翰・霍華德的理念為起點。霍華德認為，監獄重建工作中更重要的是“對監獄的道德標準進行改革”。

沉默制度要求囚犯無論是在工作時還是參加宗教活動時都要保持沉默，儘管他們處在有守衛監管下集體環境中，但任何交談甚至眼神接觸都會立即受到懲罰。即使囚犯們坐在一起，也必須保持分隔。而隔離制度則要求提供完整的獨立倉房，囚犯不是被“沉默”與守衛的監管分隔，而是通過物理屏障——如磚牆、木板和面罩等——來實現分隔。在這個前提下，監獄的建築設計也要與之配合。要把監獄的空間劃分為獨立監倉、運動區、監控區以及安全區，形成細緻的幾何監獄藍圖。每一寸空間都附帶一套詳細的紀律。監倉、走廊甚至樓梯平台，處處都體現出 18 世紀“獨處”理念的延伸，相信“隔離”更能促使囚犯產生內在的道德改變。

隔離制度的成功很大程度上基於其在紀律方面的優越性。它被視為比其他選擇更適合的懲罰設計。例如，除非囚犯被完全分隔開，否則那些有“壞根性”的囚犯一定會“污染”那些相對較好的囚犯。分類制度只是“集體”制度（Association）的改良版，而只有完全“隔離”才能徹底阻止這種“污染”。

> 道德罪惡感並不是人類觀察的直接主題。即使被察覺，它也難以得到精確評估，以至於我們無法為每個可能受其影響的人在等級中確定其相對位置；即便能夠如此評估，似乎也不會發現兩個人的道德污染程度完全相同。如果這些困難得以克服，一個由道德水平完全相同的個人組成的群體，不僅會冒犯他人，還會導致道德敗壞，但他們的交往仍可能在惡行或美德中推動進步。人的本性並不要求頭腦停滯不前；它必須在惡行或美德中不斷前行。[1]

另一些理論認為，社會與個人的互動決定了一個人的道德與否。這種道德

1 Forsythe, W. J., *The Reform of Prisoners 1830–1900*, London: Croom Helm Ltd, 1987, pp.35–44.

本頓維爾監獄小教堂內的隔離座位

並非在一個複雜且充滿倫理觀念的生活中形成，而是個體感染個體的過程。因此，目的是要阻斷並控制中間的傳播，人為地把那些比較脆弱、容易被影響的個體分隔開，直至他們能掌握自制力並自設界限，不再被外界入侵。到了 19 世紀，國家開始承擔起建立界限並指揮的責任。監倉裏的牆壁便是為此目的而設計的其中一種技術手段。這種"污染"邏輯被用來打擊獨處系統中的囚犯互動，因為看到其他囚犯可能成為一種引誘的力量，引發違法與危險的溝通，從而抵消"獨處反思"的作用。

隔離制度中更重要的意識是要將"暴力"從關係中消除，至少使其轉型。曾經用來攻擊獨處制度的一個觀點便是如此——試圖在國家與囚犯之間建立起一種理性的溝通，而不是用暴力來壓制。

> 在比較兩個體系的優劣時，可以看出奧本體系側重於物理性懲罰，而費城體系則更注重道德性改造。鞭打會立即造成疼痛，但孤獨會激發持久的恐懼。在奧本，罪犯受到嚴厲對待，而在費城則受到禮貌對待，前者使囚犯的情感變得冷酷，後者則有助於軟化情感。奧本激發報復情緒，而費

城則培養習慣性服從。[1]

隔離制度被視為唯一能確保各地域一致同意的紀律系統，從而保證其合法性與法定性。怎樣實現呢？通過將監獄中的人口分成個別部分，以相同的條件對待每一部分，將其關押在無差別的牆壁中。這樣，法官可以確信囚犯將接受與其罪行相符的懲罰。理論上，這種隔離制度無論何人何地都將實施同樣的懲罰。

隔離制度的元素

隔離制度是 19 世紀最重要的改造囚犯的嘗試之一，至少其初衷與理念是朝著這個方向的。[2]

簡單來說，隔離制度是一種監獄（紀律）制度，通過將囚犯彼此分隔開，試圖通過自我反思來改造他們。隔離制度有以下特點：

- 分隔：囚犯被關押在單獨的囚室內（較長時間）。
- 沉默：囚犯在任何時間都應保持沉默安靜。
- 面罩：囚犯離開自己的囚室時要戴上面罩。
- 運動：囚犯在運動時用一根繩子連接，彼此保持距離。
- 工作：囚犯需操作一些機器進行勞作（消耗體力但沉悶），如曲軸或拆棉絮。
- 獄牧：獄牧鼓勵囚犯過基督化的生活。

這些是隔離制度的特點，並非固定不變的規定，而且在不同時間，可能並非所有措施都被嚴格執行。

觀察隔離制度，需關注兩個階段：

1. 隔離制度背後的理念是怎樣形成的？它如何成為 1830–1840 年間英國的主流監獄改革思維？其地理範圍在英國本土是如何擴展的？

2. 1850 年後，為何一個看似不太被接受的系統能夠持續到 1877 年新的國家中央監獄制度形成？

這些改革者不約而同地認為，早在 18 世紀後期，監獄中存在一些強大的阻力，阻礙了他們想傳遞的態度與信仰。他們認為，在未經改革的監獄中，最大的阻力來自囚犯之間無阻礙的溝通，這種溝通助長了抵抗改革的行為。這

---

1 Prison Discipline – The Separate System, House of Commons Debate, 10 February, 1848, pp.368–84.

2 Forsythe, W. J., *The Reform of Prisoners 1830–1900*, London: Croom Helm Ltd, 1987, pp.35–44.

些阻力付諸於行動上的表現就是醉酒、賭博和性犯罪等。囚犯們彼此教唆這些行為，或至少對那些抵抗宗教教義的同伴給予鼓勵或報酬。因此，監獄改革者傾向於由國家統一管理監獄，以便徹底實施這些引導人向善的監獄紀律管理方法。

18 世紀後期，一個普遍的觀點是必須令囚犯反思己過。改革者認為，這樣的反思只有在與其他不良影響隔離的情況下才能有效進行，不良影響包括其他囚犯與監獄中的群體生活方式。起初，改革者只推動局部隔離，後來他們逐漸認為只有完全獨處才能喚起對罪惡與愚蠢的醒悟，即所謂的“自我責備、懺悔與羞愧”。

1830 年之前，改革者只希望在“集體”監獄系統（1825 年大多數監獄採納的系統）中佔有一席之地。此時的監獄也有分隔系統，將囚犯依據性別、犯罪等級、入獄前經歷、年輕囚犯與年長慣犯、定罪與候審者、男女分開等標準進行分類。這種做法既節省成本，又不會與獨處監禁的主張產生直接衝突，這個系統由此成為一般的監獄政策。

到了 19 世紀初，改革者進一步重申，必須將宗教融入囚犯教育中，才能取得成效。因此，監獄牧師的角色變得越發重要，他們需要在囚犯面前展現仁慈、溫柔、謙遜與憐憫，而不只是審判者的形象。[1]

1830 年，實行分類政策在監獄中變得很普遍，即使在地區監獄系統中也是如此。當時有人認為，通過把輕罪犯和重罪犯分隔開，可以大幅減少“污染”。每一類別的囚犯都有自己的作息、休息和工作空間。然而，在 1820 年代末，由於罪案數的增長，曾經有聲音要求監獄恢復舊日的重刑，包括使用腳踏轉輪。這一派別的支持者批評分類制度存在漏洞，例如曾犯重罪但未被人揭發的囚犯，因輕罪入獄後與輕罪犯關在一起，可能會教壞其他輕犯。基於此類觀點，改革者創造了一種新的紀律系統，即隔離制度（Separate System）。

到 1840 年，隔離監獄紀律系統成為最有連貫性及說服力的監獄監管系統。它聲稱能夠解決所有分類系統衍生的問題，並認為其他監獄措施如職業訓練、強制反思等，都只有在這一系統下才能產生效果。

隔離制度的傳播

1847 年 9 月 20 日，英國皇家工程師，亦是總監獄測量司約書亞・傑布在

1 Forsythe, W. J., The Reform of Prisoners 1830–1900, London: Croom Helm Ltd, 1987, pp.35–44.

布魯塞爾舉行的一次國際會議上發表了一份監獄改革報告書[1]。傑布在會議中表示，他希望分享一些自己的觀察，以探討如何實踐隔離制度、何時採用最有成效，以及在思想與實踐上可能遇到的挑戰。儘管傑布的報告指出了隔離制度的局限性，但他認為，如果隔離制度能與司法制度靈活配合，它仍不失為"改造"（reformatory discipline）囚犯的一種有效策略。由此可見，英國對這個監獄紀律制度還是充滿信心，否則不會在這麼重要的國際專家會議上公開提出。

報告中，傑布自信地表示，儘管隔離制度最初受到許多批評，但在英國本土已被證明，它比單純實行分類制度或沉默制度更為有效。英國在短短幾年間根據這個模式修建了 12000 間監獄囚室，這證明了英國輿論已經認可了這個制度的可用性。傑布在報告書中多次引用英國本頓維爾監獄採用隔離制度的經驗。

報告總結指出，單獨監禁制度最有效的應用時間是 12 到 18 個月。假如超過 18 個月，原本的道德紀律目的將難以實現，囚犯也難以重新融入集體或適應未來的自由生活。過長的隔離（超過 18 個月）會導致持續的沮喪情緒，對思想產生不良的影響。因此，短期採用隔離制度應被普及推廣，但是超過 18 個月時需格外謹慎，特別是要對囚犯的健康狀況進行加倍監控。

1848 年 2 月 10 日，一份法令草案被提請到英國下議院，議題正是討論是否應將已在實行的隔離制度應用在已判刑和待審的犯人身上[2]。至於沉默制度則被摒棄，它僅僅被視為"侵犯紀律二字被誇大了的誘惑"，而且容易引致監獄人員與囚犯之間的暴力衝突，因為當中涉及大量因不遵守規則而產生的刑罰。當時實行的制度不過是在公眾面前自誇："連十惡不赦的罪犯都可以被監獄人員訓練成遵守規則的鬱鬱寡歡的木頭。"實際上，這些"木頭"出獄回歸真實社會時，卻沒學到任何有用的技能，腦海裏只裝著在獄中受到的苦頭，而不是軟化、改良了的思想。

在歐洲的另一端，法國也受到了隔離制度的影響。當英國監獄改革正在本土如火如荼地進行時，法國的監獄也經歷了類似的改革。不過，法國並未完全照搬英國的系統，而是在對英國制度（特別是著名的本頓維爾監獄）進取有序的一面表示欽佩的同時，也提出了一定的質疑和抗拒。最終，法國的監獄改革

1 Observations on the Separate System of Discipline Submitted to the Congress Assembled at Brussells on the Subject of Prison Reform, 20 September 1847.

2 Hansard, UK Parliament House of Commons, Vol. 96, 20 February 1848.

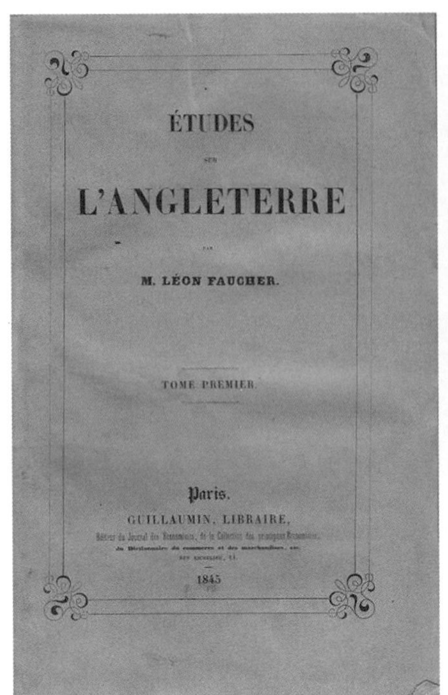

ÉTUDES

SUR

L'ANGLETERRE

PAR

M. LÉON FAUCHER.

TOME PREMIER.

Paris.

GUILLAUMIN, LIBRAIRE,

1845

SAINT-GILES. 117

tendu système d'éducation que l'on emploie dans les prisons. A Newgate, les jeunes prisonniers ont des communications constantes avec les détenus adultes; à Coldbathfields, ils travaillent dans le même atelier que les hommes et sont soumis, comme eux, au régime abrutissant du *tread-mill*. La prison-modèle, que le gouvernement a établie pour les jeunes détenus, à Parkhurst, dans l'île de Wight, n'est encore qu'un essai informe qui combine la détention avec la déportation; et cette maison ne renferme pas au delà de deux cents enfants. L'Angleterre n'a pas d'établissement que l'on puisse comparer à nos belles colonies de Mettray et de Fontevrault. Mais ce qui est encore plus barbare que le système d'emprisonnement, c'est le mode de transport. Les jeunes détenus, que l'on dirige de Londres ou de Liverpool sur l'île de Wight, n'y arrivent qu'accouplés deux à deux et les fers aux pieds. Nous avons aboli la chaîne des forçats, qui étaient du moins des adultes; l'Angleterre, au moment où ses philanthropes en sont à débattre le mérite des systèmes divers d'emprisonnement, conserve, sans que l'opinion publique se montre révoltée d'un pareil spectacle, la chaîne des enfants!

法國專家遊歷英國的記錄，有大量關於英國監獄模式的描述

融入了法國本土的理想和務實考量。

兩位法國監獄改革家亞歷克西・德・托克維爾（Alexis de Tocqueville）和古斯塔夫・德・博蒙（Gustave de Beaumont）也因聽聞本頓維爾的理念，遠赴美國參觀類似的監獄，後來又有其他政府使團前往英國實地考察，包括法國著名政治家、經濟學家萊昂納尔・福謝（Leonard Faucher）等人。[1] 之後他們發表了多份報告，支持監獄改革，以改善和教化囚犯的道德品格。當然，這些改革也融入了法國獨特的社會結構與文化特質。法國監獄受到英國的影響是多方面的，包括囚室設計、囚犯日程安排以及囚犯待遇等。如今，法國檔案館依然珍藏了許多這一時期法國專家對監獄研究的記錄與報告。

法國監獄並未嚴格執行沉默制度，因為法國人認為這可能會影響囚犯的精神健康，因此囚犯之間的互動相對寬鬆。這種做法符合法國人自認為自由開放的民族性格，而英國對待囚犯的嚴謹做法則被當時的法國人視為對人權

1 Faucher M. Leon: *Etudes sur l'Angleterre*, Paris: Librairie de Guillaumin, 1845, p. 117.

的侵犯。1875 年，法國政府通過法令，規定所有新建監獄必須採用“囚室制”（cellular system），其實就是隔離制度。[1]

儘管法國的隔離制度並不完全承襲英國，但仍能看到英國的影響。例如，法國監獄內的教堂設計體現了隔離的理念，不同之處在於法國教堂由天主教神父主持，而英國則由基督教牧師負責。本書插圖部分教堂中囚犯的“椅子”也充分體現了隔離的理念。

以上內容旨在說明英國對其隔離監獄紀律制度的高度自豪感，其影響力在巔峰時期甚至延伸至英國以外的地區。

接下來，筆者擬花一點篇幅介紹英國當年曾實行隔離制度的兩所監獄——本頓維爾監獄和米爾班克監獄，以幫助讀者了解隔離制度的實際運作情況。

米爾班克監獄導覽

上面說過，隔離制度的其中一位倡議者拉塞爾曾經在米爾班克監獄服務多年，擔任監獄的獄牧。

米爾班克監獄的建築設計頗具特色。首先，它的入口面對倫敦的命脈——泰晤士河。監獄最初是作為中央監獄建造的，舊建築所在地曾經是泰特美術館（Tate Gallery）。從圖片可以看出，其主體建築呈六角星形，每個角都是一個獨立的五邊形。整個監獄的外牆也是一個五邊形。監獄最中央是一個圓形的小教堂，四周環繞著監獄總督府邸、辦公室以及洗衣房，外圍則是六棟監房建築，當中還融入了五個庭院。這種設計無論在功能還是美學上都頗具創新性。東北端的兩個五邊形距離入口最遠，用於關押女性囚犯，其餘四個五邊形都用於關押男性囚犯。這種設計的特別之處在於，每個五邊形的中心都是一座高塔，守衛（甚至只需一名守衛）可以從塔上監視囚犯，但是囚犯卻未必察覺自己在被監視。這樣的監管方式會讓囚犯格外注意自己的行為。[2]

米爾班克監獄是作為英國首個“國家監獄”（即不是地方監獄）而修建，英國甚至為其專門立下法令以加強法律基礎。[3] 1816 年，監獄迎來了第一批囚犯，均為本來被判流放的罪犯。到了 1822 年底，監獄關押了 452 名男性囚犯和 326 名女性囚犯。後來，監獄成為流放囚犯的一個選項，但僅挑選當局認為

1 Foucault M., *Discipline and Punish: The Birth of the Prison*, US: Penguin Books, 1991.

2 Howse, Geoffrey, *A History of London's Prisons*, Great Britain: Wharncliffe Books, 2012, pp.148–149.

3 Milbank Penitentiary Act 1816.

GENERAL PLAN OF THE PENITENTIARY BUILDINGS.
FOURTH
PENTAGON
THIRD
PENTAGON
FIFTH
PENTAGON
SECOND
PENTAGON
SIXTH
PENTAGON
FIRST
PENTAGON
CHAPEL
LAUNDRY
LAUNDRY
KITCHEN
VISITING CELL
VISITING CELL
SURGEON
CHAPLAIN
GOVERNOR
STEWARD
STORE ROOM
ENGINE PUMP
STABLES
COACH HOUSE
ENTRANCE LODGE
(c) theprison.org.uk

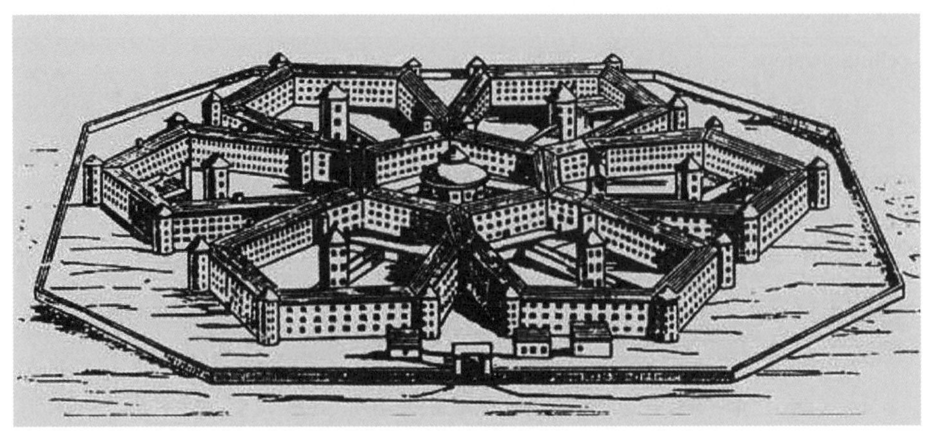

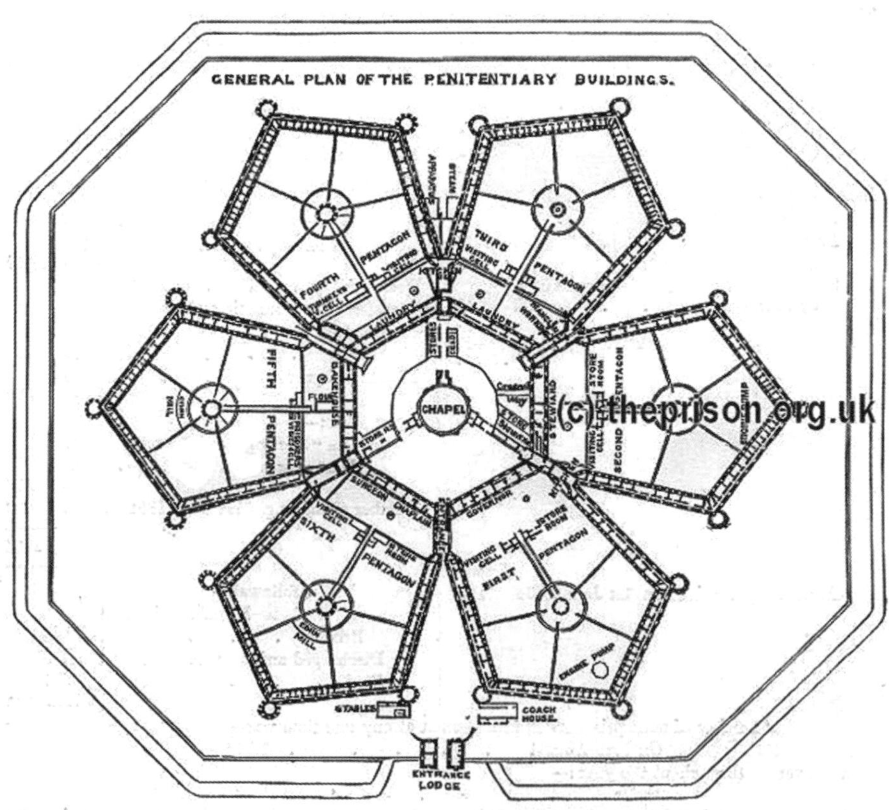

米爾班克俯瞰圖

可以“改造”的囚犯。

監獄共有 1000 間囚室，內部長廊總長度達 3 英里。從美學角度來說，這座建築很完美，但從實用角度看，它並不適合作為監獄，甚至可以說是一個徹底的失敗。首先，長廊的長度令監守工作十分困難，連守衛也常常迷路。通風系統雖然成功，但也讓囚犯在各自的囚室中仍能無障礙地溝通。這些問題大大增加了監獄的人力資源成本。正是因為米爾班克監獄遇到的種種問題，包括巨額建築費用超支，英國才開始構思興建另一所中央監獄，最終在 1842 年建成了本頓維爾監獄。1843 年後，米爾班克被英國議會降格為臨時羈留等待流放的囚犯的處所。1850 年，大規模的流放行動逐漸減少，到 1867 年全面停止，米爾班克恢復為普通的地方監獄。1870 年，曾嘗試將米爾班克用作軍方監獄。1890 年停用後，於 1892 年最終被拆除。

本頓維爾監獄導覽

1839 年，本頓維爾監獄在約翰・羅素勳爵（Lord John Russell）的建議下決定起建，專門用來實驗隔離制度，並於 1842 年完工。[1] 在初期階段，每個囚犯都被關押在獨立囚室中，最長不超過 18 個月，期間只能由獄牧和監獄人員探視。雖然有宗教儀式和運動時間，但監獄的配套設施嚴格限制了囚犯之間的任何接觸。即使在監獄的走廊中，囚犯也必須戴上面罩，以避免彼此認識。這樣的嚴密安排據說是為了針對每個囚犯的品格與行為進行“改革 / 改造”（reformation）。值得注意的是，重點並非隔離制度中的所有細節，而是這一系統在刑罰政策討論中取得的成效，以及它在硬件建設中推動各地制度化的作用，直至 1877 年最終設立了的國家監獄系統。

在制度方面，有必要在此區分兩個專有名詞：“靜默禁錮”（solitude in imprisonment）與“隔離”（separation）是兩回事。18 世紀後期，“靜默禁錮”在英國已被證實是走不通的。然而隔離制度卻在 1830 年後的監獄改革中嶄露頭角，並隨後成為國家政策的主流制度。其次，在 1850 年後，隔離制度在刑罰政策中仍保持一定的影響力，直到 1877 年國家建立統一的監獄系統，儘管人們後來對於隔離制度能否真正實現“改造”的信心開始動搖。

要探討這些歷史足跡，我們還需對當時的監獄管理體制、國家行政管理以

1 Observations on the Separate System of Discipline Submitted to the Congress Assembled at Brussels on the Subject of Prison Reform, 20 September 1847.

及法律制度有所了解。

首先，監獄制度是展示紀律權力的重要場所；隔離制度可以理解為這種紀律權力的一部分。與此同時，這一制度又與法律權力的轉變緊密相連。這裏的解釋是：當時法律的側重點在於合法性，主要是從整個法律程序中獲得的可預測性與合理性。此外，官方的“藝術”可以說是政府建立統一的監獄系統的一種手段。

這一思維在實踐上完全體現於 1840 年動工、1842 年建成的模範監獄——本頓維爾監獄，它位於倫敦北部的伊斯靈頓區，至今這裏仍作為一所男子監獄使用。其內部安排一直被用來解釋為何隔離制度被當時的監獄改革派視為 1830 年至 1840 年間的典範。本節希望通過分析隔離制度下的基礎設施、結構與配套等，了解這個制度為何成為 19 世紀極具成效的國家級監獄政策，並因此與一股新崛起的中央集團力量（包括紀律、政府以及法律）相聯繫，逐漸推動監獄在地理上的統一。即使後來這一制度被取締，它仍作為刑罰政策的基石得以保留。

本頓維爾監獄於 1840 年 4 月動工，1842 年首次投入使用。監獄內可容納 540 名囚犯，全部實行隔離。每個囚犯的囚室大小為 13 ×9 ×7 英尺，並配有一扇對外的小窗。每天早上 6 點到 7 點，囚犯開始勞動，通常是編織或採椰殼纖維（coir picking）。囚犯每天吃三餐：10 盎司麵包與 3/4 品脫（pint）巧克力。晚餐是半品脫湯或 4 盎司肉，加上 5 盎司麵包與 1 磅土豆。夜宵為 1 品脫燕麥粥（gruel）和 5 盎司麵包。[1]

囚犯進入本頓維爾監獄初期，均處於單獨囚禁（solitary confinement）狀態，包括勞役、用餐與睡覺都在自己的囚室內，甚至運動也是獨自在院子裏進行。後來有所改變，囚犯可以在院子裏繞圈行走，但任何與其他囚犯的交流都被嚴格禁止。這樣的單獨監禁方式後來被發現對於囚犯並無益處，有些囚犯甚至因此被逼瘋了。然而，本頓維爾監獄依然被視為英國乃至大英帝國內所有監獄的典範。

本頓維爾由約書亞・傑布親自設計，總建築費用高達 8.4 萬英鎊，在當時可謂一筆不小的開支。如上圖所示，監獄有一個中心點，即一個大堂，四周延伸出四個“翼”（wings）。其設計理念與米爾班克相似，即中間的監獄人員可

1 Howse, Geoffrey, *A History of London's Prisons*, Great Britain: Wharncliffe Books, 2012, pp.107–08.

本頓維爾監獄中的囚犯正戴著面罩運動

以同時監管所有囚犯，但實際上職員無法看到每一間囚室。此外，監獄內的通風設備與沖水系統也並不理想。1840 年，估算本頓維爾每名囚犯每周的維持費用約為 15 先令。[1] 本頓維爾的另一個特色是其宗教色彩，據說獄牧權力非常大，每名囚犯每天都必須參加禮拜儀式，獄牧還時常探視囚犯，勸導他們改過自新。為了防止囚犯交流，囚犯們坐在小箱子般的座位上，只能看到前方的牧師，卻看不到旁邊的獄友。

本頓維爾在整個英國監獄歷史中扮演了重要角色：它的設立象徵著英國對於懲罰的新思維，監獄不再只是提供震懾的功能，更重要的是對囚犯進行“改造”。

然而，大量關押在本頓維爾的囚犯出現了精神問題，甚至有不少人自殺。此外，全面實行隔離制度的監獄，無論是建築階段還是日常運作，都是一項成本高昂的項目。最終，隨著公眾對於“罪行”加重的恐懼，懲罰的意義又回歸了昔日以震懾為主的方向，並將責任歸咎於監獄改革，本頓維爾也因此被降格了。

隔離制度的式微 [2]

當然，以今天對事物普遍持懷疑態度的視角來分析隔離制度的失敗並無太

1 Hibbert, Christopher, *The English: A Social History, 1066–1945,* UK: Grafton Books, 1987, p. 667.

2 Henriques U. R. Q., “The Rise and Decline of The Separate System of Prison Discipline”, *Past and Present,* Vol. 54, Issue 1, 1972, pp. 61–93.

大意義。簡而言之，現代人絕不會相信“整體 / 大量”的罪犯可以通過獨處被宗教改造。但是在 19 世紀維多利亞時代，正值宗教復興的背景下，社會氛圍是截然不同的。

前文提到的幾位隔離制度的倡議者，對於該系統下能夠實現良好管理的監獄充滿信心。然而，實際上這一制度的實踐效果如何？雖然沒有人做過統計，但可以肯定的是，實施過程中困難重重。以下列舉了可能導致隔離制度逐漸式微的幾個原因，但需要強調的是，這些原因或因素是逐漸顯現的，而非突發性事件。

宗教偏離：隔離制度對非新教信徒的吸引力，可能被其他宗教性的事物所削弱。雖然政府允許天主教徒和其他非新教信徒探視囚犯，但聖公會的牧師卻享有更高的地位和各樣推崇。

工作轉向：一些改革者後來提出，可以將勞役從強制性轉為激勵性，即將囚犯從沉悶的囚室裏解放出來。還有人提倡通過勞役換取提前釋放的機會。這些觀點可能與其他監獄紀律制度一樣，成為隔離制度最終失敗的重要原因。

罪行根源：一種根本性的思維後來被提出，即罪行的根源在於監獄以外的社會環境，而並非監獄紀律系統所及之處。針對監獄內部問題而做出的預防性措施，往往由一些與罪行根源相距甚遠的人士提出。當時已知有一群在城中頻繁掠奪作案的犯罪分子，且有數據顯示，犯罪的“黃金年齡”是 17 至 25 歲，而小偷小摸者的年齡更小。事實上，大部分所謂的“污染”在進入監獄之前已經發生，日後又因囚犯回歸原有群體，或與其他囚犯群體在公共勞動環境或受殖民管治地區聚集而再次惡化。就算在全面沉默與隔離制度下（事實證明這幾乎不可能做到），也需要極大的努力才能扭轉街頭的不良影響，僅靠 19 世紀的監獄制度和社會服務顯然力不從心。

社會不景氣：當隔離制度被熱烈倡導時，同時也有許多關於犯罪的社會與心理原因的討論。有人認為，犯罪源於貧窮與匱乏，甚至是物價飆升、行業不景氣以及由此引發的失業潮等。1838 年，有人反駁犯罪與貧窮無關，而是由“不願通過普通勞動而希望獲得財富的慾望”所驅使。這個闡釋被廣泛接受後，接下來的觀點是“普通勞動”應被設計得更加愉快且有利可圖。另一方面，也需要通過有效的警力、逮捕與刑罰，使犯罪變得“無利可圖”。在這種思維下，監獄成為震懾制度框架下的一部分，用來應對流浪漢、乞丐和罪犯。

依賴警隊：隔離政策最終未能大幅減少社會上的罪案，因此也未能成為國

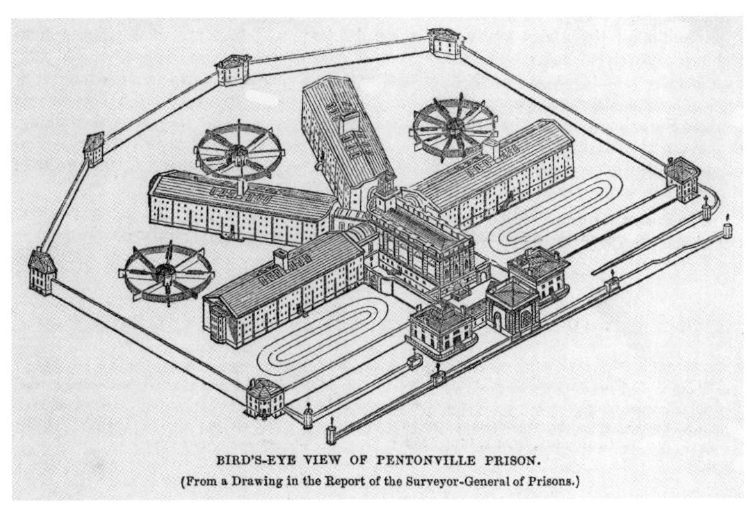

本頓維爾監獄 3D 圖

家統一的監獄系統。因為它必須與警察系統掛鉤，而任何與警隊相關的議題往往都只能停留在地方性的討論層面，難以上升到國家性的社會制度。19 世紀的英國並沒有強悍的警力。

教育觀念的矛盾：長久以來，教育家與犯罪學專家都強調犯罪與忽視教育之間的緊密聯繫。著名的教育家一直相信，教育是對工人階級的"拯救"行動，即通過傳授道德、宗教、政治經濟以及實用技能，提升社會中草根階層的品格，使其對社會責任有所貢獻。隔離制度正是將這一觀念實踐在囚犯身上。然而，刑罰制度卻使這些努力付諸東流。最大的矛盾在於：監獄中的教育提供給了"不適當"的群體。被送進監獄的人顯然不是為了接受比外界更好的教育或培訓。這群被社會拋棄的罪犯應處於社會最底層，因此對他們的教育也只能是同等水平。

角力拉扯：19 世紀英國的所有監獄改革，最終都因監獄設立的兩個初衷——"震懾"與"改造"——相互拉扯而失敗。隔離制度的倡導者一直聲稱這個制度能將兩者完美融合。然而，當後來他們摒棄了讓囚犯踏轉輪、戴鐐銬和捱餓等手段，轉而教囚犯識字並提供培訓，使其感到生活有盼頭時，外界卻質疑他們對罪犯過度縱容，或者批評監獄變得過於"宜居"。毫無疑問，改革者的確將"改造"置於"震懾"之前，但兩者的相互拉扯反而限制了彼此，使雙方都無法全心全意地實施。這個矛盾至今仍是關於監獄制度討論的熱點，儘管現代觀念越來越傾向於淡化"震懾"元素。

雖然隔離制度最終未能獲得全面支持，後來更被摒棄，但這一過程中提出的問題至今仍發人深省，具有重要的參考價值。

第二節　英國對於香港監獄管理的要求

第一節曾提到，19 世紀英國本土對監獄紀律制度的發展與改革，這些改革的許多細節都在某程度上影響了 1842 年後殖民管治下的香港監獄制度。這一點可以從香港殖民當局每年向倫敦殖民地部上呈的監獄報告標準表格中反映出來。

1844 年至 1870 年

1844 年至 1870 年，27 年間的報告涵蓋了以下表格所示的問題。這份表格中，針對英國監獄改革中最重要的三個元素——隔離、分類與苦工監，分別體現在表格第 1 條、第 4 條 與第 5 條，以及第 9 條與第 11 條問題中。此外，還有關於宗教的問題，但不包含在本書討論範圍內。

關於"分類"問題

第一節已經細讀過，這種做法旨在把囚犯分成不同的類別，以避免彼此影響，特別是輕罪犯不受重罪犯影響，初犯者不受慣犯影響。

上述第 11 條問及香港監獄是否遵守了殖民地法指導的"分類"，如果回答是"沒有"，則需要解釋原因並說明怎樣補救。最初幾年的回答大多是"沒有"，但未作解釋。1846 年與 1847 年，乾脆漏空不回答。到了 1848 年，答案是"沒有，因為我們沒有那份法令"，這樣的答案一直到 1852 年都沒變過。這可能表明在殖民管治初期，香港監獄並非英國人關注的重點，報表上呈後究竟有沒有再經查核也不得而知。事實上，從第二章可知，1844 年到 1852 年，香港監獄只有一套守則（Regulation），而無法令（Legislation，或英國稱為 Act）。由此可見，當時對填寫年度表格的要求或提交後的跟進基本不存在。

到了 1853 年，答案終於有所變化："1853 年第一號法令中指令的分類政策已完善實行。"第二章已經列出這份 1853 年法令的明細，但該法令的 9 款條文並未針對"分類"這一題，因此這個答案並無實質意義。兩年後，1855 年的答案略有調整："殖民地法令中對於'分類'的指令，已完全依照實行。"這一次並未提及 1853 年的一號法令。1856 年，答案進一步調整為："殖民地

表 4.1：1844 年至 1870 年監獄年度報表問題[1]

1	監獄是羈留所、懲教所還是其他類型？（請附建築平面圖等）
2	監獄由誰管轄？受何種法權監督？採取了哪些措施確保地方裁判司或其他當局官員對監獄的探視？（請將守則與申報表一起提交）。
3	監獄有多少員工？他們是如何任命的？是否全部都居住在監獄裏？女性囚犯是否僅由女性職工看管？
4	分類、分區或大倉、休息室、工作室和院子的數量（參考平面圖）；未來是否可以擴建或增加空間？
5	有多少睡眠囚室、單獨囚室或黑房？是否設在地底？
6	不同類型囚犯的膳食配給及每人每周費用？囚犯的食物、藥品和衣物是在什麼制度和管控下提供的？是承包還是其他方式？
7	服裝和床鋪的配給以及人均成本？
8	勞動和運動 / 鍛煉的時間安排。
9	對於受聘和苦工監 / 勞役監的描述 。
10	囚犯勞役的收入金額，以何種比例分配給囚犯、職工或監獄維護基金？
11	是否遵守了“殖民地法”中規定的分類制度？如未遵守，解釋原因並説明採取了哪些補救措施？
12	被定罪的囚犯是否禁止親屬或朋友探視、接收信件或任何食物與衣物？如未禁止，有哪些限制？
13	監獄內是否有教堂或者適合舉行宗教儀式的場所？囚犯在參加宗教儀式時如何分隔？
14	牧師履行哪些職責？對囚犯的指示有何規定？囚犯是否有聖經和其他合適的書籍？
15	不同派別的牧師是否可以接觸囚犯，如果可以，在何時及何種限制下？
16	醫生履行哪些職責？是否為病人提供隔離的建築物或公寓？
17	本年度最常見的疾病是什麼？（參見第 1 號申報表第 10 欄和第 11 欄）
18	囚犯不受聘工作的原因（參見第 8 欄）。
19	囚犯受鞭笞、鐐銬、單獨囚禁或其他懲罰的原因。
20	是否囚禁了精神錯亂者？請説明其姓名、年齡、所犯罪行、被監禁時間，以及是否與其他囚犯分隔。
21	欠債人（犯人）或其他任何囚犯在入獄或出獄時是否需要支付任何費用？如有，需支付哪些費用？
22	一般性意見 / 備註。

1 Blue Book (1844–1870), Gaols and Prisons.

區法令中對於'分類'的指令，在囚犯日益增加與宿位不足的條件下，盡量實行。"1857 年，答案再加上"監獄擴建正在考慮中"。1858 年，答案變為"分類沒有實行"，因為宿位不足，只在"欠債人"方面做到了；同時繼續申明一所新監獄正在建築中。這個答案一直維持到 1859 年，僅在措辭上更為謹慎："分類局部實行……"，而非直接說"沒有實行"。到了 1860 年代，在 1860 年的首份報表中，這一項的答案又補充道，分類也在"歐籍輕罪犯"中實行。值得注意的是，"歐籍"囚犯在眾多囚犯中享有優勢，他們享有與英國本土相同的待遇。這樣的答案一直維持到 1861 年未變。

1862 年的答案出現了一些變化：除了上一年度的欠債人、歐籍輕犯外，還增加了歐籍重犯的分類。由於此時開始有女性囚犯，女性囚犯也被納入分類。然而，報告指出，華人囚犯（無論性別、所犯罪行輕重）因為監獄宿位短缺，"早上"都在大監倉裏。答案沒有說明晚上的情況如何，顯得有些含糊其辭。到了 1863 年，答案變成"根據殖民地區法令，分類已完善實行"。1863 年出台了一份新法令，如第二章所述，這份法令主要是為"昂船洲"與"囚犯船"做準備，其中沒有任何條款涉及"分類"。1864 年和 1865 年的答案繼續聲稱"分類"如常有序進行。1866 年的答案也類似，沒有重大改變。1867 年至 1870 年（也是該表格應用的最後一年），措辭更加嚴謹，稱："按照法令的要求，嚴格執行分類，有序進行。"

1871 年以後，採用了新的表格，其中第 5 條特別針對囚犯"分類"要求。殖民當局監獄部門的詳細答案將在下一節中交代。

縱觀以上關於隔離制度中囚犯"分類"的元素，可以說非常混亂。從最初對這項要求的不理解，到 1860 年代稍有所認識，最終"分類"僅能確認在歐籍囚犯中實行，而華人囚犯基本上未被分類。這一點在 1856 年的調查委員會中也被兩位非官守議員提及，他們建議，鑒於華人囚犯未被分類且獄卒不諳粵語，至少應該使用編碼來分類。

關於"隔離"——表格中針對這一元素，主要體現在第 1、4 與 5 項。但是這幾項條文都沒有明確使用"隔離"二字，而是從不同層面探討香港監獄在硬件方面的安排，從而間接反映囚犯是否被分隔。

首先，第 1 條要求報告監獄屬於以下哪種類型：

- 羈留所（Common Gaol）：僅用於暫時關押尚未定罪審判的"罪犯"；
- 懲教所（House of Correction）：對已定罪判刑的罪犯進行監禁並實施

改造工作；

- 其他種類（Others）。

顯然，這些術語源自英國當時的監獄制度，但香港監獄剛剛成立，尚未成型，這些分類均不適用。因此，答案一直敷衍為“一所羈留所”，並稱“建築物極不適合作為監獄，亦不安全”。對於監獄建築物本身（即域多利監獄），答案一直評價不佳。到了 1847 年，監獄規模略有改善，範圍內有三座建築物，由一道 25 英尺高的外牆圍起。[1] 錢債監獄建在圍牆外，可以理解，因為欠債人在英國本土待遇較為特殊，不被視為罪犯。1848 年，加建了兩座瞭望塔，供監獄警衛住宿，可俯瞰整個監獄的範圍。關押欠債人的建築物曾是民居，原本不是很安全。[2] 1849 年的年度報表中，開始對欠債人建築物位於監獄範圍外表示不滿。果然，1853 年新的欠債人監房開始修建，兩座瞭望塔一邊給欠債人暫住，另一邊則作為兩位歐籍把匙人的宿舍。1853 年，監獄進行了多項建設，包括為監獄總管（jailer）修建宿舍及辦公樓，使其能夠全程監督整個監獄範圍，還為監獄守衛修建了宿舍。[3] 1855 年，一座瞭望塔的居民改為印度籍守衛，不再是歐籍人員居住，因為原本的歐籍把匙人已入住新建的守衛宿舍。另外一座瞭望塔則被改造成連接幾棟建築物的結合點（如長廊等）。入住新宿舍的除了歐籍把匙人，還有一名華人警察（當時警察的職級和薪資均高於監獄的把匙守衛，因此福利也優於印度人）。1857 年的報表透露，在距離瞭望塔 6 英里處新設置了一個房間，兼具雙重用途：平時用作小裁縫店，周日則用作宗教禮拜的小禮堂。這一年報表特別提到，錢債監獄位於山坡上的一棟獨立建築物裏，雖為新建好的建築，但仍然被視為不安全。1860 年，監獄範圍內又新增了兩所小木屋。瞭望塔的一邊被改造成接收新囚犯的第一道防線。1862 年，報表透露南端新建的監獄部分已完工，並已入住歐籍囚犯。此時，監獄總監的官邸 / 府邸 / 宿舍也成為整個監獄的中心點。

1863 年的報表對新監獄進行了比較詳細的描述，也是從這一年開始，報表中正式將香港監獄稱為“域多利監獄”。[4]

> 域多利監獄是香港島上一座用堅硬的石頭和磚塊建造的新建築。它位

---

1 Blue Book (1849), Gaols and Prisons.

2 Blue Book (1848), Gaols and Prisons.

3 Blue Book (1853), Gaols and Prisons.

4 Blue Book (1863), Gaols and Prisons.

於維多利亞市北側的中心位置，面向並俯瞰港口，海拔 176 英尺，距離維多利亞山頂約 1580 英尺。監獄長 354 英尺，呈東西走向，南北寬 110 英尺，高度約 60 英尺。從衛生角度來看，位置理想，排水良好，供水充足。

從 1864 年起，報表中將香港監獄描述為“羈留所與改造所”，而不只是羈留所。另一個重要變化是，域多利監獄從這年起開始收押“英國在日本與韓國領事館的囚犯”。[1] 直到 1867 年，答案又增加了一句：這所監獄也用於收留一些無家可歸的海員及其他人員。[2] 這樣的答案一直維持到表格變革前都未再變更。

關於第四、第五項問題

雖然這兩個問題都針對監獄中的空間安排，但實際上反映了隔離制度在香港監獄的實踐情況。這兩條問題如下：

(四) 分類、分區或大倉、休息室、工作室和院子的數量（參考平面圖）；未來是否可以擴建或增加空間？

(五) 有多少睡眠囚室、單獨囚室或黑房？是否設在地底？

1840 年代的情況大致如下：

到了 1849 年，囚犯大致分為以下 5 個類別，分別關押在 5 個大倉（Wards）裏：

1. 需上腳鐐的苦工監犯（外出勞役）；
2. 在監獄內部勞役的苦工監犯；
3. 簡單囚禁的囚犯；
4. 等候審判（或還押受審）的人士；
5. 被判獨處監禁的囚犯。

需上腳鐐的囚犯通常是外出勞役的囚犯，當他們回到監獄後就被關在一起。（實際上，歐籍囚犯被關在其中一個倉裏。）有一棟獨立建築物，專門用作獨處監禁的囚室，主要關押重犯及其他特殊囚犯。最初有 12 個獨立囚室，後來增加至 14 個。院子還撥出了一部分空間當作工作坊，其整體空間足夠滿足其他用途。

第五項問題才是隔離政策是否真正落實的關鍵。

---

1 Blue Book (1864), Gaols and Prisons.

2 Blue Book (1867), Gaols and Prisons.

1849 年，監獄中有 14 個囚室用於獨處監禁，這意味著其他囚犯都被監禁在大倉裏，亦表明隔離制度並未真正實行（當年的監獄每日平均囚犯數有 147 人[1]）。此外，這 14 個囚室中，9 個可容納 2 名囚犯，另外 5 個可容納 6 名囚犯，沒有地下囚室。這顯然不符合隔離制度的要求，而且倫敦殖民地部早已說明，在英國，將兩名囚犯監禁在同一囚室是不合法的。[2]

到了 1859 年，欠債人已有自己的一棟監房，女性（欠債）囚犯佔了其中兩個囚室。歐籍輕罪犯也有了自己的獨立建築物。歐籍重犯晚上被單獨囚禁，與其他人分開。然而，無論是什麼類別的華人囚犯，都被關押在大倉，日夜無分。這種新的分隔系統在 1859 年之前並未實行。[3] 到這時，監獄裏已經劃分出一些區域用作各種工作坊。儘管歐籍與華人囚犯基本被分隔開，但院子卻是所有人共用的區域。總結來看，當時的安排已達極限，無法再擴展或增加。監獄中的 32 個囚室全部用於睡眠，沒有黑房、獨處囚室或地下囚室。1857 年，囚室從 14 個增加到了 26 個。[4] 但這年的報表並沒有描述監獄擴大，不清楚新增的囚室是否意味著每個囚室的空間縮小。1858 年，囚室數量從 26 個增加至 32 個，供睡眠用。[5] 1860 年，囚室再增加至 38 個。1862 年，數量突然增至 82 個。1863 年，進一步增加至 146 個，並增設了獨處囚室與黑房。這 146 個囚室全都是獨立囚室，大倉則可容納 600 名囚犯。到了 1860 年代末，囚室增加到 163 個，當中有 46 個是獨立囚室。1879 年，囚室數量增加到 190 個，並設立了 15 個懲罰室與 4 個大倉。190 個囚室中，有 83 個採用隔離制度，107 個採用集體制（association）。

然而，這些數字綜合來看並不十分可靠。

首年的答案是這樣的：有 1 個大房，是需上腳鐐的囚犯的夜間居所。有 4 個小房間，用於關押等待審判的罪犯，周邊有 11 個囚室。這時的監獄據說可以加建一層樓。欠債人可以在裁判司的院子裏自由走動 2 到 3 小時。監獄中只有 11 個囚室有窗戶，用於監禁已經被判處死刑的囚犯，或用作獨處監禁的囚室，欠債人也可以入住。當時沒有囚室設在地下。獨處囚室增至 10 個。所有

---

1 Robert L. Jarman, *Hong Kong Annual Administrative Reports, 1841–1941*, London: Archive Editions, 1996, No.20, p.129.

2 Jebb to Waddington, 14 June 1859, CO129/75, p.234.

3 Blue Book (1858), Gaols and Prisons.

4 Blue Book (1857), Gaols and Prisons.

5 Blue Book (1858), Gaols and Prisons.

囚室都用於囚犯夜間睡眠。

上述答案顯示，隔離制度可能只是局部實行。

期間特別的報告

由於報表局限於一些既定問題，殖民當局在某幾年額外增加了篇幅。以下略做報告，以便能更深入認識當時的監獄情況。

1844 年至 1845 年的報表末尾有一句總結：由於對居住空間的需求，當前監獄的安排，在隔離或分類方面，無論對於囚犯、病人還是欠債人都非常不理想。[1] 可見一開始，殖民當局確實感受到英國對隔離紀律的要求，但隨著時間推移，雙方可能都鬆懈了。

1846 年，除了報表外，還有一封總測量司致總裁判司威廉・堅偉（當時監獄隸屬總裁判處）的函件，特別是關於勞役監的內容，詳情在第三章有詳細交代。

1857 年報表的末尾有這樣一句總結：當前監獄不僅需要擴建，建築物本身也有多處需要修補，例如木造部分，地板已經全部霉爛。完善的隔離制度可以通過院子與不同部分實現：如工作坊、浴室、接待處、辦公樓、外部院子與把匙人宿舍等，但這些設施目前都缺乏。圍牆也極不安全，需要加高並與周邊建築物分離。[2]

自 1860 年起，報表中提到正在建造一所新監獄，應該就是 1863 年建成的域多利監獄。這年的報表中還附有大量補充說明，對某些特定問題進行了更詳細的解釋。此外，由於當時需建造配合昂船洲監獄的囚犯船，報表還附有關於將囚犯船作為另一所監獄的附件。相關內容將在第五章關於昂船洲的部分詳細討論。關於域多利監獄，附件中特別具有針對性的問題是 1、2、3、5、6、7、8、與 16 。

這些額外的評語，筆者將其編入附錄五，請參閱。1864 年的附件更長，這次沒有針對特定問題，筆者也將其編入附錄五，請參閱。1865 年的附件只有短短的一段，節錄如下：

> 該建築物狀況良好，接下來的一年無需進行任何需要動用（僅支付微薄工資）勞役囚犯工人以外的修補或改造。監獄工人還建造了一座新建

---

1 Blue Book (1844), Gaols and Prisons.

2 Blue Book (1857), Gaols and Prisons.

築，用作囚犯接收室和該部門的儲藏室，這兩個地方都有實際需要。在這一年裏，港督、署理港督以及署理輔政司都曾經參觀該監獄。

1866 年 1 月 1 日，根據署理總督閣下的命令，歐籍官員的人數增加了 4 名。今年來訪的太平紳士對監獄的管理給予了高度認可，他們的所有建議均已採納，並在可行的情況下得到執行。

關於分類，1870 年，報表中問到監獄分為幾類、幾個部分，有無倉房、日間休息室、工作坊與院子（俗稱放風場），還需要提供圖片。最後還問及這些設施是否有擴展或增加的空間。

儘管問題如此詳盡，但殖民當局的答案很簡單。首先，囚犯按種族來分類：歐籍、印度籍與華人。然後在每個種族中再按囚犯犯罪輕重分為：欠債人、待審犯人、輕罪犯、重罪犯。因此，總共分為 12 類。在研究時段內，犯罪輕重的分類曾經數次調整，但種族分類始終未變，其他答案大同小異，均未回答問題的其他部分。

1871 年至 1940 年

1871 年以後，直到本書的研究時段下限，監獄年度表格上的問題有了細微的變化，但實質內容沒有太大改變。報表在 1871 年發生變化，很大程度上可能是因為 1870 年英國本土監獄制度進入了一個新紀元，即中央化（國家化）。郡鎮等小型監獄均需遵循統一制度管理，殖民統治下的香港也不例外。[1] 在這份新表格中，仍然有問題針對英國監獄改革中最重要的三個元素——隔離、分類與苦工監，反映在表格的第 1 條至第 5 條，以及第 6 條至第 9 條問題中。

對於隔離制度，新表格的問題比以往更直接，明確詢問監獄是否"全面"採用隔離制度，假如沒有全面實行，需解釋"實行程度"。這種提問方式可能表明監獄已多次被"責成"關注這個制度的重要性。接著的問題是，假如監獄完全沒有實行隔離制度，那麼在"集體"（association）制度下對囚犯有怎樣的監管措施。這一問題清楚地說明，監獄紀律制度只有兩個：1. 隔離（separation）；2. 集體（association）。第三、四條問題則要求香港監獄提供關於內部實際情況的信息。

至於另一個重要元素——分類，問題（第五條）也十分清晰：囚犯是如何分類的？

---

1 Whitefield to Earl of Kimberley, 25 April 1871, No.53, CO129/149, pp.461–462.

表 4.2：1871 年以後的監獄報表問題

1	如果監獄採用隔離制度，那麼隔離制度是否完整？如果不是，白天和夜晚分別實行什麼樣的隔離措施？
2	如果沒有採用隔離制度，囚犯在交往期間採取怎樣的監督措施？
3	監獄中有多少個囚室？有多少個大倉房？
4	以監獄中的平均囚犯人數為基準，每個囚犯在睡眠時間能有多少立方英尺的空間？
5	囚犯是如何分類的？
6	懲罰勞動——如腳踏轉輪、曲軸或鐵球等——是否實行？
7	如果實行了上述懲罰勞動，是在監禁期的哪一段，針對哪些類別的囚犯，以及每天強制執行多少小時？在對腳踏轉輪的勞動時間進行説明時，需先給出輪上與輪下的總時間，其次説明持續勞動時間和休息時間。
8	除了懲罰勞動，還有哪些其他勞動形式？
9	如果囚犯在監獄圍牆外工作： (1) 他們從事什麼樣的工作？ (2) 他們是如何受到監督的？ (3) 在過去三年中，每年有多少囚犯在監獄外工作時越獄？ (4) 他們的勞動利潤是如何計算的？
10	監獄的年度總費用 / 支出是多少？
11	囚犯的年度收入是多少？
12	分配給睡眠的小時數是多少？如果睡眠與燈光有關，宿舍是否有燈光？夜間巡邏的頻率是多少？
13	對被監禁囚犯的違規行為所施加懲罰的數量和性質是什麼？
14	是否有信仰任何宗教的牧師？哪些宗教？
15	是否定期或以其他方式為有宗教信仰的囚犯提供宗教儀式？
16	羅馬天主教牧師和其他派別的牧師是否被允許自由接觸自己派別的囚犯？當有該種信仰的囚犯進入監獄時，他們是否獲得通知？
17	對囚犯的教育做出了哪些規定？
18	在什麼條件下可以對監禁刑期進行減刑？
19	在過去的一年裏，是否每次監獄發生死亡都會進行驗屍官調查？判決結果如何？
20	(1) 年度內，監獄的衛生狀況如何？ (2) 當年流行的疾病是什麼？
21	簡言之，監獄膳食的規則是什麼？
22	一般性意見。

隔離制度（Separation System）

由於問題的尖銳性，從新報表的第一年（1871 年）開始，已經明確表明當時香港監獄並未實行隔離制度。然而，歐籍的長刑期囚犯晚上卻被關在獨立囚室中。1872 年的報表解釋稱，所謂“長刑期”指的是 6 個月。至於華人與印度人，無論日夜都被監禁在一起，即實行集體制度，但在勞役時間和晚上就寢時，會根據他們的等級和國籍分開（分類）。由於問題假設了“集體”制度下的囚室安排，因此答案也遵循這個準則：所有囚室都設有鐵欄杆，囚犯在囚室內的舉動日夜都一目了然。當囚犯在勞役或運動時，時刻受到印度籍或歐籍把匙人員監管。這種情況一直維持到 1876 年，報表裏的答案有了轉變，稱大部分歐籍囚犯（不僅限於長刑期囚犯）以及“少數幾名”華人囚犯在晚上實行了隔離制度。剩下的華人與印度囚犯，無論日夜都被監禁在一起，亦即依然實行集體制度。不知是否從這一年開始，監獄中也出現了華人守衛，因此囚犯在勞役或運動時，由“監獄職員”看守，沒有特別指明是歐籍或印度籍人員。

幾乎所有歐籍囚犯加上部分華人囚犯晚上被分隔的情況一直持續到 1881 年。1882 年的報表說明，儘管監獄依然未全面採用隔離制度，但有 46 個囚室供隔離使用，並且大部分歐籍囚犯和“幾名”華人囚犯睡在這些囚室中。其他囚犯則無論日夜都採用集體制度。1893 年，這些隔離囚室從 46 個增加到 87 個。此時，“所有”歐籍囚犯都採用隔離制度，同時還包括部分亞裔囚犯。其他囚犯則一律採用集體制度，無論日夜。1895 年，報表中的答案變得比較肯定，稱監獄“局部”採用隔離，而非以前的“未採用”該制度。隔離囚室進一步增至 246 個。當然，所有歐籍囚犯依然享有隔離待遇，但亞裔囚犯卻僅限慣犯。1898 年，答案更加明確，稱監獄“幾乎 / 幾近”採用了隔離制度，這裏的“幾乎 / 幾近”應理解為接近全面實行。其他描述沒有改變。果然，到了 1899 年，這個“幾乎”的含義更加明顯：報表說明所有歐籍與亞裔囚犯，無論是否慣犯，都被關押在隔離囚室中，但假如總囚犯人數超過 435 人，則另作安排，但未說明具體安排方式。這個 435 人的上限在 1900 年增至 514 人，並持續到 1905 年。

1906 年，報表的語氣更顯肯定，答案是這樣的：

> 域多利監獄採用隔離制度。但在銅鑼灣的分支監獄裏，囚犯們卻被集

體監禁，這些囚犯不適宜從事勞役工作。[1]

報表中提到的銅鑼灣分支監獄僅存在了兩年。1908 年的報表說明，該監獄已在當年 1 月 31 日正式關閉，同年的港督行政報告也解釋說，關閉原因是囚犯人數的減少。1909 年，域多利監獄恢復到幾乎全面採用隔離制度，並一直持續到 1919 年。1921 年，一所新的分支監獄出現在報表中，即"荔枝角監獄"。關於荔枝角監獄，無論在籌備、撥款還是設備等方面，殖民當局的資料比較多，本書第一章已有比較詳細的描述。這所荔枝角分支監獄對香港監獄的整體發展貢獻頗多，有很多較為人道的設施也是在此處首次引入。然而，其對隔離制度的採用始終不完整，如 1920 年報表所說：

> 坐落在荔枝角的分支監獄未採用隔離制度。囚犯無論勞動還是睡眠時間都處在集體制度下。

域多利監獄與荔枝角分支監獄的同時運作一直持續到 1932 年。1932 年，荔枝角增設了一個女子監獄並開始運作，被描述為"局部"採用隔離制度，但報表中又稱監獄內的囚犯無論日夜都生活在集體環境中。到了 1937 年，幾乎接近研究時段的尾聲，報表中出現了"香港監獄"，亦即我們今天說的赤柱監獄。報表稱這所監獄"全面"採用隔離制度，但由於監獄太過擁擠，所以隔離制度並未 100% 實行。從對香港監獄和荔枝角女子監獄的描述來看，也許會讓人對隔離制度的實際含義產生疑問——監獄聲稱採用這項制度，但是犯人卻生活在集體環境中。1938 年，域多利監獄與荔枝角男子監獄已不復存在，只剩下香港監獄與荔枝角女子監獄。1939 年，即報表的最後一年，在赤柱的香港監獄依然因為過於擁擠而未能做到完全隔離，而荔枝角女子監獄雖然"局部"採用隔離制度，囚犯還是日夜都生活在集體環境中。

分類制度（Classification）

1871 年的新報表，針對分類的問題直截了當：囚犯是如何分類的？

1871–1894 年的答案統一，只有 4 類：欠債人、行為不檢犯人、勞役（苦工）監犯人、待審犯人。

從 1895 年開始，分類方法增加了兩類，順序也有所調整：欠債人、行為不檢犯人、待審犯人、初犯者、慣犯。

---

1 Blue Book (1906), Gaols and Prisons.

从 1895 年開始，報表裏還有一句按語：初犯者是監獄裏的“星級人物”，他們必須與慣犯隔開。

另外還有一句說明：所有這些囚犯在夜晚休息時間、日間勞動時間以及在院子裏時，都盡量被分隔開。“盡量”意味著並非完全分隔。這樣的答案到了 1897 年，又增加了最後一項：少年罪犯（juvenile）。

1895 年的分類方法一直沿用至 1929 年。1930 年，種族的頂層分類依然存在，但下面的分類再次調整，仍然保留 6 級制，但變為：女性囚犯、成人罪犯、欠債人、行為不檢犯人、待審犯人、少年罪犯。

1935 年，少年犯從分類類別中消失。到了本書研究時段的下限，分類方法發生了很大變動：長期監禁的再犯、短期監禁的再犯、小型犯、行為不檢犯人、欠債人、貧困戶、少年犯、待審犯人。

監獄囚室數目與分佈情況

1871 年，域多利監獄已經擴展至 163 個囚室和 4 個大監倉。其中 34 個囚室採用隔離制度（1870 年原本為 46 個），120 個是集體制度下的監倉。1874 年，總囚室數增加到 159 個，4 個大監倉保持不變。其中 36 個囚室採用隔離制度，123 個採用集體制度。1876 年，囚室總數再增加至 144 個，還增設了 15 個“懲罰室”，4 個大倉僅有 1 個在晚上使用。37 個囚室採用隔離制度，107 個採用集體制度。翌年，報表註明在 144 囚室中，有 136 個用於監禁男性囚犯，8 個用於監禁女性囚犯。欠債人被監禁在另一個倉中。隔離與集體制度的比例仍然維持在 37：107。1878 年，囚室總數再度上升至 190 個，15 個懲罰室與 4 個大倉保持不變。這一年，隔離與集體制度的比例提升至 83：107。從 1882 年起，監獄中撥出了 46 個囚室採用隔離制度，另有 1 個大倉房用於關押欠債人。但總囚室數目仍然維持在 190 個。

囚犯分配的空間（立方）

由於英國本土對每個囚犯分配的空間設定了最低標準，因此香港監獄的報表中也包含這條問題。至於英國的要求是否一定會在香港實行，一些倫敦的信函中時有提及，由於香港氣候悶熱潮濕，最低空間標準應該比英國本土更高。

報表中的問題也直截了當：以監獄中的平均囚犯人數為基準，囚犯在“睡眠時間”獲得的立方空間是多少？

下頁報表中註明，囚犯分配的空間包括走廊與通道等公共空間（即現代香港通用的“建築面積”）。但從 1877 年開始，報表說明總面積實際上不包括公

表 4.3：1871–1892 年囚犯獲分配的空間

年度	平均囚犯數目（每天）	監獄總面積	空間（立方英尺）
1871	499	–	700
1872	525	–	700
1873	388	–	947
1874	350.40	–	1048.80
1875	374.06	–	982.29
1876	432.60	–	864.21
1877^	395.22	98698	249.73
1878*	519.10	138948	267.70
1879	576.13	138948	241.30
1880	574.25	138948	242
1881	655.28	138948	212
1882	622	138948	223
1883	542.50	138948	259
1884	552	138948	259
1885	530	138948	262
1886#	674	203844	302
1887	584	203844	347
1888	538	203844	379
1889	581	203844	351
1890	566	203844	360
1891	507	203844	360
1892	515	203844	396

共空間。換句話說，囚犯佔有的空間是“實用”面積。

1878 年，監獄的一部分已經轉為隔離制度，但由於 46 個囚室直到年底才完工，未能評估其震懾效果。正常情況下，這個紀律制度（指隔離制度）應具有較高成效。1879 年進一步解釋，由於只有 46 個囚室採用隔離制度，數量不足，因此僅用於監禁一些慣犯。更有評語稱，“這個制度”對華人慣犯最有成效，1879 年有 103 名華人慣犯，僅有 3 名再次入獄。從 1880 年開始，報表未再說明這些慣犯是否僅為華人。1886 年 3 月，總測量司重新測量監獄總面積，發現之前嚴重低估了數據。因此，平均每個囚犯的立方空間增加了不少。1893 年起，答案改為分項表示：

- 隔離制度下的男性囚犯
- 集體制度下的男性囚犯
- 集體制度下的女性囚犯

每類囚犯的空間分別是 714、366 和 627 立方英尺，並且不包括公共空間，這樣的分類維持到 1895 年。由於監獄增加了三個大倉，其中獨立囚室（cells）的空間分別為 548、580 與 783 立方英尺。1896 年，答案變得十分簡單，僅分為兩類：隔離與集體，空間分別佔 664 和 569 立方英尺。後者的數字在 1900 年銳減到 235 立方英尺，1902 年進一步降至約 200 立方英尺，之後一直沒有變化。1920 年，荔枝角監獄投入使用，其空間比例更為寬敞，達 602 立方英尺，還特別配有 5.5–6.5 平方英尺的可打開窗戶空間。1938 年，香港監獄建成並啟用，保持了這個數據。然而到了 1939 年，域多利監獄僅剩隔離制度下的囚犯，其佔用空間為 467 立方英尺，而荔枝角女子監獄的空間為 394 立方英尺（未說明採用何種制度，但應該是集體制度）。

以上內容可以看出，在監獄制度管理方面，倫敦對殖民統治下的香港仍然希望遵循英國本土當時適用的幾項原則：分類、隔離，以及宗教在整個監獄更新方面的理念。下文將分析 1844 年至 1920 年的 80 年間，香港監獄是否滿足這些要求，並作出點評。1870 年以前的報表中，關於“分類”的問題集中在第 4 項：分類類別、分區，倉房、休息室、工作場所和放風場所的數量（參考平面圖），是否可以擴建或增加空間？

監獄總監報告

實際上，除了每年的監獄年度報表，從 1879 年開始，監獄總監還會提交一份報告書，內容比填表格的形式更為詳細。以下簡要介紹，以便更近距離地了解當時香港監獄的實際情況。

1879 年：報告的主要內容是關於隔離制度。[1] 當年的監獄總監是杜老誌[2]，他在報告中自豪地指出，1879 年的 3669 名囚犯是過去 16 年（從 1862 年起）最低的監獄入住數。他認為這一成績應歸功於以下兩點：1. 監獄紀律的震懾作用成效顯著；2. 隔離制度的採納。但他也感歎這個制度未能更廣泛地實施。這表明殖民當局在資源運用上存在制約，且必須在資源分配上權衡利弊。根據這一年的報告，由於 1878 年監獄調查委員會的建議（該委員會的報告詳情可以參閱本書第五章），殖民當局決定小規模試行隔離制度。具體試行方式是將監獄底層本來有其他用處的兩個大倉，分成了 46 個小囚室，於 1878 年底準備投入使用。監獄總監有計劃地逐步將一些慣犯關押在這些囚室中。在 1878 年 12 月 1 日至 1879 年 11 月 30 日期間，約有 103 名囚犯被置於隔離制度下，監禁時間從 14 天到 6 個月不等。在囚室裏，這些囚犯的工作包括拆麻絮、編製繩子、裁縫或其他任何他們能勝任的工作。每天還有 1 小時的戶外運動時間。總監預計，初期囚犯可能會不適應，甚至嘗試逃脫。在最初的幾個月，甚至幾次有囚犯試圖自殺。但總監認為這些自殺都是假裝的，時間一長，當他們意識到偽裝已被看穿，不但無法成功“解凍”，還會被每天多次搜身以防止藏匿自殺工具，他們最終就會選擇屈服於現實。隔離制度反而減少了需要進醫院的囚犯人數。總監認為，每天 1 小時的集體運動（放風）時間能減輕獨處帶來的傷害。在上述 103 名囚犯中，只有 3 名後來再次入獄，除了被隔離，他們的膳食也因此被削減。後來這 3 名囚犯中的 1 名已經出獄，總監認為他在外面努力擺脫了以前的犯罪圈子，重新做人。總監報告稱，自 1879 年 8 月 8 日起，監獄中不再對囚犯實施鞭笞刑罰。這一年，監獄正式脫離警隊架構，獨立在監獄總監的督導下運作，總監認為這是一項很好的措施。在報告的最後總監指出，監獄空間不足仍然是阻礙監獄持續向好發展的主要因素。例如，儘管他盡力推動囚犯在獄中工作以賺取更多收入，但由於空間不足，未能大力推進。從他的報告中可以看出幾點：首先，他肯定了隔離制度的成效，認為其能夠減少慣犯人數，間接降低罪案（罪犯）數，他也提供了數據支持這一說法。然而，要使隔離制度完全發揮最大效用，其他配套措施（如提供有意義且盈利的工作）卻因空間不足而不能進一步推進。

---

1 Annual Report of the Superintendent of Victoria Gaol for 1879.

2 杜老誌（Malcolm Struan Tonnochy），1876–1882 擔任監獄總監，期間曾經升至署理財政司、署理輔政司以及署理港督。

1880 年：報告的主要內容是關於勞役盈利。這一年，勞役囚犯賺取的金額是歷年最多，達到 2892.17 英鎊。不知為何，總監稱這個數額僅來自約 150 名囚犯的勞動，顯然未能充分利用所有囚犯資源。總監解釋說，刑期低於 6 個月的囚犯除了從事拆麻絮，無法得到有效利用，此外還存在上一年提到的空間不足的問題。對於隔離制度，杜老誌曾經在 1879 年初上呈一份監獄守則，但是守則中的明細僅適用於隔離制度。他一直在等待建築新監獄的計劃批准。與此同時，英國已出台一套新的監獄法令。從報告看來，隔離制度仍然是杜老誌總監的選擇。[1]

哥頓少將的報告

1881 年至 1884 年的監獄報告均無文字部分，就不在此贅述。1885 年的報告由新任監獄總監哥頓撰寫，他於 1885 年 5 月才接任。從 1885 年到 1890 年，哥頓少將總共撰寫了 6 份報告，對監獄內的情況進行了較為清晰的描述。本節將詳細分析這幾份報告，而 1885 年的報告將在本書第五章有詳細描述，因為它促使殖民當局委任了一個調查委員會。

在此僅對第五章未涵蓋的內容，特別是關於隔離制度的部分，再詳加分析。哥頓少將初到任時，堅持借鑒英國雙元素（震懾與改造）制度，認為囚犯必須被安置在單獨監禁的環境中。他進一步解釋，英國制度的基本原則是，囚犯一經定罪就必須被完全隔離（無論日夜），至少維持一段時間（在英國是 9 個月）。隨後，在第二階段，囚犯可以被放入集體工作環境，但用餐與睡眠時間仍然是獨處。哥頓少將清楚地意識到，域多利亞監獄受限於建築物本身的條件與空間不足，這樣的制度無法實現。根據他的了解，隔離制度基本上從未真正實行，所謂的獨處囚室僅用作懲罰的場所而已。[2] 儘管如此，強硬的哥頓少將在既定限制下仍然作出了嘗試，以下是他嘗試的版本：

> 刑期短於 6 個月的囚犯（除非有特殊原因），我全部將他們關押在集體倉內。刑期 6 個月或以上的囚犯，我會把他們關押在隔離囚室一段時間。這類囚犯每天都有新入監的。因此，每當隔離囚室滿員，我就會查看他們的記錄，把表現良好的囚犯先放回集體倉，騰出隔離囚室。這個過程大概每周進行一次。因為有了新的女子監獄，舊的騰出空間，我就可以將

---

1 Annual Report of the Superintendent of Victoria Gaol for 1880.

2 Blue Book (1885), Gaols and Prisons, pp.148–149.

其用作中介囚室。每個囚室大約關押 4 到 5 名長刑期囚犯，即使工作時，他們也是獨自一人，他們有自己的院子進行運動。從隔離囚室出來的長刑期囚犯會被轉移到舊的女子監獄裏，但也必須儘快將其搬到集體倉，才能再次騰出空位置。

通過這種方式，我能夠把每名刑期 6 個月或以上的囚犯都關押在隔離囚室一段時間，通常是 2 到 3 周，在他們的刑期開始時進行。雖然成效不算理想，但這已是我能做到的最好結果，除非隔離監禁只適用於那些被判處苦工監 / 勞役監的囚犯。

此外他也指出，監獄缺乏足夠的空間，限制了產業性勞動的推行。監獄內的所有工作，如編製草墊、製造椅子、編製籃子、木工，甚至拆麻絮，都只能在狹窄的走廊進行。只有兩個單獨的房間可用於編製椰棕墊和草墊。裁縫工作只能在昏暗的倉房內進行，造鞋工作也是在一個普通囚室內進行。實際上，到了這一年，除了洗衣工作外，監獄中幾乎沒有適合的工作坊，且空間嚴重不足。哥頓少將認為，假如監獄能有更多空間，就能將大部分長刑期囚犯訓練成熟練的技術工人，他們出獄後就能擺脫罪犯的生活。然而，由於當時的條件限制，只能對大約 100 名囚犯進行此類訓練（1885 年監獄總人數為 3610 人）。[1] 從哥頓少將的首份報告來看，剛上任的他對監獄監管工作仍然充滿熱忱。

此外，儘管哥頓少將抵港時間不長，實際管理監獄僅 8 個月，但他仍嘗試對管轄下的華人囚犯作出評核。此時的他這樣說道：

他們對於紀律是順從的，行為也與我熟悉的其他任何族裔的囚犯一樣（好）。然而，我知道這個看法可能缺乏年度報表數據的支持。

哥頓少將提到，1884 年的數據顯示，有 552 名囚犯一共犯下 4784 宗監獄違規事件。這個數據在 1885 年變為 530 名囚犯，增加到 6473 宗違規事件，相當於每個囚犯平均犯下 12 宗違規事件。他指出，在英國，大概只有一半的囚犯會因為監獄違規而受到懲罰，比較數據顯示，每個囚犯每年因違反監獄規定而受罰的次數僅為 2 次。哥頓少將認為，以上數據很容易讓人誤以為香港的囚犯特別失控與不聽從命令，但他認為這樣的結論可能是錯誤的。[2] 此時的哥頓總

1 Blue Book (1885), Gaols and Prisons, pp.148–149.

2 Report of the Superintendent of Victoria Gaol for 1885.

監認為，域多利監獄裏的違規事件有其特殊原因，主要包括以下幾點：1. 晚上集體倉與監獄的擁擠，導致囚犯爭搶獨立囚室；2. 早上囚犯在工作與用餐時的擁擠，也令他們想要更多空間；3. 囚犯們渴望獲得產業訓練；4. 個別把匙人的表現不理想，如疏忽、失職與不公平判斷等，引致監獄違規事件。

此外，哥頓少將也對違規事件從 4784 宗驟增 30% 至 6473 宗作出了分析。他發現，大部分違規個案數都有所下降，唯獨"講話"與"拆麻絮不達標"兩項增加。他剛上任時發現，監獄守則中要求囚犯保持沉默的規定並未被嚴格執行，只有工作時間講話非常吵鬧的囚犯才會被處罰。他提到，晚上集體倉裏囚犯的交談聲，甚至在鄰近的街道上都能聽到。因此，哥頓少將增加了幾名夜間守更的把匙人，以確保囚犯保持安靜。結果，"講話"違規事件從 519 次驟增至 2132 次，幾乎解釋了全年違規事件增加的理由。他還分析稱，在夏天要求囚犯保持安靜比在冬天更為困難。

至於"拆麻絮不達標"這一項，1885 年共有 945 宗相關報告是關於拆麻絮的，而 1884 年則完全沒有。原來，此前監獄人員會把每天拆麻絮不達標的數據記錄在紙上，但這些記錄與懲罰卻並未納入監獄違規記錄中。由於記錄不全，很難與往年數據進行比較。但可以看出，監獄人員的做法缺乏規範性。哥頓少將上任後，將所有流程制度化、規範化，因此數據自然增加了。其他比較嚴重的違規事件，例如傷人、不遵守命令、藏有鴉片煙草等，實際上都有所減少。但是哥頓少將認為，總體違規數量與英國相比還是很高，他認為這是因為香港監獄仍採用集體紀律制度。

此外，哥頓少將對囚犯之間的傷害行為進行了嚴懲，此後這類違規事件就減少了。1885 年前 9 個月，平均每月有 21 宗此類事件，而最後一季則降至每月平均 11 宗。

有時，因某條法令的廢除，監獄人數會有所減少。例如在 1897 年，隨著《提燈法令》（Light & Pass）的廢除以及小販法令的放寬，被定罪的人數減少，直接影響了囚犯數量。由此可以看出，囚犯人數的增加有時候不一定只是因為做壞事的人變多了。

1886 年的報告仍然由哥頓少將執筆。到任一年多後，他對香港的情況有了更深的認識，並作出了多方面的觀察。總體來說，他繼續堅持管理香港監獄的辦法應當跟隨英國本土成功的經驗（兼具震懾與改造性質），既能減少犯罪，亦能對罪犯進行改造。但是，他的口風有所改變，認為香港的罪犯並非源於本地，而是從中國內地臨近省份“進口”的。因此，英國制度的雙元素（震懾與改造）在香港的成效，只能體現在減少慣犯的比例上，而無法完全降低監獄每年的浮動入住率。由於當時的警隊並沒有法律權力對“釋囚”進行監督，因此缺乏關於慣犯能否真正改過自新的數據。粗略估算，1886 年入獄的囚犯中有 32% 是再度入獄（1885 年是 35%），即減少了 3%。1886 年特別報告了監獄人滿為患之隱憂，殖民當局也鄭重其事地委任了調查委員會研究監獄情況，但是後續卻沒有採取任何實質行動改善報告中指出的弊端。[1]

1887 年，哥頓少將有 8 個月不在香港。他表現得非常認真且公平，因為他邀請了署理監獄總監諾曼・吉爾伯特・米謝爾－英尼斯（Norman Gilbert Mitchell-Innes）代為管理並給出意見。在哥頓少將自己撰寫的部分中，他重點提到，依照 1886 年殖民當局委任的調查委員會報告中的建議，縮減了監獄的膳食配給，引發了監獄內的一次暴動，而這一調整行動事先已獲得英國批准。所幸暴動被總獄長平息。這一事件在本書第五章有更詳盡的記載。儘管如此，哥頓少將始終心繫推行隔離紀律制度，在這份報告中，他表示：

> 關於這棟監獄的建築物，我想真的無需再多言。除非隔離制度能夠推行，否則我對在這裏建立起一個令人滿意的雙元素（震懾與改造）監獄紀律制度感到失望。[2]

然而，哥頓少將也並非完全絕望，他指出，嚴厲的監獄紀律，特別是膳食配給的減少，能讓一些慣犯意識到監獄並非他們想像中的舒適。一些新入獄的囚犯似乎也感到需要盡量避免再次入獄。釋囚再入獄的人數比例在這一年有所微降。

1887 年的另一份報告由米謝爾－英尼斯撰寫。他解釋說，自己初來乍到，主要是遵循前人的管理方式，若有不同之處，方向則是更加嚴厲。他認為這一方向未來會被認可，因為讓監禁對華人發揮震懾作用的一大困難在於：監獄中提供良好的膳食、足夠的衣物以及每周兩天的假期 ，而外面的生活則是糟糕的飯餐、破爛的衣衫和不間斷的勞動。如果遵循海軍監獄的做法，所有違規行為，無論大小，都必須上報然後受罰的話，當然會推高違規數字。但是米

1 Report of the Superintendent of Victoria Gaol for 1886.

2 Report of the Superintendent of Victoria Gaol for 1887.

謝爾－英尼斯並不認為報告中要求的數據能很好地反映監獄的實際情況，他認為監獄的管控其實做得不差。[1]

關於暴動事件，署理總監也提到了因縮減膳食而引發的囚犯暴動。事件發生在 1 月 31 日，起初囚犯們組織了罷工，先是腳鐐群體，後來有其他囚犯加入。所幸事件已經在預料之中，總獄卒及其他獄卒，加上歐籍囚犯也自願協助，在暴動演變成傷人事件之前，參與暴動的囚犯已被鎖回囚室。米謝爾－英尼斯認為，這場不成功的暴動帶來的教訓是，必須讓囚犯們知道集體行動的後果，懲罰不只針對個別囚犯，而是全體遭殃。最終，有 69 名囚犯被鞭笞。他認為這樣的刑罰在監獄中很奏效，監獄人數從 658 名降至 585 名。警察總監也認為事件過後，城市恢復了安寧。

從這次暴動事件可以看出，監獄中的黨派依然存在。為什麼歐籍囚犯會站在理應是他們死對頭的獄卒一邊？因為腳鐐群體全都是華人囚犯，而歐籍囚犯是不用戴腳鐐的。暴動爭取的利益並不適用於歐籍囚犯，而一旦受罰，他們也難以倖免。協助敵方卻能確保自身不受罰，這樣的結果是必然的。

對於監獄空間的需求依然持續。米謝爾－英尼斯指出，華人囚犯並不願意被隔離，但由於空間不足，198 個獨立囚室需容納平均 607 名囚犯。晚上，囚犯們睡在集體大倉內感到特別不適。女子監獄的情況更是糟糕，有時 20 名女囚犯需擠在兩個房間內，輕罪犯與一些慣犯時常被關在一起。

總結來說，從報告字裏行間可以看出，米謝爾－英尼斯雖然理解隔離制度可能帶來的好處，但在未能爭取到更多資源之前，他肯定支持並推動對華人囚犯採取嚴厲措施，至少確保震懾作用能在華人囚犯身上得到體現。

關於 1888 年的報告，篇幅並不長，但核心問題還是集中在隔離制度上。[2] 哥頓少將開篇再次談到雙元素：震懾與改造的監獄紀律制度在英國實行後，儘管人口增加，罪案數卻減少了。他指出，香港本地情況與英國本土不同，特別是從犯罪數量與罪犯人數的角度著眼。這些在香港與以下幾點有關聯：1. 香港的繁榮與中國內地的經濟劣勢形成對比；2. 香港的刑事法律管理；3. 香港監獄管理的雙元素應用。這些錯綜複雜的關係彼此牽連，都會影響監獄裏囚犯人數的增減。

1 Report of the Superintendent of Victoria Gaol for 1887.

2 Report of the Superintendent of Victoria Gaol for 1888.

1888 年的人口逐步上升，但監獄人數比起過去 10 年卻有輕微減少。哥頓少將認為，這一現象可能部分歸因於殖民當局將一些賭徒和無牌小販在刑滿前提前釋放。他對那些早釋出獄後在新法令下開始接受警察監管的囚犯表示樂觀，認為成效很快就會顯現。但是很多此類囚犯出獄後便返鄉，並未留在香港。總之，接受警察監管的一些囚犯中，沒有一個再回到監獄，這就是法令的目的。

報告中再次提到集體制度下監獄過於擁擠，以及缺乏空間引入更多工作坊的弊端。哥頓少將不厭其煩地強調，隔離制度是推行雙元素（震懾與改造）的唯一監獄紀律制度。他進一步指出，許多囚犯晚上睡在集體大倉中，使密謀與結黨的風險倍增。1888 年，監獄裏曾發生過兩起囚犯試圖擺脫腳鐐的事件，牽涉的人數不少。雖然所有參與者都被抓回，但其中一名守衛與一名囚犯在事件中喪生，另有四人受傷。哥頓少將認為，監獄守則越嚴厲，囚犯就越想打破守則逃脫。

1889 年的報告中，哥頓少將透露，這一年他有 8 個月時間不在崗位，監獄管理工作實際上由登普斯特副官（Adjutant Dempster）代理。[1] 報告中其他部分都是按部就班，無太大意義，就不在此贅述。唯一值得一提的是，哥頓少將仍然堅持認為，香港必須實行隔離制度，才能建立良好的監獄紀律。他說："一名華人囚犯，假如衣、食、住都不錯，比起外面的普通苦力，也有沒有太多苦工要做。他與其他人一起日夜都被關在集體大倉裏，在我們的監獄裏幾乎感受不到震懾元素。但我堅信，假如在隔離制度下長期隔離，這些華人囚犯寧可回到中國的監獄忍受困苦與殘酷。因此，推進這個制度將迅速減少囚犯數量。"

1890 年的報告是哥頓少將離港前的最後一份報告，但實際上這一年有 10 個月，總監職位都由登普斯特副官代理。[2] 總結中，哥頓少將指出，這一年的監獄違規事件有所增加，但主要是一些輕罪，如講話、挑繩不達標以及操練不守規等。嚴重違規事件沒有增加。

這時的監獄有 95 個集體倉，許多囚犯日夜都被關押其中。監獄擁擠程度已經達到每個囚犯僅佔用約 200 立方英尺的空間（英國的最低標準一直是 585

---

1 Report of the Superintendent of Victoria Gaol for 1889.

2 Report of the Superintendent of Victoria Gaol for 1890.

立方英尺）。晚上，囚犯只能蓋著被子並排睡在地上，無法阻止他們在被子下交談。其他道德或禮儀問題更不必談了。許多囚犯因晚上獨自在城中遊蕩而被定罪入獄，但在監獄中，他們的空間甚至比在外面的法定宿舍還少了 1/3。監獄裏不達標的設備，假如換作工人宿舍的標準，域多利監獄的所有 95 個集體大倉都會被罰 50 元。

此外，哥頓少將認為域多利監獄是墮落與罪惡的溫床。那些在外面僅因觸犯鴉片法或在街上打架等不嚴重的罪行而入獄的人，無可避免地會接觸到更多罪惡，甚至是嫻熟的犯罪訓練。儘管監獄職員努力將各類囚犯分隔開——如男孩與成年男性、初犯與慣犯等——但都沒用。當每個囚室都關押 8 到 9 名囚犯時，很可能其中兩三名囚犯，雖然在這所監獄是初犯，但在其他監獄已經是慣犯，他們每天都會荼毒那些"無知者"。香港充斥著從其他地方來的海盜、盜賊、小偷與其他罪犯，甚至與三合會有聯繫的人。哥頓少將確認，曾經有一個時期，域多利監獄關押了超過 100 名三合會成員，他們的確能從釋囚中招攬大量新成員。因此，監獄中採用的集體紀律制度為這些犯罪團體提供了特殊的便利。由於不願意投放資源建設監獄空間（從而改善衛生、行為準則以及罪惡改革）而節省的資金，最終可能不得不用於加強警隊實力，最終以犧牲公眾生命與財務為代價。

華人罪犯進入這所監獄後，接觸到各類罪行，卻沒有任何設施能幫助他們改善。最多只能為少數囚犯提供一些產業訓練。但是因為缺乏空間，沒有正規的工作坊，也僅有小部分囚犯受益。大部分囚犯只能從事一些沉悶單調且沒有收益的工作，類似搬運鐵丸、碎石、拆麻絮等。這些工作完全無法提升他們的智力或擴展他們的思維。監獄也不提供任何培訓，也沒有指定人員探視或給予囚犯人道憐憫性的鼓勵。唯一的例外是一名本地傳教士，每周日在院子裏用中文佈道，僅此而已。

哥頓少將反問，在這樣的條件下，殖民當局是否有責任至少為囚犯提供一棟像樣的建築，確保他們的健康、禮儀及道德，避免他們受到致命且極具荼毒的罪惡影響，以便他們能有稍為合理的前途，教授他們學會自重以及一些產業知識。

監獄違規比例仍然頗高，但基本是一些短刑期囚犯違規，因為長刑期囚犯明白，良好的行為表現可能帶來減刑，因此他們會小心避免觸犯監獄守則。例如，1890 年底的最後一天，有 287 名罪犯原本被判 6 個月或以上刑期，但其中有 93 名因為行為良好獲減刑 3 個月或以上，甚至有 13 名囚犯被減刑 1 年以上。

這是哥頓少將的最後一份監獄報告。臨別之際，他仍然急切呼籲殖民當局應落實監獄擴建工程，否則推行隔離制度只是徒勞。立法局的財政委員會反對撥款，到了這一年，財委會仍在質疑其他國家的經驗，特別是隔離制度對於華人囚犯的震懾作用究竟有多大？總監認為，隔離制度的另一功能——改造——似乎未被考慮，亦沒有討論當時香港監獄存在的種種問題。

其他總監報告

1891 年的報告由新任署理總監湯臣（A. M. Thomson）撰寫，[1] 以數據為主。唯一值得注意的是，這位總監也總結道，由於缺乏足夠的院子空間，囚犯的分類與分隔都無法推行，監獄中關於儲藏空間等問題也未能及時得到關注。此外，極度擁擠的環境使得監獄的有效管控幾乎不可能實現。[2] 1892 年，新任總監萊斯布里奇（H. B. Lethbridge）接任。其報告也以數據為主，唯一提到的是對監獄職員宿舍條件的投訴。由於早班職員與夜班職員共用同一處所，夜班職員無法得到良好休息，影響了執勤表現。另外，淋浴設施也不足。

萊斯布里奇總監也對隔離制度的推行發表了意見。他說道："推行隔離制度的要求常被提出，我也強烈支持這一要求。現階段，囚犯從晚上被關押到早上釋放，加上職員用餐時間，使得數量有限的監獄職員在走廊中確保囚犯不溝通變得極為困難。由此引發的問題（傷害）已無需我再重複，實際上，監獄的震懾目的已經很難實現。監獄空間不足的問題，使得囚犯在工作時的分類也難以達標。假如這方面能得到改進，那麼更多的囚犯將能參與有用與有收益的勞動。此外，由於空間不足，許多待審罪犯不得不與已定罪囚犯關押在一起，這是隔離制度的一大忌諱。" [3]

1893 年，萊斯布里奇總監的報告篇幅增加了。[4] 這一年，入獄總人數減少了 1000 多名。報告中較多提及監獄職員，特別是把匙人的問題，有不少職員被辭退、降職或自動辭職。一些歐籍職員因感到不滿而拒絕服從命令，甚至故意為之，以期被辭退。總監認為職員不滿的原因包括：1. 工作時間過長；2. 初

1　湯臣在 1891 年 4 月接任。

2　Report of the Superintendent of Victoria Gaol for 1891, Paragraph 6.

3　Report of the Superintendent of Victoria Gaol for 1892, Paragraph 8 & 9.

4　Report of the Superintendent of Victoria Gaol for 1893.

級職員薪水過低；3. 缺乏像樣的飯堂，也完全沒有康樂設施；4. 時常要承擔額外工作。與警隊相比，監獄職員在這些方面都處於劣勢。監獄總愛與警隊做比較，就算是職員人選，總監都認為應有部分職員從英國招聘並在英國接受訓練，然後才到港任職，這比本地招聘的職員更為優秀。這一想法與警隊一直希望從英國招聘人員的思路一致。人手短缺的另一個結果是，苦工監的囚犯無法被帶到外面工作，因為沒有足夠的守衛來看管。

總監認為，如果能多建一些獨立囚室，隔離制度得以實行，女子監獄所在的建築物也將面臨空間嚴重不足的問題。目前，囚犯分類只能做到把待審罪犯與已定罪囚犯分隔開，其他已定罪囚犯則一律關押在一起。到此為止，監獄已經運作了超過 50 年，但基本的隔離制度仍未得到貫徹實行。

這一年共有 31 名新入職的把匙人，但到年底仍有 3 個空缺。年中曾經一度人手不足，監獄總監不得不向軍方借調一些士官（non-commissioned）充當把匙人。總的來說，監獄整年都缺乏有經驗的職員，總監認為這種情況遲早會醞釀危機。

1894 年的重點在於，在醫生的同意下，大量囚犯開始從事一些輕活，平均每天約有 105 名囚犯（約 23%）參與勞動。可以說，監獄在這一年成了一所庇護工場。[1]

監獄職員的數量與質量一直難以令人滿意，期間監獄也曾向軍隊求助。但總監報告稱，最終找到了一批素質較好的職員，但沒有透露詳情。到了翌年，署理監獄總監湯臣報告稱，人事上有幾個變化：1. 有新的印度籍把匙人加入；2. 歐籍職員因此減少；3. 克雷格（Craig）加入了獄長隊伍；4. 有幾位從英國招聘的職員加入。整體來說，湯臣認為監獄人手狀況有所改善。[2]

Year.	Total.	Imprisonment without the option of a fine.	Imprisonment in default of paying fine.		
			Total.	Served the Imprisonment.	Paid fine after reception into Gaol.
1896, ...	5,582	2,029	3,553	1,928	1,425
1897, ...	5,076	1,968	3,108	1,697	1,411
1898, ...	5,427	1,852	3,575	1,815	1,760

1 Report of the Superintendent of Victoria Gaol for 1894, Paragraph 6.

2 Report of the Superintendent of Victoria Gaol for 1895, Paragraph 7.

1897 年，警隊的梅含理（Francis Henry May）接任監獄總監。他的首份報告文字較多，包含一些新數據。[1] 這一年 3 月，新的監獄守則出台，總監有權讓囚犯接受最長 7 天的單獨監禁以及不超過 42 天的分離監禁，期間可能每兩周再加上膳食上的控制。梅含理認為這些新政很奏效。這一年，曾有 735 名華人囚犯因為抗命不願勞動而被記過，這一情況讓一向強悍英勇的梅含理也感到棘手。根據他的經驗，歐籍囚犯通常願意勞動，不願坐在牢房中，而華人囚犯則恰恰相反，但他們還是比較容易屈服於膳食控制。後來，監獄從軍方和海軍招聘了 11 名歐籍人士來服務監獄，他們的表現令人滿意。

在建築物方面，這一年，前任總監萊斯布里奇建議的擴建工程動工，梅含理建議加建的獨立囚室也開始建造。前者建議的擴建工程包括拆除原有的 D 棟以增加院子空間。梅含理的建議包括將幾間集體大倉改造成獨立囚室，以及擴建女子監獄。實際上，擴建工程的經濟效益不錯，因為利用了 D 棟拆除後的物料來加建獨立囚室，且幾乎所有工人都是獄中的囚犯。完工後，梅含理表示，應該有 426 個獨立囚室和 26 個集體大倉，將可容納 453 名囚犯實行隔離制度。有特別需要時，監獄可額外容納 104 名囚犯，即每個集體大倉關押 5 名囚犯，這樣一來，監獄的總容納人數可達 557 名。在平日，426 個獨立囚室足以將所有已定罪的囚犯獨立監禁。在現有環境與條件下，香港監獄終於有望達到一直希望的滿意水平。這是自 1844 年以來，首次有望實現這一目標。

1898 年，梅含理繼續擔任監獄總監。這一年較為特別的事件是，有 69 名少年罪犯被送入域多利監獄接受鞭笞，在等待港督批文後於接收他們的院子外執行。這些少年罪犯不會被收押到監房，亦不會在監獄裏逗留超過鞭笞所需的時間。[2]

梅含理在這一年的報告中，首次披露了一些關於因欠款而入獄者的數據。目的是提醒當局，假如能通過其他方式處理這些無謂的收監，也許能緩解監獄人數過多的問題。例如，當時英國剛通過法令，允許分期還款以抵償部分刑期。

這一年，監獄違規案件從 1897 年的 2619 宗增加至 4038 宗。結合監獄總人數（1897 年：462 名；1898 年：511 名），每名囚犯的平均違規次數從 5.66

---

1 Report of the Superintendent of Victoria Gaol for 1897.

2 Report of the Superintendent of Victoria Gaol for 1898, Paragraph 2.

次增至 7.90 次，增幅頗為顯著。除了監獄人口本身的增加外，梅含理認為，嚴格執行紀律要求面臨困難的原因可能有三個：1. 在將集體大倉改建成獨立囚室的過程中，擠在集體大倉中的囚犯人數過多；2. 由於獄中進行的各項工程，原本的勞役日程被打亂；3. 監獄職員（特別是印度籍）的新一輪變動，缺乏經驗的職員在執行紀律工作時難度增加了。[1]

不出所料，梅含理在結語中提到，隨著人口增加以及新界的租借，監獄需要更多空間的要求已傳遞到港督面前。

1900 年，監獄的加建和改造工程完成。這一年，獨立囚室增加到 500 個，加上 14 個集體大倉，因此總共可以容納 514 名囚犯實行隔離制度下的獨立監禁。在緊急情況下，假如每個集體大倉容納 5 名囚犯，總囚犯人數可達 570 名。然而梅含理報告稱，1900 年監獄內囚犯人數曾一度高達 598 名，因此儘管有新加建的設施，監獄的住宿空間仍顯不足。他再次提出需要考慮建造新監獄。2 月至 10 月期間，梅含理調任署理輔政司，警隊副總監調任署理監獄總監。此時，監獄與警隊仍是密切相關的部門。[2]

1910–1920 年的報告

1910 年至 1920 年間，監獄總監多次換人，而且其報告全都僅提供數據，未詳細描述監獄的實際情況。唯獨 1912 年的報告中有一項提到，因為監獄過於擁擠，曾不得不將囚犯集體安置在監獄走廊中。整年大部分時間裏，甚至連醫院與補鞋店中的儲藏室也被用作集體囚室。顯然，監獄擁擠情況越發嚴重。[3]

1921–1930 年的報告

1921 年至 1930 年間，監獄總監同樣多次更換，報告也僅提供數據。1923 年的報告中提到，一個新的減刑系統出台：刑期超過 6 個月但不超過 2 年的囚犯，若在獄中表現良好，可以獲得最多不超過刑期 1/6 的減刑；刑期為 2 年或超過 2 年的囚犯，減刑幅度可達 1/4（男囚犯）或 1/3（女囚犯）。至於監獄空間不足的問題，多年來無人提及。1925 年，報告中有一小段提到，新的監獄分支機構荔枝角有 3 個大倉開放，用於關押男性囚犯。目前荔枝角監獄共有 7 個大倉，其中 1 個保留給青少年罪犯。但由於全部採用集體制度，也沒有工作坊，荔枝角監獄也不盡如人意。報告還提到，域多利監獄對更好的宿舍、辦公

1 Report of the Superintendent of Victoria Gaol for 1898, Paragraph 6.

2 Report of the Superintendent of Victoria Gaol for 1900.

3 Report of the Superintendent of Prisons for 1912, Paragraph 15.

樓、醫院、儲藏室與工作坊的需求日益緊迫，但域多利監獄本身已無擴展空間，其圍牆內的實際面積僅 1.5 畝。[1] 儘管荔枝角監獄能分擔域多利監獄的一部分囚犯，但無法緩解域多利監獄人滿為患的根本問題。[2]

1930 年的報告中提到，當年 8 月發生了一起傷人事件，一名歐籍獄警被一名刑期 12 個月的囚犯用刀刺傷，傷勢嚴重。該囚犯在高等法院經審判後被判處 7 年苦工監。同年 12 月 16 日，一群囚犯在域多利監獄發動罷工，最終在 24 日平息。之後，殖民當局委任了一個委員會（非官守成員）與監獄總監聯手，處理了 5 宗抗命個案，其他平息工作由監獄總監自行處理。1930 年的報告提到，監獄中出現不滿情緒以及抗命行為，可能是域多利監獄的一些囚犯在荔枝角"反映"了。然而，隨著印刷及其他工業訓練的提供，獄中紀律又恢復安寧。這表明職業培訓有助於穩定囚犯情緒，這也是隔離制度中強調的元素之一。[3]

關於委員會的報告及倫敦殖民地部的回應，本書第五章有更詳細的論述。

1931–1937 年的報告

1936 年對於香港監獄來說是重要的一年，因為位於赤柱的香港監獄在 9 月開始投入使用。荔枝角男子監獄於 9 月 26 日全面關閉，而荔枝角女子監獄繼續運作。原本僅可容納 120 名囚犯的荔枝角女子監獄，實際收押人數常達 250 名。

總體來說，由於人滿為患，210 名男性囚犯被提早釋放，但女性囚犯"無需"被提前釋放。這句話值得玩味：究竟是因為囚犯的表現達到良好水平而"需要"被提前釋放，還是因為監獄人數過多而不得不釋放以達標？[4]

1937 年的報告提到，署理港督召開了一個委員會，調查近期監獄囚犯數額增加的情況，並考慮應對方法。1937 年 6 月 29 日召開了首個會議，並已向港督上呈報告。[5]

抗日戰爭中的香港監獄

1938 年的報告開篇便有這樣一句話：

---

1 Report of the Superintendent of Prisons for 1925, Paragraph 14.

2 Report of the Superintendent of Prisons for 1925.

3 Report of the Superintendent of Prisons for 1930.

4 Report of the Superintendent of Prisons for 1936, General Section, Paragraph 19.

5 Report of the Superintendent of Prisons for 1937, General Section, Paragraph 28.

> 我真心認為，英國公義下的監獄，對於像中國這樣的地方，幾乎等同於天堂。當您看到人群中的棄兒來到香港監獄令人震撼的入口，然後進入鋪著白色瓷磚的浴室和更衣室，繼而看到飯桌上經過均衡烹調的膳食，正等待著那些快要餓死的社會渣滓來享用時，不禁會問：對於許多這些華人囚犯，這座完美的監獄究竟是不是天堂？[1]

這一任的監獄總監認為，所有英國統治下的監獄，對於香港監獄中這些飢餓無力、骯髒邋遢、衣衫襤褸、滿身疾病的鴉片癮君子與社會渣滓來說，都應該是天堂。總監認為，唯一的答案是，他們根本就不應該在香港的監獄裏。“他們應該在一個安靜的屬地上，種種蔬菜，曬曬太陽。”

這一年，隨著赤柱監獄的啟用，域多利監獄與荔枝角男子監獄均告關閉。[2] 然而，監獄總監在當年的報告中寫道：

> 從一開始，在赤柱的香港監獄就人滿為患，一直都沒有變過。結果，原本建造獨立囚室的目的完全被打破，因為每個囚室都不得不關押多名囚犯（3 名）。這種糟糕的情況一直存在。[3]

1938 年 8 月，一份關於監獄部門重組的建議書被上呈到殖民當局，旨在更好地推行囚犯分類、隔離以及減少監獄人數等。[4] 此次建議不再像以往那樣一味建議擴建規模已經不小的赤柱監獄，而是提倡從源頭採取各種方法減少入獄人數。10 月，部分建議已獲批准，並在年底前實施。雖然即時效果可能不明顯，但總監希望到 1940 年，這些改革的成果會陸續顯現。

1939 年的報告是研究時段內最後一份總監報告，當時的總監是威爾科克斯（J. L. Wilcocks）。這一年也是香港監獄（赤柱監獄）建成投入使用後的一年。從一句話中，令人質疑一直以來華人的“分類”究竟有沒有實行：

> 將華人初犯與有前科的囚犯分隔開的工作於今年 7 月完成，監獄被分成兩個部分。除了在醫院，兩邊的囚犯無法產生任何接觸。在每一部分

1 Prisons Department Annual Report for 1938.

2 荔枝角男子監獄在 1937 年 1 月 28 日正式關閉。域多利監獄在 1937 年 9 月 26 日正式關閉。

3 Prisons Department Annual Report for 1938, General Section, Paragraph 4.

4 Prisons Department Annual Report for 1938, General Section, Paragraph 5.

中，再細分為長期與短期監禁的囚犯，各自穿著不同的衣衫以便辨認。[1]

此外，所有監獄外的勞役（工作）現在均由短刑期的初犯者承擔。有時，可能要用貨車將他們載到幾英里外去執行"防衛"工作。此時正值日本侵略前夕，防衛工作成為必需，但報告中沒有交代具體工種。長刑期的初犯者則留在獄中負責其他工作（如煮飯、洗衣）及一些輕工業（如編製藤製品、製鞋等）。有前科的囚犯參與印刷、木工、鐵匠及椰棕製品等輕工業。1940 年間開始水泥攪拌工作，相關機器已從英國訂購並在運送途中。

總監認為，當前的隔離政策對囚犯產生了良好效果。過去，舊犯與新犯混在一起，新犯對舊犯總是懷有懼怕、服從甚至崇拜的態度，導致舊犯基本主宰了整個監獄。現在情況完全扭轉，初犯對舊犯抱有憎厭的情緒，甚至有種難以解釋的心理：初犯在獄中是感到自豪的一群人。這些都是隔離囚犯帶來的益處。[2] 想不到自 1844 年監獄建立以來就一直鼓吹的做法，在近 100 年後終於得以實現並受到欣賞了。

然而，赤柱監獄剛投入使用，便立即陷入"過度擁擠"的困境。幸好，域多利監獄已經成為一所"羈留所"，可以接收一些待審還押罪犯、流浪漢、錢債犯以及等待放逐的罪犯，平均每天能接收約 100 名。要達到監獄最理想的飽和人數，還需疏解 1400 名囚犯。在撰寫報告之際，監獄甚至達到全部滿額的人數上限 3000 名！因此，必須立即安排部分囚犯提前釋放。若超過 3000 名囚犯，監獄無論空間、人手還是設施都無法應對。

儘管監獄人滿為患已達峰頂，但是紀律仍然得以維持。此時的"紀律"主要以"抑制"（repression）為主，而非"表達"（expression）。

抗日戰爭開始後，監獄的所有官員級職員都承擔起軍隊的義務工作。歐籍職員成立了香港自願軍的一個支部，接受武器訓練並進行實地演練。印度籍職員則組成特種守衛團隊，以備戰緊急時期。

戰時的需求使監獄採取了很多平日管理中未曾面對的防禦措施，例如收到防空預警（ARP: Air Raid Precautions）並進行預演等。[3]

1 Prisons Department Annual Report for 1939, General Section, Paragraph 2.

2 Prisons Department Annual Report for 1939, General Section, Paragraph 4.

3 Prisons Department Annual Report for 1939, General Section, Paragraph 8 & 9.

第三節　新監獄的修建與廢棄

上文提到，由於 1856 年獄長因痢疾在獄中去世的事件，促使 1857 年全面召開調查委員會。不難猜測，報告中指出域多利監獄依然人滿為患。從 1857 年到 1861 年的五年時間裏，監獄幾乎沒有任何改變。

首先，概述 1862 年前五年監獄年度報告中對監獄擁擠程度的反映。1861 年的報告提到，歐籍重犯在晚上跟其他囚犯是分隔開的，但所有華人囚犯仍實行“集體”制度，顯然與“隔離”制度相距甚遠。自 1860 年開始，報告中提到一所新監獄正在建設中，但對於監獄是否能夠擴展或增加容量的問題，答案是“不能”，表明監獄的收容能力已經到了極限。這一結論從 1855 年到 1861 年（1858 年除外）一直未變。1857 年的報告提到，監獄不僅需要擴建，現有建築物也亟需修繕，因為年久失修，地台與木製地板已經霉爛了，衛生設施也需要維修。此外，圍牆的安全性不足，需要加高並與周圍環境分隔開。

1862 年前的“新建”監獄

1857 年，第五任港督包令（John Bowring）致函倫敦，介紹他委任的一位新監獄總監，試用期為六個月，年薪 300 英鎊，試用期滿後升到 350 英鎊。[1] 同時，包令請求倫敦每年撥款 2500 英鎊資助香港監獄，但倫敦未同意定期撥款，認為香港應該自行管理財政狀況。唯一獲得殖民地部官員亨利・拉布謝爾（Henry Labouchere）同意的是，倫敦將根據實際情況，承擔每年在中國內地其他領事法庭定罪並調送至香港監獄的囚犯的開銷，最終由外事部（Foreign Office）承擔。[2] 這一數額與 2500 英鎊相差甚遠，但倫敦對於聘請監獄總監一事無異議並予以批准。[3] 新監獄的建設卻被拖延到 1858 年底，殖民當局才正式向倫敦提交藍圖等材料。1859 年 2 月，倫敦又將藍圖等轉交總測量部門進一步審議。[4]

1858 年，殖民當局曾向倫敦提交擴建域多利監獄的藍圖計劃，並在 1859 年 8 月 17 日獲得批准。[5]1859 年 6 月，倫敦總測量部的傑布總監下了評語稱，

1　Bowring to Labouchere, 7 May 1857, No.75, CO129/63, pp.99–104.

2　Colonial Office London to Bowring, 25 February 1858, CO129/64, pp.292–294.

3　Treasury Chambers London to Merivale, 9 February 1858, CO129/71, pp.18–23.

4　Colonial Office London, 26 July 1859, HO7056, CO129/75, p.233.

5　Colonial Office to Governor Robinson, 17 August 1859, CO129/86, pp.491–504.

藍圖大致合乎法例要求，但特別指出根據英國監獄法例，每個囚室不得監禁兩名囚犯。他注意到藍圖中使用了"雙囚室"（double cell）一詞，特別指出應該向殖民當局申明這一點[1]。7 月，殖民地部的埃利奧特（Elliott）也提醒官員，關押兩名囚犯不合法，雖然關押三名囚犯不違法，但在香港這種氣候條件下仍然可能存在問題。因此，監獄建設必須滿足一個不可或缺的條件：每個囚犯都要有獨立囚室。[2] 後來，總測量司傑布與監獄檢查總長佩里（Perry）進一步提出每個囚犯應佔的空間標準（立方尺）。佩里的函件顯示，所謂的"新監獄"其實只是對原有監獄的"擴建"，且計劃在每個囚室關押三名囚犯，這與殖民地部官員埃利奧特的指示存在很大的差距。[3]

1860 年的年度監獄報告顯示，共有 38 個囚室，全部用作睡眠倉。與 1859 年及之前相比，似乎增加了 6 個囚室，尚不明確這是否就是所謂的"新建監獄"。[4]

1859 年關於"新建"監獄的財政預算風波

倫敦在審議"新建"（擴建）監獄的規格標準時，核數部門卻在追查 1858 年從軍需處（Commissariat Chest）支出的一筆 7000 英鎊的款項，據稱這筆款項被用於建設一所監獄和醫院。

港督羅便臣在 10 月中旬致函殖民地部解釋稱，這是前港督包令的舊賬，他也未能明白箇中端倪。殖民當局並未意識到這筆款項的撥款是有條件的，只有在香港出現財政虧損時才能動用。可能當時因大量與香港無關的囚犯都被送到香港，導致倫敦財政部預期監獄支出會大幅增加。[5] 最終，倫敦還是批准了撥款。[6]

1862 年建議的"新建"昂船洲監獄

香港立法局在 1862 年 4 月通過在九龍昂船洲興建一所新監獄的決議，預計成本為 10 萬元。此舉旨在配合中央警署在舊監獄原址上的重建，且原計劃中（還未動工或建成的）監獄預計將不敷使用。[7] 6 月，羅便臣首次向倫敦傳達

---

1 Jebb to Waddington, 14 June 1859, CO129/75, p.234.

2 Instructions from Elliot, 14 July 1859, CO129/75, p.231.

3 Perry to Waddington, 8 July 1859, CO129/75, p.235.

4 Blue Book (1859–1860), Gaols and Prisons.

5 Robinson to Duke of Newcastle, 12 October 1859, No.20, CO129/74, pp.468–470.

6 Colonial Office London to Hamilton, December 1859, CO129/74, pp.471–472.

7 Legislative Council Minutes dated 21 April 1862.

這兩項相關決定，並請求一併審議與批准。[1]

羅便臣來自愛爾蘭，是一位頗為進取的港督，他於 1859 年接替包令出任港督。隨著第二次鴉片戰爭的結束，英國政府正式委任大臣管理中國內地的事宜，香港港督的職權因此縮減。然而，羅便臣在任內仍不遺餘力地完成了多項重要工作。例如，1862 年底，香港首次引入煤氣供應，[2] 雖然並非所有人都受益，但也升級了城市的設施條件，為日後發展奠定良好基礎。羅便臣認為，香港當時的繁榮主要歸功於在港的英商和外商，但本地華人的良好配合也是重要因素。他認為，從中國內地湧入香港的人口，不僅被經商機會吸引，也被英國管治下的有序制度所吸引，這與當時清廷的治理有很大不同。羅便臣曾經說過：

> 他們不得不注意到，在官員的廉正、司法，特別是更人道的刑事司法制度以及對生命和財產的更大保護方面，存在明顯的對比；不論香港過去的聲譽如何（其原因不難找到），值得注意的是，我剛才指出的幾點，我大膽提出，共通的正義不會剝奪那些在香港的建立和發展中起主要作用的紳士們的優點，不僅有助於促進香港的繁榮，而且有助於在清廷與華人面前樹立一個值得讚揚的榜樣。[3]

在同一函件中，羅便臣也提到計劃將舊的域多利監獄（當時香港唯一的監獄）原址改建為中央警察局。原來在 1858 年，殖民當局曾向倫敦提交擴建域多利監獄的藍圖計劃等，並於 1859 年 8 月 17 日獲得倫敦批准。[4] 但是由於香港人口增加，犯罪數亦相對增加了。羅便臣解釋，1858 年監獄平均“住客”為 262 名，而到了 1862 年已增至 520 名，數目幾乎翻倍。三年多的時間裏，倫敦批准的擴建工程僅完成了一半，至少已建成一棟可容納 300 名短期囚犯和欠債囚犯的小型監獄“布萊德韋爾”（Bridewell），但原計劃耗資 4 萬元在舊監獄原址興建的可容納 200 名囚犯的新監獄卻尚未動工。根據 1862 年的估計，這所未建的新監獄已經無法滿足需求。由於域多利監獄位於鬧市區（現中區荷里

---

1 Robinson to Duke of Newcastle, 25 June 1862, No.181, CO129/86, pp.491–504.

2 Robert L. Jarman, Hong Kong Annual Administrative Reports, 1841–1941, London: Archive Editions, 1996, No.20, p.179.

3 Robinson to Duke of Newcastle, 25 June 1862, No.181, CO129/86, pp.491–504.

4 Colonial Office to Governor Robinson, 17 August 1859.

活道），即使建成也無法進一步擴建。

函件中還提到擴建警隊軍營的需求，除了改建現址，還需在其他地方尋找合適地皮，預計總成本將達 3 萬元。由於這些零散的地皮難以找到，可能需要購買，導致成本進一步增加。此外，這些安排非常不完善，不利於人員管理和分配，且缺乏合適的政府用地建造帶有演練場的中央（後備）警署，因此必須以高昂的成本購買。在這種情況下，經陛下批准，決定利用城市新目標的一部分，該目標現已接近完成，成為債務人和短期服刑人員的小型監獄“布萊德韋爾”，以及在昂船洲建立一座罪犯監獄（convict prison），關押 200 名罪犯，此地幾乎可以無限擴建，費用約為 10 萬元，同時建立一個主要的中央警察站，在目前的舊門所在地設一個演習場，耗資約 6.1 萬元。

羅便臣將 4 月立法局的會議記錄一併上呈，並指出該議題獲得全書議員的支持，決定通過撥款。羅便臣已說明這些建設所需金額將計入 1863 年的預算案中。此外，羅便臣對新監獄的選址做出解釋：

> 昂船洲是根據《北京條約》割讓給英國王室的一部分“土地”，在許多方面都很適合改造成未來的囚犯定居點。它位於港口範圍內，距離維多利亞城約 3 英里，距離九龍約 2 英里。港口兩側的軍事營地和城中的警察局都在視線範圍內。該島長約 1 英里，平均寬約 400 碼，目前島上的人口只有少數從事採石的非法佔地者，我們只需支付極低的費用即可將他們驅逐。島上還有石料資源，採石和土地平整的準備工作，可以由勞役（苦工監）囚犯負責。我正在考慮在工程進行期間，將 200 名囚犯安置在停泊在島上的一艘廢船上，這樣既能緩解目前監獄過度擁擠的問題，亦可讓昂船洲新監獄的建設，以及在舊監獄重建中央警署的建築工作同時推進。[1]

通過下頁的早期昂船洲圖片，可以更清楚地看出選址的原因，這裏確實是一個建設監獄的理想地點。它是一個小島，四面環海，但又離九龍半島不遠。從圖片可以看出，計劃中的新建監獄只是利用了小島靠近九龍的一角，但實際上整個島嶼為監獄日後的擴展提供了充足有餘的空間。即使這不是永久解決監獄擁擠問題的方案，至少在多年內無需再為此煩惱。羅便臣在函件中也提到，這幾乎是一個永久性的解決方案。就連倫敦殖民地部在審核殖民當局的申請

---

1 Robinson to Duke of Newcastle, 25 June 1862, No.181, CO129/86, pp.491–504.

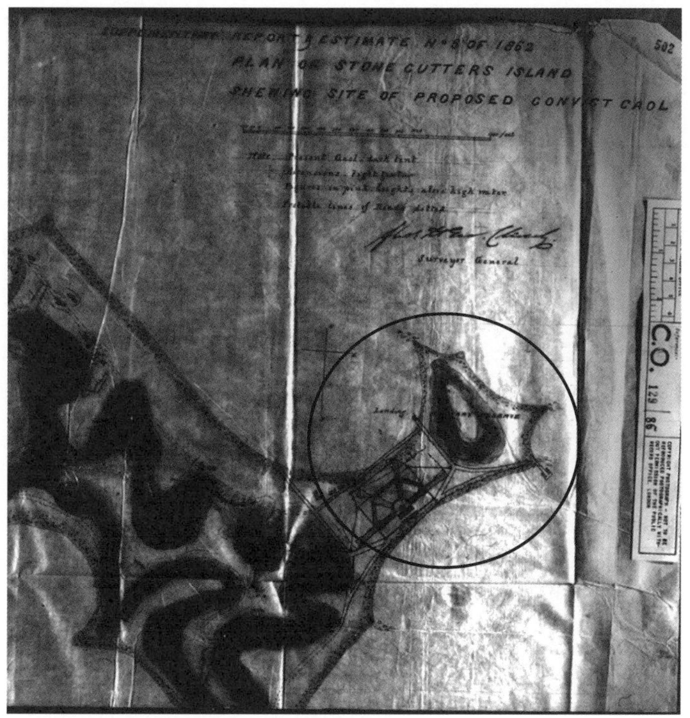

來源：CO129/86, p.502

時，也承認昂船洲是一個可以無限擴展的理想地點。[1]

上文提到，只需支付極低的費用，便可以把島上的原居民趕走，並徵用土地興建新監獄。費用確實是“極低”，因為羅便臣還預備了一份資料發送倫敦，其中記錄了島上居民的“索賠價”與殖民當局的“建議賠償價”，兩者相差頗大。極端的例子包括：索賠價為 270 元，建議價為 20 元；索賠價為 225 元，建議價為 5 元；索賠價為 3700 元，建議價為 400 元等。雖然函件中沒有明確說明低價收購的原因，但相信是因為這些居民被視為非法佔地者，當時尚未有保護佔地者的法令，所以最終僅賠償了 3218 元便解決了問題。[2]

接到羅便臣的公函後，殖民地部的常任秘書弗雷德里克・羅傑斯（ Sir Frederic Rogers）第一時間確認，此前關於總計要 16.1 萬元用於建設新監獄 / 改造成中央警署的訴求已獲批准。此次計劃通過出售土地的收入，將總支出降至 10 萬元，看似已經成功了一半。只是附件中有許多圖紙，他建議應轉發給

1　Internal Discussion of Colonial Department, 22 August 1863, CO129/92, p.346.

2　Proposed Compensation to Squatters on Stonecutters' Island, CO129/92, pp.348–355.

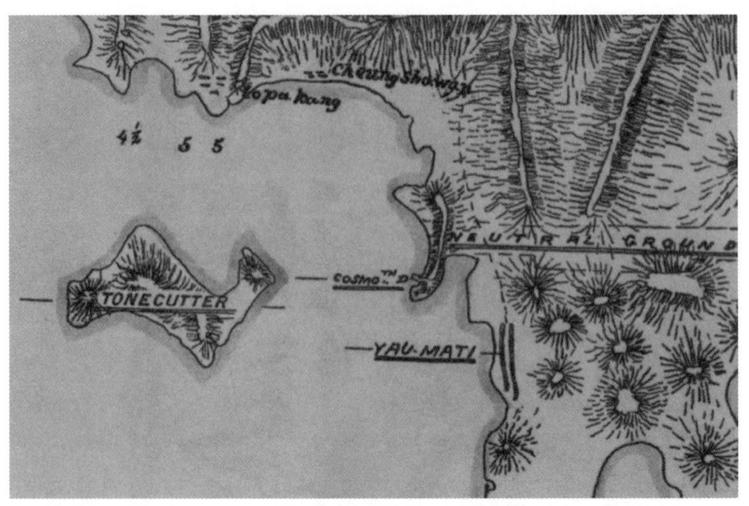

No. 59.

GOVERNMENT NOTIFICATION.

It is hereby notified that the services of a Clerk, and an Interpreter, are required by this Government for the Establishment of the Convict Hulk *Royal Saxon*.

The Salary of the Clerk is $576 and that of the Interpreter $384 per annum.

By Order,

W. H. ALEXANDER,
Acting Colonial Secretary.

Colonial Secretary's Office, Hongkong, 21st May, 1863.

香港憲報 1863 年 5 月 21 日

倫敦監獄檢查總長過目，尋求專業評估。與此同時，羅傑斯也指示財政部批准羅便臣申請的額外 3 萬元支出（假設域多利監獄部分賣地收入為 6.1 萬元）。[1]

獲得倫敦批准在昂船洲建設新監獄後，殖民當局馬上展開計劃，首先是確保人力資源到位。翌年 5 月，殖民當局發佈公告，為昂船洲建設出力的勞役囚犯提供臨時的居所——一艘廢置的軍艦“皇家撒克遜號”，並開始招聘監獄職員。

昂船洲的“囚犯船”

實際上，“囚犯船”（Convict Hulk）在英國監獄歷史中最早出現於 1776 年。[2] 這一年，由於美國獨立戰爭爆發，英國無法再將被判流放的罪犯送往北美，導致監獄中充斥著無處可去的流放犯。[3] 加上當時被稱為“血腥法典”（Bloody Code）的法律體系，有超過 200 種罪行可判處死刑，但法官們不願將

1 Colonial Office London to G. A. Hamilton, 28 August 1862, No.131.8334, CO129/86, p.503.

2 https://www.nationalarchives.gov.uk/education/resources/19th-century-prison-ships/.

3 雖然後來可以將囚犯遣往澳大利亞，但期間有超過 10 年的空檔期。

NOTICE.

Required to purchase, or to charter for the term of one year, with the option of continuing the Charter for a second year, a Vessel of Six Hundred Tons, or upwards, to be used as a Hulk for the accommodation of Convicts in Victoria Harbour.

The Vessel must have a 'tween decks laid fore and aft of not less than six feet in height, with side ventilation, and must be provided with efficient ground tackle, subject to the approval of the Harbour Master.

Tenders to be addressed to the Harbour Master up to noon of the 20th Instant.

W. H. ALEXANDER,
Acting Colonial Secretary.

Colonial Secretary's Office, Hongkong, 9th January, 1863.

香港憲報 1863 年 1 月 10 日第 4 號報告

輕罪也判處死刑，因此許多囚犯只是被判流放，等待放逐。當時的大多數民眾是貧窮且未受教育的底層階級，偷竊是最常見的罪行，也是最常被判處死刑的罪行。

1776 年，英國議會通過一項新法規，允許將廢船改造成浮動監獄，用期兩年，以緩解監獄擁擠問題。第一艘被改造的廢船曾是運送流放犯的船隻，此後約有 50 艘或更多的浮動監獄投入使用，直到 1843 年後倫敦陸續建成新監獄。最終，囚犯船法令於 1857 年廢止，這些浮動監獄總共服務了近 100 年。

可想而知，浮動監獄船上囚犯的生活是艱辛的。從早上 5 點到晚上 7 點，囚犯們都在勞役，四季無差。諷刺的是，浮動監獄船本意是緩解監獄擁擠，但這些船本身卻更擁擠，環境更惡劣。囚犯們整天都被關在黑暗的下層船艙，擁擠的居住空間成為疾病滋生的最佳環境，因此船上的囚犯死亡率極高。在早期設施最差的一段日子裏，囚犯死亡率高達 25%，即每 4 個囚犯中就有 1 人死亡。19 世紀初期，隨著醫療條件改善，死亡率略降低至 10%。

回頭看看香港的這艘（唯一的）浮動監獄“皇家撒克遜號”。它並非皇家海軍艦隊的一員，而是一艘商船，往返於印度、澳大利亞和遠東地區，運載貨物和乘客。該船建於 1829 年，當殖民當局將其用作浮動監獄時，它已服役 34 年。它曾因不服從義律在 1839 年下令所有英國商船不得駛近廣州的指令，被兩艘英國戰艦攔截，而清廷戰船曾試圖保護“皇家撒克遜號”，這一事件發生在著名的“穿鼻之戰”期間。由於“皇家撒克遜號”並非戰船，它並未參與戰鬥，而是在清廷的掩護下逃至廣州。1863 年 1 月，殖民當局刊登廣告，公開徵求購買一艘廢船用作囚犯船，並通知倫敦地部這一決定，說明最終計劃是將

250 名囚犯轉移至這艘囚犯船上。[1] 最終人數是 280 名。[2]

4 個月後，殖民當局花了 5250 元買下這艘廢船，用作臨時的囚犯船，[3] 並正式向倫敦申請批准。[4] 與此同時，殖民當局亦與軍部協調做出種種安排，例如請軍部為囚犯船安排一位軍事守衛等。[5] 最初的想法是將罪行較重的罪犯安置在這艘囚犯船上。顯然，當時監獄已有與警察部門"分道揚鑣"的打算，因此堅決不願讓來自警隊的人員擔任守衛。[6] 最終，軍部同意派遣一名士官（Non-commissioned Officer）[7] 駐守囚犯船。[8]

在此期間，殖民當局亦決定驅逐昂船洲小島上的原住民，但會給予賠償，最終賠償總額為 3218 元。大部分賠償的是石屋或草棚，最大的一筆賠償為 200 元。[9] 對於可能會遇到的困難，殖民當局也向倫敦提請立法以將這一過程合法化。最後，在 1863 年 5 月，全新的監獄法令出台，具體內容已在第二章討論過了。[10]

在倫敦對這封函件的內部討論中，羅傑斯提到，在考慮緩解香港監獄擁擠問題時，曾經建議印度當局接收 200 至 300 名香港囚犯，但費用高達每人 50 英鎊，總計需花費約 15000 元。[11] 相比之下，代港督孖沙僅花費 5250 元買了一條破船便解決了問題，倫敦自然沒有反對。從這些函件來往中可以看出，緊急將部分囚犯從域多利監獄轉移的目的，就是為了讓昂船洲新監獄的建設與在舊址上重建中央警署的工程能同步進行。[12] 由於昂船洲新監獄預計需要 4 年多時間建成，因此採取了"兩條腿走路"的策略。[13]

---

1 Internal Memorandum, 8 January 1863, CO129/91, p.189.

2 Robinson to Duke of Newcastle, 24 June 1863, No. 121, CO129/92, p.344.

3 Treasury Chambers to Colonial O. Proposed Compensation to Squatters on Stonecutters' Island, CO129/92, pp.348–355, Office London, 11 May 1863, CO129/95, p.328.

4 Robinson to Duke of Newcastle, 24 June 1863, No.121, CO129/92, pp.344–346.

5 Mercer to Duke of Newcastle, 14 February 1863, No.42, CO129/91, pp.185–188.

6 Mercer to Duke of Newcastle, 14 February 1863, No.42, CO129/91, pp.185–186.

7 士官（Non-commissioned Officer）是還沒有獲得官階的軍官，一般職務是領導剛入伍的士兵，是軍隊行政架構中的重要一員。

8 Mercer to Duke of Newcastle, 14 February 1863, No.42, CO129/91, 14/02/186, pp.185–188.

9 Proposed Compensation to Squatters on Stonecutters' Island, CO129/92, pp.348–355.

10 香港法律編章 1863 年第 4 號法令。

11 Mercer to Duke of Newcastle, 14 February 1863, No.42, CO129/91, p.189.

12 Colonial Office London to Hamilton, 22 April 1863, No.3267, CO129/91, pp.207–208.

13 Internal Discussion Colonial Office, CO129/92, p.346.

囚犯船內部實際情況

回頭說，從1863年開始直到1866年10月31日殖民當局關閉昂船洲新監獄期間，監獄年度報告中開始有一個特別部分專門報告這艘囚犯船的情況，這部分要求提交的資料與普通監獄的一模一樣。[1]

囚犯船的規格：船有三層，最底層和中層用作囚室，上層用於煮食和其他用途，例如設有衛生間（但註明僅供監獄總監和其他船上職員使用），此外還有辦公廳和儲藏室。船頭的水手倉（forecastle）設有警衛室（由歐籍警察駐守）。報告中沒有說明囚犯們的衛生間安排情況。後來的記錄提到，甲板上的一層也是監獄總監和其他職員的住處。

初期，囚犯船上共有36個囚室，其中20個在主層（main deck），14個在下層，另有2個獨處室（後來被取消），且未設置黑房。

監管囚犯船的權限：報告簡要說明是根據囚犯船總監定下的規條行事。1864年之前，未提及是否有太平紳士或裁判司的探視。後來提到有太平紳士輪流探視。到了1866年，囚犯船的管治權歸屬港督轄下，但日常管理仍由總監負責。

船上的職員包括：總監、1名翻譯、監獄長、7名把匙人、4名船夫，這些職員均由（署理）港督親自委任。除了一艘浮動警察局的船夫外，其他職員都住在船上。1864年，總監的職位有變化，改由倫敦殖民地部的國務大臣直接委任，亦表明職位升格。域多利監獄的主管也同時升格，這與1863年新法令的出台有關。1864年又增加了一名文員。原本由華人擔任的船夫職位被撤換為馬來人，而把匙人增加了4名，總共10名（6名歐籍、4名印度籍）。從1864年起，囚犯船上再無華人任職。囚犯船上只監禁男性，沒有女性囚犯，這點在1866年才被明確。

英國指定的“分類 / 隔離”制度是否得到執行？1863年的報告（第一條關於監獄概況的問題）含糊地提到所有囚犯在日間都混在一起，未提及其他情況，推測當時並未實施分類和隔離。報告還特別提到一所打鐵坊和儲藏室被用於其他用途。另外，在岸上（島上）設有一個鋪了草蓆的空間，供囚犯用餐。在一封送往倫敦的函件中，[2]曾提到送往這艘“囚犯船”的都是犯了重罪的罪

1 Blue Book (1863–1866), Gaols and Prisons, Convict Hull Section.

2 Robinson to Duke of Newcastle, 24 June 1863, No.121, CO129/92, pp.344–346.

第一次鴉片戰爭中的“皇家撒克遜號”

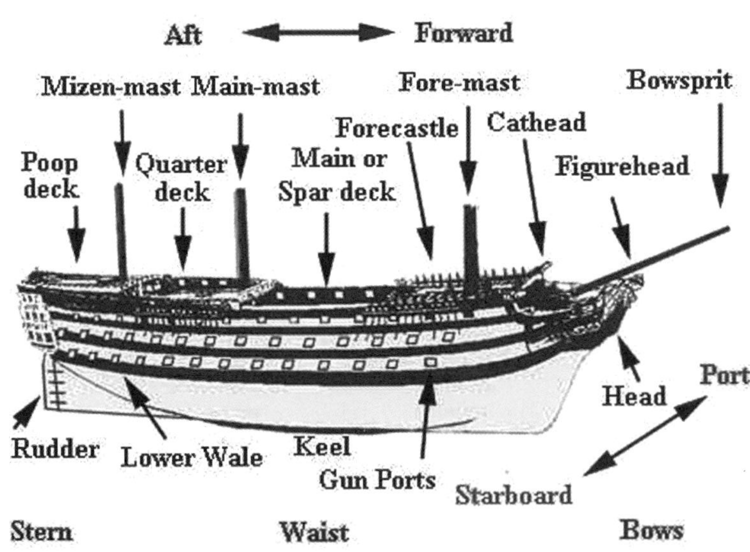

一艘“囚犯船”的大致佈局

犯，[1] 如果未實施任何隔離分類措施，那麼就與英國的要求存在很大差距。與此同時，針對是否遵從"殖民地法"中關於監獄分類的要求，1863 年的報告簡要回應稱已進行分類，但並未進一步解釋，因為問題僅要求"如未分類需做出解釋"。然而到了 1864 年，答案卻截然不同，稱由於囚犯身處船體內，無法對其進行分類。在岸上（島上）設有一個鋪了草蓆的空間供囚犯用餐，這與 1863 年最初的回答一致。這種自相矛盾的回答，可能反映了這些所謂年度報告的實際效用並不高。

囚犯工作情況：幾年的報告都提到，除醫生證明生病或不適合工作以外，所有囚犯都需要工作，但星期天、假期或下雨天不用開工。囚犯的主要工作是協助昂船洲新監獄的建設，包括採石、碎石、搬石、開山、填海、修路、修建海堤護牆、監獄圍牆，以及其他改善島上設施的工作。有一批囚犯被特別挑選協助修建新監獄的工程項目。平均每天有 68.07 工時的貢獻（即 8–9 人以上），[2] 具體工作包括挖土、卸土、打地基、搬運建材等。1865 年，當島上的基本設施較為完善後，囚犯的工作又擴展到園藝，修建了一個監獄花園。

囚犯的工作也可以用金錢來計算：1864 年，負責建造監獄的一組囚犯總共賺取了 427 元。到 1865 年，賺取的金錢增加到 973 元（1866 年為 733 元）。此外，是囚犯們在園藝工作上售賣產品所得的金額為 361 元（1866 年為 146 元），這些收入會進賬殖民當局的庫房。

囚犯的工作時間也有所調整：初期，夏季工作時間從上午 6:00 至下午 5:00，冬季為上午 6：30 至下午 5：00，中間有 1 小時的休息與吃飯時間。"獨處監禁"的囚犯早晚各有 1 小時運動時間。這與之前提到的沒有獨處囚犯的說法存在矛盾。從 1864 年起，報告用表格來記錄情況，如下頁表。

1865 年，報告特別註明周日無需工作，囚犯有 3 小時的自由散步時間。

囚犯膳食：基本上類似於域多利監獄，但分量稍多，因為囚犯需要勞動。歐籍囚犯每人的伙食成本為 1.12 元，華人與印度人的成本僅為 0.54 元（冬季為 0.60 元）。[3]

囚犯衣物：與域多利監獄不同，囚犯船上的囚犯都有特定衣物，可能是因為他們都需要在戶外工作。初期，床鋪配有一張毛氈與一張草蓆（因為最初的

---

1 Mercer to Duke of Newcastle, 24 February 1863, No.42, CO129/91, pp.185–208.

2 Blue Book (1864), Gaols and Prisons, Convict Hull Section.

3 初期只有華人囚犯被送到囚犯船上，1864 年的報表開始出現被隔離開的歐籍囚犯。

表 4.4：囚犯的日常工作時間

項目	夏季		冬季	
	從（am）	到（pm）	從（am）	到（pm）
起床洗漱	5：30	6：00	6：00	6：30
勞動（包括散步）	6：00	8：00	6：30	8：00
早餐與鍛煉	8：00	9：00	8：00	9：00
勞動（包括散步）	9：00	12：00	9：00	12：00
午餐與鍛煉	12：00	1：00	12：00	1：00
勞動（包括散步）	1：00	5：00	1：00	4：30
晚餐與鍛煉等	5：00	6：00	4：30	5：30

280 名囚犯全是華人，沒有歐籍囚犯）。[1] 這樣的配置每人成本為 6 元。翌年，衣物有所變化，主要是因為有了歐籍囚犯：冬季，向歐籍囚犯提供嗶嘰布衣物與法蘭絨長褲；夏季則提供粗斜紋棉布衣物；每人配有床褥、枕頭和一張毛氈，這樣的配置總成本為每人每年 22 元（金額有輕微波動）。至於華人與其他"有色人種"，不分季節，全年僅配備粗斜紋棉布衣物，冬季會加一件法蘭絨上衣。床鋪配有一張毛氈和蓆子，這樣的配置總成本為每人每年 8 元。

宗教信仰：船上沒有設置教堂（或禮拜場所）。1863 年的報告提到，宗教儀式在岸上的一個草棚進行，但儀式進行時並未實施"隔離"。這是針對問題特別提出的，無法迴避。報告還提到華人囚犯不需要監獄牧師的服務，但理雅各牧師與另一位天主教神父會不定時探視曾受洗的囚犯。監獄也向囚犯提供聖經。此外，在不打擾監獄工作及紀律的條件下，其他派別的宗教人員也可以探視囚犯。從 1864 年開始，報告提到牧師在這艘監獄船上沒有其他任務，可能僅負責每周的禮拜活動——這句話是想說明獄牧的服務都是自願性質的，沒有額外收取費用。

監獄病人處置：病人每天由獄船醫生檢查，必要時檢查更頻繁，後來變成每周 6 次（周日休息），對症下藥。浮動警署上設有病房，但署理港督孖沙曾

1 Robinson to Duke of Newcastle, 24 June 1863, No.121, CO129/92, p.344.

在函件中提到，運送醫生往返的時間過長，因此未提供醫生服務，推測探病的醫生是另外聘請的，年薪為 1000 元，[1] 這顯示出船上條件不理想，很多事情都是湊合處理。

船上最常見的疾病包括：腹瀉、痢疾、發熱、風濕病、梅毒等。

昂船洲監獄的首次廢棄

當這艘“囚犯船”上的囚犯日復一日按部就班地努力建造昂船洲監獄時，香港也發生了一些變化。1866 年 3 月，新任港督麥當勞到任，帶來了翻天覆地的大變化。然而在此之前，一切都顯得平靜無波。1864 年的港督行政報告中提到，當年開始有歐籍囚犯被遣往囚犯船上服刑，並參與新監獄的建設，此舉備受讚譽。儘管整體上被送上法庭受審的犯人數量減少了，但重罪案件卻有所增加。港督認為，這是因為往來廣州與香港的船費下降，導致更多人來香港犯罪。據說，一艘船可載多達 1500 名乘客。[2]

在此簡要介紹一下香港第六任港督麥當勞：與前任港督羅便臣一樣，他也是愛爾蘭人。來香港之前，他已經歷任多個受英國殖民統治地區的總督，積累了豐富的從政經驗，行事沒有什麼顧忌。作為一名資深律師，他深諳法律，行事大膽果決，常向殖民地部提出爭議性議題 [3]—— 香港的新監獄和監獄制度就是一個典型的例子。

麥當勞於 1866 年 3 月到任，因此 1865 年的港督報告也由他提交至倫敦。由於時間倉促，且當時副手輔政司孖沙也在 1866 年 5 月離職，麥當勞僅有半個月時間準備報告。因此他預先聲明，報告中他盡量不加評語，因為內容主要基於孖沙的觀察，而他本人 1865 年未曾在港。從這份聲明中，也能初步看出他日後的一些施政風格。這份報告並未特別提及監獄或正在建築中的昂船洲新監獄，僅在一段關於警察的描述中略有提及：他對從孟買引進的印度籍警察隊伍的效果表示質疑。[4] 麥當勞行事非常有主見。1872 年，倫敦下令強制要求多米尼克（另一個受英國殖民管治的地區）的女犯人剪髮以震懾犯罪，令女性囚犯

1 Mercer to Duke of Newcastle, 24 June 1863, No.121, CO129/92, p.344.

2 Robert L. Jarman, *Hong Kong Annual Administrative Reports, 1841–1941*, London: Archive Editions, 1996, No.20, p.162.

3 張連興：《香港二十八總督》，香港：三聯書店（香港）有限公司，第 93 頁。

4 Robert L. Jarman, *Hong Kong Annual Administrative Reports, 1841–1941*, London: Archive Editions, 1996, No.20, p.298.

數量大幅減少。[1] 麥當勞回應告知，香港的女性囚犯的清潔程度較高，而且女性囚犯比例偏低（6 年來從未超過 6 名），因此無需實行剪髮措施。[2]

1866 年的港督行政報告充分反映了麥當勞的真實意見。他首先指出，香港跟其他受英國殖民統治的地區不同，因其臨近中國內地，特別是"充斥著最難管控、最無法紀的廣東人口"，加上猖獗的海盜活動等，保護人身與財產安全是首要任務。他認為，在英國本土，這需要從罪犯改造和民眾教育入手實現。隨後，他對僅接觸數月的華人做出嚴厲批評：

> 華人在習慣、思想與宗教上與西方完全相反，且對自身古舊的偏見與習俗又特別偏好，加上揮之不去的對自身古舊而過時文明的堅持。[3]

麥當勞認為，這些華人"特性"加上清朝的不濟事，導致在港殖民當局在施政時屢遇困難，尤其是在需要雙方合作的事務上，如打擊海盜，就無法依賴清廷。但是另一方面，麥當勞澄清自己並非認為中國人（相對歐洲人）不遵從法規或不嚮往和平與勤奮。他明白，來港滋事的華人只是少數，沿海一帶的居民因世代受到海盜的影響，可能在某些季節暫時忘掉了辛勞打漁和農耕的美德。

在關於罪行與監獄的報告中，麥當勞寫了兩大段，節錄如下：

> 大量自幼接受搶劫訓練的人與大量天生勤奮、總體上值得信賴並遵守法律的人共存於同一省份，看似和諧。然而，附近的犯罪階層數量龐大，即使其中很小一部分來到這個殖民統治地區，也會製造許多麻煩，以至於需要採取非常規的預防措施來阻止他們登陸或滯留。我認為，實現這一目標的手段在很大程度上已經得到採用了。[4]

事實上，上述情況與狄更斯小說中描述的 19 世紀中葉的青少年罪犯並無太大區別。以下是麥當勞的幾句混淆視聽的話，他指出，正是因為這些原因他才叫停了昂船洲監獄的建造。

---

1 MacDonnell to The Earl of Kimberley, 24 January 1872, No.939, CO129/156, pp.277–280.

2 Kennedy to The Earl of Kimberley, 24 January 1872, No.9, CO129/157, pp.421–422.

3 Robert L. Jarman, *Hong Kong Annual Administrative Reports, 1841–1941*, London: Archive Editions, 1996, No.20, p.301.

4 Robert L. Jarman, *Hong Kong Annual Administrative Reports, 1841–1941*, London: Archive Editions, 1996, No.20, p.302.

由於打擊犯罪團夥是地方政府最艱巨的任務之一，我建議指出現行制度的一些主要特徵；隨著經驗的積累，我仍然大膽提到去年11月的第160號文件，其中解釋了除影響歐洲囚犯的問題外，減少本地犯罪活動並阻止人們以非法目的來港是切實可行的。我在該文件中指出，我的前任（即羅便臣港督）在主張在昂船洲建造一個大型新監獄時，曾詳細談到本地犯罪率的異常上升，域多利監獄囚犯人數的增加就證明了這一點，其囚犯人數從1858年的262人增加到1862年的520人。

我毫不猶豫地將這種增長主要歸因於將囚犯監禁在監管良好的監獄中，所能產生的威懾作用很小，囚犯有健康的食物、良好的住宿和輕鬆的工作。因此，我們能力範圍內有充足的材料來填滿這些建築，除了現有監獄外，可能很快就會需要第三座監獄。這樣的結果並非不可能，因為截至1865年10月31日，兩座監獄的總人數已從1862年的520人增加到876人。因此，我毫不懷疑，除非對囚犯處理制度進行改革，否則囚犯人數可能接近1100人，而目前刑事犯的平均人數低於500人。

關於麥當勞11月第160號信函的內容，以下進行了詳細分析。個人認為，這是19世紀香港監獄制度停滯不前、未能改善的主要或首要原因。

麥當勞1866年11月第160號函件 [1]

1866年11月，麥當勞來港剛滿8個月，就向倫敦殖民地部發函，主要目的是叫停即將完工的昂船洲新監獄，並將200多名囚犯從囚犯船遷回域多利監獄。很多提及叫停興建這所監獄的文章或研究，都簡單地將麥當勞此舉歸因於當時香港的罪犯數目已經大幅下降，因此修建偌大的昂船洲監獄已無必要。筆者並不同意此類看法。在麥當勞1867年10月撰寫的1866年行政報告中，也澄清了叫停監獄工程時，罪犯數量並沒有減少。

首先，這封函件是"通知"而非請示——昂船洲上的所有囚犯都已在10月31日被遷回域多利監獄。值得注意的是，這一行動發生在函件發送之前23日，且並未事先告知倫敦。麥當勞顯然自知理虧，因為他在信函的開篇就承認這項行動"需要解釋"：新監獄已完全建好，而當初建造這座新監獄是基於香港日益增長的需求。他隨後解釋，所謂需求"持續增長"是其前任港督羅便臣的推斷，他特別引用了當時的數據（囚犯人數從1858年的262名增至1862年

1　MacDonnell to Earl of Carnarvon, 23 November 1866, CO129/116, pp.105–116.

麥當勞（Richard G. MacDonnell）（1866–1872）擔任香港第七任港督

的 520 名）。羅便臣的推論純粹基於數學演繹，即認為隨著人口的增長，犯罪率也會上升，犯罪人數也會相應增長。[1] 麥當勞並不同意這個簡單的數學推斷，他指出，羅便臣提到的罪犯增長率比當時的人口增長率還要高（1858 年人口為 75500 人，1862 年人口為 125500 人），說明罪案（罪犯）的增加一定有其他原因。為一進步佐證，麥當勞引用新的數據來證明罪犯數量的確增加了（1865 年 10 月 31 日，域多利監獄囚犯人數為 614 名，昂船洲監獄為 262 名，總數為 876 名）。

接著，麥當勞指出這種與人口比例不合的增長必然與兩個因素有關：一是司法管理問題。英式監獄缺乏威懾力，再加上獄中所提供的良好膳食與居所，囚犯只需要承擔一點輕鬆的勞動。他不失諷刺地說：[2]

> 假如事情像從前那樣繼續下去，不出幾年，我們的大監獄（域多利監獄）再加上昂船洲，就會擠滿“合條件的人選”（指罪犯），而殖民當局的資金都將用於養活中國最糟糕的（兩廣地區）罪犯。
>
> 因此我始終認為，政府沒有義務建造監獄來改造和懲罰對岸（中國內地）的罪犯。我應該盡最大的努力，將非本地居民、僅以“訪客”身份來

1 Robinson to Duke of Newcastle, 25 June 1862, No.181, CO129/86, pp.491–492.

2 MacDonnell to Earl of Carnarvon, 23 November 1866, CO129/116, pp.106–107.

港的罪犯的懲教責任交還給（兩廣）總督。

上面這段話直陳了麥當勞的具體行動方針，下文則揭示了其行動的核心思想，筆者特此摘錄原文，以保留精粹：

> 將本地監獄紀律與英國郡級監獄的紀律做比較，既不適用，亦屬誤導……因此，我們在香港的刑法要旨應該是“自衛與自我保護”。在我看來，此地高級官員的首要職責是：1. 根除犯罪分子，即將其遣返原籍；2. 震懾、阻止其他試圖效仿來到此地發財的人。[1]

麥當勞認為，將英國這樣一個秩序井然的國家對於監獄紀律、刑罰和刑具的討論置於香港是徒然的。因為香港的犯罪情況非常特殊，與大英帝國中其他地域都不一樣。而下面這段話，則生動展現了殖民統治者的“親疏有別”：

> 這裏的罪犯並非我們的同胞，對於他們，我們給予有條件的同情和耐心。十宗案件中有九宗的犯罪者都與英國無關，而只是對岸的渣滓，還有海盜、強盜，他們流竄在城鎮周圍，伺機進行綁架和搶劫等。因此，我們絕對沒有道德義務來承擔這種異想天開的艱辛責任，即希望通過一套刑事法令和監獄紀律來改造這群永遠在遷移的華人渣滓。我們要做的只是震懾和防止他們來此地。一旦他們真的來了，就要想辦法驅趕，並且不讓他們再回來。[2]

儘管麥當勞認為改造罪犯在香港是徒勞無功的事（不能像在英國受到的關注那樣），他還是肯定了當時的監獄總監道格拉斯（Douglas）的工作——保持監獄清潔、有序、紀律嚴明，竭力符合英國的標準。但他最終仍然定論：“我認為‘自我保護’是我們當前及長期處置此地犯罪者的主要原則。”[3] 隨後再補充：“至於罪犯（這裏特指華人罪犯）的道德改造嘛，只能退居次要了。”[4]

麥當勞的這封長函共提出 30 項建議，涉及刑事司法系統的多項改革，包括笞刑管理、苦工勞役安排、監獄特別警衛、改善監獄衛生、提升香港警隊實力、刺青制度檢討、流放刑罰安排等。最引人注目的當屬放棄昂船洲監獄，麥

1　MacDonnell to Earl of Carnarvon, 23 November 1866, CO129/116, pp.107–108.

2　MacDonnell to Earl of Carnarvon, 23 November 1866, No.160, CO129/116, pp.108–109.

3　MacDonnell to Earl of Carnarvon, 23 November 1866, No.160, CO129/116, p.109.

4　MacDonnell to Earl of Carnarvon, 29 May 1868, No.505, CO129/130, p.556.

當勞預計次年即可節省 2.3 萬多元開銷，這對香港財政頗具吸引力。麥當勞指出，截至 10 月底囚犯數已降至 714 名（1865 年為 876 名），他預測警隊的實力提升將進一步降低城中的罪案 / 罪犯數。本節將集中討論放棄昂船洲新監獄的相關事項。

麥當勞指出，他在域多利監獄推行了更"苦"的勞役，因為此前的勞役都只是令人發笑的輕鬆差事而已，配合守衛實力的加強，顯著提升了苦工監的震懾效果。這位港督的一句話暴露了其是何等缺乏憐憫心：

> 幾個星期之前，多達 45 名囚犯為逃避苦工監，自行弄傷手足，傷口嚴重潰爛，後來有幾個囚犯因此喪命。[1]

函件第 26 點可能揭示了這次放棄昂船洲監獄的主要原因，亦是殖民統治下香港經常面對的問題——本地財政困境：

> 進行這些"實驗"（措施）的原因之一是：殖民當局目前處於財政困境中，實在無力維持兩座大型監獄的運作。如果一個就足夠，我們自當選擇能創造收益的域多利監獄，而不是毫無用處的昂船洲。特別是我認識到，我們沒有義務按照英國模式為中國罪犯建造改造所，而更應考慮香港這個地理位置獨特的地區非常有限的土地資源。[2]

麥當勞的結語道破了所有受殖民統治地區要面對的現實——歧視性的處置：

> 上述言論僅適用於華人囚犯。香港監獄通常關押 55 至 75 名歐洲囚犯，域多利監獄有充足的空間"供給"他們所用，並且能嚴格對他們施行英國法規。[3]

請注意，"能嚴格對他們實行英國法規"並不是指會對歐洲人實行嚴厲的英國法規，只是保證"不會讓他們受到中國或本地法規的管治"而已。

殖民地部接函後的內部討論

麥當勞的理據充其量只反映他的個人見解，但最關鍵、也最具"歷史啟示

1 MacDonnell to Earl of Carnarvon, 23 November 1866, No.160, CO129/116, pp.109–110.

2 MacDonnell to Earl of Carnarvon, 23 November 1866, No.160, CO129/116, p.115.

3 MacDonnell to Earl of Carnarvon, 23 November 1866, No.160, CO129/116, p.116.

性”（historical revelation）的是英國作為殖民宗主國對於其一連串行動和理念的反應。先不論最後的官方回應，來看看倫敦接到這個消息的即時反應。在殖民地部內部討論中，幾位官員寫下了他們的意見（部分簽名由於是簡寫，已難以辨識），如常任秘書羅傑斯就寫道：

> 令人驚訝的是，一座耗資 8 萬或 9 萬元建好的監獄竟在落成之際被廢棄，這筆“公帑”轉眼間成了不必要的公共資金支出。[1]

其語氣不光是驚訝，更透露出對麥當勞在 160 號函件中所提出理據的懷疑。羅傑斯還質疑了當初支持修建新監獄的其他倡議人，包括署理警察總監甸尼（Deane）和監獄總長道格拉斯等。另一位署名“CL”的官員表示，殖民地部的外相卡那封（Lord Carnarvon）會讓麥當勞自行決定，亦即不會干預——畢竟現在斷言麥當勞的措施能否降低罪案數還為時過早。[2]

一名署名“JR”的官員做出了更嚴謹、篇幅更長的分析。他著眼於囚犯的自殺率，認為麥當勞似乎不夠重視這個問題，而這些自殺案件可能反映出監獄紀律太過嚴苛，他認為有必要研究一下，要把超過 100 名（其實是 200 名）囚犯遷回本就狹窄擁擠的域多利監獄將會出現什麼問題。本來囚犯在囚犯船上有 163 立方英尺的空間，現在卻會被關在只有 300–379 立方英尺的空間裏。由於不熟悉監獄空間的最低標準，他未下結論，只提出這樣的觀察，好讓卡那封勳爵自行決定。另外還有一些模棱兩可的意見，但對於麥當勞棄置監獄的做法，沒有人給予肯定的反饋。

對於刑罰，這位官員認同需對華人採用嚴厲的手段，但對於刺青持反對態度。最後，這位官員總結道：除了監獄的空間問題，其他關於昂船洲的事項，他將默認不再追究。[3]

另一位官員坦言，身在倫敦而要考慮這些問題是難以決斷的：一方面，自殘現象暗示監獄紀律過於嚴苛；另一方面，華人的習性也值得關注。總的來說，還是建議批准麥當勞的方案，但提醒其注意各方意見。這位官員對比指出，英國本土採用隔離制度的模範監獄本頓維爾的人均空間為 900 立方英尺，300 立方英尺的空間在香港的氣候條件下確實侷促，但不宜直接套用英國的監

---

1 MacDonnell to Earl of Carnarvon, 23 November 1866, No.160, CO129/116, p.116.

2 MacDonnell to Earl of Carnarvon, 23 November 1866, No.160, CO129/116, pp.116–117.

3 Internal Discussion Colonial Office, CO129/116, pp.117–118.

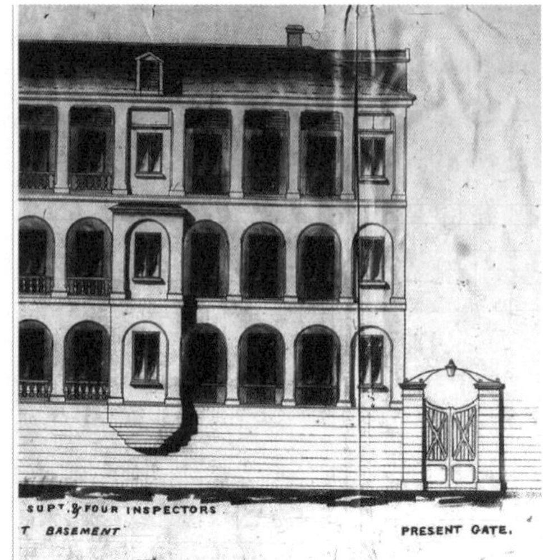

來源：CO129/86, pp.500–501

獄標準。

綜觀各方意見，可見殖民地部官員的矛盾態度：既覺麥當勞理據牽強，在許多方面都值得質疑，甚至有人對他在自殺案件上的冷血抱有微言；但又無人願意明確反對，最終只能達成共識——英國的監獄紀律制度，無需在香港實施。

殖民地部於 1867 年 2 月 8 日（即兩個半月後）向麥當勞發送了官方正式回函，[1] 主要內容是對其措施"試驗性"地予以批准（官方用語為"approve"）。但重點卻放在了把囚犯遷回域多利監獄的事情上，並以已獲得醫生同意，不會令囚犯的健康受到影響為主要理據。函件表示，唯一要關注的事情是囚犯每人將分配得到的"空間"，但也沒有提到要再度報告。

至於對待"香港的罪犯"究竟應採取什麼樣的監獄紀律制度（例如分隔制度），倫敦方面表示亦不清楚，可能需要觀察麥當勞建議的措施的實施效果，才能判斷是否過於嚴苛。倫敦也表示理解英國與香港處理罪犯的方法不能同日而語，但堅持任何懲罰都必須具備震懾作用，同時要避免華人罪犯因為一時魯莽而走上自毀或自殺之路。

簡而言之，放棄昂船洲新監獄一事就這樣通過倫敦的函件定案了。時值

1 Colonial Office London to MacDonnell. No.160, CO129/116, pp.131–133.

1866 年，隔離紀律制度（包括分類）仍然在英國本土大力推行。查閱 1863 年之前的記錄可見，香港唯一的監獄——域多利監獄的年度報告始終未能達到這兩項要求，而其解釋一直是“缺乏居住空間”。1841 年到 1866 年間，域多利監獄經歷多次加建，昂船洲本是多年來解決空間問題的唯一曙光，卻因種種理由遭棄置。

直到 1868 年 5 月，麥當勞才正式回應。[1] 他再次強調，香港監獄的震懾作用旨在“自衛 / 自保”，因此囚犯的道德“改造”必須退居其次。他辯解稱在港的歐籍囚犯都不是真正的罪犯，只不過是一些海員而已，暗示歐籍囚犯是“安全”的罪犯；而華人囚犯則截然不同，因此需要實施“非人道”的監獄紀律和勞役制度才能有震懾的成效。稍有鬆懈，附近（指中國內地）的罪犯就會想盡辦法趁機成為香港監獄的囚犯。他還提議加重勞役監的強度——因為華人囚犯常常把自己弄傷以逃避出外幹活，而監獄內的工作（如挑繩頭等）又過於輕鬆，因此決定從英國定製一些轉軸類的器具。

當殖民地部質詢監獄紀律事宜，包括嚴刑在獄中引致的自殺問題時，他的回應是：

> 固然嚴格紀律或會引發自殺的傾向，但華人的自殺有異於歐洲人的自殺……[2]

收到回函後，倫敦決定不再干涉。內部討論記錄顯示：“我想應該放手讓麥當勞走他自己的路。”[3]

史料記載，在昂船洲廢棄八年後，1874 年第三季度颱風襲港，對昂船洲的建築物造成一定損壞。總測量司曾報告建議拆除部分建築物以防整體坍塌。函件透露，原先將建築物改作他用的建議未被採納，一直閒置。颱風後港督堅尼地也表示拒絕再投入大量維修資金，測量司遂建議拆除危險部分後，將建材回收利用。函件中也提到測量司針對一些有用部分的改造方案，例如改建為水痘（傳染病）醫院或火藥倉庫等。

另一方面，倫敦在 5 月指示署理港督柯士甸（Austin）僅拆除危險部分，切勿拆除整棟建築，因英國正考慮其他用途。雖曾設想將其用作檢疫站，但遲

1 MacDonnell to Duke of Buckingham and Chandos, 29 May 1868, No.505, CO129/130, pp.556–570.

2 MacDonnell to Duke of Buckingham and Chandos, 29 May 1868, No.505, CO129/130, pp.556–570.

3 Internal Discussion Colonial Office London, CO129/130, p.562.

遲未決。[1] 柯士甸告知倫敦，除了必要拆除的"翼"（wing），其他部分都得以保存，但假如建築物缺乏頂蓋，測量司提到的建材恐將迅速腐朽。[2] 這座耗資不菲的建築物，最終竟落得如此下場。[3]

昂船洲監獄的第二次廢棄

根據史料記載，1878 年香港新建監獄的議題再度浮出水面。時任港督軒尼詩對華人群體較為友善和照顧，其提案自然會遭到某些典型殖民者（Colonist）的反對。這次也不例外，但從相關信函來看，昂船洲確實是當時解決監獄發展問題的唯一出路。

1875 年新加坡監獄因囚犯被罰"刑罰餐"而引起大騷亂，60 名囚犯企圖越獄，造成 27 名囚犯與監獄人員死亡，甚至監獄總監也在騷亂中喪生。[4] 事件震動倫敦，殖民地部特地在 11 月致函香港總督堅尼地，要求調整香港"刑罰餐"的內容，但也註明適度即可，並指示港督與醫務人員商討後再報告。[5] 堅尼地迅速回覆稱，在香港，服苦役的囚犯不會同時被懲處"刑罰餐"，這是他來港上任後實施的"良政"，並稱囚犯的健康狀況良好。他還解釋道，這種"刑罰餐"只適用於曾經充斥香港監獄的、喜歡滋事或經常醉酒的海員，言下之意這類囚犯現已減少。倫敦殖民地部順勢索要 1875 年監獄調查委員會報告副本以作參考之用。[6]

實際上，殖民當局於 1875 年 11 月設立了一個調查委員會，專責研究香港監獄及膳食問題（詳情將在下一章討論）。由於調查耗時較長，報告直至 1877 年 2 月才出爐，堅尼地匆匆上呈報告後就將離港，由第八任港督軒尼詩接任。這份報告中有價值的信息涉及隔離監獄紀律制度在香港監獄內的實施情況。

關於隔離制度，報告僅以《獨處監禁通則（"隔離制度"）》〔Solitary confinement generally（"Separate System"）〕為題簡要提及，而且似乎混淆了獨處監禁與隔離制度的概念[7]——這種混淆在當時雖非罕見，但出自一個專門研究監獄的委員會實屬不該。報告指出，要實施該制度就必須改造現有監獄，

---

1 Instructions to Meade, 19 May 1875, CO129/170, p.375.

2 Colonial Office to Austin, 28 May 1875, No.45, CO129/170, p.378.

3 Price to Austin, 30 November 1874, No.188, CO129/170, pp.49–52.

4 https://www.nlb.gov.sg/main/article-detail?cmsuuid=7071fce9-74c9-4fc0-8c07-9097244128a9.

5 Carnarvon to Kennedy, 5 November 1875, No.99, CO129/182, p.256.

6 Carnarvon to Kennedy, 29 July 1876, No.99, CO129/182, p.256.

7 Report on Prison Committee, CO129/177, pp.180–181.

因此應交由總測量處審核評估。鑒於牽涉範圍太廣，委員會不予置評，僅建議在控制成本的前提下，將部分監獄空間轉成獨立囚室，特別適用於二次以上入獄的華人慣犯。倫敦殖民地部的卡那封勳爵審閱報告時稱：

> 我認為隔離制度是監獄紀律的“唯一真正基礎”，採用該制度對華人囚犯也有其特殊原因。報告中提到，獄警多不語中文，新加坡監獄發生的可怕騷亂，警示了讓華人囚犯群居的潛在風險。我要求你必須馬上指令總測量處預備圖紙，考慮到周圍的空間以及建築物，看看怎樣能結合需要做出改造。[1]

1877 年 11 月底，港督軒尼詩再次為監獄事宜致函倫敦，提起前總督羅便臣選址昂船洲的方案能解決擁擠及華人囚犯被關押在集體制度下的種種問題。[2] 事實上，1876 年和 1877 年的監獄報告顯示，除了部分歐籍囚犯與個別華人囚犯能在夜間享有獨立囚室，監獄基本沒有實行隔離制度——絕大多數華人和印度籍囚犯日夜均被集體關押。

1879 年 5 月底，第八任港督軒尼詩上書倫敦，懇請修建一座新監獄。[3] 根據 1878 年底致倫敦的函件，軒尼詩援引倫敦前一年 6 月 5 日第 48 號函件內容，認為有必要擴建香港監獄。[4] 但他預見到該提案將在立法局遭遇來自非官守議員的巨大阻力。軒尼詩報告稱，8 月間怡和大班耆紫薇曾直截了當地表示：

> 他完全反對在擴建監獄上投入任何資金，認為現有的域多利監獄對於真正來自香港的囚犯已經綽綽有餘，並希望殖民當局能夠對華人小偷盜賊施以鞭笞刑，然後將其驅逐出境，而不是關在監獄中餵飽他們。對於屢次潛返者，應公開鞭笞後再驅逐。[5]

除了耆紫薇，另一位非官守議員羅郭（Henry Lowcock）也持相同立場。因此，軒尼詩在沒有預先告知倫敦的情況下，便將這項提議提請到立法會。在軒尼詩 1879 年 5 月的信函中，他記錄了兩次立法局辯論的過程，特別強調

---

1 Lord Carnarvon to Hennessy, 7 May 1877, No.45, CO129/182, p.256.

2 Hennessy to Earl of Carnarvon, 22 November 1877, No.164, CO129/182, p.258.

3 Hennessy to Michael Hicks Beach, 31 May 1879, No.76, CO129/184, pp.585–586.

4 Hennessy to Michael Hicks Beach, 24 October 1878, No. 103, CO129/182, pp.253–255.

5 Hennessy to Michael Hicks Beach, 24 October 1878, No. 103, CO129/182, pp.253–254.

他"完全同意倫敦邁克爾・希克斯・比奇（Michael Hicks Beach）的觀點——另覓新址修建一所新監獄是解決問題的最佳方案，而昂船洲就是最理想的地點。"正是這句話，後來引起倫敦方面的不滿，此乃後話。

在 11 月 18 日的第二次立法局會議上，怡和大班耆紫薇提出反對。軒尼詩總結其長篇演說稱："他反對在任何擴建現有監獄或新建監獄的項目上花費資金，並對前任港督羅便臣當年的新建監獄項目大加抨擊。"

或因軒尼詩與耆紫薇私下的過節，軒尼詩表示更重視資深官員梅查理的理性意見。梅查理長期服務於警隊及總裁判處，他認為假如當年昂船洲項目得以實施並完善管理，如今早已實現降低犯罪率的預期效果。他在 1862 年支持該項目，同樣在 1879 年也堅定擁護。[1]

耆紫薇讚譽香港監獄提供了最好的環境，軒尼詩駁斥為"特意視而不見，掩耳盜鈴"時，更援引醫生對域多利監獄的一些評語，揭露其真實的惡劣情況（特別對華洋種族的區別對待）：

> 華人囚犯在醫院僅有 200 立方英尺的空間，但是歐籍囚犯卻有 500 立方英尺⋯⋯囚室雖有鐵窗，但冬季窗戶整天密閉，導致空氣流通極差，加上囚室內的馬桶不是沖水式，因此臭氣熏天，令人作嘔⋯⋯監獄中的所有囚室，除了監禁歐籍囚犯及單獨囚室外，普遍都非常擁擠⋯⋯早上一打開監獄時，內部情況非常糟糕，我已就此情況多次報告卻沒有任何人跟進。雖然監獄現在（1879）的收監率比往年低，但日均在囚人數始終超標，因此人滿為患的問題也是歷年最嚴重的。[2]

軒尼詩善用辭令，他指出當年卡那封勳爵批准把囚犯從昂船洲監獄遷回域多利監獄時，稱此舉為"實驗性質"的判斷完全正確，且特別對域多利監獄的空間標準提出了質疑。函件的核心訴求是懇請殖民地部批准再次在昂船洲建立新監獄，並承諾將提交修建一所約 700 人規模的監獄預算。最關鍵的是此函預先聲明：可以出售域多利監獄的部分地塊，從而獲得至少 11 萬元的收益，這將大幅降低淨建設成本，極大提升獲批幾率。實際上，1878 年 11 月的一份政府憲報已經刊登了關於一所 500 人規模新建監獄的費用。[3]

---

1 "Legislative Council", *The Daily Press*, 19 November 1878, p.2.

2 Hennessy to Michael Hicks Beach, 31 May 1879, No.76, CO129/184, pp.588–589.

3 Hong Kong Gazette, Vol. XXIV, No.47, 23 November 1878.

事隔 16 年（1862–1878），此次新建監獄的最大阻力主要來自立法局的尊貴議員們，特別是怡和大班耆紫薇。其實早在 1878 年收到首份函件時，殖民地部官員對於此事的態度已顯消極：

> 他（軒尼詩）會再來函的，我們就等著瞧吧……且看那兩位議員在流放者問題上與港督的分歧……我覺得其實他們（議員們）的論點頗具說服力。[1]

倫敦殖民地部收到軒尼詩 1879 年的函件後，自然需參考最終預算才能作全面考量。殖民地部助理常任秘書盧卡斯的結語也耐人尋味——雖未明言，實則認同反對意見：

> 耆紫薇先生反對在香港監獄花費巨資的論點，似乎頗具分量。[2]

軒尼詩將耆紫薇的意見提請到立法局審閱，後來亦受邀在立法局發言，實為爭取更多支持以壓制反對聲浪。

1878 年 11 月 11 日首次立法局會議上，各議員受邀發表對擴建監獄議題的看法。立法局四位非官守議員中只有耆紫薇明確反對〔其餘三位為飛凌斯·賴理（Phineas Ryrie）[3]，羅郭[4]，御用大律師希剌（Thomas Child Hayllar）[5]〕。五位官守議員除財政司普萊斯（Price）外悉數出席當天的會議。值得注意的是，在這次會議中隔離制度首次被納入討論，獲得梅查理（署理輔政司）、賴理和希剌三人的支持。梅查理建議在昂船洲再度新建監獄，而希剌則認為在城區設立監獄本身並非良策。軒尼詩坦承 1878 年的總入獄人數確實較他抵港上任前更少。[6] 耆紫薇在 11 月 18 日的立法局會議上再次發言。

11 月 12 日，報章詳盡報導了前日的立法局會議情況。[7] 但由於尚未收到關於修建新監獄的預算，11 日的多數討論都流於空泛。耆紫薇明確表態反對新建監獄的動議，但因未提前獲知議程而不願多言，僅強調應有比擴建監獄更好

1 Internal Discussion Colonial Office London, CO129/182, p.252.

2 Hennessy to Michael Hicks Beach, 31 May 1879, No.76, CO129/184, pp.585–586.

3 蘇格蘭人，在香港的茶葉商人，也是香港山頂纜車公司的始創人，

4 英格蘭人，著名英資貿易公司仁記洋行 Gibb, Livingston & Co 老闆。

5 英格蘭人，大律師。曾任高等法院法官以及殖民當局律政司等。

6 Legislative Council Meeting Minutes, 11 November 1878.

7 *Daily Press*, 12 November 1878, p.2.

的方法可以“清除”罪犯。儘管港督軒尼詩大費口舌，耆紫薇仍表示不合作。在這次的討論中，羅郭並未明確表示反對立場。會議也探討了流放相關問題，但這一節集中研究關於監獄及監獄紀律制度的討論。

軒尼詩擲地有聲地指出，英國明令香港必須推行監獄隔離政策，由此引發關於香港監獄容量的討論。這一句推測是基於殖民地部內閣大臣邁克爾・希克斯・比奇的函件，特別是 1878 年 6 月 5 日第 48 號文件的指令[1]——該函件似乎是整個議題的核心，下文將專門解讀。

到了 11 月 18 日的立法局會議，所謂的參考數據也只不過是 1866 年的陳舊資料。這一次耆紫薇強力主張域多利監獄是最理想的監獄地點，雖然它位於城市中，但位於高處，空氣流通良好。雖然域多利監獄並不適合實行隔離政策，但其建築物都很新。他認為中國內地的罪犯來港只為犯案，因此將他們遣返即可，並指出獄外華人貧民的居住條件遠遜於監獄中的囚犯——有些華人家庭甚至在床下飼養牲畜（如豬），衛生條件更為糟糕。他想要表達的是，殖民當局的公帑應用於改善貧民的居住環境，而非已經很“舒適”的監獄。最後，耆紫薇以數據證明域多利監獄並未超容，主張嚴刑峻法可進一步減少囚犯數量。羅郭則全力支持耆紫薇，反對耗資巨大的監獄擴建計劃。

殖民地部第 48 號文件[2]

在收到總測量處的圖紙與預算後，倫敦殖民地部就香港監獄情況展開激烈討論。[3] 多數官員都同意在過度擁擠的域多利監獄再進行擴建已無濟於事。一位名叫布拉姆斯頓（Bramston）的官員雖認同域多利監獄現狀，但開宗明義地指出，從財政角度考慮，新建監獄的提案完全站不住腳。

關鍵轉折在於，倫敦明令香港放棄將囚犯流放至備受熱議的納閩島（位於海峽殖民地的一個小島）的幻想。卡那封勳爵強調，香港在考慮任何監獄改革時，必須預設未來需自行收容所有囚犯。其次，他堅決反對在香港這樣一個狹小的地域設立兩座監獄。因此只剩兩條路：要麼擴建現有監獄，要麼另闢新的監獄。總測量處的圖紙顯示後者更為可行，昂船洲舊監獄原址也是備選方案之一，但仍需提交具體預算等材料。

---

1 Sir Michael Hicks Beach to Hennessy, 5 June 1878, No.48, CO129/182, p.258.

2 Michael Hicks Beach to Hennessy, 5 June 1878, No.48, CO129/179, pp.401–409.

3 Internal Discussion Colonial Office, CO129/179, pp.380–382.

最後的決策

立法局激烈辯論後，倫敦照例要求殖民當局提交新建監獄的預算。然而總測量處兼任財政司的普萊斯一再拖延，雖然他曾提交黃泥涌峽等其他選址方案以及預算，但昂船洲計劃始終沒有定下來。就在等待期間，事情有了新的進展。1881 年底，軍部突然要求加強香港西面的防守能力，因此需在昂船洲島上起建一些潛艇設施。[1] 殖民當局曾抗議告知已有計劃在該地修建新監獄，[2] 但最終殖民地部在 1882 年初做出了決定——再次叫停在昂船洲新建監獄的計劃，為軍部無可抗拒的"防衛香港"戰略讓路。[3]

值得一提的是，當軍部首次提出要求時，殖民地部內部討論已注定要犧牲新建監獄計劃。一位署名"RM"的官員道出眾人心聲：

> 我推測金伯利勳爵最終會默許陸軍部的提議。然而，如果我們等待昂船洲的擬建工程完工，我們急需的新監獄建設就將無限期推遲……[4]

自 1875 年新加坡監獄暴動讓倫敦醒悟，到 1882 年的最終決定，歷時七年。奈何，香港建設一所可以實踐隔離制度的新監獄的計劃，再一次胎死腹中。

歷史重演：牛池灣監獄的興建與廢棄

1920 年 10 月 28 日是史料中最早有關於殖民當局在 20 世紀有意興建新監獄的記載。當天的立法局會議記錄顯示，殖民當局申請撥款 4 萬元用於啟動牛池灣"新監獄"的籌建工作。據悉當局從啟德填海工程公司購得 15 公頃的地皮，計劃興建一所新監獄以及一所警察學堂。選址可能有其他考慮，但記錄提到周圍有豐富的花崗岩資源，可為未來監獄中的囚犯提供工作機會。[5] 按規劃，牛池灣監獄可容納多達 1000 名囚犯。

次年 10 月 28 日，立法局會議再次提及監獄議題，會議記錄稱牛池灣新監獄已萬事俱備即將動工。同時指出作為監獄分支的荔枝角監獄內的三個工棚因年久失修，恐怕難抵禦下一次颱風侵襲，亦需要重建。[6]

---

1 War Office to the Under Secretary of State of Colonial Office, 4 January 1882, CO129/205, pp.420–422.

2 Tonnochy to Acting assistant Military Secretary, 20 October 1881, CO129/205, p.424.

3 Colonial Office London to Price, 13 February 1882, CO129/205, pp.429–430.

4 Internal Discussion Colonial Office, CO129/205, p.419.

5 Legislative Council Meeting Minutes, 28 October 1920.

6 Legislative Council Meeting Minutes, 28 October 1921.

Under item 73, $40,000 is provided for the commencement of the new Gaol building at Ngau Shi Wan. The Government has acquired from the Kai Tack Reclamation Company an area of 15 acres of re claimed ground at the eastern end of Kowloon City Reclamation, upon which it is proposed to erect the Gaol and the Police School. The site is admirably situated for both purposes and there is in the immediate neighbourhood a very large quantity of granite upon the working of which it is proposed to employ the prisoners.

立法局 1920 年 10 月 28 日會議記錄

As regards the New Territories, under which heading New Kowloon is included, it is hoped to make a start with the gaol at Ngau Shi Wan and to build a Police Station at Shatin, a new Public Works Bungalow at Taipo chiefly for the use of surveyors, and other buildings as set out in Items 94, 95 and 97. I would mention specially Item 92 which provides for reconstructing three of the sheds at Lai Chi Kok at present used as a gaol, as it is considered that the present sheds would be unsafe in a typhoon. The Diaphone Fog Signalling Installation at Waglan Island on the Canadian model should prove of great value to shipping.

立法局 1921 年 10 月 28 日會議記錄

1921 年投入使用的荔枝角分支監獄對緩解域多利監獄的擁擠狀況只是杯水車薪。香港此時確實需要一所大型的新監獄。1921 年 8 月，因監獄過度擁擠，港督甚至向倫敦報告將提前釋放某些短刑期囚犯。[1] 此次釋放規模不小——自 7 月 13 日到 8 月 6 日原本總共應釋放 129 名囚犯，而每天的目標是釋放 40 名囚犯。值得注意的是，港督聲明此舉意味著剩餘囚犯刑期均不會超過數日，旨在給監獄騰出空間收押新囚。倫敦對此沒有異議。[2]

三年後的 1924 年 10 月 16 日，立法局會議報告特別提到監獄擁擠情況。即便當時已有計劃在牛池灣新建監獄，報告指出仍需擴建荔枝角臨時監獄才能應對。1924 年罪案數確實增加了不少，下表可以清晰呈現嚴重罪案與報案數字的對比數據。其實，1924 年的輕微罪案也比 1923 年增加了 2818 宗。

表 4.5：1923–1924 年罪案數對比

年份	1923	1924	增長	百分比（%）
警察報案數字	14200	17566	3366	23.7
嚴重罪案	4000	4548	548	13.7

資料來源：港督行政報告 1924 年，第 160 頁

罪案增加的具體原因，史料沒有詳細交代，可能與當年廣東發生的大水災有關——立法局曾在當年 7 月 31 日的會議中通過了向廣東地區撥款 5 萬元賑

1 May to L. Harcourt, 18 July 1912, CO129/391, pp.103.

2 Colonial Office London to May, 23 August 1912, CO129/391, p.105.

災的決議。[1]

此時牛池灣的工程才剛起步不久。會議記錄顯示出一份牛池灣的"平整地基"工程合同，而真正的監獄建築預計到 1925 年底才能動工。記錄提到工期延誤是因為當局在慎重評估各種建議，以選擇最適合在新址修建監獄的設計方案。另有說法（源自港督）稱因啟德填海項目屬私人開發性質，因此進度遲緩非殖民當局所能掌控。[2]

歸根結底，牛池灣選址的最大優勢在於其後方的山丘——未來可以為囚犯提供大量開山採石的勞役工作，既能為監獄創造額外土地資源，有為日後監獄擴建預留空間。

牛池灣工程在此期間取得顯著進展。到 1925 年 6 月，地基平整工程已經完工，按規劃建築主體工程應隨即展開。然而就在這個月，省港大罷工爆發。港督在後來的行政報告中向倫敦如此描述這場風波：

> 一場政治性罷工於本年爆發，既不是因為本地機構的任何舉措，亦與經濟不振沒有任何關係。罷工始於 6 月 20 日，幾天內就擴延到所有家傭、海員及工程人員，各行業工人紛紛離開崗位。殖民當局已採取妥善措施維持必要的服務，最重要的是確保本地的糧食供應不受影響……到了 7 月底，罷工工人陸續復工，表面看來風波已平。然而在中國南方，仍持續出現針對英國貿易與航運的抵制活動，應該是由罷工組織策劃，他們的總部應該設在廣州。此舉對香港、廣州、汕頭等地的華洋商賈都造成很大打擊。[3]

這場大罷工的確對經濟造成巨大衝擊。6 月 23 日，港督宣佈香港進入戒嚴狀態。[4] 隨後幾天，當局接連頒佈緊急措施，包括禁止白米麵粉出口、限制在港中資銀行客戶提款額度（不能超過 10%）等，讓市民感到人心惶惶。

相關歷史文獻浩繁，此處不再贅述。但需指出，殖民當局確實耗費了極大精力才勉強穩定局勢。1926 年，殖民當局甚至請求英國批准在香港組建皇家

---

1 Legislative Council Meeting Minutes, 31 July 1921.

2 Robert Jarman, *HK Annual Administration Reports 1841–1941*, UK:Archive Edition Limited, 1996, pp.193.

3 Robert Jarman, *HK Annual Administration Reports 1841–1941*, UK: Archive Edition Limited, 1996, p.170.

4 Sessional Paper Notification No. 6, 23 June 1925.

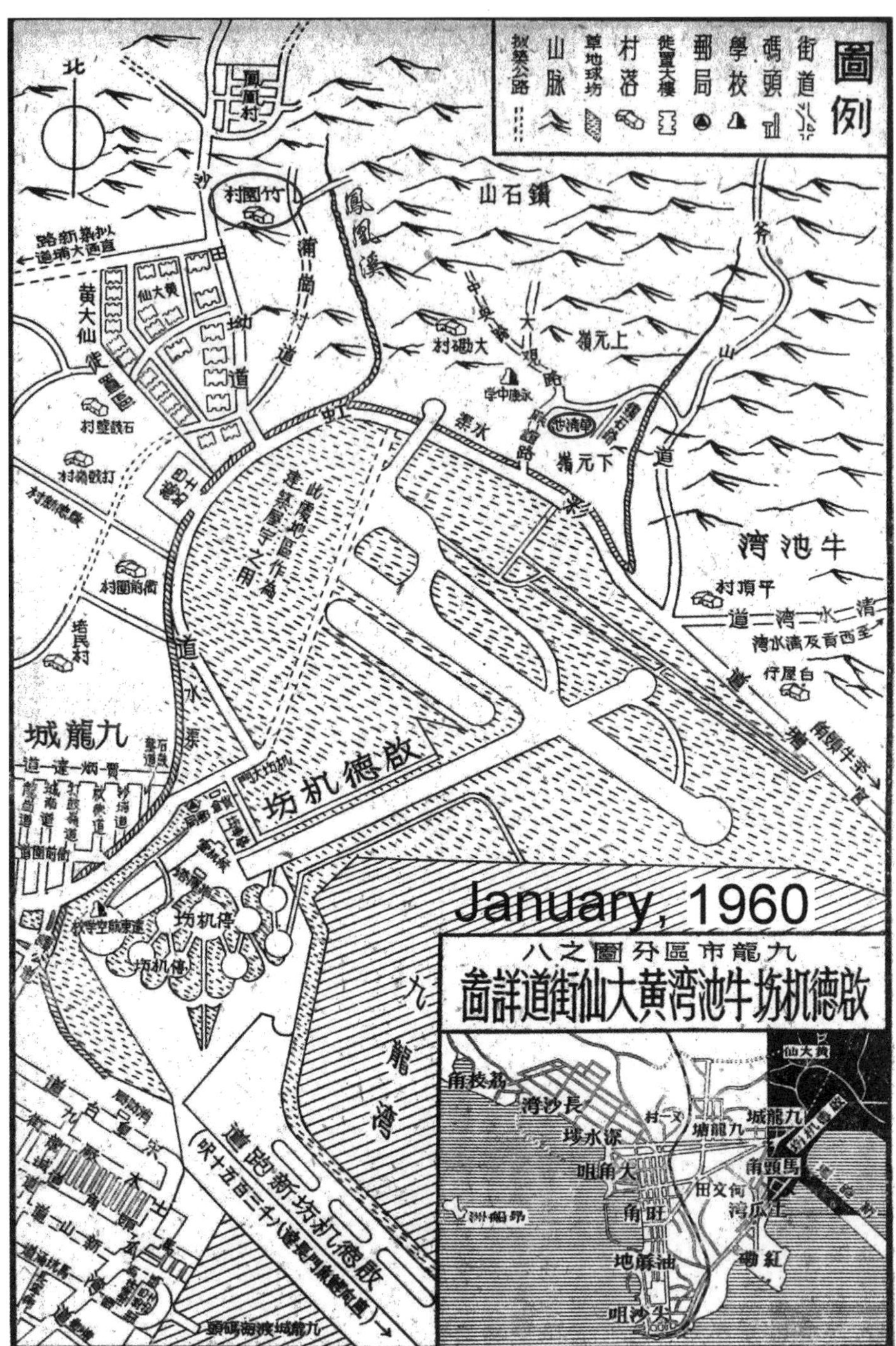

圖例
街道
碼頭
學校
郵局
村落
草地球坊
山脈
擬築公路
北
鳳凰村
竹園村
鑽石山
鳳凰溪
黃大仙
大磡村
上元嶺
下元嶺
牛池灣
平頂村
清水灣道
至西貢及清水灣
白屋仔
九龍城
啟德机坊
停机坊
九龍灣
啟德机坊新跑道
九龍城渡輪碼頭
January, 1960
九龍市區分圖之八
啟德机坊牛池灣黃大仙街道詳圖
黃大仙
九龍城
九龍塘
長沙灣
深水埗
大角咀
何文田
旺角
土瓜灣
紅磡
油蔴地
尖沙咀
昂船洲

TUESDAY, JUNE 23, 1925.

The following Notification is published,

By command,

CLAUD SEVERN,
Colonial Secretary.

PROCLAMATION.

No. 6.

[L.S.] R. E. STUBBS,
Governor.

By His Excellency Sir REGINALD EDWARD STUBBS, Knight Commander of the Most Distinguished Order of Saint Michael and Saint George, Governor and Commander-in-Chief of the Colony of Hongkong and its Dependencies and Vice-Admiral of the same.

Whereas by section 6 of Ordinance 10 of 1886, entitled The Peace Preservation Ordinance, 1886, it is provided among other things that:—

Whenever it shall appear to be necessary for the preservation of the public peace of the Colony, it shall be lawful for the Governor in Council to declare by Proclamation to be published in the Gazette that the Colony shall be subject to the provisions of sections 7 to 14 of the said Ordinance.

And whereas it appears to me in Executive Council that such necessity exists:

Now, therefore, I, Sir REGINALD EDWARD STUBBS, Knight Commander of the Most Distinguished Order of Saint Michael and Saint George, Governor and Commander-in-

EXECUTIVE COUNCIL.

No. 368.

Regulation made by the Governor in Council under section 2 (f) of the Emergency Regulations Ordinance, 1922, Ordinance No. 5 of 1922, this 22nd day of June, 1925.

The Banks named in the following schedule are prohibited from paying out to any depositor a sum larger than ten per centum of the amount standing to his credit with them, except under licence from the Colonial Secretary.

Should any such Bank be unwilling to comply with this regulation, it is hereby permitted to suspend business until the regulation is withdrawn:—

Schedule.

The Bank of Canton.
The Bank of China.
The Bank of East Asia Ltd.
The Fu Tien Bank.
The Ho Hong Bank Ltd.
The Industrial and Commercial Bank Ltd.
The National Commercial and Savings Bank Ltd.
The Oriental Commercial Bank Ltd.
The Yien Yieh Commercial Bank Ltd.
All native Chinese banks.

A. G. M. FLETCHER,
Clerk of Councils.

COUNCIL CHAMBER,
22nd June, 1925.

海軍志願預備隊（Royal Naval Volunteer Reserve Force, RNVR）[1]，但最終因軍事非必需及財政開支過高而遭英國陸軍部門婉拒。[2]

到了 1927 年，香港經濟仍未見起色，連倫敦都開始為香港擔憂。在討論通過舉債來完成某些工程項目時，倫敦方面表示：1927 年的財政預算雖已通過，但顯示出香港流動盈餘已耗盡，因此只有舉債才能落實"城門計劃"[3]，避免令財政預算崩潰。假如 1927 年與廣州的貿易延續 1926 年的頹勢，香港的處境將極其嚴峻，但所幸尚未出現大幅度削減。即便貿易繼續惡化，緊縮政策仍然可以維持香港的經濟運轉。

當時普遍認為小型機場對香港至關重要，而啟德填海計劃的地塊就是最理想的地點，但其地皮需從一家公司購回。面對香港財政困境，倫敦對批准計劃持保留態度，還需考慮國際軍事擴張條約等因素。雖然殖民當局強調延遲購地將導致成本上升，倫敦卻認為地價上漲恰是經濟回暖的徵兆，因此購地事宜無需急於一時，堅決反對立即行動。有官員提議若英國軍方可以先行讓香港無息貸款購地，問題或可解決。[4] 香港的困境確實引起殖民地部的高度關注，有人甚至建議提交議會（內閣）討論，從而爭取英國的資助。最終，興建機場的佳話還是因為財政問題被倫敦否決了。

○○牛屎灣監獄停止工作

（本報特訊）去年政府擬在牛屎灣建築一偉大之監獄、及兒童工藝院、當時已開工打樁、及用最新式建築法填平崎嶇之路、茲聞此項工程、將近成功、惟上蓋則完全未曾建築、停止工作已四五個月、訪員昨特往該工程處查問、管工某君答稱、政府因經濟問題、所以暫行停止、大約西歷明年當可繼續進行云、

報道稱牛池灣監獄因政府財政困難已經停工四五個月，但提到可能翌年復工
來源：工商日報 1926 年 12 月 29 日

到了 10 月底，香港經濟仍未有好轉。在月初立法局會議上，財政司司徒拔（Stubbs）透露擬叫停在牛池灣新建監獄的工程項目，稱進展緩慢且效益不彰，但暗示待經濟改善後將優先重啟該項目。[5] 這種說法透露出兩點：1. 香港對於新建監獄其實是有急迫需要的；2. 但當殖

1　香港海軍志願後備隊（Hong Kong Naval Volunteer Reserve Force）於 1933 年成立，並在 1939 年冠上"Royal"（皇家）之稱。

2　Admiralty to Colonial Office London, 22 August 1927, CO129/505, p.23.

3　"城門計劃"是始於 1924 年的一項關於在港供應食水的計劃，覆蓋地區很廣。

4　Note from P. A. Chadwick, 20 January 1927, CO129/502, pp.3–5.

5　Legislative Council Meeting Minutes, 08/10/1935.

民當局面臨壓力（特別是經濟壓力）時，還是可以放棄此類建設。

此時的香港僅有兩所監獄：歷經無數次加建改建的域多利舊監獄（最大容量 700 人），以及荔枝角分支監獄（最大容量 350 人）。但 1925 年監獄日均在押人數為 1116 人（1923 年為 861 人，1924 年為 1066 人），可見當時監獄收監人數遠超其收容能力。

在牛池灣新建監獄的項目糾纏數年，最終於 1928 年因地塊被劃入新建機場計劃而徹底劃上句號。[1] 此後香港再無新建監獄的計劃，直到 1938 年，香港的第二座監獄在赤柱落成，沿用至今。

實際上，牛池灣監獄與昂船洲的兩次廢棄，事件性質相同，儘管具體情況可能不一樣：昂船洲第一次廢棄是遭港督反對，第二次是遭議員反對，但其反對基調仍是考慮到對經濟預期帶來的負擔；而牛池灣項目廢止則是迫於已然爆發的經濟危機，而非只是預計。

第四節　英國在其他殖民統治區域的監獄政策

印度 19 世紀的監獄狀況

印度的現代監獄管理制度始於英國殖民統治時期。被譽為“印度監獄改革之父”的麥考利勳爵（Lord Macaulay）於 1836 年主導了印度首次監獄檢討委員會。[2] 1838 年，委員會完成的報告揭露了印度監獄及其囚犯的惡劣處境，引起廣泛關注。1846 年，首個由中央管理的監獄在印度西北部的阿格拉（Agra）建成，此後英屬印度各地陸續建立推行新式管理制度的監獄。1864 年，印度政府另設獨立委員會專門研究監獄管理，重點關注監獄條件及囚犯健康問題——這些問題主要是源於過度擁擠、通風惡劣、環境髒亂、排水系統糟糕、超強度勞動及醫療資源匱乏等。[3]

該委員會還建議，每所由中央管理的監獄都應設置不少於囚犯總數 15%

1　Legislative Council Meeting Minutes, 19/04/1928.

2　Collected by Benno Loewy, *The History and Romance of Crime from the Earliest Times to the Present Day*, London: The Grolier Society, 1845–1919, p.10.

3　Pachauri, S. K., “History of Prison Administration in India in 19th Century: Human Rights in Retrospect”, *Proceedings of the Indian History Congress*, 1994, Vol.55 (1994), pp.492–498.

的獨立囚室，青少年犯應與其他囚犯隔離並接受教育。恰逢印度此時頒佈了刑事法規和民事程序法令，民眾開始呼籲建立一個統一的司法體系。印度的刑事法規對於每項罪名及其相應刑罰均有明確的界定。

1838 年與 1846 年的監獄調查報告都明確提到在獄中必須將未成年囚犯與成人囚犯隔開，這標誌著英國推崇的隔離制度（或著至少是分類制度）在印度監獄得到初步實踐。

1868 年，著名英國教育家兼改革家瑪麗・卡彭特（Mary Carpenter）考察了位於印度西部艾哈邁達巴德（Ahmedabad）的監獄，記錄了獄內情況：

> 青少年罪犯、輕罪犯、長刑期慣犯全被關在一起，毫無分類或隔離的可能性⋯⋯囚犯終日無所事事，沒有工作分派，長期監禁卻無任何教化措施。這並非監獄總監的失職，他是一個勤勉仁慈的人，他有權、有能力亦非常願意改革弊端。這裏也有足夠的空間可以修建獨立囚室，讓囚犯有各自的居所，卻因建材資金短缺而無法落實，也無法達成監獄守則中使囚犯獲得良好照顧的要求。守則規定青少年罪犯要與其他人分隔開，但在這裏是不可能的事；守則還規定要讓他們要接受訓練，但既無師資薪酬預算，亦沒有地方可以闢作教學場地⋯⋯[1]

1870 年通過的監獄法令，為印度監獄管理定下了基本框架，1894 年經修訂後可以說成為現代印度監獄體系的基石。1897 年頒佈的管教所學堂法令則主要針對一些有問題的青年罪犯。

回溯 1857 年至 1858 年間，在印度北部奧德（Oudh）地區爆發了大規模騷動，當地監獄是主要戰場。起義導火索之一是監獄中要更換一種新式腳鐐，使用了動物油脂來潤滑，這觸犯了印度人的宗教禁忌。全印度共有 41 所監獄捲入騷亂，堪稱大英帝國殖民歷史上的重大事件。[2] 事後大批政治犯被流放到安達曼群島（Andaman Islands），檔案顯示這所監獄對囚犯的處置非常殘酷。當局政策是盡量避免囚犯與原住民接觸，任何逃犯一律處決。後期更將其他印度監獄內刑期 7 年至 14 年的囚犯都關押於此。惡劣環境導致瘧疾、霍亂與肺病肆虐，很多囚犯因此死亡。這座關押“政府不信任分子”（即所謂政治犯、

1 Collected by Benno Loewy, *The History and Romance of Crime from the Earliest Times to the Present Day*, London: The Grolier Society, pp.24–25.

2 Anderson, Clare, *The Indian Uprising of 1857–1858*, London: Anthem Press, 2007, pp.1–3.

安達曼群島上的“蜂窩監獄”，從外觀上可以看出英國監獄的影子

恐怖分子與違法人士）的監獄，對這些人的健康狀況漠不關心。直至 19 世紀末，島上終於建成可容納 1000 名囚犯的“蜂窩監獄”（Cellular Jail）。[1]

這座“蜂窩監獄”原意是用來監禁一些比較激進的反對派。傳統上的印度反對派一般走溫和路線，主張通過示威和談判等非暴力手段與政府周旋。“蜂窩監獄”企圖用酷刑摧垮反對黨的意志，迫使其放棄抵抗、不再生事。

監獄設有超過 690 間囚室，全部可用於獨處監禁，主要關押反對英國殖民統治的政治犯。據說 1860 年後的 80 年間，多達 8 萬印度人曾經被遣往該監獄，他們多數遭處決、絞刑或酷刑致死。由於這個小島的地形和位置，囚犯想越獄幾乎不可能。囚室的設計也阻隔了囚犯之間彼此溝通，長期的沉默讓很多囚犯精神失常，最終走上自殺之路。死者多被拋屍入海，因此幾無痕跡可尋。

1862 年奧德監獄督察的報告生動描述了當地監獄的狀況。監獄當局非常關注囚犯人數的增加，這主要是因為 1861 年印度刑事法令的出台，同時監獄平均支出從 44 盧布降至 39 盧布。人們注意到，雖然印度刑法禁止以鞭打作為懲罰，但違紀者仍普遍遭此刑罰。應該指出的是，18–19 世紀的英國自由主義哲學運動曾推動大規模的監獄改革，其主張囚犯不應受到非人道的對待。囚犯出獄時，不應被視為社區中毫無希望、毫無價值的成員。問題在於，如何在維護國家權力的前提下，避免對個人造成不必要的精神和身體傷害。英國監獄因

1　Pachauri, S. K., “History of Prison Administration in India in 19th Century: Human Rights in Retrospect”, *Proceedings of the Indian History Congress*, 1994, Vol. 55 (1994), pp.493–495 .

此受益於自由主義思想和改革運動，例如推行單人囚室、改善監獄條件等。當局並未太過於強調成本控制，這意味著囚犯得到了良好的照顧和膳食。

然而這些自由主義理念直至 20 世紀初（英國殖民統治末期）才在印度監獄中有所體現。英國在印度的殖民統治採取了完全不同的態度，始終將鞏固帝國利益置於首位。從 1894 年的《監獄法》可以看出，統治者在印度更側重於懲罰，而不是監獄和刑罰改革。英國的態度從來都有兩個面向，在印度，我們再次看到了這種對比。為了確保帝國安全，免受重罪犯的侵害，政治犯都被運送到安達曼群島。英國政府雖然在印度本土大陸上沒有那麼嚴酷，但在安達曼群島卻極盡殘酷。可以說，19 世紀的英屬印度沒有人權可言，對印度囚犯毫無“利他主義”（altruism）或人道關懷。1857 年印度民族大起義後，英國對印度人（尤其是起義參與者）的猜疑，在針對印度大陸和安達曼群島的監獄政策上顯露無遺。

上文提到，安達曼群島上的監獄情況更為糟糕。島上自殺事件頻發，傳染病肆虐。倖存囚犯把在監獄中的經歷寫成詩歌，真實記錄了監獄中膳食之差及勞役之苦，現摘錄片段如下：[1]

Even if things are available, the prisoners are in need
They are lucky indeed if they easily get bread and dhal
Starvation thinks the boiled dhal is dog's vomit
It considers the wretched rice to be buffalo's straw cake
A flesh to eat there is the bird of the heart, but meat is as rare as the phoenix
So why should the prisoners on this island not chew the backs of their hands ?
Although this island has ground up those whose skin is fair as wheat
Not for even a single day is wheat flour freely available
You may see wood, or dig the earth, or grind mills
Until you are at the point of death, but this will not produce a drop of water in your mouth

1 Anderson, Clare, *The Indian Uprising of 1857–1858*, London: Anthem Press, 2007, pp.163–165.

即使有物資 囚犯們依然很欠缺
假如能獲得麵包與泥糊 已經是幸運兒
飢餓看到泥糊 都覺得噁心如狗的嘔吐物
看到米飯 都以為是水牛吃的稻草餅
對鮮肉的渴望如心中飛躍的鳥 但是肉食卻比鳳凰還珍貴
為何島上的囚犯不乾脆吃掉自己的手背
雖然這個小島已經把皮膚如麥色的人都輾碎了
但是卻一天都沒能獲得麥子做的麵粉
的確有人在砍木或者是挖土，或者是磨麥
可是，直到你幾乎死去的那一天
依然不會爭取到口中能有一滴水

的確，1838 年至 1846 年間，英國本土經歷改革後的監獄被視為帝國“權力與文明”的象徵。英國此時在印度推行監獄改革，本質上是為了維護這個形象——帝國不能因為印度監獄的野蠻狀況，而損害其自詡的“保護者”與“照顧者”雙重角色，這兩大旗號正是為殖民統治護航的核心論調。

然而，印度這兩次監獄改革的實質目的是“監管與維持秩序”。1838 年的改革希望通過囚犯分類而實現“秩序”，亦嚴格控制膳食與紀律，以降低監獄運營成本。1864 年的改革則強調衛生與健康，旨在創造適宜囚犯勞動的環境。站在英國的角度，印度監獄不光是關押罪犯的場所，更是彰顯帝國政治存在感與權力的象徵。印度的監獄改革，本質上只是一場精心策劃的形象工程。

儘管各類調查委員會層出不窮，提出的建議（包括隔離制度）多如牛毛，但大都不過是紙上談兵。人權理念在印度刑事司法制度中始終缺位。19 世紀的印度監獄，恰如當時的印度社會，活像一個貧民窟。[1] 特別是在 1857 年暴動後，印度的監獄管理更趨嚴酷。直到殖民統治末期，才逐步建立起相對規範的監獄體系，最終演變為今天的印度監獄制度。

英國自由主義所標榜的人道主義與囚犯改造原則，在其殖民統治地區未能落地。對印度尤其呈現出雙重標準：印度內陸的監獄關押著一些被視為比較“安全”的囚犯，尚能獲得些許人道對待；而被貼上“政治犯”標籤者，則被

1 Clark, Joannah, Prison Reform in 19th Century British India: A thesis submitted in fulfillment of the requirements for the Degree of Master of Arts in History at the University of Canterbury, 2015, pp.133–134.

流放至遙遠的安達曼群島，並被判處苦工監。

最後，想要援引文獻中的一句話來做總結：

> 總體來說，雖然都是採用相類似的方法，但英國的監獄改革家強調的是“改造罪犯”；而在印度，任何旨在改造更生的教育措施（或其他方法）都因囚犯數量太多而被削弱了。更關鍵的是，改革家們普遍認為印度罪犯“無法被改造”。[1]

澳大利亞 19 世紀的監獄狀況

澳大利亞在 1788 年到 1901 年間曾經是英國的“一組”殖民地。1901 年澳大利亞開始聯邦化，1901 年 1 月 1 日，聯邦政府首位首相產生。所謂“一組”，是指在偌大的一片土地上分佈著不同的“殖民地”，包括新南威爾斯、范迪門地（後改名為塔斯馬尼亞）、西澳、南澳與昆士蘭等。

澳大利亞與監獄有千絲萬縷的關係。18 世紀中旬，英國曾向“新世界”（主要是美洲）流放（transportation）超過 5 萬名囚犯。隨著 1783 年美國獨立，英國亟需尋找替代流放地，澳大利亞成為首選。1779 年，最早的計劃是把大約 200–300 名罪犯棄置在悉尼某港口任其自生自滅，從而減輕英國財政負擔。最終在 1788 年 1 月，11 艘英國船隻運載近千名遷徙者（包括 778 名囚犯）抵達悉尼港。英國在澳大利亞的首個殖民地就這樣在悉尼建立起來。要注意的是，這個新殖民地最初佔地很廣，涵蓋東經 135 度以東的整個澳大利亞東部地區，包括范迪門地（即後來的塔斯馬尼亞）。1825 年，范迪門地脫離新南威爾斯，成為獨立英屬殖民地。1840 年後，隨著新南威爾斯停止接收英國囚犯，范迪門地成為澳大利亞最主要的囚犯流放地。1853 年終止囚犯流放後，該地更名為塔斯馬尼亞。

維多利亞州（Victoria）的發展軌跡有所不同。1835 年，英國殖民地部宣佈未經政府（白人殖民統治者）認可而取得的土地一律被視為非法佔地。1837 年據此建立的墨爾本，吸引了許多來自范迪門地與新南威爾斯的移居者。1851 年，該地脫離新南威爾斯，成為獨立英屬殖民地。

1824 年，英國在新南威爾斯以北建立了另一處囚犯移居地，1842 年終止

---

1 Clark, Joannah, Prison Reform in 19th Century British India: A thesis submitted in fulfillment of the requirements for the Degree of Master of Arts in History at the University of Canterbury, 2015, p.135.

後轉變為自由移居者的定居點，人們開始在這裏發展農牧業。1857 年，因土地與畜牧業紛爭頻發，該地區要求脫離新南威爾斯。1859 年，新的英國殖民地——昆士蘭在北邊成立。

1827 年，英國把新南威爾斯分界以西的土地也劃為另一塊英屬殖民地——西澳。西澳本來沒有囚犯，但是因為地處偏遠，勞動力短缺，在 1850 年也開始接受流放囚犯。1836 年，澳大利亞最後一塊殖民地版圖“南澳”也劃好了。該地申明不接收囚犯，旨在將這塊土地保留給“更優秀”的家庭（即白人）定居。到了今天，南澳依舊是澳大利亞唯一沒有接收過流放囚犯的州。

由此可見，澳大利亞與監獄的發展有著密不可分的關係。雖然各殖民地（後來聯邦體制下的州）都曾接收英國流放囚犯，但多數囚犯最終獲得“解放”（emancipation）。同時，大量“自由移民”（free settlers）也從英國移居到澳大利亞各處。

需指出的是，英國殖民者在 18 世紀抵澳的時候，澳大利亞並非無人之境。原住民（土著）主要分為兩類：澳大利亞大陸與塔斯馬尼亞島上的土著，以及托雷斯海峽島民（主要聚居在今昆士蘭地區）。這些原住民究竟是何時出現在澳大利亞，至今尚無定論，但可以肯定在英國人到來之前，這裏已有超過 31 萬人口。隨著歐洲殖民者的到來，澳大利亞原住民的人口因種種原因在殖民時期大幅減少。

因此，19 世紀至 20 世紀初的澳大利亞社會由多個群體構成：原住民、歐洲（白人）自由移民、歐洲（白人）流放囚犯，當然還有其他族裔。例如，1850 年在澳大利亞發現金礦後，華人勞工的大量湧入。下文將通過澳大利亞兩個殖民地的監獄案例，揭示殖民統治者對於不同族裔的區別對待。

塔斯馬尼亞亞瑟港監獄

亞瑟港（Port Arthur）原為范迪門地（塔斯馬尼亞島）南端的一個小村莊，19 世紀曾為流放地（penal colony）。1803 年，范迪門地成為英國殖民地，1856 年獲英國議會批准後成立自治政府，更名為塔斯馬尼亞。[1]

亞瑟港監獄建築群包含隔離監獄系統的典型構造。其十字形佈局的四翼建築（東、西、北翼與附屬教堂）由紅磚圍起來，清楚界定了活動空間與關押區。教堂下方為監獄總監的住所。

---

1 The Separate (Model) Prison: Port Arthur for the Port Arthur Historic Site Management Authority, 2003.

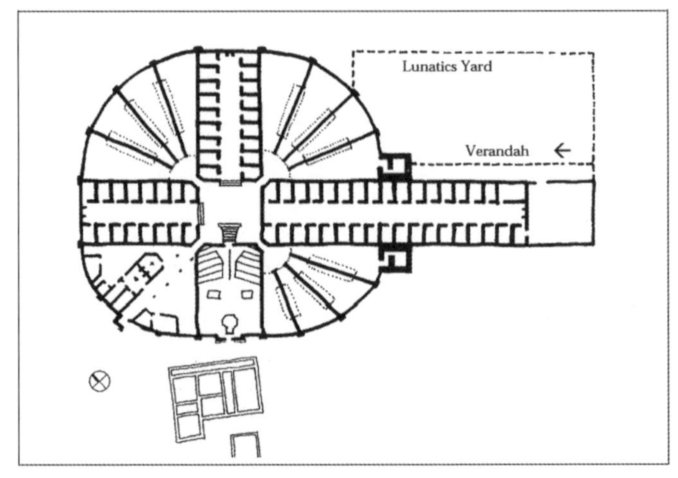

亞瑟港監獄奉行隔離紀律制度。18 世紀末，英美的監獄改革運動徹底改變了監禁理念。由中產慈善家與福音派主導的改革，主張打破傳統的社會階層分野，通過個人改造來減少犯罪，在社會各階層間創造一種和諧模式，從而實現救贖。監獄改革先驅約翰·霍華德目睹當時的集體關押、向囚犯收費、利用普通房舍為監獄、亞文化滋生，以及監獄中的疾病、酷刑和賄賂等亂象後，建議加強監獄紀律規範，包括囚犯隔離、沉默、勞動、規律作息、衛生管理、體育鍛煉、世俗及宗教教化等。對於新建監獄的場所（建築物）也有特別要求，例如改善通風系統與環境舒適度，還有就是要聘請專業獄卒。

1775–1795 年間，英國有 45 所本地監獄按照霍華德的準則建造。但隨著霍華德去世、英法戰爭爆發，以及大眾對於具有革命性質事物的抗拒，最主要是對單獨監禁這項懲罰的激進抵制，霍華德的理念逐漸式微。

1815 年後，刑事實踐做法轉向以囚犯年齡、性別、犯罪記錄為標準的"分類"制度，並引入了腳踏轉輪懲罰，監獄中的福音輔導被教友會（Quaker）傳道人主宰。在美國，對隔離與沉默制度的試驗大行其道。1820 年在美國費城，隔離制度在篤信沉默反思力量的教友會推廣下完善發展，而紐約卻提倡沉默集體（silent association）系統。這樣的角力深深吸引著英國的改革派，例如威廉·克勞福德就曾針對費城系統撰寫了報告書。

那是一個崇尚烏托邦的年代，人們堅信人性的可塑性與模範社區的概念。費城的模式被英國採納並進一步精煉，實踐在著名的本頓維爾監獄中。這所監獄建於 1843 年，最初作為 35 歲以下待流放囚犯的"初步試用期"。

隔離監獄的設計融合了看似矛盾的兩大理念：科學唯物主義與基督教福音精神。通過對人體與精神的醫學化管控，將傳統信仰與科學法則結合，達到重塑囚犯人格的目的。這套系統先在本頓維爾實踐，後推廣至亞瑟港等監獄。

1844 年，本頓維爾的主管團隊攜獄卒與獄醫抵達亞瑟港。其實該地自 1837 年就已設有單獨囚室。在設立隔離監獄之前，這些囚室一直在囚犯的營房隔壁，用作一些特別危險囚犯的睡眠場所，以及執行刑罰後的監禁場所。比起鞭笞懲罰，單獨的囚室監禁更廣為採用，因為這更有利於培養順從，便於醫務人員與牧師開展工作。後來出任監獄總監的漢普頓醫生（Dr. Hampton）廢除了獨處囚室，准許囚犯之間交流溝通，並建議建設一所以本頓維爾為模範的監獄。

當時正面臨制度危機的范迪門地剛好可以做出嘗試。試用期（probation）系統助長了囚犯之間的“亞文化”，滋生動亂、抗命及同性戀行為。隨著諾福克島大批囚犯被運送至亞瑟港，殖民者擔憂上述問題進一步惡化，甚至考慮關閉亞瑟港。與此同時，反對囚犯流放的運動正如火如荼，不但推動了殖民地囚犯收容（convictism）的終結，還推動了自治政府的誕生。漢普頓醫生認為在本頓維爾的系統下進行嚴格的隔離與沉默處置是解決這些刑事問題的最佳方法。利用殖民者的恐懼心理，加上英國本土政府的支持，1847 年丹尼森總督成功被遊說批准建造亞瑟港隔離監獄。

儘管面臨技術工人短缺、圖紙不符等問題，最終四翼建築仍按計劃完成。這種趕工可能反映了當局希望將亞瑟港打造為模範監獄的迫切心態。最終，亞瑟港的這座隔離監獄於 1852 年 2 月完工。

隔離監獄內的規範與作息

這座監獄最顯著的特點在於其嚴密的管控系統。囚犯日夜獨處於完全匿名的安靜環境中。囚犯在入獄時就要剃光頭髮，被分配一個號碼作為在監獄內的身份，自己的名字則永遠不會被知曉。除了必要的獄務溝通以及教堂唱詩外，囚犯在任何時間都嚴禁任何形式的交流——說話、唱歌、口哨均屬違規。囚犯在囚室以外的地方活動時需佩戴面罩，彼此保持距離，在走廊相遇需立即轉身，運動也是單獨進行。

在小教堂內，囚犯有自己的小倉室，進出都要遵循一套複雜的非口頭指令。在四名守衛看管下進行的禮拜中，囚犯只能看見牧師，領聖體時也是獨自一人。每日除固定的宗教禮拜活動、清潔任務以及 1 小時的運動時間外，其餘時間囚犯都留在囚室內睡覺或工作。走廊與囚室內通宵亮燈，每個囚室都留有一個孔洞以便獄卒隨時監視。走廊上鋪滿草墊，獄卒穿著拖鞋輕聲之下，能夠有效察覺囚犯嘗試交流的舉動。

獄卒同樣受到嚴格的規則約束。為確保他們當值時能保持專注，特別是在晚上，監獄當局特設一個時鐘，每隔 15 分鐘就需要手動敲擊才能繼續運作。假如有獄卒玩忽職守，將被處以罰款。

監獄的日常作息極其機械：囚犯夏季早上 5：30、冬季 6：30 起床，用 30 分鐘清潔自己的囚室，工作到 7：30 吃早飯。隨後分批進行宗教活動或運動。9 點復工，期間除 13：00–14：00 有一小時午飯時間外，一直工作到 17：30。

1866 年後，所有被遣往亞瑟港的囚犯都必須經歷 6 至 15 個月隔離期，才能獲派前往其他地點工作，後期更規定重罪犯必須接受隔離監禁——這可能已經背離了隔離制度的初衷。

隨著囚犯人數減少，因監獄管理人手匱乏等原因，亞瑟港監獄在 1877 年關閉。儘管隔離制度在這所監獄的成效存疑，但這座參照英國本頓維爾監獄打造的殖民監獄，確實在歷史上留下了深刻的印記。

西澳的羅特尼斯島（瓦傑馬普）監獄

瓦傑馬普（Wadjemup，土著語）或稱羅特尼斯島（Rottnest Island）監獄，位於西澳的一個海岸，是澳大利亞一所專門關押原住民 / 土著的監獄。後來許多位於西澳的監獄都曾監禁原居住罪犯，但從第一天起，原住民囚犯就與白人囚犯分隔開，直到 20 世紀初都沒有變過。[1] 與西澳另一所專為收容英國流放犯的弗里曼特爾（Fremantle）監獄不同，瓦傑馬普從一開始就是"本地"罪犯，特別是"土著"罪犯的專屬監牢——前者受英國"王室"監管，而後者則只受地方政府監管。

原住民罪犯的罪行多為"反抗白人權威"的輕罪，例如宰殺牧場的牲畜、偷竊等，偶爾也有傷人、殺人等重罪。值得一提的是"逃脫罪"——這顯然是殖民 / 奴隸制法令下的罪行，白人牧場主將原住民當作僕人，卻並未向其提供居所，只是任由他們自行躲藏在野外，那些沒有按時回來幹活的人就當是犯下

---

1 Whitley T. G., Permeability and persistence of physical and social boundaries in the context of incarceration in 19th Century Western Australia", *Archaeology in Oceania*, Vol.50, No.3, The Archaeology of Australian Institutions, 2015, pp.123–129.

“逃脫罪”，會被視為罪犯並抓捕。在瓦傑馬普監獄約有 10% 的囚犯都因逃脫罪而被監禁，然而這些土著被稱為“契約勞役”，而非“奴隸”。

根據澳大利亞政府史料記載：“The Quod”（意為監獄）採用環形監獄設計（panoptican，只需一名警衛便能夠監視樓內的所有入住者，而入住者則不知道自己正受到監視），每個囚室的面積是 3 ×1.7 米（55 平方英尺），比一輛普通的家用汽車還小，但有時甚至會塞入多達 7 名囚犯。囚室內沒有窗戶，沒有床鋪，沒有洗浴設備，甚至連一個水盤都沒有。這座 1863 年由囚犯們自己建成的監獄，對於曾經的被關押者（最年幼的僅 8 歲）而言不啻為人間地獄。惡劣的衛生條件導致疾病肆虐。

瓦傑馬普發生的事情並不只是“本地”的故事，實際上這裏關押著從西澳不同地方被送來的囚犯。這些囚犯的脖子、手腕和腳上都戴著鐐銬，被關押在窄小的囚室內。總共約有 3700 名男性與兒童曾在此服刑，其中 364 人去世，倖存者也大多未能回到自己的家鄉。

1904 年監獄關閉後，此地曾被改建為一處度假勝地，但島上卻再無土著踏足——對於這個地方，他們的內心唯有憂愁，正如“瓦傑馬普”在土著語中的釋義：

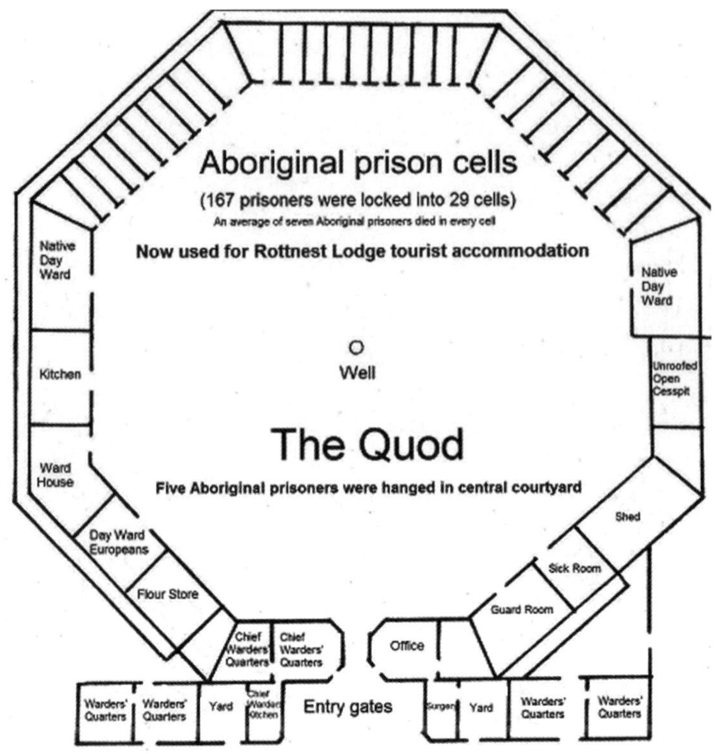

沒有獨立囚室，在 29 個囚室內關押了 167 名囚犯，一間囚室平均關押 5.7 名囚犯[1]

Land over the sea where the spirits of the dead go

（海中的一塊土地，亡魂的安息之所）

與西澳為從英國流放的白人囚犯而設的監獄不同，管治者對在瓦傑馬普監獄的土著囚犯毫無改造期待。由於他們不是歐籍人士，就算獲得釋放，也不會成為白種的澳大利亞居民，因此基本上沒有什麼可以“改造”的。[2] 當然，這些土著囚犯在“監禁”期間，能為當地牧場或淘金場所提供大量的勞動資源，以及釋放了大量土地可以經營大型牧場。1860–1880 年間，牧場的增加數與土著被逮捕率呈正比，證明“經濟效益”是當時抓捕土著的主要目的。澳大利亞當

1 Australian Government Office of the Registrar of Indigenous Corporations. (https://www.oric.gov.au/publications/spotlight/waking-wadjemup).

2 Whitley T G, Permeability and persistence of physical and social boundaries in the context of incarceration in 19th Century Western Australia", *Archaeology in Oceania*, Vol.50, No.3, The Archaeology of Australian Institutions, 2015, p.127.

時能成為南半球（甚至全球）第一的畜牧業大國，土著實為被遺忘的功臣。

總而言之，19 世紀的西澳監獄對土著實施的刑罰體系與白人囚犯的截然不同，原因只有一個——在國家刑事權力體系的建構中，土著從未被視作權利主體。澳大利亞刑事司法檔案記載的制度化與改造元素，並不適用於土著囚犯。

小 結

本章是全書的靈魂。

要探討英國的監獄改革過程，就不能不談備受推崇的隔離監獄紀律制度。它亦是在百年香港監獄發展過程中經常被“提起”的英國“國策”。簡單來說，隔離制度通過把囚犯彼此分隔開，以反思改造他們。反思的過程也包括其他元素，如：沉默、勞動與宗教灌輸等。

英國監獄改革的起因並不是簡單的一兩個點子，而是整個歐洲大陸自由平等人權等思想激盪下的時代產物，當中包括對於監獄制度的關注。由於當時英國不是中央統籌，各郡城地方監獄奉行不同的紀律制度，靜默、獨處與集體制度等並行引發種種亂象，促使宗教改革家與監獄實務管理者在這個思想比較開放的年代攜手創立一套新的紀律制度——隔離制度。兩所新建的中央監獄的落成，使隔離制度成為 19 世紀英國獄政的“標杆”，其影響範圍甚至輻射到整個歐洲大陸與美洲。“分類”也是隔離制度包容的元素之一，雖然分類本身也曾是一個獨立的制度，但其單獨行事也是站不住腳的，最終融入隔離體系成為有機組成部分。

當然，一個制度實行久了，必然會暴露自身的缺陷與弱點。打從一開始，要配合隔離制度，就要修建單人囚室，面臨比一般更高昂的建築成本，加上其他客觀因素，反對隔離制度的聲音開始增多。隨著英國 1877 年“監獄法令”的出台，英國所有地方監獄都要遵從中央的監獄管理。隔離制度在英國的監獄改革中，亦完成了它的歷史使命。之後，新法已不再嚴格指令英國監獄實行隔離制度要求。

然而，該制度在香港的實踐卻從頭到尾都流於形式。英國對於香港監獄制度的要求，體現在本章花了不少篇幅描述的監獄年度報表中的問題上。不同樣式的兩份表格記載了在不同時期由不同監獄總監提供的答案，除了在某種程度上反映當時監獄的情況外，最重要的是反映出殖民當局與倫敦對於監獄管理的不重視。報表每年按時遞交，但對於分類與隔離兩個制度的實踐情況卻語焉不詳，而且從來都沒有達標。這反映出殖民當局和倫敦對於堅持這兩個制度其實並不熱心，因為部分問題是關於用地短缺以及建築費高昂等。

英國最初尚以委婉措辭來掩飾逃避問題的態度，畢竟當初也確實是因為缺乏理想的監獄選址，而後期則直言不願意投放資源，最終兩次廢棄昂船洲新監獄計劃，完全暴露了殖民統治者的典型心態，連在自己最推崇的人道主義上都不再掩飾，直截了當宣告連"人道主義"也分等次。麥當勞港督在回應殖民地部關於監獄紀律的質詢，其中包括嚴刑在監獄中經常 / 也許引致自殺的問題時，他冷酷地回應道：

> 固然嚴格紀律或會引發自殺的傾向，但華人的自殺有異於歐洲人的自殺……[1]

1875 年監獄調查委員會報告前言更直接了當宣稱：

> 香港監獄中的囚犯絕大部分都是華人，監管他們的監獄人員不熟悉其語言，也不了解他們的品質性格，更無從稽考他們的過往，因此任何試圖提升他們的情操或道德水準的嘗試都只會是徒然。[2]

即便是具有前瞻視野及監獄管理經驗的監獄總監哥頓少將也直言不諱：

> 香港的繁榮吸引了大量華人和其他國籍人士湧入，當中無可避免會有犯罪分子。後者慣受廣州或其他東方監獄的嚴峻刑罰，來到香港後，面對英國以文明與基督教為本的人道待遇和溫和制度，完全不能起到震懾成效。[3]
>
> 監禁的唯一震懾作用是"失去自由以及相關的樂趣"——這種只有我們西方族裔才會感覺到的損失，對於此處我們要應付的人卻是行不通的。[4]
>
> 但是，無論我們多希望以人道立場與深思來對待他們，考慮到他們

1 MacDonnell to Duke of Buckingham and Chandos, 29 May 1868, No.505, CO129/130, pp.556–570.

2 Report of the 1875 Gaol Committee, CO129/177, pp.176–182.

3 Blue Book (1886), Gaols and Prisons.

4 Blue Book (1885), Gaols and Prisons, p.147.

自己的社群以及自身問題，如果這樣的待遇對他們來說是"奢侈享受"的話，我們就該對英國的準則做出調整……根據我們的經驗，採取一些足以馴服與改造本國"最差勁的一群"罪犯的方法，而隔離監禁制度正是這首要的、最有力的制度。[1]

被視為香港洋商中最傑出的怡和大班的耆紫薇，在評議昂船洲再建計劃時直截了當地指出，香港的監獄對於華人囚犯來說太奢侈："堅決反對擴建監獄，現有域多利監獄已足敷港籍囚犯之用。華人竊賊當施鞭刑後驅逐，再犯者公開鞭笞再逐。"

他完全反對在擴建監獄上投入任何資金，認為現有的域多利監獄對於真正來自香港的囚犯已經綽綽有餘，並希望殖民當局能夠對華人小偷盜賊施以鞭笞刑，然後將其驅逐出境，而不是關在監獄中餵飽他們。對於屢次潛返者，應公開鞭笞後再驅逐。[2]

昂船洲本是香港在那個時代全面實行隔離制度的唯一契機。在沒有取得九龍半島之前，港島用地緊張，而昂船洲的地理位置適宜，兼具日後擴展潛力。但兜兜轉轉多年以後，於 1938 年建成的香港監獄，仍然落址港島。

1868 年教育家兼改革家瑪麗．卡彭特對於印度艾哈邁達巴德監獄的記錄，與香港昂船洲的情境何其相似？既有空間可新建監獄，由有人力（勞役囚犯）可節省建築費，甚至監獄已經建好了，麥當勞港督卻因為對囚犯族裔的偏見（認為華人囚犯無法被改造更新），寧願放棄已建成的設施也不願長期投入，認為無需在香港實行隔離制度。倫敦對於這個瘋狂決定的默許，也大可以反映殖民統治者的基本心態。

雖然在殖民統治期間，有一些肯為華人挺身而出的人物，如軒尼詩港督曾經力撐修新建監獄、改善囚犯待遇等，奈何他維護華人的立場招致不少反對，特別是如耆紫薇這類的洋商權貴抵制。因此軒尼詩提出的建議經常受到壓力，在香港立法局或英國議會舉步維艱。

偶爾也有一些殖民地部的衛道之士提出意見，如倫敦殖民地部官員盧卡斯就曾反對 1875 年委員會加重鞭笞以增加香港監獄"震懾"功能的建議。他認

1 Blue Book (1886), Gaols and Prisons, Paragraph 27.

2 Hennessy to Michael Hicks Beach, 24 October 1878, No. 103, CO129/182, pp.253–254.

為不能因為臨近國家的嚴刑，就讓英國在人道立場方面做出妥協，但最終不敵主流思維，只得同意將此舉暫時作為“實驗性質”。

雖然隔離制度在英國本土已經過了最鼎盛的時期，但香港各監獄委員會的報告仍不時追憶其榮光，折射出倫敦本土對於這個經歷監獄改革、得來不易的隔離制度的微妙眷戀。但理論與實踐終究存在鴻溝。該制度不但在香港遇到很多現實困境，讓當權者卻步甚至妥協、放棄，在印度以及西澳更早的一些殖民統治區域同樣折戟。深入研究揭示，問題的根源並非地域差異，而是種族歧視使然——殖民統治者深信某些族群天生劣質，不能夠被“改造”。這種根深蒂固的優越感，最終解構了英國監獄改革宣稱的人道主義外衣。

第五章

監獄調查委員會：監管成效如何？

調查委員會作為英國政制的特色機制，既是歷史傳統的延續，也是應對現代治理需求的必要手段。調查委員會通常由一些社會上有名望的人士組成。在英國，它擁有相當大的權力，包括傳喚證人、要求宣誓作證和調取文件等，一般甚至比法官的權力更大，但僅限於委員會的劃定職權範圍。調查委員會有很多功能，包括：1. 作為解決社會爭議的有代表性的機構；2. 緩衝輿論或政治壓力；3. 安撫政治勢力。[1]

在十九世紀香港受英國殖民管治期間，調查委員會也是政府面對棘手難題時慣常訴諸的"靈藥"。本書提到的幾個調查委員會，在研究香港監獄發展過程中，扮演了重要的角色。香港立法局通過的法令或守則，或者監獄部門每年對倫敦上呈的年度報表，並不能反映當時監獄的實際實況。一來，報表中的問題頗機械化，因此答案也是千篇一律，對於監獄環境、衛生狀況以及囚犯待遇都沒有很具體的描述，而調查委員會的報告則能反映實際情況，填補資料缺失。二來，這些調查委員會成立的背景，大都是因為倫敦要就突發事件問責，殖民當局就急忙設立這些委員會，委員會報告中的建議最終能否落實，要視乎很多因素，但是委員會的建議多少能反映社會背景以及殖民當局甚至宗主國的態度。

第一節　掩耳盜鈴：1847 年調查委員會

1845 年 3 月，監獄裏發生三名待決（絞刑）華人囚犯自殺事件。三名囚犯彼此協助，在囚室中上吊。[2] 由於事件需上報倫敦，暴露了當時的監獄因人滿為患而未能執行英國要求隔離囚犯的做法。報告中提到，殖民當局正在考慮建造一所新監獄。1846 年 9 月，港督德庇士興致勃勃地向倫敦報告稱新的監獄已經提早落成，因此從 10 月起就可以節約本來用於租賃臨時監獄的每月 200 元開銷。[3]

1846 年，時任倫敦議會議員的包令博士[4] 就香港監獄鞭刑議題在倫敦下議

1　Clokie H. M. & Robinson J. W., *Royal Commissions of Inquiry*, NY: Octagon Books, 1969, pp.1–2.

2　Davis to Lord Stanley, 27 March 1845, No.38, CO129/11, pp.218–220.

3　Davis to Earl Grey, 28 September 1846, No.117, CO129/17, p.232.

4　包令（John Bowring），後成為香港第四任副港督。

院提出質詢，[1] 引起公眾甚至倫敦方面對於香港監獄制度的關注。1847 年 4 月，港督德庇士設立一個委員會以檢視香港的監獄情況，原因相信與當時的疾病有關。設立委員會的目的是研究監獄情況，針對如何能更好地保障囚犯健康以及提升環境條件提出建議。[2] 委員會成員包括署理律政司、署理總裁判司與高級獄長。在殖民當局與總測量司的陪同下，經過 1847 年 5 月 12 日一次走馬觀花式的監獄巡查後，委員會倉促提交報告。

報告分述了監獄三棟建築物的情況，提出的建議也圍繞著這些硬件設施，因前人已經做了不少研究，特別是在 2009 年大館活化時有大量介紹，在此不再贅述詳情，僅記錄一些特別能夠反映當時囚犯糟糕生活處境的片段。

A 棟有兩層，上層本應關押 40 名囚犯，但實際塞入 60 名待流放囚犯。沒有水，也沒有廁所，只在角落置一大木桶供方便用。環境臭氣熏天，地板因滲滿便溺而霉爛。空氣不夠，而“人氣”太盛，情況很糟糕。下層情況差不多，擠著高達 70 名“chain gang”，就是要戴上腳鐐出去勞動的囚犯。在角落的木地板上鋪了幾塊瓷磚，供囚犯方便，有一條小坑通到牆邊的一個小洞，與監獄外面的茅房連接。滑稽之處在於，這些茅房本來就是給監獄囚犯使用的，但因為沒有通道連接到監獄內而無人可使用。當時的監獄沒有圍牆，亦沒有人監管要方便的囚犯。報告用“讓人不適的”（offensive）來形容這兩層樓的環境，加上炎熱的天氣，很容易引起瘟疫[3]。B 棟的情況也同樣糟糕，沒水、沒廁所，就不再多說了。C 棟用於關押那些因重罪或行為不當而候審的罪犯，當然也沒水、沒廁所。地下囚室本來用於單獨監禁，面積很小，最多只能關押 2 名囚犯，但由於監獄人滿，經常超額。可以想像，由於此類囚犯不少，樓內空氣流通非常糟糕。

這份報告的內容主要聚焦於監獄一些硬件缺陷，如沒有供水、缺乏廁所等。委員會稱，作出的建議都是“為了保障囚犯的健康”，因為一旦疫症在監獄暴發，將會不可收拾。

但本章還想探討的是，除了針對建築物本身的改進建議，報告對於監獄其他情況的關注。報告在最後一點中簡單提到，監獄周圍的牆壁加高後，囚犯可以因應他們熟悉的手藝、行業等幹點活，從而分擔監獄的開支，但必須有人看

---

1 *China Mail*, 29 October 1846, p.2.

2 Report of the Board on the Jails in HK, 12 May 1847, CO129/27, pp.135–140.

3 Report of the Board on the Jails in HK, 12 May 1847, CO129/27, pp.135–136.

守。報告還提到，在其他殖民統治地區如毛里求斯與印度的加爾各答，曾成功地嘗試過這種做法。報告的最後一句也許是在回應上述問題：究竟應該聘用多少名把匙人，以後監獄裏應當採取什麼紀律，都應該由日後的守則規定，而非委員會可以考慮的事情。[1]

因為加建修補各項工程都需要撥款，第二任港督德庇士在 1847 年 11 月初離職之前，將這份報告送到了倫敦殖民地部。按照一定的程序，這份關於監獄的報告需要先發到英國本土處理監獄問題的專家手中做檢視，而負責人就是上文多次提到的英國監獄總測量司約書亞・傑布 。1847 年傑布剛剛開始負責英國的監獄改革，但是對於香港監獄的情況，可以說只是紙上談兵，因為他並沒有到香港實地觀察，而只是根據 1847 年的本地委員會報告書稍作評價。[2] 然而，傑布在寫完他對監獄建築物的評語後，也提到了監獄紀律與囚犯待遇的問題，稱這些都應該馬上得到殖民當局的關注。言下之意，他似乎並不認同委員會採取的拖延方針，而認為這是當務之急，應優先處理。[3]

對於監獄建築物這個硬件問題，傑布認為最大問題在於監獄由三座互不相連的建築物組成，而中間區域缺乏明顯或足夠的監控與看守，因此在人手分配上最節省成本的方法就是把三座建築物連接起來。與此同時他也提出，假如真的讓囚犯在大監倉"有聯繫"或"集體地"被監禁（即非隔離監禁），就必須對囚犯實施持續有效的監控。根據英國的守則，這種"大監倉"安排需要全天有監獄人員駐守，夜間每層也至少應有一人駐守，以確保能及時溝通與監控可能發生的騷亂。

除此之外，傑布提到因為當時空間有限，監獄擴建似乎已無可能。因此殖民當局可以考慮把大倉房改造成小型獨立囚室，對囚犯實行分開監禁。這個方法他曾在英國某監獄試行並證實可行，他表示可以按此計劃繪製藍圖。可能因為他當時根本沒有收到香港監獄的藍圖，因此無法一併提交方案，而且他也不確定該方案是否適合氣候潮熱的香港，因此提出也可以考慮把大倉分為兩層。

需要說明的是，上一章提到在 1847 年 9 月，傑布曾在國際監獄會議上發

---

1 Report of the Board on the Jails in HK, 12 May 1847, CO129/27, p.140.

2 Report of Surveyor General of Prison London, CO129/27, pp.129–133.

3 傑布的報告內容很多，達 9 頁長，大都圍繞供水、廁所與通風問題。

言，[1] 積極推動英國的監獄改革理論等，相關發言詳情在前一章關於英國隔離制度的小節中已有分析。但這些內容並沒有出現在他對香港監獄的評核報告中。正如他事先聲明的，這可能是由於他沒有收到全面的資料（甚至連當時香港唯一監獄的圖紙與位置信息都沒有提供給他）。

OBSERVATIONS
ON THE
SEPARATE SYSTEM OF DISCIPLINE
SUBMITTED TO THE
CONGRESS ASSEMBLED AT BRUSSELLS,
ON THE SUBJECT OF
PRISON REFORM,
On the 20th September, 1847.
BY
LIEUT.-COLONEL JEBB, ROYAL ENGINEERS,
SURVEYOR-GENERAL OF PRISONS IN GREAT BRITAIN.
S.390
LONDON:
PRINTED BY W. CLOWES AND SONS, STAMFORD STREET.
1847.

傑布 1847 年 9 月在布魯塞爾一個國際（歐洲）監獄會議上發表的文章

在香港的報告中，傑布指出當前香港監獄無差別地把所有囚犯關在一起的做法，對於抑制罪案成效不大，或許需要建立長期有效的監管機制。[2] 值得注意的是，當傑布在同一年、幾乎同一時間在英國本土乃至歐洲大力倡導以人道主義對待囚犯之際，對於在香港監獄關押的華人囚犯，字裏行間卻暗示可以採取不同的對待方式，只是他的表述相當含蓄，例如他說：

> 我確實關注利用監獄紀律來遏制華人罪案的問題，但我不敢貿然提出任何建議。或許本地當局應當參考在歐洲盛行的系統與措施，然後擬定一套守則提交殖民地部國務大臣 Earl Grey 審批。目前這種不加區分關押所有囚犯的做法，只會導致他們在出獄時比入獄時更危險。[3]

傑布後來還會參與香港監獄相關事務。例如 1859 年域多利新監獄籌建時，關於囚室面積的問題，倫敦殖民地部又再徵詢他的意見。[4] 他明確指出在同一囚室內關押兩名囚犯是違法的。

接下來要探討的是倫敦殖民地部在接到傑布的報告後，如何回應香港的撥款要求。傑布的報告篇幅不短，提出的建議也很多，但倫敦似乎只對一點有興

1 Lieut Colonel Jebb, Joshua, *Observations on the Separate System of Discipline, Prison Reform,* London: W. Clowes & Sons, 1847.

2 Report of Surveyor General of Prison London, CO129/27, p.133.

3 Report of Surveyor General of Prison London, CO129/27, p.133.

4 Jebb to Colonial Office, 14 June 1859, CO129/75, p.234.

趣：在香港悶熱的天氣條件下，應多安排囚犯外出從事苦活，例如修路等對公眾有益處的勞動，但也申明要加強監管，防止囚犯之間的接觸與交流引發治安問題。對此，倫敦給出了詳細的說明：對於法庭已經判處苦工監的囚犯，在其監禁期間大多可以實行上述措施。即使未被判苦工監的囚犯，只要經過太平紳士或相關有權人士批准，也可以隨時被安排此類戶外勞動——這是英國法律所容許的。假如囚犯抗拒，可以對他們在監獄中的"配給"（即食物）做出"調整"（即減少）。對於被判與未被判苦工監的囚犯，分配的工作應有區別（未被判苦工監者可從事較輕的勞動）。大前提是要保持囚犯彼此的隔離。

> 假如這些建議得到全面實施，原本用於改善監獄住宿條件的支出將可一定程度減少。囚犯在囚室的時間也將相對縮短……比起整天關在囚室中，就只剩一個晚上的睡覺時間而已。[1]

其實眾所周知，要解決香港監獄的擁擠問題，正如傑布所言，在現址的諸多限制下，任何所謂的改良都是徒勞。因此最好是將現有舊址改作其他公共用途，再另建一所新監獄。倫敦方面雖然看到了這部分內容，但並未落筆作出評語，反而只談及增加囚犯戶外勞作時間，實質是要縮短囚犯留在監獄囚室內的時間。這只是一種消極的應對之策，而且這種做法也受制於現實條件，因為缺乏足夠的人手進行戶外勞動監管。

另一點是，雖然倫敦提到會大力支持監獄修繕支出，但不得超過委員會預期的 545.19 英鎊，傑布也在報告中表示認同這個數額。仔細推敲就會發現，這兩點都沒有真正解決當時監獄最嚴峻的問題：人滿為患。安排囚犯戶外勞作只是掩耳盜鈴的折衷辦法，雖能減少囚犯呆在囚室的時間，但監獄依然過度擁擠。即便是必要的監獄修繕工程，也要控制在預算之內，而且讓囚犯外出工作還能替殖民當局節省部分工人開支——說到底都是"錢"的問題，這也是殖民地部一貫對香港管控最嚴的環節。最後值得注意的是，在這份倫敦殖民地部發出的指導性文件中，完全沒有提及人道主義對待囚犯的問題。

幾個月後，1848 年 5 月，港督般咸在回覆倫敦殖民地部關於香港監獄問題的跟進時稱，[2] 他曾與兩名行政局議員探視監獄，發現情況"並不是那般糟

---

1 Colonial Office London to Bonham, 23 February 1859, No.16, CO129/27, pp.123–127.

2 Bonham to Earl Grey, 30 May 1848, No.23, CO129/24, pp.247–258.

糕”。當天監獄關押人數為 177 名，只有 4 人生病，“而且只是腳痛”，並非人滿為患導致的傳染病。對於傑布建議將 A 倉改成獨立囚室，般咸解釋稱考慮到香港潮熱的天氣，認為此舉不妥，會進一步影響囚犯的健康。另一方面，般咸說明已經建好圍牆將監獄嚴密圍住，意思是囚犯不必長時間留在囚室內，因為他們可以在院子放風或散步等。在天氣允許時，他已安排大約 3/4 的囚犯外出勞動，早上 6 點出工，晚上 6 點才回來，早午餐都送到工作地點。

般咸反而認為，囚犯面臨的最大問題是缺乏潔淨用水。他們曾在監獄院子裏挖井，但挖到 55 英尺仍未見水源，因此只好計劃通過管道從外部引水，建造一個儲水缸。般咸認為，委員會建議利用小溪作水源不可行，因為需要從山上引水，意味著需要更長的管道，成本更高。倫敦對般咸的建議表示滿意，但由於與原方案不同，仍將般咸的建議轉交傑布再次審閱。

當時香港測量司急庇利（Charles St. George Cleverly）也受邀對傑布的報告提出意見，他也反對傑布加建獨立囚室的建議。[1] 其結論同樣認為囚犯整天都在戶外勞動，因此傑布所擔心的相互影響問題不會出現。另外他還建議加建一個小平層，放置一個大水缸在雨季儲存雨水。囚犯也可以利用運木車代替木桶運水。殖民地部又將這些香港本地的意見再次轉交傑布評估。但這些都只是治標不治本的“應急措施”罷了，並未真正解決香港監獄的根本問題。

上文提過，港督般咸曾在 4 月視察監獄，向倫敦報告說情況其實沒有想像中差。但 8 月初《德臣西報》卻登載了一位曾被關押在錢債監獄的囚犯的見聞，揭露了他眼中香港監獄的惡劣情況。要注意的是，欠債犯人在監獄中的待遇已經比一般囚犯好很多了，但他的控訴依然相當嚴重。[2] 他抱怨說事實上欠債犯人的伙食與一般罪犯無異，但後者至少有一個小院子可以活動，而錢債監獄所在的建築物非常潮濕，外面只有一個小陽台，所以他覺得他們的處境反而更糟糕。事實上，幾個月前錢債監獄的地面剛花費 155 英鎊重新鋪設。

首先，般咸不是說過獄中只有幾個生病的囚犯，且都是簡單的腳痛，而非傳染病嗎？然而，根據這名被關押超過 8 個月的欠債犯人所述，他當時正被脾臟疾病纏身，之前還得過痢疾、發燒與瘧疾，以及“從華人囚犯處染來”的莫名瘙癢症。他投訴監獄只有一個供所有族裔共用的衛生間。他還報告說 7 個月

1 Memorandum of Surveyor General HK, 17 May 1848, CO129/24, pp.252–258.

2 *China Mail*, 3 August 1848, p.2.

以來，錢債監獄裏的 25 名囚犯中，大部分人都曾得過這些疾病。這位欠債犯人也看到般咸在巡視監獄時，對他們的關押條件表示詫異。然而，在發給倫敦的信函中卻呈現出完全不同的說法。

當時報章的編輯也趁機添加了自己對監獄的評語（頗長），最重要的部分節錄如下：

> 其實監獄的管理和建築物的缺點一樣明顯。上面提到的欠債犯人與重犯的處置沒有太大不同，現在情況似乎更糟。從衛生角度來說，殖民當局的醫生認為香港監獄是一個徹底的失敗⋯⋯我們可以肯定，當港督來巡視時，他一定沒有被告知監獄管理系統中的濫權行為，否則他一定會有所行動。[1]

他指出，現在的錢債監獄已經是一棟新建築，原因是四年前，殖民當局因舊監獄限制了將囚犯分類的可能性，特別是無法將罪犯與生病者及欠債犯人分隔開，才興建了這座新建築。文中還提到，當時的署理總法官有時利用自己在監獄內的特權私自指令下刑，還要求華人即便是輕犯也要剪掉辮子、刮清頭皮，避免他們日後裝假辮子，之後等待流放。報紙還指出，這些做法與英國本國的指令是不一樣的。雖然港督後來制止了這些行為，但居然沒有對這種濫權行為表示任何詫異。

其實，這篇文章還揭示了監獄系統中的混亂和腐敗。作者指出，助理裁判司身兼兩職：裁判司職務（監管監獄運作）和監獄職務（負責監獄實際工作），使他有機會中飽私囊。有條件的欠債囚犯可以付錢每天定時外出，實際待在監獄的時間並不長（受苦不多）。另一方面，付不起錢的欠債犯只好忍受條件極差的監獄環境。《德臣西報》是一份英文報紙，因此投訴的欠債犯顯然是外籍人士。還有更多的華人和印度人囚犯在監獄中受到的苦難無處投訴，相信他們的苦難更加無法言說。

總的來說，最早召開的關於監獄情況的調查委員會，雖然有許多參與者，但實際上在解決香港監獄的種種問題時，即便是很簡單的問題，也沒有人打算花時間深入了解，尋求解決方法。

1 *China Mail*, 3 August 1848, p.2.

委員會：馬虎了事

殖民當局：掩耳盜鈴

傑布：已盡所能

倫敦殖民地部：省錢為佳

第二節　雷聲大、雨點小：1857 年調查委員會

1857 年 3 月，時任港督包令因對監獄情況及監獄支出不滿，下令成立調查委員會。[1] 此次委員會成立，背後原因可能不止一個：第一，1856 年 4 月 2 日，獄長羅伯特・古丁斯（Robert Goodings）因痢疾在獄中去世 [2]；第二，1857 年 1 月初香港發生毒麵包事件後，《德臣西報》在 2 月 5 日披露的"香港黑洞"事件震驚全港乃至倫敦。由於監獄人滿為患，涉案華人被羈押在條件極其惡劣的場所。

> 這 42 名華人擠在一個 16 英尺長、15 英尺寬（約 22.2 平方米）的牢房內，僅有一個通風小孔。他們被關押長達 20 天，睡在又硬又濕的石地上，大小便也在同一空間進行。他們當然不需要任何被鋪，因為可以想像，這個地牢如同熱鍋…… 無論如何，他們都不該遭受如此殘暴的對待。即便乾脆把他們驅逐、絞死甚至是槍斃，都比目前好。[3]

這種羈押情況嚴重違背了"人道"原則。連西報都評論："今日所見令人難以置信，即便在最專制的暴政下都罕見此等惡行，更難以想象這竟發生在英國的殖民統治地區。"[4]

此事不但影響了當時負責的警隊，更使香港監獄的情況也備受關注。港督包令於 1857 年 3 月初迅速成立調查委員會，一開始只有五名成員：

- 署理港督（主席）：威廉・堅偉（William Caine）
- 警察裁判司：亨利・T. 戴維斯（Henry T. Davies）

1　Bowring to Labouchere, 7 May 1857, No.75, CO129/63, pp.99–104.

2　Bowring to Labouchere, 1 October, 1857, No.141, CO129/64, pp.285–288.

3　*China Mail*, 5 February 1857, p.2.

4　*China Mail*, 5 February 1857, p.2.

- 副獄長：梅查理（Charles May）
- 太平紳士：約翰・史卡斯（John Scarth）與安格斯・弗萊徹（Angus Fletcher）[1]
- 後於 3 月 11 日第二次會議上增補署理測量司沃克（J. L. Walker）。[2]

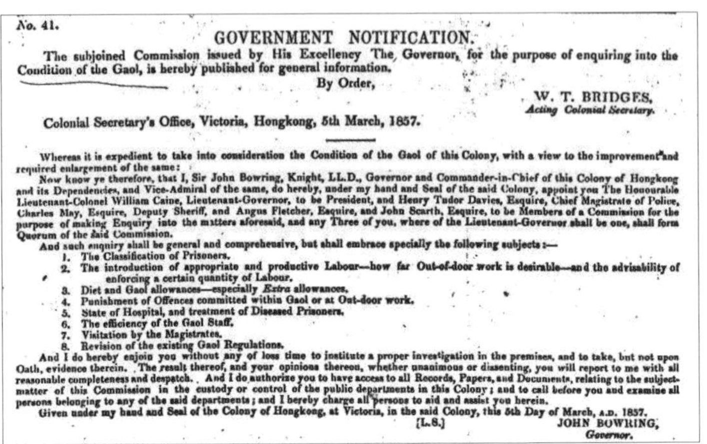

No. 41.

GOVERNMENT NOTIFICATION.

The subjoined Commission issued by His Excellency The Governor, for the purpose of enquiring into the Condition of the Gaol, is hereby published for general information.

By Order,

W. T. BRIDGES,
Acting Colonial Secretary.

Colonial Secretary's Office, Victoria, Hongkong, 5th March, 1857.

Whereas it is expedient to take into consideration the Condition of the Gaol of this Colony, with a view to the improvement and required enlargement of the same:

Now know ye therefore, that I, Sir John Bowring, Knight, LL.D., Governor and Commander-in-Chief of this Colony of Hongkong and its Dependencies, and Vice-Admiral of the same, do hereby, under my hand and Seal of the said Colony, appoint you The Honourable Lieutenant-Colonel William Caine, Lieutenant-Governor, to be President, and Henry Tudor Davies, Esquire, Chief Magistrate of Police, Charles May, Esquire, Deputy Sheriff, and Angus Fletcher, Esquire, and John Scarth, Esquire, to be Members of a Commission for the purpose of making Enquiry into the matters aforesaid, and any Three of you, where of the Lieutenant-Governor shall be one, shall form Quorum of the said Commission.

And such enquiry shall be general and comprehensive, but shall embrace specially the following subjects:—

1. The Classification of Prisoners.
2. The introduction of appropriate and productive Labour—how far Out-of-door work is desirable—and the advisability of enforcing a certain quantity of Labour.
3. Diet and Gaol allowances—especially *Extra* allowances.
4. Punishment of Offences committed within Gaol or at Out-door work.
5. State of Hospital, and treatment of Diseased Prisoners.
6. The efficiency of the Gaol Staff.
7. Visitation by the Magistrates.
8. Revision of the existing Gaol Regulations.

And I do hereby enjoin you without any of loss time to institute a proper investigation in the premises, and to take, but not upon Oath, evidence therein. The result thereof, and your opinions thereon, whether unanimous or dissenting, you will report to me with all reasonable completeness and despatch. And I do authorize you to have access to all Records, Papers, and Documents, relating to the subject-matter of this Commission in the custody or control of the public departments in this Colony; and to call before you and examine all persons belonging to any of the said departments; and I hereby charge all persons to aid and assist you herein.

Given under my hand and Seal of the Colony of Hongkong, at Victoria, in the said Colony, this 5th Day of March, A.D. 1857.

[L.S.] JOHN BOWRING,
Governor.

香港憲報 1857 年 3 月 7 日

調查委員會的職權範圍與調查程序

調查委員會於 1857 年 3 月 5 日由港督包令授命委任，其權力範圍包括：可在證人未宣誓的情況下收集證據，可調閱殖民當局相關檔案記錄，可傳喚相關人員。只需包括署理港督在內的任意三名委員出席，即可召開會議。

委員會旨在全面檢討監獄現狀及現行監獄守則，授命書指定了 8 項具體調查事項：[3]

1. 囚犯分類管理
2. 引入有效的勞工（評估分配一批囚犯在外工作是否合適）
3. 食物與配給（額外配給）
4. 獄中或在外工作時的違規懲處
5. 醫院的情況及生病囚犯的處理
6. 監獄職員的工作效率

1 Hong Kong Gazette, 7 March 1857, Vol. II, No.88.

2 Minutes of the Commission, 11 March 1857, CO129/64, pp.300–301.

3 Proceedings of the Gaol Commission, CO129/64, pp.296–297.

7. 裁判司巡視監房
8. 現行守則關於減刑的條款[1]

委員會於 1857 年 3 月 5 日正式成立，3 月 9 日包令親自宣讀授命確立議事規則，隨即召開首次會議。此後共召開六次會議（3 月 9 日、11 日、16 日、18 日、21 日及 26 日）。3 月 11 日會議後委員們實地巡視了監獄。通過分析與會情況，也許可以了解委員們對於委員會的認知和重視程度，同時估算其成效。

首次會議（3 月 9 日）：港督宣讀授命書，五位委員中有四位出席，太平紳士約翰・史卡斯因公務滯留澳門未能出席。[2] 當天，監獄長麥肯錫（McKenzie）也出席會議，協助提供關於監獄情況的資料。委員會決定在 3 月 11 日開會時傳召殖民當局醫生作證。

第二次會議（3 月 11 日上午 11 時）：只有三位委員出席，[3] 兩位太平紳士因病缺席。殖民當局醫生出席並做口供後，委員會巡視了監房。總裁判司因身體不適提前離席。隨後獄長參加會議，並做出證供。

第三次會議（3 月 16 日上午 11 時）：六名委員中有四人出席，新增委員署理測量官沃克到會。總裁判司與副獄長缺席，前者於中午 12 點才突然現身告知他因公事纏身無法出席會議。獄卒長麥肯錫出席作證。[4]

第四次會議（3 月 18 日上午 11 時）：總裁判司持續缺席，太平紳士弗萊徹抱病，僅署理測量司沃克到場（署理港督可能也出席了），會議因未達法定人數[5] 而延期至 3 月 21 日。

第五次會議（3 月 21 日上午 11 時）：兩位太平紳士依舊缺席（一位在澳門，另一位仍抱病）。總裁判司因裁判處公務繁忙而未能出席。署理測量總司與代港督出席，副獄長梅查理承諾稍後出席。獄卒長麥肯錫再次出席作證。[6]

第六次會議（3 月 26 日 11 時），亦是最後一次會議：總裁判司仍因公務缺席，兩位太平紳士為趕 3 月 29 日返英船期處理商務而無法出席。[7]

---

1 Proceedings of the Gaol Commission, CO129/64, pp.296–300.

2 Minutes of the Gaol Commission, 9 March 1857, CO129/64, p.299.

3 Minutes of the Gaol Commission, 11 March 1857, CO129/64, p.300.

4 Minutes of the Gaol Commission, 16 March 1857, CO129/64, pp.313–320.

5 Minutes of the Gaol Commission, 18 March 1857, CO129/64, p.321.

6 Minutes of the Gaol Commission, 21 March 1857, CO129/64, pp.322–323.

7 Minutes of the Gaol Commission, 26 March 1857, CO129/64, pp.329–334.

縱觀以上會議出席記錄，我們不難感到，有部分委員會成員的誠意令人質疑。特別是總裁判司亨利．戴維斯，他僅出席了成立大會與首次會議，巡視監房後便再未現身。兩位太平紳士的出席率也極不理想——他們本應在監獄監管體系中發揮重要作用，而如此表現不僅反映其個人態度，更暴露太平紳士監管制度的形同虛設。

港督包令對委員會報告的反應

在仔細研讀委員會報告前，需先了解港督包令在接獲報告後針對倫敦問責的態度。雖然報告於 1857 年 4 月 9 日便已完成，但包令卻花了一整月的時間細讀，在 5 月初才向他的上級殖民地部國務大臣亨利．拉布謝爾報告。[1]

儘管委員會報告涉及多方面問題，但包令卻只重點強調一個信息，即批評監獄一切的管理不善都是由於缺乏高素質管理者，導致無法有效利用監獄的囚犯作為勞動力（當時僅有碎石作業較具規模）。其真實意圖是舉薦舊部安德魯．英格利斯（Andrew Inglis）出任監獄部門臨時主管，即監獄總督（Governor of the Gaol），包令聲稱即便短期任職也有助於改善監獄制度。因為這位英格利斯先生曾在登記處（撫華道）工作，掌握一定的粵語，還當過太平紳士。在港督般咸任內，他曾因個人原因離開香港一段時間，現在重回香港，想再覓得一官半職。在包令力薦下，他加入了監獄團隊，但僅六個月後就轉任更高級別的海事署長兼海事裁判司。包令原希望以 300 英鎊年薪讓英格利斯試用六個月，如滿意就加薪至 350 英鎊，但顯然海事署的高職對其更具吸引力。[2]

調查委員會工作紀要

在 3 月 11 日會議上，殖民當局醫生作證稱監獄食物“極為充足”[3]，菜單也符合規定。生病囚犯的特別餐單由醫生審定，並由警察醫院提供。監獄醫院分設歐籍囚犯病房與華人囚犯病房，前者最多容納 5 人，後者為 10 人。醫生提到歐籍病房人數從未超過 5 人，但華人病房曾收治超過 28 名亞裔病患。醫生也指出，因為華人對西藥的不信任，更偏愛從外面帶進來的“膏藥”等，使醫治過程更為艱難。他曾向煙癮發作的病人提供鴉片來緩解其痛苦，但亦曾經協助三位囚犯戒掉毒癮。許多囚犯甚至為了逃避勞役而自行弄傷手腳，最後引致

---

1 Bowring to Labouchere, 7 May 1857, No.75, CO129/63, pp.99–104.

2 Endacott, GB, *A Biological Sketch–Book of Early Hong Kong*, HK: Hong Kong University Press, 2005, pp.119–120.

3 Dr. Dempster's Evidence, 11 March 1857, CO129/64, pp.300–305.

嚴重潰爛，可見當時的苦工勞役有多可怕。華人囚犯沒有制服，反而要流放囚犯卻有當局提供的囚服。醫生建議當局向所有囚犯（不分國籍）提供囚服，短期服刑者除外。總的來說，醫生認為監獄醫院設備不足，應儘快在監獄旁新開設一所醫院。

囚犯衞生問題：華人囚犯原本不配發肥皂，經醫生提議後情況似有所改善。醫生建議根據囚犯飲食情況來衡量肥皂配給量（不知是否等於經常吃鹹魚就應多梳洗？），他也指出華人伙食中米飯佔比過高，建議減少米飯量，增加茶水供應。現行監獄守則規定，除歐洲人外其他所有國籍人士都按照華人伙食標準配給。但醫生也建議，對於已經習慣歐洲飲食的非華人亞裔囚犯（如菲律賓水手），應當考慮提供歐式餐單。

總的來說，監獄空間的確不足，並且獄內已無法加建任何建築。曾有一間關押女性囚犯的囚室，關押人數竟高達八人。她們投訴室內溫度太高，後來醫生把其中幾人轉移到了其他囚室。監獄內也沒有專門的女性囚犯醫療室，如廁設施條件惡劣，嚴重影響囚犯的健康狀況。

調查委員會巡視監房報告

巡視後總裁判司即病倒退隊，或與所見慘狀有關。巡視發現諸多問題：女性囚室僅可容納 3 名囚犯（實際關押數未說明）。“腳鐐族” 牢房常態關押 100 名囚犯，空間太過擁擠。廁所數量不足，上層滲漏污物至下層，散發惡臭。監獄病房也不足，歐籍囚犯為 5 人一間，華人為 12 人一間。除碎石外，缺乏建設性的勞動項目。囚犯沒有制服，身上始終穿著入獄時的髒衣。廁所沒有沖水系統，也未提供沐浴設施。腳踏轉輪既沒有被用作生產工具，亦不設安全防護。委員會還提及許多關於監獄建築物本身的缺陷。

總獄長在巡視後說明當天監獄囚犯的類別：[1]

- 類別 1：8 名被判流放的歐洲人，關押在兩間 20 ×9 英尺的牢房中。
- 類別 2：14 名被判流放的華人，關押在 B 棟下層的三間牢房中，每間牢房面積為 16 平方英尺。
- 類別 3：33 名苦役在路上勞動，含 4 名印度人和 2 名馬來人，關押在 “腳鐐族” 牢房內。
- 類別 4：62 名苦役在監獄內勞動（包括腳踏轉輪），包括 29 名歐洲人、

1 Jailor's Report on Victoria Gaol, CO129/64, pp.303–312.

5 名印度人和 28 名華人。歐籍囚犯中 9 人被安置在 C 棟上層的兩個房間，20 人被安置在 B 棟上層的四個房間（三個房間面積為 16 平方英尺，一間為 20 ×16 英尺。5 名印度人和 28 名華人被安置在“腳鐐族”牢房內）。

- 類別 5：7 名最高法院待審囚犯。1 名印度人和 6 名華人。這些囚犯被安置在其中一間單人牢房中，面積為 9 ×12 英尺。

- 類別 6：43 名被判入獄的普通囚犯。包括 7 名歐洲人、22 名印度人、14 名華人。歐洲人住在樓上的房間。

- 類別 7：4 名欠債囚犯，其中 1 名印度人和 3 名華人被關在錢債監獄。

- 類別 8：24 名從警察法庭還押候審及驅逐出境的囚犯。2 名歐洲人、2 名印度人和 20 名華人。2 名歐籍被關在單獨牢房中，6 名被建議驅逐出境的華人也關押在一個單獨牢房中，12 名華人和 2 名印度人被關在 B 棟一個 20 ×16 英尺的倉房裏。

- 類別 9：1 名印度籍囚犯被判單獨監禁。

- 類別 10：3 名生病的華人。

總獄長報告當天監獄內有 228 名囚犯，總數遠低於過去六個月的平均關押人數（1 月 25 日關押了 326 名囚犯，2 月 19 日關押了 323 名囚犯）。總獄長解釋，囚犯數量的多少影響了監獄規定的執行情況。除了知道“腳踏轉輪”可以用作研磨機外，他也不了解囚犯的勞動如何能變得更具生產力。海軍部提供了拆麻絮工作（以編織麻繩），不支付任何報酬。從前拆麻絮工作是私人性質，每一擔（picul）支付兩元報酬。監獄內雖然有量度碎石的器具，但由於花崗岩硬度不均而無法使用。雖然獄長明知獄內囚犯常私藏鴉片、煙草和藥品，特別是膏藥，卻無從獲知其來源。總獄長僅能通過華人把匙人與華人囚犯交流，但華人把匙人只有早上在監獄內，夜間無值班。反而印度囚犯因大多通曉英語而較易溝通，亦有一名印度把匙人作翻譯。獄卒有權對違反監獄守則的囚犯施行體罰，最多不超過六鞭。

調查委員會的後續報告紀要

後來委員會又在 3 月 16 日、21 日與 26 日召開會議。以下是會議紀要。

16 日，監獄總長又被召見，這次他帶來了在監獄中磨碎的白米樣本，據說有華商出價每擔 3 毫收購。他說明了監獄中防火措施。獄中囚犯除流放犯外均無制服。華人與亞裔囚犯，除了在冬天有條毯子，其他日子都直接睡在床板上，但歐籍囚犯全年都有兩條毯子。他申明監獄守則中第 36 項基本上不存在。[1] 至於囚犯的分類，完全沒有對未被判處流放的華人囚犯進行分類。不知是否監獄裏的氣味太重，委員會藉機提醒總獄長監獄守則第 81 項，指出應向囚犯提供肥皂。[2]

署理測量司被召見時曾簡略提到監獄當時的平面設計很差，這些就不再贅述。他還提出了較有用的一點：在英國的單獨監禁囚室內，每個囚犯的空間要求為 585 立方英尺。而香港天氣潮熱，他認為（對於歐籍囚犯）面積至少要增至 1.5 倍。他還提出擴大香港監獄的唯一方法是徵用隔壁的兩塊地，不然只能另覓地點修建新監獄了。其他內容都是關於通風、水源、衛生等問題，也是老生常談了，等於是距離上一次的調查委員會召開 10 多年以後，這些問題都沒有得到妥善解決。

在 26 日的最後一個會議中，委員會花了大量時間審核監獄守則。他們也檢視了錢債監獄，發現其非常不安全，存在很多安全漏洞。但整體來說，這所監獄還算合適，當時監獄內只有 5 名囚犯，而該監獄可以容納 30 人。有一項提議挺有意思，提到有必要準備幾份中文版監獄守則，並掛放在監獄內。

委員會最後總結稱，上述主張只是為了滿足當前迫切的需要。但署理測量司認為建造一座新監獄是遲早的事，應該在西邊建造監獄（由於當時還沒有九龍半島，西面是唯一沒有人煙的地方），以便實施完整的單獨監禁制度。委員會主席梅查理亦同意此觀點。

調查委員會的不同意見

總裁判司亨利・戴維斯只參加過委員會的一次會議，對於調查工作幾乎毫無貢獻，卻表示同意委員會大部分的意見與建議。對於他持異議之處（他反對另外聘請一位監獄總督），也沒有說明反對理由。這或許因為當時監獄隸屬裁判處管轄，權力之爭的理由不難想像。在他的報告中只有一點值得注意——當時監獄配備的粵語翻譯人手不足。導致很多華人囚犯完全不了解自身定罪情況。他舉例說，此前一名被處絞刑的罪犯，直到定罪三天後才從一名傳教士口中得悉自己的審判早已結束。[3] 這一事例暴露出當時的司法制度對於華人囚犯的嚴重不公。

另外兩位持不同意見者為當時的太平紳士約翰・史卡斯與安格斯・弗萊

1 監獄守則第 36 項是關於監獄應向囚犯提供有用途的工作。

2 監獄守則第 81 項是關於監獄應向所有囚犯每月提供半磅肥皂。

3 Davies A. T. to Caine, 9 April 1857, CO129/64, pp.345–348.

徹。約翰・史卡斯是在華經商多年的英國商人。安格斯・弗萊徹亦是一位商人，創辦了 Fletcher & Co 公司。他們 1855 年被委任為太平紳士，1860 年出任立法局非官守議員。兩人的出席率同樣欠佳：前者五次會議僅出席一次，後者出席了兩次。

兩人基本認同委員會報告，但提出幾點補充。[1] 其首要建議就是關於囚犯的分類，他們提出應為每名囚犯設置獨立編碼，因為監獄裏主要是歐籍獄卒，言語不通導致囚犯的投訴無從傳達，按囚犯刑罰來分類更便於監管——儘管這並不能解決囚犯投訴的問題。其次他們建議對所有監獄囚室與房間編號，還提議將囚犯的表現也納入分類標準，在登記冊囚犯姓名旁添加備註，聲稱可提升監獄管理成效。另建議在女性倉房設活動廣場 / 院子。

關於監獄勞動，他們建議："單獨監禁" 的囚犯應從事編織草蓆或搓麻繩等工作，他們甚至詳細調查了編織草蓆 / 做麻袋 / 碾米等工作的產品市價。作為經常巡視監獄的太平紳士，他們發現獄中早前購置的腳踏轉輪經改造可以變成磨米的生產工具（米是當時香港主要的貿易商品）。他們還提到，假如殖民當局無力承擔初期原材料採購費用，太平紳士團體可以提供貸款。

至於囚犯的食物配給，他們建議在夏季高溫時，如囚犯從事苦工（腳踏轉輪等），經把匙人同意後可向其提供茶水。

關於監獄中的懲罰制度，他們主張體罰應在囚犯違規次日早餐前執行，這既可以防止獄卒濫用私刑，又能警示其他囚犯。監獄範圍內本應保持肅靜，但腳鐐族牢房裏發出的聲響時常傳至周邊區域。

因未獲監獄醫院最新報告，委員會未對其改進情況置評。他們建議監獄醫院每年提交囚犯健康年報，歐籍病囚應該睡在有床架的床上，華人病囚不應直接睡在水泥（豬腩）地板上。無親屬認領的囚犯屍體，應按乞丐身份安葬（即亂葬崗，沒有自己的墓地）。[2] 雖然當時監獄中有一位翻譯，但他不在監獄中過夜，因此無法處理夜間緊急情況或囚犯訴求。兩位先生也建議太平紳士巡監時應有粵語翻譯陪同——由此可見，現行巡視對於華人囚犯形同虛設。

針對外籍水手囚犯，他們建議除了由所屬船隻承擔伙食費外，應額外收取費用以覆蓋成本。香港作為自由港，什麼國家的船隻都可以泊岸，因此什麼

---

1 Addenda by Scarth and Fletcher, CO129/64, pp.336–344.

2 Lim, Patricia, *Forgotten Souls*, HK: Hong Kong University Press, 2011, pp.135–136.

國家的水手都有可能進香港監獄，這實則與香港毫無關係。同理，英國領事法庭判決的非本地案件罪犯及政治犯（雖然他們被視為英國囚犯）的開支，不應由殖民當局負擔，建議英國政府每年向殖民當局提供定額補貼。港督包令在 1857 年 10 月致倫敦的回文中反映了這一意見。

兩人的報告中特別提到根據 1857 年第 2 號法令第 7 條，因輕微竊盜、攻擊等輕罪被判入獄的囚犯，或以任何方式涉嫌中國政府特使的囚犯，如未經自主辯護程序不應被驅逐出境，須公開審判並聯繫其在港親友（如有）。

18 日的會議上，委員們仍要求總獄長作證。此次其證詞涉及磨碎白米的價格問題。值得注意的是，歐籍囚犯從事的編繩、織蓆等不同於其他囚犯的勞動，這些安排均出自總獄長的個人建議。

署理輔政司必列者士

殖民當局裏，首先授命檢視這份報告的是當時的署理輔政司必列者士（Bridges）。值得注意的是他其實非常務實，因為雖然報告已出，但他還未能掌握港督究竟是否會同意委員會的總結，以及會在何種程度上採納委員會的建議。因此他表示，需要知道實際需要撥款的數額，才能按照報告中的建議來進行監獄改革。

1857 年 4 月 27 日，必列者士呈交了他閱讀報告後的意見。[1] 他認可委員會的方針是務實的，但批評有些委員可能對當時監獄糟糕的情況缺乏深入了解，因此其建議未能一針見血。他認為必須先解決最基本的困難，所謂的改革才能落實。必列者士指出，報告沒有承認監獄空間與囚犯人數不匹配的問題。署理測量官指出，在英國，囚犯合法的最低個人空間是 585 平方英尺，而香港的監倉與囚室只有 104.4 平方英尺。假如按照英國的標準，香港監獄最多只可容納 178 名囚犯。考慮到香港的氣候，每個囚犯所需的空間應該更大。必列者士認為當前最緊急的事莫過於擴充監獄，必須暫停其他的工程項目。其次是要聘請一名監獄總督（這也是調查委員會一致通過的建議，除總裁判司反對）。這一任命的好處在於，新上任的監獄總督可以立即安排囚犯從事有生產力的工作，不僅能賺回聘用他的費用，還可以增加收入，從而減輕監獄龐大的開銷壓力。委員會認為，當時的獄長麥肯錫只適合做副手，缺乏統帥素質："He may act

---

1 Bridges to Bowring, 28 April 1857, No.399, CO129/64, pp.355–369. CO129/64, pp.355–369.

but he thinks seldom...”（他可能會行動，但很少思考）[1]。至於其他監獄工作人員，委員會指出由於薪水太低，員工流動性很高，通常工作 3–4 個月就走了。當時已有一位在職時間比較長的華人把匙人，守衛的薪水也應該提高。歐籍把匙人的薪水同樣需要提高。好的監獄工作人員需要培養，若某人工作超過 6 個月，就證明他是可造之材，就應以更好的待遇留下他。

委員會還提到制服問題。當時工作人員和囚犯都沒有制服，囚犯仍穿著入獄時的衣服，衛生狀況可想而知。必列者士認為短期關押的海員無需特別安排制服。洋人囚犯的制服面料應從英國直接訂購，而華人與印度人囚犯的在本地購買即可，所有制服均可以由囚犯自行製作，這有助於減少監獄開銷。至於生產項目，可設立木匠工廠與打鐵工廠，至少能滿足監獄內部的小型需求。確定這一生產路線後，除非有嚴重缺陷的囚犯，大部分囚犯都應參與這些生產性工作，其餘的就從事“檢臓”（scavengers）工作。但囚犯是否適合生產工作需經核實，不能自行決定。每個囚犯入獄前的工作經歷應被查實，以便政府充分利用有實際工作經驗的囚犯，挑選他們在監獄生產工序中擔任監工，這是資源匹配的問題。

委員會還建議了幾種善用監獄資源（即囚犯勞動力）創收的活動：例如將腳踏輪轉機與去米殼的機器連接，同時進行去米殼工作；還有為警隊縫製制服，製造測量處需要的各種物料器具等。政府應在憲報中刊登監獄可承接工序的投標信息，但價格不能壓得太低。至於一直沿用的碎石工作，不能算是正經工作，只能被視為最低檔次、毫無意義的懲罰之一。

委員會內部有不同意見，有人提出在監獄內開設麵包烘培店。雖然輔政司未詳細解釋反對理由，但相信是因為：1. 大部分囚犯是華人，對麵包需求不高；2. 外界的洋人顧客可能對監獄的衛生狀況存疑，因此監獄生產的麵包銷量難以保證。

最後，委員會提出一個重要觀點：當時香港監獄關押了許多與香港無關的囚犯，導致監獄開銷居高不下。例如違規的海員在上岸後就被關進香港監獄。雖然這些海員的伙食是自費（或由船公司負責），但他們佔用了香港監獄最寶貴的資源——空間和人手。同理，不同領事法庭定罪的罪犯也被發配到香港監獄。粗略統計，10 宗此類案件中有 9 宗與香港水域無關。此外還有反抗英

1 Bridges to Bowring, 28 April 1857, No.399, CO129/64, p.360.

國的政治犯，也與香港無關。兩位太平紳士建議按人頭向船公司收取一定的費用。輔政司則認為香港監獄應該向英國政府申請每年 2500 英鎊的補貼，用來抵消這些與香港無關的囚犯帶來的開銷。

委員會建議對監獄中的囚犯進行“分類”，輔政司並不反對，但認為因空間不足和囚犯人數日益增加，暫不宜作此嘗試。在域多利監獄的情況改善前，只能維持現狀。必列者士嚴肅預言，當權者必須為囚犯日後的情況負責。他的原話是：

> 每一個進入香港監獄的人，離開時若其道德品格可能變壞，必將成為更壞的惡棍。當權者應當負起這個嚴重的責任。在這裏無論日夜，都無法把慣犯與輕犯分隔開…… 現階段考慮是否應該安排“隔離”系統是白費心機。這些高深的監獄“科學”是否需要考慮仍是未知數…… 我不如集中精力解決眼前更簡單的事情。[1]

這些“更簡單的事情”包括修繕病房。他震驚地表示，不敢想像假如發生傳染病會怎樣：每間歐籍囚犯病房住 5 個病人，每間華人囚犯病房住 12 個病人。根本原因就是囚犯太多，空間不足，因此委員會報告中的很多建議都無法落實，甚至連討論都顯得徒勞。

必列者士似乎不認同殖民當局的一些做法，認為萬惡之源在於：將太多職務集中在少數人甚至一個人身上，而沒有顧及這個人是否有能力承擔所有職責。他認為今天監獄所面臨的所有問題，都是長期以來為了節省小額開銷而未能及時建設，最終不得不動用巨額政府支出才能改良一個徹底敗壞的制度——這顯然意指身兼數職的總登記司高三貴（Daniel Caldwell）。

至於輔政司，他在報告中指出香港監獄當時最大的問題是空間不足，測量處長指出，英國對監獄囚室的最低空間要求是每人 585 平方英尺，但在香港的監倉與囚室卻只有 104.4 平方英尺。

港督包令對委員會報告的總結

上文提到，港督包令收到委員會報告時，迫不及待地只想推舉友儕安德魯·英格利斯擔任監獄職務。真正的反饋是在倫敦再三催促後，於 1857 年 10

1　Bridges to Bowring, 28 April 1857, No.399, CO129/64, pp.366–367.

月才發往倫敦。[1] 儘管這時倫敦已經有問責之意，包令的回應仍顯得不夠積極。他在信函中列出了導致香港監獄狀況不佳的四個原因，都是關於空間不足、職員薪水低和素質差的惡性循環，實屬老生常談。唯一稍顯特別的批評是針對太平紳士們（無薪的義務或公職人員），指出他們在監獄事務管理上擁有不少職權，但包令感覺他們實際上很不積極。這一點從他們在委員會中的出席率也能反映出來。此外，在安排華人囚犯從事有意義的勞役或工作方面也存在很大困難。包令不忘自誇 5 月的決定，稱英格利斯已著手安排監獄改革，甚至帶動了太平紳士更頻繁地巡視監房，協助管理。

像許多前任港督一樣，包令最後也感嘆因資金短缺，改善監獄系統非一日之功，因此當時的監獄並非安全性很高的監禁場所。當然，包令也立即同意了要求英國議會撥款 2500 英鎊補貼香港監獄的請求。

倫敦殖民地部對調查委員會報告的反應

倫敦收到包令 10 月的反饋後，內部討論認為包令的函件完全“無用”，反而署理輔政司必列者士的意見更具代表性。[2] 由於涉及撥款請求（監獄總監的 300 英鎊薪金加上 2500 英鎊補貼），殖民地部第一時間提請財政部。

翌年 2 月，倫敦在正式回覆包令的函件中，[3] 用嚴厲的措辭譴責道：

> 我很遺憾您在考慮委員會幾位成員的寶貴建議時未能向我提供您自己的經驗和判斷……當我仔細審視整個議題後，可以在署理輔政司提出的建議中找到答案，特別是關於暫停海旁工程或其他非緊急性公共工程的必要性，直到監獄和附屬醫院的問題得到解決，因為這些舉措關係到囚犯的人道待遇、健康與安全。

殖民地部明確轉達了外交部對於 2500 英鎊撥款請求的否決意見，指出各國船隻與船員雲集香港，是香港作為商港致富的源泉（無論這些水手品行如何），相關開銷是必要成本。但外交部認同將其他商港的領事囚犯發配香港的做法確實與香港關係不大，但相關支出也只能按照實報實銷處理。總之，倫敦明確表示不會撥款改善香港監獄，無論調查報告指出多少缺陷都不會改變

---

1 Bowring to Henry Labouchere, MP, 1 October 1857, CO129/64, pp.285–287.

2 Internal Discussion Colonial Office, CO129/64, p.295.

3 Colonial Office London to Bowring, 25 February 1858, No.21, CO129/64, pp.292–294.

這個大前提。[1] 對於委員會其他關於改善監獄和囚犯待遇的建議，倫敦都未特別提及。

就這樣，1857 年調查委員會報告最終落幕。筆者的評語是：雷聲大，雨點小。

第三節　點到即止：1875 年調查委員會

1875 年初，新加坡監獄因實行“懲罰性餐單”（penal diet）而爆發騷亂，60 名囚犯企圖越獄，造成多人死亡，引起倫敦殖民地部高度關注。卡那封勳爵親自致函港督堅尼地，詢問香港相關情況。[2] 倫敦方面希望香港殖民當局在懲罰性餐單上“稍作調整”，既擔心過於簡單的餐單無法滿足勞動囚犯體力需求，又顧慮超支問題，因此指示酌情增加即可。港督堅尼地在回覆中解釋，香港囚犯在接受懲罰餐單期間無需同時服苦役。長期以來，“懲罰餐單”對於那些滋事醉酒的海員確實發揮了有效的威懾作用。倫敦方面對於這個議題十分謹慎，進一步詢問香港監獄守則中關於刑期少於 14 天卻被處以懲罰性餐單而無需勞役的條款。[3] 堅尼地隨後透露，一個專門研究監獄餐單及紀律問題的委員會已完成報告書，不日將會上呈倫敦。在結尾部分，堅尼地特別強調香港監獄在清潔、治安、紀律與囚犯健康方面的表現不遜於其他任何殖民監獄。過去幾年間，囚犯人數與監獄開支均下降了近 50%。[4] 7 月底，倫敦催促儘快提交報告，並要求了解報告的依據。內部討論顯示，倫敦方面對此時期香港監獄的管理已相當滿意。[5]

與上一次調查不同，關於該委員會的過程記錄不多，但報告書內容卻十分詳盡。[6] 委員會由 5 位成員組成：

- F. Snowden（主席）：署理律政司
- C. May：署理輔政司

1 Colonial Office London to Treasury, 31 December 1857, CO129/64, pp.289–290.

2 Earl of Carnarvon to Kennedy, 5 November 1875, No.99, CO129/182, p.256.

3 Colonial Office London to Kennedy, 30 March 1876, No.35, CO129/173, p.8.

4 Kennedy to Earl of Carnarvon, 7 June 1876, No.99, CO129/174, pp.220–221.

5 Internal Discussion Colonial Office, CO129/174, p.219.

6 Report of the Gaol Committee, CO129/177, pp.176–182.

- R. Ryrie：立法局非官守議員
- W. M. Deane：警察總監
- M. S. Tonnochy：監獄督察（隸屬警隊）

報告書分為 14 部分：其中 8 個部分涉及獄中餐單（針對不同種族等），另外 5 個部分關於監獄守則、腳踏轉輪、懲罰、獄中勞役、監獄職工及衛生系統，還有開篇簡介，但是沒有總結，委員會的建議附於各部分末尾。[1]

報告簡介提供了關於當時監獄情況的幾點頗有看頭的解說：

1. 開篇讚揚英國監獄制度原則明確且廣受認可，因此殖民統治地區監獄只需要根據本地條件來調整實施；

2. 懲罰的主要目的是震懾犯罪，其他考量均屬次要——此觀點現在已無可置疑；

3. 雖然在精神及道德上改造罪犯很重要，並且讓囚犯（有償）勞役可使監獄自負盈虧，但這些都是次要的。假如這些措施會削弱威懾力、減輕懲罰或使其更易忍受，就應暫緩實施；

4. 香港監獄中絕大多數囚犯是華人，管理人員不熟悉他們的語言，不了解他們的品質性格，也無從查考其過往，因此任何試圖提升其道德水平的努力都只是徒然；

5. 餘下的歐籍囚犯大多數為短期服刑者，通常是違反軍紀的士兵或海員，刑期適中，因此也沒有足夠時間對其進行有意義的道德紀律培養；

6. 因此監獄的資源集中於通過勞役、特殊膳食和體能紀律，使囚犯（特別是華人囚犯）的獄中生活盡可能單調乏味，當然也需符合人道與合理標準；

上面的幾點，尤其是明確強調監獄的震懾功能比改造功能更重要，這與以往有所不同。事實上，1877 年英國通過了中央監獄法，[2] 所有地方監獄都受中央監管，標誌著 19 世紀的監獄改革已經完成歷史使命。隔離制度開始顯現弊端，但由於中央監獄統一制度已確立，正如第一點所述，只需將模式直接套用於各殖民統治地區即可。

關於監獄膳食（委員會的主要關注議題），總結要點如下，但提議並未獲得全體委員同意，監獄總監杜老誌與醫務官都持反對意見：

---

1 Report of the Gaol Committee, CO129/177, pp.176–182.

2 The Prisons Act 1877.

1. 監獄膳食對長期服刑的華人囚犯來說簡直是一個誘因，導致其頻繁再度入獄。監獄膳食無論質與量，都比華人自謀生計能賺到的一口飯強；

2. 對於歐籍囚犯，多數委員認為在某些情況下監獄膳食也是高水平的；

委員會表示將研究囚犯從事最重勞役時所需的最低膳食標準，再向港督提出建議。

報告書還對其他監獄事務提出意見，例如批評當時的監獄法令與守則存在許多自相矛盾的地方。因此報告書還附上一份新的監獄守則，重點採納了英國1865年的監獄法令和新加坡監獄法令的一些條款。但這份監獄守則最終未被殖民當局完全採納，很快就被1877年的新守則取代。

由於此次調查委員會主要目的在於核實監獄膳食 / 餐單問題，本節將重點解讀報告書中的相關內容。剛才提到，報告書中有8個部分涉及膳食，主要分類如下：

- 歐籍囚犯餐單及懲罰餐單；
- 華人囚犯餐單及懲罰餐單；
- 女性囚犯餐單；
- 醫院餐單；
- 欠債囚犯與頭等輕罪犯餐單

歐籍囚犯餐單：品質良好、分量充足。歐籍囚犯每日三餐。曾有士兵反映香港監獄的伙食不亞於甚至優於軍營伙食，也有海員稱獄中分配的肉類比船上的好。委員會建議減少肉類與蔬菜供應，但遭到監獄總監杜老誌反對。關於主食，儘管委員會全體同意應增加米飯比重，但醫生指出部分囚犯投訴米飯會導致胃酸過多引發胃痛，因此其他建議包括增加稀粥或燕麥。

總體建議：普通餐單可以微調，每周2–3次以魚類或脂油布丁替代肉類。

歐籍囚犯懲罰餐單：1872年港督堅尼地指令，被判3個月或以上刑期的囚犯，每月首10天只分配麵包與清水（即所謂的懲罰餐單），上限是6個月。後調整為每月1號到5號及16號到20號分段執行，總計仍為10天。假如囚犯刑期僅有14天，則整個刑期都只分配清水與麵包。這些做法獲得了醫務人員的認同，他們認為短期執行這個餐單只會削弱囚犯的體力，但不會影響他們的健康。假如發現囚犯的體重開始下降，餐單就會添加燕麥；假如囚犯體重急降，囚犯則會恢復正常餐單。委員會認為大眾過度關注體重下降這一情況，英國報告顯示，體重下降未必表示餐單不足。部分華人囚犯因受懲罰餐單而停止勞役，體重不降反增。現行“懲罰餐單”（僅有麵包和清水）已無法再減。

總體建議：醫務人員應當減少調整懲罰餐單的次數，並需要記錄每次調整的理由。受懲罰餐單的囚犯，每天仍應從事適度勞役，例如在囚室中拆半磅到一磅的麻絮。

華人囚犯餐單：委員會觀察到每日剩餘米飯可裝滿兩籮，最終出售送去餵豬，故認為每個囚犯的配給量可能過多。經與外界勞工飲食比較，建議減量。部分配給改為上午 11 點提供的稀粥，粥裏加入一點椰菜與豆，委員會稱其為“監獄中最營養可口的組合”。米飯減量後，又添加了幾塊白蘿蔔，委員會說是“非常充裕的一頓飯”。委員會認為提供酸辣醬（chutney）太過奢侈，但考慮到要預防壞血病，鹹魚與鮮魚是必要的。

被判 3 年或以上勞役監的華人囚犯，每周除“非常充裕的餐單”外，額外可獲得 1 磅豬肉。這項“毫無必要”的優待起源於何時，已無從查考。醫務人員認為提供豬肉是必要且恰當的，但委員卻視為浪費，建議立即取消。報告顯示，華人囚犯普遍體重增加，更支持了委員會的觀點。

華人囚犯懲罰餐單：米飯供應為 1 磅 13 盎司。委員會認為這個分量從健康角度已足夠合規，任何額外的食物均屬過多。

委員會強調，監獄如採納他們對於餐單的建議，醫務人員務必密切觀察囚犯的健康與體力狀況，及時向港督及輔政司彙報。

關於柴火與肥皂，報告提到：“囚犯從未獲得煮飯用的柴火配給，肥皂僅分配給歐籍囚犯。”[1] 注意此句位於“華人囚犯懲罰餐單”題目下，意味著華人囚犯既沒有柴火，也沒有肥皂，僅歐籍囚犯享有。但這與監獄年度報表的資料矛盾，年度報表一直聲稱所有囚犯均獲供應肥皂與煮飯柴火。時至 1877 年，雖無需深究實情，但或許可以佐證報表上的資料未必可靠。

女性囚犯餐單：委員會認為當前女性囚犯的餐單過於豐富，等同男性囚犯標準，因此建議至少減量 1/4 。

醫院餐單：“已經是普通餐單的一半”，因此是足夠的。也需要醫務人員的監督。

欠債囚犯與頭等輕罪犯：因為這類監禁本質屬於擔保性質，囚犯並非對社會治安有威脅之人士。假如他們無法自備膳食，委員會建議監獄可以考慮改善

1 Report of the Gaol Committee, CO129/177, p.178.

他們其膳食。

報告還有關於懲罰的詳細內容，已在第二章具體分析，本節不再討論。

監獄職工：委員會高度關注的問題。委員會認為現有把匙人員不足，監獄總監與獄長反映工作太繁重，每日工作近 13 小時（早上 5：30 至晚上 6：00，中間僅有 45 分鐘早餐、1 小時午餐及 30 分鐘晚餐時間），每兩周輪休（周五晚 5：30 後、周六晚及周日全天）。總監指出人員素質有待提升，當時多數員工不識字，無法自行記錄資料。監獄總監建議提高薪資，並提出多項意見。由於這些意見涉及與警隊人員比較，委員會認為超出權限範圍，因此僅把總監的意見反映給港督。

衛生系統：監獄總監與獄長特別提請委員會關注此問題，尤其是一夜後的便桶散發的惡臭瀰漫監房。因為港島本身的花崗岩地質，無法吸收下滲的尿液，解決方案建議使用少量普通石炭酸粉。

腳踏轉輪：19 世紀監獄熱議的話題，用於懲戒違紀士兵或海員成效顯著，起到震懾的效用。但委員會指出，諸多文章報告已開始質疑該器具的合理性。香港曾購置一台機器，但因長期閒置而損壞，重新購買需要 1000–2000 元。委員會態度模棱兩可，一方面認為該器具能給香港監獄帶來好處，另一方面又質疑職員的保養維護能力。

除關於懲罰與勞役監（苦工監）的內容沒有在此細讀外，其他內容已基本涵蓋。1877 年 4 月，下任港督尚未到任便已經通知倫敦，計劃抵港後立即視察香港監獄。

倫敦的回應

這份報告於 1876 年 4 月就已完成，但堅尼地足足等了 8 個月（直至 1877 年 2 月底）才轉發給倫敦殖民地部。在上呈的函件中，堅尼地報告已找到一個能快速且大幅減少香港監獄囚犯數量的方法，即通過完善監獄紀律與膳食餐單管理。他透露部分調查建議已被採納，且這些決策都經過深思熟慮及反覆徵詢各方意見。[1] 需說明的是，該委員會召開時仍在港督堅尼地任期間，但報告完成之際他已卸任即將離港，因此最終只能把報告及一份新的監獄守則提交倫敦，後續工作則留給繼任者軒尼詩港督處理。

倫敦對該委員會的正式回應最終於 1877 年 5 月發出。這封由殖民地部最

1 Lord Carnarvon to Hennessy, 7 May 1877, No.45, CO129/182, p.256.

高領導卡那封勳爵致港督軒尼詩的函件，被後者成為其監獄“改革”的依據，故值得詳述。當時軒尼詩僅到任一個月，這封函件也可視作對他的“指令”。

首先，倫敦聲明未收到堅尼地對於委員會新擬定的監獄守則的任何評語，因此覺得守則還未實行，仍有修訂空間。倫敦指出，賦予監獄總監為囚犯上鐐銬的權力，可能過當且違法；至於罰款，應僅作為解僱後的附加處分。對於監獄總監可拒絕待審囚犯接見其法律代表或親友的做法，倫敦表示不予批准，強調英國已有相關指引。此外，新守則未提及勞役問題，應予補充。可見倫敦審查細緻，但對於囚犯的基本人權著墨不多。[1]

關於監獄膳食這一核心議題，倫敦雖認同香港監獄“膳食過剩”（excessive）的結論，但警告在專業意見反對下強行削減可能引發嚴重後果。報告將監獄膳食與外界自由工人的膳食比較的做法未必恰當。工人在完全自由的環境下或可適應低需求膳食，但在監禁環境下需求可能不同。政府若降低基本供給，有可能導致疾病，須承擔全責。倫敦叮囑軒尼詩慎重考慮。在這個問題上，倫敦的考量雖涉及囚犯（勞役後）福祉，但出發點更多基於新加坡監獄的前例，而非純粹的人道立場。

值得注意的是，倫敦收到含有這幾項建議的完整報告，對這些明顯背離英國監獄“人道化”原則的內容（特別是簡介中第 2 至 4 項，徹底否定了“震懾 + 改造”雙功能制），卻未做出任何評論——這是否意味著默許？儘管 1870 年英國新監獄法已不再要求監獄強制執行隔離制度，但人道主義仍是其奉行的“信仰”。

關於倫敦究竟如何看待在香港實施隔離監獄紀律制度：倫敦指出，隔離制度下重建監獄一事並不在委員會職權範圍內，但委員會也表示支持這個制度。[2]

1877 年，殖民地部國務大臣卡那封勳爵[3]對於隔離制度發表重要講話：

> 我認為隔離制度是監獄紀律唯一可行的體系，對華人囚犯更有其特殊必要性。委員會報告提到，鮮有獄長通曉中文（粵語），而新加坡最近爆發的恐怖騷動警示著讓華人囚犯聚集的危險性。我要求你立即指示總測量司規劃改建圖紙，包括周邊院落與建築物。[4]

---

1 Lord Carnarvon to Hennessy, 7 May 1877, No.45, CO129/182, pp.256–257.

2 Lord Carnarvon to Hennessy, 7 May 1877, No.45, CO129/177, pp.230–235.

3 The 4th Earl Henry Howard M. Herbert, a conservative politician, SS for the Colonies.

4 Lord Carnarvon to Hennessy, 7 May 1877, No.45, CO129/177, pp.232–233.

可見倫敦支持隔離制度，但對華人囚犯的適用理由，並非像英國本土改革派在思想、宗教、道德層面的論述，而只是基於防範暴動——如果將囚犯隔離，他們就沒有機會聚集，就能降低滋事的可能性，尤其考慮到監獄職工都不諳中文。

港督軒尼詩對於這份報告的反應並不直接——畢竟這是前任遺留事務，況且他自有主張。約一年後，他開始行動：撤換監獄內一些不稱職的歐籍把匙人，重提昂船洲新監獄計劃（前文已述）。

筆者認為，1877 年的調查委員會實為"點到即止"：它的召開主要是因為新加坡監獄暴亂的警示，因此完成風險排查後，其他議題便輕描淡寫帶過。

第四節　投其所好：1885 年調查委員會

1885 年 5 月，退役軍人哥頓少將從英國軍隊調任而來，接任香港監獄總監。履新不久，他就提交了嚴厲批評香港監獄的報告。哥頓少將到任後曾試圖整頓，卻引發了 50 餘名囚犯對他的襲擊未遂事件。

哥頓少將 1885 年的監獄報告 [1]

這份打破傳統的報告，除了提供一些統計數字外，還對監獄中的某些問題特別作出評語。哥頓首先指出，香港監獄必須以英國監獄已經樹立的宗旨為依歸。監獄專家埃德蒙・弗雷德里克・杜肯（Edmund Frederick Du Cane）曾在 1882 年出版著作，[2] 清楚地介紹了英國監獄的情況。他認為"震懾 + 改造"兩大元素的同時運用，加上歷年的管理經驗，使英國監獄紀律得以有效實施，令當地的罪案率顯著下降。

哥頓少將坦言，香港因諸多條件限制，很難達到"英國的光輝成就"，但至少應朝此方向努力。這些限制有的無法改變，但有的可以去除。

他認為囚犯在香港監獄中可以領取到質優量足的食物，比在外自由務工的工人所獲更多，並且獄中的勞動強度也低於外界苦力，就算囚犯被關進大倉也

1　Report of the Superintendent of Victoria Gaol for 1885, Sessional Papers for Year 1885–1886, 27 January 1886, pp.147–155.

2　Sir Edmund F. Du Cane, *An Account of the Manner in which sentences of Penal Servitude are carried out in England*, London: Her Majesty's Convict Prison, Milbank, 1882.

不是問題——這解釋了監獄人滿為患、再犯率高的現象。

哥頓少將高度評價獄中的歐籍職工，認為他們雖然缺乏英國監獄紀律的訓練，但工作熱忱、吃苦耐勞，香港監獄的管理都要依靠他們。反之，在有色人種與華人職工中，絕少能找到這樣的人才。哥頓認為，監獄中的罪行都因這些員工而起，因為他們多涉嫌私藏鴉片、煙草以及賄賂等違紀行為。當時監獄把匙人的空缺常由軍隊擬退役的士兵填補，這些退役士兵由於已受過一定的紀律訓練，來到監獄就能提升整個監獄的紀律水平。

作為實事求是的專業人士，哥頓始終強調香港監獄需要"管教"（Reformatory）元素。他指出當時在監獄內除周日有志願機構進行中文禮拜外，幾乎沒有任何教育性或宗教性的指導。至於工業訓練，也因為空間限制而僅惠及少數。因為獄中沒有實行隔離制度，囚犯被關在大倉裏，只會互染惡習。

他的報告非常詳盡，除了上述的簡介，還分為四個部分：1. 監獄建築物；2. 監獄從屬人員；3. 囚犯與紀律；4. 公共工程與工業勞役等。因建築部分已見於文基賢的文獻以及關於大館的展覽，此處從略。關於監獄從屬工作人員，哥頓少將簡述如下：

> 監獄當時的工作人員全部都缺乏正統的英國訓練，但歐籍工作人員的服務質量不錯，應獲得殖民當局的認可（讚許）。至於其他有色人種職工，除了一兩個例外，態度操守都有問題，其實這就是監獄罪行的主要原因，如賄賂、毒品等。自從到任，有 6 人退役，5 人辭職，10 人被開除（大部分因為與囚犯有不當勾結）。軍隊允許軍人到監獄試用一段時間，假如覺得適合就可以申請退役，正式加入監獄工作。因此空缺職位後來大多由士兵補上，這樣的安排非常有成效。因為習慣了紀律，士兵不會與囚犯糾纏，他們簡單下達命令，對違規事件直接上報並進行處罰，減少了無謂的爭議。囚犯也因此逐漸養成服從紀律的習慣。士兵絕對不會與囚犯進行任何條件交換等不良行為。士兵參與監獄工作是監獄的一大福祉。

哥頓少將最後的總結或許值得深思。他強調自己的觀察集中於一點：建造一所新監獄是刻不容緩的首要任務。應採用當時英國通用的隔離制度，即每個囚犯住在獨立囚室，並設有足夠空間，配備工作坊和工業勞役場所。缺乏這些條件，震懾與改造的效果無法實現；反之，假如監獄能實現震懾與改造，香港的犯罪率將大幅下降，監獄支出也會相應減少。

他參考了廣州與澳門的監獄情況，稱廣州監獄對於囚犯的處置雖嚴酷，但震懾效果顯著。澳門監獄沒有香港這麼擁擠，部分囚犯參與公共工程勞役，但未獲得額外的配給，食物供應似乎也比香港差。然而哥頓少將指出，英國作為以文明和基督精神為本的民族，就必須以人道立場對待囚犯（包括他們的健康、食物與衣物等方面）。

> 但是，無論我們多希望以人道立場與深思來對待他們，考慮到他們自己的社群以及自身問題，如果這樣的待遇對他們來說是"奢侈享受"的話，我們就該對英國的準則做出調整……根據我們的經驗，採取一些足以馴服與改造本國"最差勁的一群"罪犯的方法，而隔離監禁制度正是這首要的、最有力的制度。

這裏不得不讚歎英國人的寫作技巧之高明。這段話筆者反覆閱讀才明白，其實是說除了囚犯的基本需求（食物、衣物與健康）外，其他方面並"不需要"依照英國的"人道"標準處理。原來"人道"的程度可因族裔、場景等因素而異。為避免誤解，將英文原文收錄如下，以供考證：

> But we cannot, as a civilized and Christian people, treat our convicts otherwise than with humane attention to their health and comfort in food and clothing etc. But at the same time, it seems due to the community and to the Prisoners themselves that, bound as we feel ourselves to treat convicts with a consideration and humanity which to the natives of these parts appears luxurious case, we should adopt those means which the experience of England has shewn to suffice, for taming and reforming the worse of our own criminal population, and imprisonment on the separate system is the first and mightiest of these agencies.[1]

哥頓少將還提到曾參觀的新加坡監獄，那裏比香港先進，特別是 800 名囚犯都有獨立囚室（香港僅 49 個）。監獄工作人員都曾在英國監獄接受訓練，薪水也合理。根據新加坡 1884 年統計數據，過去三年嚴重犯罪數量逐步下

1 Blue Book (1886), Gaols and Prisons, Paragraph 27.

降，只有四名囚犯是再犯。

此外，哥頓少將修改了監獄守則，也引起了不少風波。

哥頓少將認為唯一方法是實施七年前倫敦已批准的新建監獄計劃。當時因有其他更緊迫的項目，如建設大潭水庫和醫生建議的衛生改善計劃等，這些工作至今尚未完成。

他估算新建監獄的成本已從 1866 年的 10 萬漲至 40 萬，但也理解殖民當局剛承諾撥款 16 萬購置軍備，因此申請新建監獄的撥款肯定會被推遲，即使申請貸款也不可能獲批。哥頓少將似乎接受了新建監獄還將延期的事實，因此建議保留域多利監獄以關押長期囚犯，將部分短期囚犯轉移到其他場所。在囚犯數量不多的情況下，域多利監獄至少能有效實行英國推崇的隔離制度。

哥頓少將報告中最值得注意的是他指出了監獄空間不足的問題。他提到香港有 700 名囚犯，卻只有 49 個獨立囚室，因此無法實行在其他地區已證明具有良好震懾效果的隔離制度。

1886 年的調查委員會

殖民當局接到哥頓少將的報告後，當時的署理港督馬師了解到監獄情況嚴峻，但認為這也是預料中事。因為當時域多利監獄已經幾次更換領導，每次接任的人選都在很短時間內調任，根本沒有時間認真調研和開展改革工作，而且這些短期臨時人員大多沒有任何實際經驗。

馬師表示會考慮哥頓少將報告中的幾個要點[1]：1. 隔離制度在香港監獄空間不足的限制下，只能提供 49 個隔離囚室，因此在其他區域很有成效的制度在香港無法實現；2. 新建監獄；3. 相關的龐大開支。倫敦對於哥頓少將的努力表示欣慰，但亦指出除非隔離制度能在“一個”香港監獄得以實施，否則香港監獄系統始終是有缺陷且不盡如人意的。[2] 這裏的說法從“香港監獄”（指所有香港監獄）變成“一個”香港監獄（指無需在所有香港監獄），不知是否意味著只需對那 49 名長期監禁的囚犯實施即可？

一個月後，馬師通知倫敦殖民地部[3]，他已於 4 月 8 日委任一個人數較多的調查委員會，負責研究哥頓少將關於保留域多利監獄給長期監禁囚犯，同時將其他囚犯遷往其他建築的建議。根據這封函件，調查委員會只需考慮上述問

1 Marsh to Earl Granville, 1 April 1886, No.103, CO129/226, pp.7–10.

2 Colonial Office London to OAG of HK, 28 May 1886, No.71, CO129/226, pp.12–13.

3 Marsh to Earl Granville, 4 May 1886, No.145, CO129/226, pp.233–236.

題。委員會成員共 9 名，如下：

- 署理律政司 E. J. Ackroyd（主席）
- 殖民地財政司 A. Lister
- 測量署總署長 J. M. Price
- 署理警察裁判司 E. Mackean
- 監獄總監 A. Gordon
- 立法局（定例局）成員 William Keswick
- 太平紳士 C. P. Chater
- 太平紳士 A. P. McEwen
- 太平紳士 P. Manson

後來倫敦在回函中補充，允許這個代表性委員會考慮與監獄相關的其他問題。在最終正式文件中，再改成"考慮域多利監獄空間不足的問題"。[1]

報告於 1886 年 6 月出台。報告中附有太平紳士麥克尤恩（McEwen）的一封函件，說明他對報告中的部分結論或建議持不同意見，因此必須附上他的個人意見。律政司阿克羅伊德（Ackroyd）在向輔政司提交報告的信函中，特別提到關於剪除短期監禁華人辮子的問題。律政司解釋，雖然這種做法的確有震懾作用，但委員會中熟悉華人習俗的成員認為，這項懲罰過重，標籤效應會使這些釋囚日後更難融入社會，甚至可能成為慣犯，並引發整個華人社會的憤怒。因此最終結論是不應剪除華人的辮子。

委員會召開了幾次會議，並分成兩個小組：一個 6 人組，負責夜間巡查監房情況；一個 3 人組，負責監督監獄提供的食物 / 菜單。

報告的一大前提是：香港是一個特殊的地方，在殖民管治地區中獨一無二。例如其地理位置鄰近中國內地，天災人禍時會有大量人口湧入香港；廣州司法政策趨嚴時當地罪犯也可能逃至香港，考慮到兩地刑罰制度的輕重差異。

香港的刑事法制不僅針對本地罪犯。被判處苦工監的可能只是較輕的竊盜慣犯，但監禁似乎是保障市民的唯一途徑。因此，委員會毫不意外地認定，監獄的伙食和居住環境對於普通華人市民來說比監獄外更舒適，監獄內的苦工也比外界謀生的工作更輕鬆。最重要的是，囚犯在監獄中可以自由與其他罪犯來往，每周有一天半的假期，這是在外面不能享受的福利。委員會研究的刑罰包

1 Report of the Commission on the overcrowding state of Victoria Gaol, CO129/227, pp.548–554.

括鞭笞、監獄住宿調整及其他懲罰措施。

委員會的總結與建議

委員會認為監獄仍人滿為患，臨時解決方案包括：1. 設立改造所轉移年輕罪犯；2. 研究是否應提前釋放 39 名因賭博入獄的罪犯（非賭館經營者）；3. 是否釋放 46 名缺乏擔保的罪犯。這個早釋計劃甚至可適用於刑期較長（非重罪）的囚犯。考慮到香港的財政狀況以及大潭水庫等在建工程，新建監獄暫時不可行，只能先嘗試這些緩衝措施。若能緩解監獄擁擠問題，便可儘快實施隔離制度。此外，新建監獄耗時較長，也不切實際。

委員會再次強調香港的特殊地理位置，指出在港短期監禁對華人囚犯毫無作用，因此應緊急採用其他懲罰方式，以遏制小規模偷竊或再次潛逃回港的罪犯。委員會一致支持警察裁判司懷斯（Wise）的建議，即廣泛採用鞭笞。即使監獄擁擠問題改善，鞭笞刑罰仍應繼續。

委員會認為"香港的納稅人不應因為要向這個以海盜與騷亂聞名的地方提供西方標準的監獄住宿而負擔過重"。[1] 鞭笞可以有效阻止罪犯潛返香港，而香港此前一直未能做到。這些人在家鄉未經審判就可能已經被打得皮開肉綻。

關於膳食，委員會認為雖可縮減，但需注意賦予監獄總監更大的紀律處分權。委員會建議調整法律原本容許的鞭笞數（12 藤）。[2] 與鄰近的新加坡相比，委員會認為後者針對鞭笞的權力更大。

倫敦對委員會報告的反應

從報告可見，各方似乎接受了因香港缺乏資源修建新監獄而導致監獄條件不達標的事實。委員會最主要的建議是重新廣泛採用鞭笞刑罰。這一做法對當時日益倡導人道主義的倫敦議會和政府而言至關重要，尤其反映出其殖民管治方針取向。

在倫敦最早的內部討論中，盧卡斯率先認為加強鞭笞刑罰可能是個錯誤。首先，英國已強烈反對鞭笞刑罰，幾年前香港取消鞭笞有其理由，逆轉這一決定是不明智的做法。鞭笞的恢復可能使香港殖民當局繼續拖延新建監獄的計劃。

雖然他理解委員會提到的香港因地理位置而吸引中國內地罪犯的看法，

---

1 Commission Report Point 26, CO129/227, p.550.

2 香港法律編章 1863 年第 4 號法令第 11 項。

殖民地部國務大臣盧卡斯（Charles Prestwood Lucas）

但認為這與英國的情況無異，後者同樣大量接收毗鄰歐洲大陸的犯罪分子，唯一區別是中國內地的酷刑使香港更具吸引力。盧卡斯認為不能因為臨近國家的殘酷就讓英國妥協，並且如能有效實施單獨囚禁，其效果應與鞭笞相當。律政司的證詞也指出，單獨關押對於華人囚犯已是一項嚴厲的懲罰。對於委員會建議將監獄總監單獨下達鞭笞刑罰的權限增加至 12 藤，盧卡斯認為現行法令已經賦予總監足夠的加大懲罰的權力，只需一名太平紳士同時在場監督即可。若監獄總監哥頓少將認為必須擴大權力才能推進監獄改革，可以暫時增加，但必須事先獲得港督批准。換言之，盧卡斯始終認為此等（過大的）權力需要受到監管。

關於縮減監獄膳食，盧卡斯同意實行 ，必要時可臨時增派人手甚至從軍方借調。此外，他提到英國已於 1885 年全面廢除錢債監獄，因此需檢視其在香港存在的必要性。

最後，盧卡斯指出各方雖認同隔離囚犯是最佳震懾手段，但香港“社會”（應該是指殖民當局及洋人洋商）卻一直在拒絕，導致現在要靠加重鞭笞來解決問題。因此，他敦促香港儘快尋找臨時建築物來關押短刑期囚犯，以便在縮減膳食前先隔離較惡劣的囚犯。

盧卡斯對擴大監獄總監鞭笞權的總結是："假如關乎生死"，他不願拒絕；但假如有其他辦法，他傾向於不這樣做。倫敦認為哥頓少將盡職盡責，若需加薪留任亦可考慮。[1]

內部討論中還有其他官員的意見，摘要如下：[2]

1. 有人承認，若香港有合適的監獄可以實行隔離制度，就無需依賴體罰（在英國已經被廢除的做法）來減少犯罪；

2. 有人認為盧卡斯低估了香港對於中國內地罪犯的吸引力，尤其因為香港法律較寬鬆。並非要效仿中國內地的嚴刑峻法，而是真的有必要加強本地刑罰；

3. 有人批評前任國務大臣金伯利勳爵對軒尼詩廢除體罰的傾向過於縱容，可能未充分評估後果；

4. 有人認為不應該將英國的罪犯政策強加於所有殖民管治地區，各地氣候、族裔不同，印度、海峽殖民地及錫蘭均未統一實施，香港亦無需硬套；

5. 有人反對對所有較輕的偷竊犯或潛逃回港的罪犯實施鞭笞；

6. 鞭笞應當僅適用於暴力犯罪或慣犯，基本採納華人太平紳士建議的罪行範圍，除了兩項：攜帶武器和潛逃回港。

上述意見可能都來自一名叫溫菲爾德（Wingfield）的官員，另有 2 至 3 人附議。署名"ES"的官員表示贊同，甚至支持華紳提出的對 16 歲以下初犯者實施鞭笞的提議。考慮到當時香港監獄的情況，他認為對於少年犯來說，打藤比把他們關在監獄更好。他還常質疑：不應將英國輿論的懲罰標準強加於"像香港這樣的地方"，情況完全不同，所以應該有不同的處理方法。[3]

殖民當局對委員會報告的反應

署理港督馬師在 1886 年 6 月底將這份報告送遞至倫敦。[4] 一個月後，又將一封香港華人太平紳士的信函發往倫敦。馬師此時"似乎"獲得了整個香港社會〔行政局、司法界（法官）、警隊總監〕以及華人士紳的同意，因此加重體罰勢在必行。

其他持份者既已表示支持，也無需贅述。但華人士紳的意見或許能在某種

1 Internal Discussion Colonial Office London, CO129/227, pp.531–534.

2 同上。

3 Internal Discussion Colonial Office London, CO129/227, pp.535–536.

4 Marsh to the Secretary of State for the Colonies, 26 July 1886, No.248, CO129/228, pp.104–111.

程度上反映部分華人的看法，節錄如下：

首先，華人太平紳士的信函是應馬師邀請，就委員會報告中的幾點（特別是體罰）作出反饋。[1] 華紳不同意對輕微偷竊罪犯隨意實施體罰，但“強烈”建議在以下情況可使用體罰：1. 16 歲或以下青少年犯；2. 兩次以上慣犯；3. 強搶耳環及搶劫婦孺物品；4. 暴力（如扼頸）偷竊行為；5. 勒索與敲詐；6. 利用恐嚇信函或信息妨礙司法公正；7. 無故攜帶武器；8. 流放後潛回香港；9. 持武器強行進入或攻擊他人物業；10. 海盜行為；11. 不當傷人。

華紳反對以剪去華人辮子為懲罰手段，指出此舉對於體面的華人是一種侮辱，對於市井之徒亦無威懾力，因此不會有成效。此外，華紳列舉此措施的其他弊端：1. 使罪犯更不敢返回內地家鄉，滯留香港；2. 阻斷了罪犯的改過自新之路；3. 便於罪犯逃避“提燈法”檢查（因為更容易換穿洋裝）。這封函件由七位華紳聯署：黃勝、鄭聯喜、周鵬、蔡志北、韋亞玉、何啟。

倫敦的最終指令

半年後，倫敦綜合各方意見後正式回應殖民當局，[2] 首先聲明：

> 完全同意在香港財政狀況容許時興建新監獄，但因當前其他需求眾多，無法立即進行這項重要的工作。

因此，只好採取臨時措施來改善監獄擁擠問題，包括將短期服刑囚犯移送其他臨時建築物，雖然尚未找到合適的場所，仍在繼續努力。其次，關於體罰，倫敦妥協同意修訂法律，雖未全盤接受委員會建議，但規定鞭笞上限為成人 36 藤，16 歲以下者 12 藤（與英國標準一致）。倫敦對於華紳提出的 16 歲以下者體罰建議未表異議，但反對對流放潛回者及輕微偷竊犯實施體罰，亦同意監獄總監可以獨自（無需太平紳士在場）對違反監獄守則的囚犯實施體罰，只需事先報告港督。同意不剪華人的辮子。最後，倫敦批准減少監獄膳食供應，僅維持囚犯健康及勞役所需即可，無需過量供給。

對於委員會報告，筆者的評語是：投其所好——既然眾多本地持份者推崇這些（如盧卡斯所言）有悖於英國本土法律的措施，那麼批准這些殘酷、非人道的做法便無所顧忌了。

---

1 Reply from the Chinese Justices of the Peace, 26 June 1886, CO129/228, pp.112–113.

2 Colonial Office London to the OAG of HK, 10 December 1886, No.78, CO129/227, pp.564–569.

第五節　覺醒年代：1890 年調查委員會

調查委員會的召開背景

1890 年，上任港督德輔（Des Voeux）在 2 月離任後，新任港督遲遲未到任。當時的署理港督是菲林明（Francis Fleming），他到任後不久就巡視了一次監獄，稱被監獄人滿為患的景象所震驚。加上翻閱了哥頓少將的監獄報告，更確信有必要儘快深入研究這個問題，於是他馬上召開了一個特別調查委員會，成員包括：

- Mr. A. Lister（署理輔政司）
- Mr. W. Deane（警隊總監）
- Mr. Brown（總測量司）
- Mr. Chater（立法局非官守議員）

委員會成立後，成員曾多次巡視香港監獄。總測量司在 9 月中旬完成報告並呈交港督。港督也在 5 天後就將報告轉發至倫敦殖民地部，可見此次署理港督的自發行動是積極而進取的。實際上，他提交給倫敦的報告函件長達 26 頁。[1]

委員會 / 布朗先生的報告 [2]

首先，這個委員會與之前最大的分別在於其針對性：僅考慮監獄住宿空間的問題，其他方面（如膳食、刑罰等）不在討論範圍內。當然，這也涉及監獄紀律制度，主要是隔離制度的實施。報告開篇即明確，委員會的目的是調研監獄現狀的缺陷，以及集體制度與監獄人滿為患的問題。

報告提出了 3 個方案：1. 在原址增建一棟建築；2. 在其他選址增建一棟建築；3. 在其他選址新建一所監獄。

對於方案 1，布朗有一句耐人尋味的話：

> 新建的一棟建築究竟能提供多少住宿空間，當然取決於針對華人囚犯的最低面積（floor space）以及空間（air space）標準。

為何僅考慮華人囚室的最低要求？布朗在後文給出了答案：

---

1 Fleming to Lord Knutsford, 16 September 1890, No.334, CO129/246, pp.687–699.

2 Surveyor General's Report, 11 September 1890, CO129/246, pp.700–720.

歐籍囚犯可以完全不予考慮，因為他們可以在現有建築中較大的囚室內享受最佳條件。而考慮到華人世代的生活習慣，他們已經完全適應過度擁擠的環境。[1]

根據布朗在塞浦路斯（Cyprus）的經驗，他將最低標準定為 400 立方英尺（當時英國的標準為 585 立方英尺）。按照這一標準，布朗估計假如有 4 棟建築，可多容納 50% 的囚犯，具體計算方法在此不贅述。同時，即便倫敦最終容許將標準降至 400 立方英尺，布朗也否認了方案 1（即在現址增建）的可行性，因為無論如何增建，隔離制度都無法完全適用於最多 700 名囚犯。因此，唯一辦法是將新建的一棟建築用於關押長刑期囚犯及已定罪的囚犯，對他們實行隔離制度；現存的舊建築依然採用集體制度，關押刑期較短的囚犯。似乎只有這個方法才能緩解監獄的過度擁擠問題。該方案總開支估算為 11 萬元，[2] 但需犧牲現有的院子（廣場）空間，日後將被建築佔用。關於公共空間的標準，若按照方案 1 改造，監獄範圍內（包括囚犯、工作人員、警察等）的人口密度為每英畝 358 人。相較於當時香港華人區每英畝 2000 人的密度，358 人當然達標，但是布朗仍擔心這與平常"可取"的標準有差距。有兩個問題值得思考：1. 華人區 2000 人的密度是否曾引發擔憂；2. 為何仍存擔憂，是否因為計算中包含非華人，導致標準需更高才能滿足"可取"？

關於第 2 個方案，布朗首先認為囚犯總數不宜低於 700 名。約 400–500 名囚犯可關押於舊監獄（假設囚室為 400 立方英尺），仍實行集體制度；其餘 200–250 名囚犯可搬遷到新建築，實行隔離制度。但假如最終決定對所有囚犯實行隔離制度，那麼舊監獄最多只能容納 300 名囚犯，因此需另建一處可以容納 400 名囚犯的建築。布朗個人認為，無需對所有囚犯實行隔離制度，可以僅用於已定罪者，對輕罪犯仍可實行集體制度。該方案的估算費用為 14 萬元。報告中甚至已選定地點（位於般咸道，自哥頓少將時期已預留作監獄之用），但布朗認為該地地勢不佳，應進一步考量。

至於第 3 個方案，即新建一所監獄（選址仍為般咸道），布朗顯然對此缺乏信心，並表示不確定是否有此必要。因細節不足，僅提到估算成本約為 32 萬元，但若可以利用囚犯協助建設，成本可進一步降低。

---

1 Surveyor General's Report, 11 September 1890, CO129/246, p.703.

2 方案到了菲林明手中，預算莫名變為 17 萬。

布朗在總結中並未明確支持任一方案，而將決定權留給殖民當局或者倫敦。

署理港督對報告的反應

委員會是菲林明主動召開的，當時外界壓力並不大，從他發給倫敦的函件中可窺見當時社會對於監獄監管，特別是擁擠問題的反應。

菲林明不同意布朗以 700 名囚犯為上限的假設，他認為囚犯數量近年持續減少。他還表示，若實行隔離制度，犯罪率肯定會降低，囚犯數自然會減少。與殖民當局或倫敦的很多官員不同，菲林明認為隔離制度對於華人是有效的，他說：

> 華人雖然對很多事情無所畏懼，但若真的將“獨處”作為懲罰，應該有非常強烈的“震懾”作用。[1]

菲林明同意隔離制度無需適用於所有囚犯，可以僅用於長刑期囚犯。他舉例稱，一些街頭乞丐是否需監禁尚存疑，因為殖民當局要養活他們就要花費不少。此外，英國實際已廢除欠債人監禁，香港目前雖然數量不多，但也是一個問題。

菲林明特別提到方案 3，指出由於成本問題，新建監獄的提議一直未能落實。他透露，當時英國軍費已翻倍，負擔沉重，且未來軍營增加可能導致軍費進一步上漲。此外，本地社會普遍反對新建監獄，他直言立法局所有非官守議員可能均持反對意見。1890 年的立法局非官守議員中，除了何啟全都是洋人。[2] 菲林明表示，假如倫敦認為有必要新建監獄，可能需要舉債。[3] 他明確反對方案 2，認為建稱後將有兩所監獄（域多利和般咸道各一），需雙倍人手，並不划算。

似乎最終，菲林明還是支持方案 1，但成本從布朗估算的 11 萬增至 17 萬，因還需重建裁判司處及警察總監與下屬的宿舍，才能落實在原址加建一棟建築的方案。另一支持原址增建的理由是，域多利監獄雖然擁擠，但囚犯從未出現重大的健康問題。菲林明認為其他選址（如薄扶林、銅鑼灣、渣甸坊等）

---

1 Fleming to Lord Knutsford, 16 September 1890, No.334, CO129/246, p.691.

2 Legislative Council Session Paper No.35, 22 December 1890.

3 當時香港財政尚算穩健，只有 20 萬英鎊的債務，是 1887 年關於防衛及其他公共工程項目的欠款，理應在 1907 年還清。

都不如原址。

倫敦對布朗報告的反應

倫敦迅速對港督 9 月提交報告作出回應，[1] 國務大臣納茨福德（Lord Knutsford）語氣頗為嚴厲。內部討論中已有跡象表明，倫敦殖民地部對於香港殖民當局長期未能解決監獄擁擠問題感到不滿。[2] 討論內容繁多，以下僅摘錄部分代表性言論。

盧卡斯再次發表長篇意見，稱殖民地部多數人傾向於方案 2（即在其他選址新建一棟監獄建築）。但立即有人反駁稱此事屬於本地問題，帝國政府不應干預，囚犯若有不滿，可以選擇離開香港返回中國內地。

有人（可能是溫菲爾德）提出，雖不應在正式回應中表明倫敦殖民地部多數官員都傾向於方案 2，但他反對將監獄擴建僅視為香港本地問題。他指出，若在直轄殖民管治地區有囚犯正遭受過度擁擠的惡劣監獄條件，以及其他違背監獄紀律或監禁目的的情況，倫敦國務大臣不能袖手旁觀。

國務大臣納茨福德的回覆語氣嚴厲：

> 據我了解，國務大臣（指殖民地部）對於改善監獄的方針一貫強而有力，但我不想在溫菲爾德指出的案例中顯示這種強力。

最終的正式回函首先提到，署理港督稱方案 1 易獲本地社群接受。納茨福德藉機批評監獄問題拖延已久，若獲得本地社群支持能加速計劃落實，那就是一個上好的理由。

回函中，倫敦對監獄擁擠與集體制度作出了指導性批評，稱方案 1 無法解決這兩個問題（理由引自布朗的報告，不再重複）。因此，倫敦表態支持方案 2，即在其他選址增建一棟監獄建築。納茨福德還回應了菲林明關於監獄職員重疊的擔憂，認為問題不大，且住宿空間擴大後增加看守人員是必然之事。倫敦同意廢除錢債監獄的做法，並對隔離制度的成效充滿信心，認為囚犯人數應當向下估算，因此只需要不超過 450 間單獨囚室，即只需要額外新建 250 間囚室。

最後，納茨福德嚴令此事必須立即推進，不得拖延。此函件已多次批評進展緩慢，他希望這些建議不再受本地社群阻擾。

1 Blue Book (1891), Gaols and Prisons, p.119.

2 Internal Discussion Colonial Office, CO129/246, pp.680–686.

從委員會報告、署理港督及倫敦殖民地部的回應可見，至 1891 年，監獄情況已慘不忍睹。本地社群（洋人或洋商）的阻力仍然很大，如軒尼詩時代（1879 年）重提昂船洲新建監獄時怡和大班耆紫薇的反對一樣（或更甚）。倫敦的態度雖然變得更為積極和強硬，但對於隔離制度的支持仍停留在理念層面，未付諸行動。有一點想特別指出的是，擁有最終決定權的納茨福德卻有意無意地推搪了這種掌控生死的大權，某種程度上還是因其不願真正為受到殖民統治的人謀福利。

對於這次的委員會，筆者的評語是：覺醒年代。殖民統治即將步入第 50 個年頭，當局對華人的認識是否略有增進？至少他們不再認為華人對"失去自由"無感覺，如今有人意識到華人也會害怕單獨囚禁的折磨。然而，對華人實行隔離制度，僅僅是為了震懾，絲毫沒有改造之意。

第六節　格局已定：1921 年調查委員會

越獄及謀殺傷人事件

1921 年 12 月 15 日清晨，域多利監獄發生了一宗兇殺案件，一名歐籍獄卒斯皮德（Speed）在獄中被謀殺，另有兩名印度籍獄卒受傷，其中一名重傷，次日不治身亡。事發經過後來披露：清晨 4 點，有四名囚犯越獄，他們不知從何處弄來兩把刀，打開囚室門後立即襲擊斯皮德，隨後又持刀刺向一名印度籍獄卒的腹部，並幾乎割斷了另外一名印度籍獄卒的手。囚犯用繩索逃至監獄空地，翻墻逃離，[1] 據說他們還搶走了斯皮德的佩槍。

獄卒遇害的消息很快傳至倫敦殖民地部，因為這名年輕獄卒的新婚妻子正準備帶著剛出生三個月的嬰孩來港。12 月 15 日下午，監獄部門為兩位死者舉行喪禮，從喪禮規格就可見事態嚴重。靈車將屍體送到花園道後，由炮車（軍車）接載。斯皮德的妻兒未能及時出席，只能送上花圈。主持儀式的天主教神父稱斯皮德對這片土地盡了責任，獻上了他的生命。印度籍獄卒的靈車後有全體印度籍獄卒及印度警察列隊跟隨。

另一方面，斯皮德太太的津貼卻很快被停發。本住在愛爾蘭都柏林的斯皮

1　*China Mail,* 15 December 1919.

德太太在 1919 年 12 月 26 日 至 1920 年 1 月 5 日期間連續發出 4 封函件向倫敦殖民地部申訴。殖民地部最終於 1920 年 1 月 6 日回信解釋稱海郵存在一定延遲，已經將其訴求以電報形式轉達港督。其無助處境可想而知。[1] 由於事件被高調報導（連續 10 天見報），引發香港社會高度關注。在多次立法局會議上，都有議員就此事及監獄監管問題提出尖銳質詢。在 1920 年 1 月 29 日的會議上，有議員質詢如何落實死因法庭裁判中的建議。當局無言以對，只好推搪說牽涉問題太多，需要委任專責委員會調查事件後，才能做出有意義的評語。[2]

死因法庭的審判結果

調查發現，兩名越獄囚犯原在監獄鐵匠處工作，所以有機會接觸利器，可能是夜間將鐵銼藏在身上帶回了監倉。另一個囚犯因從事油漆工作，藉機仿製了一把門鎖鑰匙。案發時斯皮德正伏案處理文件，囚犯持刀直刺其心臟，共造成 13 處傷口（頭部 7 處，身體兩側各 1 處，背部 4 處，腹部 1 處）。斯皮德屍體被發現時仍保持坐姿。囚犯在走廊遭遇兩名印度籍獄卒時再次行兇，其中一名印度獄卒胸部多處中刀。

報告指出，斯皮德是三名遇襲獄卒中唯一配槍者。其所在房間因空間狹小，就算發現襲擊者也難以起身躲避。當時監獄內只有三名歐籍獄卒當值，另兩人在其他建築內執勤，直至警鐘響起才知道有緊急情況發生。事發建築物關押了 140 名囚犯，除逃脫的四人外無其他參與者，因此未逮捕更多囚犯。

一名落網逃犯的口供

當局出動 200 多名警力四處搜捕逃犯，最終於 16 日晚在銅鑼灣抓獲其中一名逃犯黃光（又名黃星），其口供揭露出不少情況。黃光稱整個越獄計劃始於一個多月前獲得鑰匙之際，他負責襲擊印度獄卒，兇器為從靴店偷藏而來的刀具；而李慶等二人負責襲擊斯皮德。解決這些獄卒後，四人原本計劃奪取武器庫，殺死所有監獄職員，釋放所有囚犯，但因警鈴大作而未遂。假如李慶被抓，就可以得知逃獄繩索從何而來。黃光稱殺死斯皮德的是李慶與另一名囚犯，他還帶領警察到附近的盧西塔諾俱樂部（Lusitano Club）天台搜索槍支，並供認他們通過換上竊取的警察制服以掩人耳目。[3]

1 Correspondence on death of J. L. Speed, CO129/457, pp.173–180.

2 Legislative Council Meeting Minutes, 29 January 1920.

3 *China Mail*, 16 December 1919.

死因法庭 16 號庭審記錄

本案由三名陪審員和一名法官進行審理。法醫檢驗顯示，斯皮德全身共 27 處傷口（後腦至耳部有一道 4 英寸傷痕，面部與右耳刺傷，右背有一道很深的傷口，頸部左前有一道 4 英寸割喉刀痕，背部左後方傷至肺部的刀傷等）。對於印度籍死者，檢查結果僅簡單註明“肩膊有損傷”。

助理監獄長作證稱他被警哨驚醒，走到陽台，僕人告訴他有囚犯越獄。他馬上下樓查看，發現其中一名印度籍獄卒倒地，頭巾散落，提燈破碎。但因為當時天色太黑，他無法判斷哪幾個守衛在場。一位陪審員詢問守衛究竟發生什麼事，守衛稱他被一個穿便裝的警察攻擊。法官詢問走廊照明情況，證人回答僅有極其昏暗的燈光。證人隨後發現斯皮德倒地不醒，於是立即將其送醫。他再回到監獄時，發現囚犯已無人看守，隨後將另一位受傷守衛送往醫院，途中這名守衛指認一名囚犯（24 號囚犯或 24 號倉的囚犯）實施了襲擊。醫院翻譯複核時，傷者明確指證是被一名華人持刀所傷。

8 號印度籍守衛證實了每個監倉關押兩名囚犯。

專責調查委員會 [1]

這起囚犯越獄殺人事件引發香港社會強烈關注。在 1920 年 1 月 29 日的立法局會議中，輔政司面對議員對於這起事件以及監獄監管的尖銳批評，以“需徹底調查”為由拖延，承諾先成立調查委員會。[2] 在次月立法會會議中，議員進一步詢問死因法庭提出的關鍵問題，例如為何監獄的印度籍職員不能像警隊那樣直接從印度聘請等。儘管輔政司一一作答，但可見監獄管理問題已不容忽視、亟待解決。

關於這個委員會的代表性，其成員只有三名：曾在 1 月 29 日會議中提出尖銳質詢的立法局議員波洛克（Pollock），還有哈奇森（Hutchison R. O.）及歐亞混血商人何福。[3] 委員會要調查的議題有三個：1. 逃犯黃光證供的可信度；2. 兇案及案發時間細節問題；3. 防範措施建議；4. 監獄管理改進事項。

本次委員會工作較以往更為嚴謹：多次召開會議，四次探視監獄（含一次夜間視察），與 2 名獄卒、2 名醫生及助理監獄長見面並聽取其證詞，聽取囚犯莫勝的證供，查驗中央警署及域多利監獄內的證物。相較於上個世紀的同類

1 Report of the Committee on Administration of the Victoria Gaol, 17 June 1920, CO129/461, pp.317–320.

2 Legislative Council Meeting Minutes, 29 January 1920.

3 “澳門賭王”何鴻燊的父親。

調查，委員會工作更加深入，大眾對於委員會的要求也更高。以下是委員會對於黃光及莫勝證供的報告。

表 5.1：黃光及莫勝證供報告

黃光投訴	委員會報告	莫勝投訴	委員會報告
食物不夠	指控沒有根據，記錄顯示囚犯體重有輕微增加，食物似乎足夠	食物不夠，米飯煮不熟，食物已變質	不成立，白米是碎米，因此有時較難煮熟；受夏天天氣影響，更換為鹹魚
監獄內有煙草	確實有此情況，但很難完全制止。建議訂立條例，更嚴格地對監獄員工進行搜身	囚犯要求稱量米飯但不獲接納	不成立，囚犯提出要求並不會被加重刑罰；三次以上無理投訴可能受罰（只分配米飯與清水餐）
監獄中有不當行為	沒有足夠證據。只由印度獄卒檢查華人監倉效果不理想，造成私藏煙草等問題	長刑期、短刑期囚犯都沒有獲分法定食物量	不成立，但將食物分量標準定為 16 盎司
囚犯患腳氣病（缺維他命 B1）	曾計劃將囚犯遷往堅尼地城；提供的米飯太多，囚犯有時拒絕進食，證明其並非完全喪失反抗能力	天氣寒冷，毛毯不夠；冬天禦寒衣物偷工減料	承認這個冬天配給不足；投訴成立，配給已從倫敦抵港
其他	1918 年至 1919 年間，屢傳有囚犯因飢餓而死亡。（應該是訛傳，每一宗死亡都會有死因調查。） 囚犯常被不當使用一事為訛傳。		

1920 年 4 月 12 日，委員會宣佈最終建議。對於第三個議題，有以下措施可防止日後同類事情重演：

- 應該關閉錫匠店；
- 囚犯外出工作返回時，應由歐籍上級進行徹底搜查；
- 囚室外應加裝鐵柵，即使囚犯成功撬開鎖具，亦無法逃出；
- 監獄廣場與走廊應安裝電燈，包括緊急照明；
- 加強各區域的監管守衛；
- 兩名歐籍獄卒夜間應時常在崗；
- 所有監倉搜查都應由歐籍監獄職員指揮，每周一次的大搜查須嚴格執行；

- 修訂監獄守則，規定（特定職級以下）監獄職員進出須接受搜查；
- 遺失監獄鑰匙屬嚴重過失，涉事職員將立即革職；
- 所有帶入監獄的食品與日用品均須經歐籍長官檢查並登記。

對於證人反映的福利問題，委員會建議：增加毛毯儲備；米飯供應量增至 16 盎司。最引人注目的是將囚犯投訴記錄冊增至兩本：一本記錄日常投訴，一本專門記錄太平紳士巡倉時接到的投訴。

還有針對監獄門鎖的特別建議——早在 1918 年 8 月，監獄部門已經向殖民當局呈報歐籍監獄人員短缺問題（因一戰期間男子應徵入伍）。

其他常規建議包括：

1. 印度籍獄卒應直接從印度招聘，而不是從本地聘用；

2. 監獄應該獨立運作，不再作為警隊分支，以確保對監獄負責人員完全落實問責制度；

3. 華人太平紳士巡視監獄後，可以用中文撰寫報告；

4. 假如未來進行監獄改造，應廢除曲軸、搬運鐵丸與碎石等無實際效用的勞役，改讓囚犯從事更具改造性質的工作；

5. 盡量保持監獄醫務人員團隊穩定，過於頻繁的人事變動不利於囚犯健康管理。

倫敦對於這份報告未作任何回應，或許因為此時的殖民當局已具備相當高的自理能力。1922 年的監獄總監報告提到新的減刑制度：刑期兩年以下、六個月以上且表現良好的囚犯，可獲 1/6 刑期減免；刑期兩年以上的囚犯，男性減刑 1/4，女性減刑 1/3，且未限定適用族裔。1920 年，已有校長定期赴荔枝角監獄為青少年授課。這些轉變都顯示監獄管理日趨文明化。

小結

根據監獄年度報表提供的資料，除 1860 年代的幾份外，其他報表形式均為平鋪直敘，有些甚至只提供數據，難以反映監獄的實際情況。然而，當時的香港監獄堪稱人間地獄，至少對華人囚犯而言確實如此。只有當發生重大事件，殖民當局才有動力或壓力去審視監獄的實際糟糕情況。1845 年，因華人囚犯在獄中自殺引起社會關注，1847 年首次召開調查委員會。1856 年，歐籍獄長因痢疾在獄中去世，事件驚動本港甚至倫敦，翌年就召開第二次調查委員會。20 年後，因另一個英國殖民統治地區新加坡發生了監獄騷亂，倫敦在驚恐之下主動提醒香港殖民當局注意監獄情況，因此召開了第三次調查委員會。1885 年，哥頓少將來港擔任監獄總監，以軍人作風推行改革，並在倫敦施壓下召開調查委員會。1890 年，新任港督效仿哥頓少將，主動出擊召開委員會。30 年後的 1921 年底，因監獄中歐籍獄卒被囚犯殺害，事件引發倫敦關注，議員多次在立法局會議上尖銳質詢，因此翌年再度召開調查委員會。

這些調查委員會的成員多為殖民當局官員，最多增加兩位非官守立法局議員，且清一色為洋人。1885 年的委員會加進幾位太平紳士，仍為洋人。委員會人數最少時僅三人，毫無代表性。直到本研究時段內的最後一個委員會（1921 年），才首次出現一位歐亞混血成員。1857 年的委員會雖然委任多名成員，但會議缺席率極高，甚至有時因出席人數不足而取消會議。成員的消極態度某種程度上反映了這些委員會的實質作用。此外不能忽視的是，監獄絕大多數囚犯為華人，委員會是否真正了解囚犯在獄中的處境，仍需打上問號。

儘管多次召開調查委員會，但報告對英國推崇的隔離制度在香港的可行性似乎越來越不抱希望。1845 年正值殖民統治初期，報告完全不提及隔離制度尚可以理解，因當時監獄“硬件”（建築與設施）極差，報告重點集中於對硬件條件作出批評——先應付眼前的問題，至於“隔離”是制度問題，是更高層次的考量，因此報告並未提到要實行隔離制度。到了哥頓少將時期，報告直接斷言在香港實行隔離制度不可行，因此哥頓少將要從其他方面著手，例如改變策略，將域多利監獄專用於關押長期囚犯，而把短期囚犯遷到別處。亦有港督曾大力建議增加囚犯戶外勞動時間，減少其留在囚室內的時間，以緩解監舍擁擠問題。

至於這些委員會報告的其他建議，殖民當局執行情況參差不齊。通過對比委員會前後的監獄報表，發現僅少數易行改動得以落實。例如，1847 年委員會後，監獄圍牆加高；1857 年委員會報告揭露華人囚犯未被分類的問題，次年報表顯示歐籍重犯夜間與其他人隔開，但華人囚犯仍無變化。監獄空間不足的問題屢被提及，報表中充滿了對新監獄的“期盼”。1857 年報告的最大貢獻是揭露了獄中其實關押大量與香港無關的囚犯這一事實，港督直接向倫敦反映此事並申請額外撥款資助。1875 年的委員會報告開篇即稱，試圖提升華人情操或道德的嘗試是“徒勞無功”，卻又認為英國監獄制度非常明確且備受讚譽。翌年，隔離制度從長期囚犯擴展到大部分歐籍囚犯，而華人與印度人仍日夜處在“集體”制度下，沒有改善。此次委員會強調“震懾”，而“改造”“更新”等理念被擱置。翌年，監獄內的工作種類增加。兩年後，膳食餐單大幅調整，華人米飯配給被削減，因為 1875 年報告說明華人每天剩餘的米糧太多。此外還推行了新的省糧政策，華人與印籍女性和兒童囚犯獲配獨立餐單。

進入 20 世紀，情況有所改變。1921 年委員會成立時，荔枝角分支監獄已啟用。這所監獄雖然未能解決整體的監獄擁擠情況，但在採光等方面有所改進，並引入少量青少年培訓與宗教教育。態度雖顯積極，但隔離制度依然未能推行。

從這些觀察可以看出，幾次委員會召開後不久，監獄議題便再度被社會遺忘，報告中的建議亦鮮有被認真對待。因此，這些調查委員的唯一作用就是為殖民當局提供一個審視現實的契機。監獄作為一個封閉機構，若連此類調查委員會都不存在，恐怕外界只能依賴報表資料或不可靠的官方聲明，如般咸稱“監獄沒有傳染病，囚犯僅患腳痛”等不實信息。

本章內容正如各小節標題所示：掩耳盜鈴、雷聲大雨點小、點到即止、投其所好以及覺醒年代，最終改革的格局已定。時至 1928 年，對於新監獄的需求已無法迴避。1937 年，香港終於建成一所全面的新監獄——赤柱監獄（原稱香港監獄），沿用至今。這座屹立在英人登陸時期人口最多的赤柱的監獄，或許引出一個問題：為何要花費 97 年的時間，才找到這個從最初便已存在的理想地點？

結語

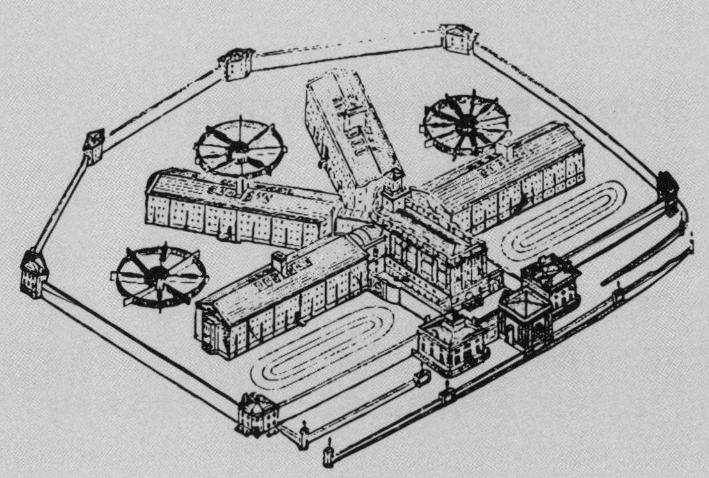

從古到今，監獄給人的印象總是陰暗封閉的，甚至是與殘酷掛鉤的處所，因為監獄曾長期與酷刑聯繫在一起。工業革命後，到 18 世紀末、19 世紀初，英國在思想價值方面經歷了轉變，其對監獄的改革也讓監獄發展邁進了一步。

19 世紀中葉，首次鴉片戰爭爆發後，1842 年清廷被迫簽訂《南京條約》，香港被英國殖民統治長達 155 年，這段歷史是一部充滿欺辱與歧視的血淚史。本書關注的是研究時段內香港監獄的發展歷史，主要涉及兩個面向：一是香港監獄發展過程中，其管理制度的設立背景與發展過程；二是香港監獄制度與 19 世紀英國監獄改革的呼應關係。雖然這也可以是兩個獨立的主題，但實際上它們聯繫密切、互動頻繁。將這兩個主題合併在同一個研究課題裏，一方面可以考察該時段內作為刑事司法系統環節之一的香港監獄的發展史，包括其時代背景、前因後果、殖民當局應對方法及社會反應等，從而觀察民眾不滿情緒的來源及當時社會面對的問題；另一方面可以與當時英國本土推行的監獄管理制度改革進行比較，從而考查英國在港的殖民統治方針與策略。

最後，我們從以下三個角度對研究成果進行歸納總結：英人對華人貫徹始終的歧視與不信任；英國推崇的"人道精神"實則存在優次之分；殖民統治對不同族裔的不同意義。通過這幾點，筆者試圖更清晰地反映 19 世紀至 20 世紀初，英國殖民當局在管治香港華人時始終傾向於"剝削"與"不信任"，而華人則在殖民統治下備受"歧視"與"輕視"。表面上看，華人精英在管治香港方面似乎已獲得某種程度上的認同，但在不為人知的層面，如監獄制度中，歧視與不公平現象依然嚴重。本書旨在揭示這種不公平的多層次表現，從淺層的囚犯待遇到到深層的監獄紀律制度的推行，都違背了"人道主義"的原則，與英國標榜的理念大相徑庭。

第一節　西方對華人貫徹始終的歧視與不信任

種族歧視的主要原因包括偏見、歷史遺留問題以及文化差異。偏見是導致種族歧視的主要心理原因，使人們基於膚色或種族對他人產生不公平的看法和行為。歷史遺留問題也是種族歧視的重要原因。此外，文化差異和種族主義觀念的內化也是導致種族歧視的元素。

在中西互動過程中，偏見與歷史遺留導致的歧視密不可分：偏見是對某個人或群體所持有的不公平、不合理的消極否定態度，是一種脫離客觀事實的消極認知。有觀點認為，中國人形象的崩塌發生在 19 世紀初，馬戛爾尼和阿美士德兩個訪華使團的到來為英國人觀察中國提供了契機。其中，18 世紀末英國使節馬戛爾尼的中國之行被視為中國形象崩塌的關鍵事件之一。這兩個使團雖然都看到了當時清王朝江河日下的真實狀況，打破了中國之前的神秘形象，但前者對於中國人民的評價較高，看到了中國人民的勤勞、善良與熱情；而後者因受到冷遇，對中國人的評價較為負面。前者出使的目的是藉向乾隆皇帝祝壽之機，通過外交手段擴大英國的貿易利益；而後者則直接試圖改變中英關係，態度更為強硬，但因清朝的繁文縟節，最終無功而返。總而言之，從 18 世紀後期開始，中國人的形象逐漸被矮化，美好的中國形象逐漸退出歷史舞台。19 世紀初期，描述中國人的詞彙也從“睿智、善良”變為“愚鈍、愚昧與野蠻”，這演變成了歷史遺留問題。[1]

中西文化差異是一個太深太廣的課題，不宜在此作出不專業的分析。從簡單的層面看：第一，文化差異並不奇怪，中西民族文化傳統中都有其優秀的成分，一些偉人的思想對於整個人類的永久性根本問題都有所建樹。第二，兩個使團來華的時間（1793 年與 1816 年）在中國悠久的歷史源流中只佔一小段，若僅因清朝衰落就矮化中國文化，未免過於坐井觀天。馬戛爾尼使團總管巴羅（John Barrow）曾對當時的一位“漢學家”，亦是後來香港第二任港督約翰·德庇士（John Davis）推崇備至，他在回憶錄中多次讚歎其對中國文字、文學的精通。[2] 這表明英國人並非不了解中國文化，而只是選擇性地忽視。但正是這位巴羅，在使團訪華之後對中國文學閉口不談，反而將中國人比作南非部落的原住民（Hottentot），[3] 這只能說明其心胸狹窄。在巴羅的中國行記中，有一章談及中國語言、文學藝術、科學、機械及醫學。在關於文學藝術的章節，他雖對孔子經典有所讚譽，卻認為其中內涵不為人理解；對於秦始皇焚書坑儒的評論也顯露偏見，他認為即使確有其事，可能也是因為當時中國的藏書非常有

---

1 〔法〕阿蘭·佩雷菲特：《停滯的帝國：兩個世界的撞擊》，北京：生活·讀書·新知三聯書店，2013 年。

2 Collins, Logan P., “British Periodical Representations of China: 1793–1830” – A Thesis presented to the Faculty of History, University of Houston, May 2014, pp. 87–90.

3 〔英〕喬治·馬戛爾尼、約翰·巴羅：《馬戛爾尼使團使華觀感》，北京：商務印書館，2013 年，第 140–141 頁。

限，才會發生這樣的事情。[1]

有近代研究認為，香港華人在殖民統治期間受到歧視是由於鴉片戰爭的潰敗暴露了清廷的弱點，導致西方對華觀念發生逆轉。也有人認為這與在港歐洲人受到獨特的"社會化"影響有關，所謂"社會化"（也可以解釋為內化）是指自然人通過學習知識、技能和規範而取得社會生活資格的過程。在"歧視"這個議題上，意指殖民統治下宗主國國民（或民族）因殖民特權而形成高人一等的優越意識。[2]

令人意外的是，這種"社會化"甚至影響了監獄中的囚犯。監禁的本意是剝奪"犯罪者"自由活動的能力，那麼理論上監獄中應只存在一種人——罪犯，因此監獄中所有囚犯的待遇都應基於同一準則。雖然囚犯違反監獄守則會受到懲罰，但懲罰的輕重應僅根據違規的程度判定，而非其他標準。

然而香港早期監獄制度卻以族裔劃分，也就是活脫脫的"種族歧視"。通常"種族歧視"難以取證，因其多體現在比較含蓄的行為上，被歧視者的感受容易被視為"過度敏感"。但在香港早期監獄中，這種歧視行為白紙黑字、一字不漏地明確記錄在監獄守則裏。

根據記錄，早期監獄看守人員中幾乎沒有華人，偶有的幾位也只是因為特殊需要（例如女子監獄需要助理舍監）。1877–1882 年間在任的港督軒尼詩也證實了這種做法，他雖未具體說明理由，卻向倫敦報告歐籍監獄職員品行惡劣，且由於不諳中文而難以應對監獄管理事宜。[3]1877 年的調查委員會也指出了這個問題，但到了研究時段末期，監獄的華人職員仍然寥寥無幾。這明顯反映出當局對華人的不信任——監獄是一個封閉場所，內部易結黨結派，而香港監獄的大部分囚犯為華人，不僱用華人可防止群黨勢力滲透監獄。另一方面，監獄完全沒有懂中文的職員，表明對華人囚犯福祉的徹底漠視，"死活不管"。正如港督麥當勞所說，香港監獄的震懾作用旨在"自衛 / 自保"，因此囚犯道德"改造"被置於次要地位。[4] 雖有太平紳士和裁判司巡視監舍，但他們都是洋

1 〔英〕喬治・馬戛爾尼、約翰・巴羅：《馬戛爾尼使團使華觀感》，北京：商務印書館，2013 年，第 140–141 頁，第 273–274 頁。

2 龐玉潔：《香港開埠初期的種族歧視》，《歷史數學》1997 年第 4 期，第 49–52 頁。

3 Hennessy to Earl of Carnarvon, 13 August 1877, CO129/178, pp.543–545.

4 Robert L. Jarman, Hong Kong Annual Administrative Reports, 1841–1941, London: Archive Editions, 1996, No.20, p.302.

人——香港首位華人太平紳士黃勝直到 1883 年才獲委任。[1]

更具體的歧視體現在華人囚犯的膳食、勞役、衣物被鋪、枷鎖等方面，守則明確區分白人與其他族裔（特別是華人）的待遇標準。這些在第一章最後一節已有詳細記述，不再贅言。但需列出一些明顯的數據，以證明“歧視”與“不公平”的程度。

以監獄膳食開銷為例：[2]

表 6.1：1844–1870 年殖民當局在囚犯膳食方面的每周花費

年份	歐籍囚犯膳食花費	華人及其他囚犯膳食花費	年份	歐籍囚犯膳食花費	華人及其他囚犯膳食花費
1844	$1.40	$0.35	1858	4s4.5d	2s4d
1845	3s9d	1s1.5d	1859	4s4.5d	2s0.5d
1846	6s5d	1s5.5d	1860	4s8d	2s2.25d
1847	£3.3	£1.3	1861	5s3d	2s0.5d
1848	£2.51/2	£1.11/2	1862	$1.26	$0.49
1849	2s5.75d	1s2.5d	1863	$1.26	$0.49
1850	2s4d	1s2d	1864	$1.05	$0.49
1851	2s4d	1s2d	1865	不詳	$0.49
1852	2s4d	1s2d	1866	$0.98	$0.42
1853	2s2d	1s4.5d	1867	$0.98	$0.42
1854	2s6.5d	1s4.75d	1868	$0.91	$0.35
1855	3s2.5d	2s3.25d	1869	$0.95	$0.35
1856	2s7.5d	1s9d	1870	$0.98	$0.35
1857	5s6d	2s4d			

上圖清楚顯示，歐籍囚犯的膳食成本遠高於華人與其他族裔囚犯。原因很簡單：歐籍囚犯膳食質量更好，肉類更多，分量也更足。值得注意的是，1886 年調查委員會提出了多項膳食縮減建議，但這些縮減僅針對華人囚犯。不僅減

1 Minutes of Hong Kong Legislative Council, 31 December 1833.

2 Hong Kong Blue Book (1844–1869). 由於新報表未再要求監獄總監提供獨立的膳食成本數據，數據截至 1870 年。此圖表只比較歐籍囚犯與有色人種囚犯的飲食差距，不對各年度金額作分析或評論。

少了魚、蔬菜和豬肉的供應，更違背了他們自己制定的標準——根據英國本地規定，歐籍囚犯每日獲分 1 磅麵包，而本來算好 11.5 盎司白米煮成飯後為 24 盎司，其營養價值與 1 磅麵包相當。然而，委員會卻以華人體型普遍較歐籍人士瘦小為由，建議將華人懲罰餐單中的白米上限設為 12 盎司（成飯）——這無異於粵語中的“搬龍門”。顯然，所謂的節省開支只針對華人。即便當時的監獄總監警告，削減魚、蔬菜和豬肉供應涉及眾多囚犯（不僅是受懲罰者），極可能引發騷亂，殖民當局仍一意孤行，甚至不惜動用軍隊鎮壓。此外，委員會也針對“華人苦工監”提出削減膳食建議，認為其膳食過於豐富，建議按照新加坡標準減少 3/4 的額外肉食配給。然而，當時從事苦工監工作的只有華人囚犯，歐籍囚犯則以“氣候不適”為由免於戶外工作。諷刺的是，無需戶外工作的歐籍囚犯每周能獲得 3.5 磅肉，而從事戶外勞作的華人卻只獲分配 4 盎司。

在衣物被鋪方面，歧視同樣明顯。香港的“氣候”一直是歐籍人士享受各種特殊優待的藉口。1863 年總監報告詳細記載：歐籍囚犯冬季穿著法蘭絨（俗稱毛布）襯衫、秋褲、襪子、鞋子、草帽以及雜色麻布夾克和長褲；夏季則換穿棉布外套和長褲。華人囚犯夏季僅獲發毛布襯衫、雜色棉布外套與長褲，外加一頂竹帽和一雙涼鞋。歐籍囚犯配有被鋪，華人卻只有一張草蓆和毯子。假如香港的氣候確有問題，應指其“潮濕悶熱”的特性。歐籍囚犯理應更適應冬季（香港的冬天比英國暖和），卻獲得更齊備的衣物；在潮熱環境下，歐籍囚犯連夏季都配有墊褥，華人卻只能睡在地上——這顯然與氣候無關，純屬差別待遇。雖然倫敦曾提醒，香港監獄因氣候更潮熱，應比英國本土實行更嚴格的囚犯空間標準，但這一提醒並未產生實質約束力。

從現有資料看，殖民當局在囚犯衣物被鋪上的支出差異顯著。1850 年後，年度報表中不再披露相關數據。

苦工監（勞役監）尤為不公。修路築橋等戶外勞役長期僅由被判苦工監（勞役）的華人囚犯承擔，歐籍囚犯始終豁免。[1] 這一做法自殖民統治前 [2] 延續至 1870 年初，後因多名囚犯在工作時逃脫，[3] 於 1873 年末終止戶外勞役，直到 20

---

1 Blue Book (1844–1848), Gaols and Prisons.

2 *Chinese Repository,* Vol. XII, April 1843, No.4, p.535.

3 Blue Book (1872), Gaols and Prisons. 根據年度報告，三年內有 20 名囚犯在戶外工作期間逃脫。

表 6.2：1844–1850 年殖民當局在囚犯被鋪方面的花費

年份	歐籍囚犯被鋪花費	華人囚犯被鋪花費
1844	不詳	$1.60
1845	不詳	4s7d
1846	$2–3.5	$1–2
1847	$3.5	$1.5
1848	$3.5	$1
1849	$3.5	$1
1850 後	無資料	無資料

世紀 20 年代才有所改變。[1] 從事戶外工作的囚犯都要戴上手腳鐐銬和鐵鏈，由持槍歐籍守衛監管。總測量司報告承認，這些苦工監囚犯的勞動成果有目共睹且令人滿意。[2] 然而另有說法稱，因華人囚犯缺乏技能，能在監獄內從事的工作有限，因此最適合到戶外幹苦活。1863 年監獄總監年度報告指出，儘管囚犯在戶外工作時需額外增派守衛，但囚犯創造的收益使監獄總收入翻倍 [3]——這間接承認了早期華人囚犯苦工勞役帶來的經濟效益。相比之下，早期歐籍囚犯在監獄內參與的勞役（如椰殼纖維加工、拆麻絮等），也是無需太多專業知識技能的工作。1864 年的報告甚至聲稱，在香港的氣候下，就算要歐籍囚犯進行"碎石"工作，也是極具爭議性的做法。

這些針對華人的歧視性政策，在當時極度封閉的監獄環境中更難被外界察覺。

第二節　英國人道精神的優次之分

《牛津大詞典》對"人道"（humanity）的定義是"the state or quality of

1　直到 1920 年，監獄年度報表仍顯示未恢復囚犯戶外勞役。

2　Blue Book (1846), Gaols and Prisons.

3　Blue Book (1863), Gaols and Prisons, Additional Notes.

being human”，即“作為人類的狀態或特質”。結合道德傳統，可以理解為“人類群體間互相賦予的獨特道德地位，使生命與生俱來便受到尊重，並值得保護”。

“Humanity”一詞源自拉丁文“Humanitas”，含義廣泛，但必然包含人性與仁慈。羅馬人認為“Humanitas”是一種可以從受過教育的人身上學習而來的美德。人道主義關乎全人類，本應是每個人的普世價值。簡單來說，人道包括愛、憐憫、創造力等，這是人區別於機器人或怪物的特質。人道是一種與利他主義（altruism）緊密相連的美德，體現了人類之間的愛心與同情。需注意的是，人道主義與公義有所區別：公義強調公平，但不一定包含“利他主義”。

人道主義的基本內涵可以概括為：1. 一切價值以人為中心；2. 肯定人的“自由”“平等”權利；3. 肯定人的價值與尊嚴；4. 重視與促進人的自由全面發展。

人道主義最早可追溯至 13 世紀的文藝復興時期，可能受到希臘亞里士多德思想中人性尊嚴觀念的影響。19 世紀，歐洲對人道的理解與實踐達到轉折點，使其成為一項道德原則，強調人道主義的“受方”應平等且不受歧視。受啟蒙運動等思潮影響，歐洲社會逐漸認識到應在道德上對所有個體給予尊重與平等。這些新思想對當時被視為合理的歧視行為（如奴隸制、剝削和種族壓迫等）提出了挑戰，19 世紀的這一轉變為現代人道主義標準奠定了堅實基礎。無論在何種環境下，人道精神都是重要的社會元素。

監獄與人道主義

19 世紀的英國監獄改革是在爭取人道主義的大前提下推進的，主要體現在改善監獄條件。改革者如約翰．霍華德與約書亞．傑布等人極力倡導維護囚犯人權，包括衛生、膳食及接受職業培訓的權利。改革希望監獄能摒棄“黑暗嚴酷刑場”的概念。英國首批監獄督導員克勞福德與拉塞爾是推動監獄隔離紀律制度的先驅。簡單來說，當時的改革者相信監獄不應只是懲罰囚犯的場所，更應該通過教育與培訓，為囚犯提供反思及改過的機會，以實現改造目的。此外，改革還以監禁替代體罰（如鞭笞），這被視為更人道的做法。約翰．霍華德的建議包括為囚犯設立單獨囚室、開放活動空間以及提供正常膳食。19 世紀，工程師出身的傑布起初在內政部協助推行隔離制度，後成為監獄管理的先鋒。

香港的監獄發展與英國的監獄改革時期重疊。1847 年，傑布在布魯塞爾監獄會議上大力提倡隔離制度。然而，這一制度在香港並未得到落實，在推動方面也顯得不甚積極。隔離制度的核心是通過分隔囚犯來促使其反思與改造。19 世紀，英國將這一制度推廣至海外，如法國的監獄制度便參考了英國本頓維爾監獄（隔離制度的典範）。儘管隔離制度（包括監獄建築要求與懲罰措施）被引入印度與香港，但因資源不足及對本地人的不信任，未能全面實施。

隔離制度主要涉及以下幾個層面：

- 分隔：囚犯單獨監禁於獨立囚室中（一段時間）；
- 沉默：囚犯需始終保持沉默；
- 面罩：囚犯離開囚室時必須佩戴面罩；
- 勞役：囚犯在囚室內從事曲軸或拆麻絮等工作；
- 運動：囚犯以繩索相連，彼此保持距離；
- 牧師：獄中牧師引導囚犯信仰上帝。

香港開埠後，人口快速增長，城市發展與司法制度的完善也催生了新的犯罪類型。香港最早的監獄位於維多利亞城中，常年人滿為患。隨著城市發展，需要尋找空地重建一所可以全面實行隔離制度的新監獄，但一直面臨困難。儘管監獄年度報告屢次提及隔離制度的達標程度，調查委員會也持續強調其益處，但在本研究時段內，香港監獄始終未能全面推行隔離制度，僅偶爾對歐籍囚犯實施。

1937 年，赤柱監獄建成並投入使用。當年的監獄報告寫道：

> 香港監獄（赤柱監獄）全面實行隔離制度，但因囚犯過多，隔離未能完善。域多利監獄“近乎”全面實施隔離制度。荔枝角監獄未實行隔離制度，囚犯早上勞動與夜間休息都是“集體”的。女子監獄“局部”實行隔離制度，但囚犯日夜仍主要處於“集體”制度下。[1]

1860 年《北京條約》簽訂後，九龍半島也劃入香港，土地短缺問題不復存在。1862 年，殖民當局終於批准在九龍海岸的一個小島昂船洲上新建監獄，並利用 280 名監獄勞役苦工省卻不少建築費。按照隔離制度興建的昂船洲新監獄終於完工，然而新任港督麥當勞認為隔離制度的“改造”理念並不適用於華人囚犯，導致項目暫停，新監獄閒置，最終年久失修因颱風嚴重損毀。麥

1 Blue Book (1937), Gaols and Prisons.

當勞曾直言：

> 香港監獄的震懾作用目的在於“自衛 / 自保”，因此囚犯的道德“改造”必須退居次要。[1] 我們沒有義務按照英國模式為中國罪犯設立改造所，尤其需考慮香港獨特的地理位置，其有限的土地資源。[2]
>
> 上述言論僅適用於華人囚犯。香港監獄通常關押 55 至 75 名歐籍囚犯，域多利監獄為其提供充足的住所，並嚴格對其實行英國法規。[3]

麥當勞行事專斷，從其在港採取賭博合法化政策已顯端倪，因此他對監獄事宜的態度並不令人意外。然而，對於標榜人道主義為核心價值的英國政府，倫敦方面對於麥當勞這種不合守則的行事作風的“反應”，更能體現整個英國殖民地部的管治方針。在倫敦內部討論中，一位署名“CL”的官員表示，殖民地部國務大臣卡那封勳爵將允許麥當勞自行決定，不予干預，畢竟現在去核實麥當勞的做法能否真的降低犯罪率還為時尚早。[4] 另一位署名“JR”的官員總結稱，除了監獄空間的問題，其他關於昂船洲的事務將默認不再追究。[5]

或許，某本書中的一句話可以解釋為何倫敦官員任由這一切不公平、違背價值觀的事情在遙遠的殖民統治區域發生：

> 假如他裝作看不見、聽不見這部正在運作的殖民機器，那他就可以收割更多果子，最終成為整個體系的受益者。[6]

常言道，第一次發生時可能是錯覺，但當第二次出現同樣情況時，就不得不質疑背後的動機。當昂船洲的動議於 1879 年再度被提請到立法局辯論時，怡和大班耆紫薇表示堅決反對，理由與十多年前麥當勞提出的如出一轍，認為當局不值得為華人囚犯花費資源。既然麥當勞已經首開先河，尊貴的立法局英國紳士們也不必再掩飾。而倫敦方面的第二次表態更證實，漠視華人囚犯的基本權益已成為國策。即便是英國人因崇尚人道主義而自行發起的監獄改革中的隔離制度，也可以做出妥協、不再堅持。在倫敦內部討論中，盧卡斯更表示耆

---

1 MacDonnell to Duke of Buckingham and Chandos, 29 May 1868, No.505, CO129/130, pp.556–570.

2 MacDonnell to Earl of Carnarvon, 23 November 1866, No.160, CO129/116, p.115.

3 MacDonnell to Earl of Carnarvon, 23 November 1866, No.160, CO129/116, p.116.

4 MacDonnell to Earl of Carnarvon, 23 November 1866, No.160, CO129/116, pp.116–117.

5 Internal Discussion Colonial Office, CO129/116, pp.117–118.

6 Memmi A., The Colonizer and the Colonized, Boston: Beacon Press, 1965, p.8.

紫薇的想法頗有分量。[1]

除了族裔因素，人道主義的適用優先級竟然也可以根據人們對社會的貢獻來決定。港督羅便臣曾經說過：

> 在官員的廉正、司法，特別是更人道的刑事司法制度以及對生命和財產的更大保護方面，（英國與中國）存在顯著差異；不論香港過去的聲譽如何，我大膽提出，針對剛才的幾點，普遍的正義不會剝奪那些在香港建立和發展中起主要作用的紳士們的權益，他們不僅促進了香港的繁榮，還在清廷與華人面前樹立了值得讚揚的榜樣。[2]

事實上，19 世紀後期的監獄調查委員會乾脆接受了在港推行隔離政策是不現實的，根本不在考慮範圍內。因此委員會提出的所謂建議，也不外乎是對現有監獄（域多利監獄）修修補補的敷衍之策。

原來"人道主義"也有優次之分，某些族裔、某些社會地位高的人士就值得人道對待，其他人則不值得。

第三節　英國殖民統治對不同族裔的不同意義

在本研究的末尾，視野擴展到香港之外，翻閱印度和澳大利亞這兩個受英國殖民管治地域的監獄歷史，發現了一個共通點：監獄中的歐籍與本土居民（土著）受到不同待遇。這表明刑事懲罰實踐實際上與殖民項目緊密相連。監獄本應是"中立"的懲罰場所，但在殖民管治下卻成為一部部機器，強制實施並維持殖民統治的等級秩序。對於印度的印籍囚犯、西澳的土著囚犯，實行強迫勞役、文化壓制及殘酷紀律，這些都經由統治者對被統治者的標籤所制度化、合理化。這些標籤將當地人描述為道德脆弱、無法自治的群體，因此需要統治者管控。相反，同樣因為觸犯法律而入獄的歐籍囚犯，卻受到相對寬容甚至是改造式的待遇。同樣是囚犯，甚至是重罪犯人，他們卻被視為文明世界的一員，偶然的犯罪只是一時失足，優勝過那些"天生"就邪惡的本地人，因此

1　Internal Discussion Colonial Office, CO129/184, p.583.

2　Robinson to Duke of Newcastle, 25 June 1862, No.181, CO129/86, pp.491–504.

值得投入資源使其回歸正途。

殖民統治下的監獄強調"震懾"，但這不僅指對犯罪後果的震懾，還包括殖民統治者權威的震懾。再加上獄中的苦工監，既能凸顯英國人的優越感，又能獲得經濟效益。獄中歐籍囚犯明顯享有不同待遇，如免戴鐐銬等，這些都彰顯著殖民統治者的優越價值觀，同時貶低當地人的生活傳統。

在印度和西澳，殖民統治下的懲罰系統不僅是懲罰制度，更是倡導種族隔離思想的"熔爐"，確保不會產生威脅大英帝國統治的因素。即便在承諾公平正義的嚴格司法制度下，仍然滲入了歧視與控制。英國行政官員通過這種方式，確立其權威穩固的統治地位，同時獲取被統治者的勞動力以促進當地經濟。

總結 19 世紀的英國殖民統治政策，主要通過軍事佔領和戰略聯盟來開拓和掌控貿易途徑與資源。對於墾耕殖民地如澳大利亞、加拿大與新西蘭等地，逐漸賦予自治權，這些殖民地都是典型的白人聚居地。另一類殖民統治被稱為"直轄統治"（Direct Rule），印度與香港都屬於此類，主要目的是發展大英帝國在亞洲的貿易領域。不過，宗主國仍會在這些殖民管治區域推行某些現代化和社會教育改革，以維持對當地居民的有效管控。

英國在港推行教育的目的，只是要培養效忠英國的"子民"，因此反對用公帑來推廣任何中文教育，他們認為中國文化沒有什麼值得學習的地方——這種想法不僅是種族歧視，更有"文化矮化"之嫌。[1]

殖民統治早期，倫敦殖民地部重要官員曾對此表態。當時香港正考慮增加立法局非官守議員，討論中提到希望效法新加坡，將有能力的華人納入管治體系，如新加坡讓華人進入司法機構擔任裁判官。1855 年，國務大臣拉布謝爾回應道：

> 如果今後能從華人居民中選出你認為值得信任的人擔任這個或其他行政職務，我將同意這樣的任命。不過，這項試驗應非常謹慎。在獲得足夠經驗之前，我認為讓華人單獨行使權力而不受英國官員制約是不明智的。[2]

香港監獄完全"不任用華人"的政策正是這種理念的自然產物。

---

1 Behko to C. P. Lucas of Colonial Office London, 6 October 1902, No. 23020/1902, CO129/315, p.206.

2 Labourchère to Bowring, 23 November 1855, No.101, British Parliamentary Papers, Vol 24, pp.201–202.

早期的香港，英國人認為華人在許多方面的需求都與西方人有別，包括對“公義”“可呼吸的空氣”的要求，以及“失去人身自由的感覺”。從這個角度看，公義、自由與公平都只是殖民統治者的“施捨”而已，華人並不需要這些。

即便到了研究時段的末期，在 1937 年的監獄報告中，監獄總監威爾科克斯在首段便有一句耐人尋味的話：

> 我真心認為，英國公義下的監獄，對於像中國這樣的地方，幾乎等同於天堂。[1]

研究英國在印度的殖民統治成果時總會提到：英國官員強調主僕（subjects and masters）社會差異，這亦主導了他們的管治策略。當然，英國官員也關注印度與西方自然環境的差異。印度位於“熱帶”地區的概念，為英國強調印度與自身不同的說法提供了必須的鋪墊。事實上，19 世紀英國人的世界觀將地球某些地區標籤為“熱帶”，為歐洲製造了一個天然的屏障。進而，利用“印度在熱帶地區”的概念使大英帝國在印度的殖民管治合理化 / 合法化——英國可以藉印度的氣候環境解釋其殖民管治策略。“熱帶”地區經常被認為物產豐饒，但那裏的居民卻是“原始而帶多種疾病的”。儘管印度是否屬於“熱帶”尚不明確，但“熱帶”思維在殖民策略的設計與實行中佔據重要地位。[2] 英國同樣將這種“熱帶”與“氣候”論述便利地運用在香港，詳情見本書各章。

殖民主義下有兩個角色：殖民者與被殖民者。雖然後者臉上常帶憂懼，但終有一日將羽翼豐滿，而前者的勝利姿態將難以為繼。多年後，殖民者將永遠站在誘惑與羞愧的邊界，背負著揮之不去的罪惡感。

---

1 Blue Book (1937), Gaols and Prisons, Appendix L.

2 Waits M. R., “Colonial Prisons” *Journal of the Society of Architectural Historians*, June 2018, Vol. 77, No. 2, pp.146–167.

附錄一
19、20 世紀香港監獄大事表

1841 年 6 月	署理輔政司約翰・莫里森（John Morrison）授權威廉・堅偉，可以接受投標，用不超過 500 元興建一所監獄。
1841 年 8 月	據《中國叢報》記載，傳教士已巡視在港首座監獄。
1844 年	署理輔政司卜魯斯（Frederick Bruce）寫成首份監獄年度報告。當時的監獄首長是 Jailor 獄長。
1845 年	域多利監獄修建完成。
	監獄發生三名囚犯自殺事件。
1847 年	首次監獄調查委員會召開。
1851 年	域多利監獄加建完成。
	提出關於各類囚犯的膳食、藥品和衣物供應問題。
1853 年	香港首條關於監獄管理法令出台。
1856 年	獄長古丁斯獄中因痢疾離世
1857 年	第二次監獄調查委員會召開。
1862 年	昂船洲新監獄啟動建築。
1863 年	囚犯船“Royal Saxon”正式投入使用，大約 250 名囚犯協助興建昂船洲監獄。
1866 年	新任港督麥當勞叫停昂船洲新監獄項目。
1874 年	颱風“甲戌”襲港期間，昂船洲監獄建築物嚴重受損。
1875 年	倫敦因新加坡獄中騷動，要求殖民當局關注監獄情況。召開監獄調查委員會。
1879 年	軒尼詩港督再度提議興建昂船洲新監獄，非官守議員反對。
1885 年	監獄總督哥頓少將到任，上呈監獄報告，引起倫敦關注。
1886 年	召開監獄調查委員會。
1890 年	署理港督菲林明召開監獄調查委員會。

1920 年	監獄一名歐籍獄卒斯皮德被華人囚犯殺害，事件引起倫敦關注，殖民當局多次在立法會被要求徹查事件。
	荔枝角分支監獄啟用。
	監獄署從警察部門拆分，監獄事務獨立監管。
1921 年	召開監獄調查委員會。
1925 年	牛池灣新監獄計劃獲立法會通過。
1925 年	牛池灣新監獄開始動工。
	省港大罷工爆發。
	港督叫停牛池灣新監獄工程項目。
1928 年	殖民當局正式宣佈將牛池灣地皮劃進啟德機場範圍，新監獄永久停建。
1932 年	荔枝角女子監獄正式啟用。
1937 年	香港監獄（赤柱）落成。
1938 年	監獄負責統籌感化服務。
1982 年	“監獄署”更名為“懲教署”。
1990 年	體罰被廢除。

附錄二
香港歷年人口與監獄收容人數表

年份	總人口	監獄人數
1844	沒有資料	沒有資料
1845	23748	沒有資料
1846	1300	沒有資料
1847	23872	沒有資料
1848	21514	沒有資料
1849	29507	沒有資料
1850	33143	沒有資料
1851	32983	沒有資料
1852	37058	沒有資料
1853	39017	沒有資料
1854	54072 華人	沒有資料
1855	72607	沒有資料
1856	71730	沒有資料
1857	75003	沒有資料
1858	85000	沒有資料
1859	86941	沒有資料
1860	94917	沒有資料
1861	119321	沒有資料
1862	123511	沒有資料
1863	124850	沒有資料
1864	121498	沒有資料
1865	沒有資料	沒有資料
1866	沒有資料	13956
1867	沒有資料	沒有資料
1868	沒有資料	沒有資料
1869	121979	沒有資料
1870	124198	4305
1871	124198	3917
1872	121985	6268
1873	121985	4280
1874	121985	3281
1875	121985	3680
1876	139144	4065
1877	139144	3946
1878	139144	3803
1879	139414	3669
1880	160402	3530
1881	160402	4150
1882	160402	3498
1883	160402	3486
1884	160402	4023
1885	160402	3610
1886	160402	4600
1887	160402	4308
1888	160402	3627
1889	160402	3705
1890	160402	3444
1891	221441	5231

年份	總人口	監獄人數
1892	231662	5046
1893	238724	4010
1894	246006	3913
1895	248498	5014
1896	239419	5582
1897	248710	5076
1898	254400	5427
1899	359310	4789
1900	383418	5432
1901	283975	5077
1902	427130	5988
1903	283975	7273
1904	446217	7464
1905	沒有資料	6323
1906	沒有資料	5799
1907	沒有資料	5877
1908	421499	4778
1909	428888	5215
1910	435986	4867
1911	456739	4178
1912	456739	6236
1913	456739	6885
1914	501304	4050
1915	528100	4179
1916	530000	4169

年份	總人口	監獄人數
1917	535100	3386
1918	561500	3577
1919	598100	5212
1920	648150	5153
1921	686680	4990
1922	662200	5014
1923	681800	5338
1924	799550	7382
1925	874420	6339
1926	874420	6511
1927	874420	7740
1928	1075690	5756
1929	1075690	5779
1930	1171400	5493
1931	840473	6767
1932	900796	7793
1933	922643	11439
1934	944492	13304
1935	966341	16140
1936	988190	16106
1937	1006982	17088
1938	1028619	15046
1939	1050256	16146
1940	1071893	沒有資料

資料來源：歷年港督行政報告人口部分 [1 2]

1 Robert Jarman, *HK Annual Administration reports 1841–1941*, London: Archive Edition Limited, 1996.

2 Blue Book (1844–1940), Gaols and Prisons/Population.

附錄三
香港監獄囚犯主要類別表

年份	入獄人數	欠債	候審	刑罰
1871	3917	56	512	3349
1872	6268	55	776	5437
1873	4280	33	640	3607
1874	3281	30	933	2318
1875	3680	19	833	2828
1876	4065	26	700	3339
1877	3946	23	892	3031
1878	3803	27	329	3262
1879	3669	22	440	3207
1880	3530	19	431	3080
1881	4150	23	645	3482
1882	3498	34	520	2944
1883	3486	57	508	2921
1884	4023	48	683	3292
1885	3610	60	684	2866
1886	4600	30	550	4020
1887	4308	39	667	3602
1888	3627	37	684	2906
1889	3705	81	577	3047
1890	3444	78	437	2929
1891	5231	60	312	4859
1892	5046	45	302	4699
1893	4010	50	231	3726

年份	入獄人數	欠債	候審	刑罰
1894	3913	50	245	3618
1895	5014	66	253	4695
1896	5582	61	235	5286
1897	5076	54	263	4759
1898	5427	51	331	5045
1899	4789	35	501	4253
1900	5432	30	647	4765
1901	5077	29	679	4369
1902	5988	53	1030	4905
1903	7273	55	991	6227
1904	7464	59	834	6571
1905	6323	64	841	5418
1906	5799	71	653	5075
1907	5877	94	733	5050
1908	4778	86	665	4027
1909	5215	75	933	4207
1910	4867	108	785	3974
1911	4178	65	469	3644
1912	6236	66	951	5219
1913	6885	52	1034	5799
1914	4050	61	949	3040
1915	4179	58	1112	3009
1916	4169	54	857	3258

年份	入獄人數	欠債	候審	刑罰
1917	3386	52	628	2706
1918	3577	56	783	2738
1919	5212	51	808	4353
1920	5153	67	821	4265
1921	4990	66	691	4233
1922	5014	31	832	4182
1923	5338	17	1040	4281
1924	7382	39	1003	6340
1925	6339	53	948	5338
1926	6511	64	780	5667
1927	7740	67	1086	6587
1928	5756	80	778	4998

年份	入獄人數	欠債	候審	刑罰
1929	5779	63	933	4780
1930	6493	73	796	5624
1931	6767	44	802	5921
1932	7793	53	1379	6361
1933	11439	62	1185	10192
1934	13304	73	934	12297
1935	16140	76	1274	14790
1936	16106	50	1255	14801
1937	17088	49	1328	15711
1938	15046	30	757	14259
1938	16146	34	2969	13143

附錄四
1859 年香港監獄中的歐美囚犯

A List of European and American Prisoners in Victoria Gaol, Hong Kong, 4th August, 18

Names	Age years	Country	Crimes.	Date of Sentence.
Eli M. Boggs	22	America	Piracy.	4th July 1
John Watts.	27	Scotland	Manslaughter	8th July, 1
R. C. Denham	23.	America	Do	Do
John Rymer.	29	England	Do	Do
Walter Rogers.	25	Do	Breaking out of Gaol and Desertion	10th Sept. 18
James Hogan.	23	America.	Robbery with violence	19th April,
Samuel Billings	23	England.	Murder and Robbery	15th June, 18
Jeremiah Brien.	25	Do	Do	Do
J. P. Kingston.	40	America	Shooting with intent	18th June 18
Patrick Dillon.	23	Ireland.	Striking an Officer, &c	3rd October, 185
~~Charles King.~~	~~25~~	~~England~~	~~Do~~	~~16th Nov. 18~~
Thomas Wilford.	28	Do	Murder & Robbery	17th Dec. 18
Charles Williams	28	France	Murder.	24th Feby, 18

220

L9829/59

...r Sentence of Transportation or Penal Servitude.

...Sentence.	General Character.	State of health.	Remarks.
...ansportation for Life	Indifferent	Weakly. - Scrophulous habit of Body	This is a well known Character and was long associated with pirates before his conviction.
— Do —	Very Good	Good.	
— Do —	Very Good.	Good.	
— Do —	Improving escaped from Gaol 22 June 1858 - recaptured same date	poorly - suffering from Confinement.	
...ur years' penal ...vitude by Court Martial	Good.	Good.	H. M. 59th Regiment
...years' Transportation	Bad.	Good.	
...years Penal Servitude Court Martial, Commuted ... Vide Col. Sec's ...tter No. 463 of 15 June, 1859	Indifferent	Good.	Royal Marines.
— Do —	Indifferent	Good.	Royal Marines.
...years' penal servitude ...mmuted to three on ...ditions - Vide Col. ...'s Letter No. 436 of 1st ...e, 1859	Good.	Good.	Commutation on condition of Acting as Hangman.
...years' penal servitude ... Court Martial	Good	very indifferent. Constantly suffering from Diarrhea	59th Regiment
...years' Penal Servitude Court Martial	Bad.	indifferent	59th Regiment.
...years' penal Servitude ... Court Martial.	Indifferent	Good.	Royal Marines.
...ath, Commuted to ...al Servitude for Life. ... Col. Sec's letter ... 138 of 2nd March, 1859	Indifferent	Good.	Sentenced for the murder on board the "Mastiff," reported in Despatch to the Secretary of State, No. 41 of 12th March, 1859

(Sig) Wm. Kane, M.D. for Colonial Surgeon.

True Copy,

[illegible signature]

Colonial Secretary.

/Sig/ Joseph Scott, Governor of Victoria Gaol.

來源：CO129/74, p.207

附錄五
1863 年與 1864 年監獄年度報表附加按語

1863 年	一般性意见
問題 1	新監獄通風良好，住宿條件優越，有利於培養囚犯的清潔習慣。除走廊設有浴缸外，每個院子都配備了淋浴棚和抽水馬桶。在工作場所與運動區域，夏季有完善的防曬措施，冬季則提供良好的防潮保護。
問題 2	1863 年 11 月 26 日，新任監獄總監到任，27 日開始當值。裁判司與太平紳士曾在一周內視察監獄，其視察意見與建議均記錄在冊，並每周呈交署理輔政司核查。
問題 3	把匙人的人數足夠，但如果行政部門全由歐洲人任職（如 18 人），再配以 3 名印度籍看守，監獄紀律將顯著改善。此外，應給予他們更多激勵，以使其忠誠地履行職務並持續服務。目前只有一名職員服務滿一年，兩名職員達四個月，其餘資歷僅一至六周。頻繁的人事變動導致諸多不規範現象。當職員失去工作熱情時，常因外界誘因而辭職或對消極怠工，此時只能予以解僱。事實上，他們需長時間日夜輪值，若嚴格執行職務，工作性質頗具危險性。 女舍監通曉中文，工作盡職。現有四名華人女囚犯被判苦工監：兩名四年、一名六年、一名十年。除非舍監陪同，否則男性禁止單獨進入女性囚室。
問題 5	囚室尺寸為 8.5×10×12 英尺（約 970 立方英尺），每年粉刷四次，夏季每周清洗一次。冬季關押 1 至 3 人，根據監獄總體人數可增至 3 至 5 人。重罪犯（含苦工監）夜間單獨關押。
問題 6	自 1864 年 2 月 1 日起，所有囚犯膳食由一名歐籍職員監督，在統一廚房製備，但華籍與歐籍廚師由一道隔牆分開。膳食按囚犯體重計算分配，歐籍囚犯用餐時需監禁。華人囚犯在院子活動時需隔離，並由歐籍職員監管。
問題 7	歐籍囚犯冬季著法蘭絨襯衫、襪子、鞋子、草帽及麻布夾克褲裝，夏季穿棉布夾克與長褲。華人囚犯同樣配備法蘭絨襯衫及麻布夾克和褲子。另有竹帽、涼鞋及標明刑期、罪名和表現的襟章。 歐籍囚犯配備一個可可豆纖維的枕頭和 10 磅重的床墊，冬夏分別配 2 張和 1 張毛毯，夏季睡鐵床。華人囚犯有一張可可豆纖維草蓆，毛毯配備與歐籍相同。
問題 8	被判處苦工監的囚犯目前每天工作 8 小時，1864 年 2 月 1 日後將增至 9 小時，早晚各有 1 小時步行運動時間。

問題 16	新的監獄醫院將於本月 3 日啟用，設有藥房、倉庫、廁所以及療養院。
監獄總監 F. Douglas（簽署）	

1864 年	**一般性意見**
問題 1	域多利監獄作為香港的主要監獄，還接收中國內地及日本領事法庭的囚犯——這些領事港口的重罪犯需移送至香港高等法院受審。 領事法庭判處逾 2 個月監禁者亦在此服刑。 根據《暴動法》，監獄還接收來自中國內地及日本的海陸軍事機構的囚犯。 女舍監通曉中文，工作盡職。現有七名華人女囚犯分別被判三年、四年、六年及一年苦工監。她們行為良好，勤於縫紉等剪裁工作。 職員總數充足，但建議政府考慮適度提高輔助人員薪資。其工作繁重，需日夜輪值。
問題 4	過去一年，用花崗岩重鋪院子步道是一大進步。這些都是監獄囚犯提供的勞務，沒有額外花費。這項工程不僅節省開支，還為歐籍囚犯提供了除碎石外的勞動選擇。
問題 6	監獄藥品由公立醫院供應，其他設備經總督批准後由合約商提供。衣物通過招標採購，1865 年起由總監直接採辦。督憲決定停止從英國進口囚服，預計今後開支將顯著節省。
問題 8	過去一年囚犯勞動時間增加了 1 小時，相應加重了看守工作量。
問題 10	今年監獄收支比為 1:15，較去年 1:30 提升顯著。華人囚犯最適合參與修路等戶外公共工程，效益最佳。他們大多缺乏工業技能，原有手藝在獄中亦無用武之地。
問題 18	對歐籍囚犯而言，若有更多勞動機會（如編草蓆等），多數人可通過勞動所得支付個人用品開銷。但夏季讓歐籍囚犯從事碎石等工作，在當地氣候下實屬煎熬。
問題 20	關於表格第 20 條：獄中有七名精神失常囚犯（均為華人），其中三名已遣返中國內地，餘者由親友接回照料。值得欣慰的是，雖曾有自殺未遂案例，但無成功案例。 一名因謀殺罪被還押的（華人）囚犯似乎非常有決心想要從日夜看守的哨兵眼皮下逃脫。
問題 21	督憲閣下制定的減刑制度運行良好，有效激勵囚犯改過自新。我們遵循調查委員會建議，表現懈怠者不得減刑。總體而言，囚犯表現令人滿意，未發生襲擊職員事件，僅一名華人曾試圖越獄。
監獄總監 F. Douglas（簽署）	

附錄六
中英《天津條約》涉及治外法權條項

款項	內容
十五款	英國屬民相涉案件，不論人、產，皆歸英官查辦。
十六款	英國民人有犯事者，皆由英國懲辦。中國人欺凌擾害英民，皆由中國地方官自行懲辦。兩國交涉事件，彼此均須會同平審斷，以昭允當。
十七款	凡英國民人控告中國民人事件，應先赴領事官衙門投稟。領事官即當查明根由，先業勸息，使不成訟。中國民人有赴領事官告英國民人者，領事官亦應一體勸息。間有不能勸息者，即由中國地方官與領事官會同審辦，公平訊斷。
十八款	英國民人，中國官憲自必時加保護，令其身價安全。如遭欺凌擾害，及有不法匪徒放火焚燒房屋或搶掠者，地方官立即設法派撥兵役彈壓查追，並將焚搶匪徒，按例嚴辦。
十九款	英國船隻在中國轄下海洋，有被強竊搶劫者，地方官一經聞報，即應設法查追拿辦，所有追得賊物，交領事官歸還原主。
二十款	英國船隻在中國沿海碰壞擱淺或遭風收口，地方官查知，立即設法妥為照料，護送交就近領事官查收，以昭睦誼。
二十一款	中國民人因犯法逃至香港或潛往英國船中者，中國官照會英國官，訪查嚴拿，查明實系罪犯交出。通商各口倘有中國犯罪民人潛匿英國船中，一經中國官員照會領事官，即行交出不得隱匿袒庇。
二十二款	中國人有欠英國人債務不償或潛行逃避者，中國官務須認真嚴拿追繳。英國人有欠中國人債務不償或潛避者，英國官亦應一體辦理。
二十三款	中國商民或到香港拖欠債務者，由香港英官辦理；如債主逃亡中國內地，由領事官通知中國官，務須設法嚴拿，果係有力能償還者，務須盡數追繳，秉公辦理。

參考文獻

一、檔案

British Parliamentary Papers

— House of Commons

— House of Lords

British Foreign Office Files: FO17 (Hong Kong correspondence), The National Archives.

British Foreign Office Files: FO656 (Shanghai Supreme Court General correspondence), The National Archives.

Colonial Office Files: CO129 series (Hong Kong correspondence),The National Archives.

Colonial Office Files: CO131 series (Executive Council minutes),The National Archives.

Colonial Office Files: CO133 series (HK Blue Book),The National Archives.

Colonial Office Files: CO521 series (Weihaiwei Original correspondence); The National Archives.

Colonial Office Files: CO873 series Weihaiwei Commissioner's Files); The National Archives.

Hong Kong Government Gazette

Hong Kong Blue Book

HK Hansard

香港法律編章

二、史料彙編

Robert Jarman, *HK Annual Administration reports 1841–1941*, London: Archive Edition Limited, 1996.

三、報刊

China Mail

The HK Daily Press

The HK Telegraph

Friends of China

The North China Herald

四、專著

英文部分

Anderson, Clare, *The Indian Uprising of 1857–1858: Prisons, Prisoners and Rebellion*, UK: Anthem Press, 2007.

Anonymous, *Convict Life: Or, Revelations Concerning Convicts and Convict Prisons*, UK: Leopold Classic Library, 1879.

Bickley, Gillian, *A Magistrate's Court in 19th Century Hong Kong*, HK: Proverse Hong Kong, 2005.

Carroll, John, *Edge of Empires (Chinese Elites and British Colonials in Hong Kong)*, US: Harvard University Press. 2005.

Cassel, par Kristoffer, *Grounds of Judgement, Extraterritoriality and Imperial Power in 19th Century China and Japan*, UK: Oxford University Press, 2012.

Cell, John W, *British Colonial Administration in the Mid-Nineteenth Century: The Policy-Making Process*, US: Yale University Press, 1970.

Chui, Wing Hong, *Understanding Criminal Justice in Hong Kong*, NY: Routledge,

2011.

Clokie, H M & J W, Robinson, *Royal Commissions of Inquiry*, US: Octagon Books, 1969.

Crone, Rosalind, *Guide to the Criminal Prisons of 19th Century England*, Volume 1, UK: London Publishing Partnership, 2018.

Dostoevsky, Fyodor, *Notes from a Dead House*, US: Everyman's Library, 2015.

Du Cane, Edmund, *An Account of the Manner in which Sentences of Penal Servitude are carried out in England*, London: HM's Convict Prison, Milbank, 1882.

Endacott, G B, *A Collection of Documents Illustrating the History of Hong Kong*, UK: Her Majesty's Stationery Office, 1964.

Endacott, G B, *An Eastern Entrepot*, Her Majesty's Stationery Office, UK: Her Majesty's Stationery Office, 1964.

Endacott, G B, *Government and People in Hong Kong: A Constitutional History, 1841–1962*, HK: Hong Kong University Press, 1964.

Ferguson, Niall, *Empire*, UK: Penguin Books, 2004.

Forsythe, William James, *The Reform of Prisoners, 1830–1900*, UK: Routledge, 2016.

Hasan, Mushirul, *Roads to Freedom, Prisoners in Colonial India*, India: Oxford University Press, 2016.

Ho, Pui-yin, *The Administrative History of the Government Agencies 1841–2002*, HK: Hong Kong University Press, 2004.

Howe, S G, *An Essay on Separate and Congregative Systems on Prison Discipline*, Boston: William D Ticknor and Company, 1846.

Howse, Geoffrey, *A History of London's Prisons,* UK: Wharncliffe Books, 2012.

Hunt, Tristram, *Ten Cities that made an Empire*, UK: Penguin Books, 2015.

Hyam, Ronald, *Britain's Imperial Century 1815–1914 (A study of Empire and Expansion)*, UK: Cambridge Imperial and Post-Colonial Studies, 1976.

Jacobsen, Knut A, *Brill's Encyclopaedia of Sikhism*, US: Tuta Sub Aegide Pallas, 2017.

Jebb J, Observations on the Separate System of Discipline Submitted to the Congress Assembled at Brussells on the Subject of Prison Reform, 20/09/1847.

Jones, Carole, with Jon Vagg, *Criminal Justice in Hong Kong*, UK: Routledge-Cavendish, 2007.

Keeton, G W, *The Development of Extraterritoriality in China, Volume II*, London: Longmans Geen & Co, 1928.

Kolsky, E, *Colonial Justice in British India: White Violence and the Rule of Law*, US: Cambridge University Press, 2010.

Lim, Patricia, *Forgotten Souls*, HK: Hong Kong University Press, 2011.

Lee, Stephen J, *British Political History 1815–1914*, UK: Routledge, 1994.

Loomba, Ania, *Colonialism/Post-colonialism*, UK: Routledge, 2005.

MacQueen, Norrie, *Colonialism*, UK: Pearson Education Limited, 2007.

Memmi, Albert, *The Colonizer and the Colonized*, US: Beacon Press, 1965.

Miners, Norman, *Hong Kong Under Imperial Rule (1912–1941)*, US: Oxford University Press, 1987.

Munn, Christopher, *The Criminal Trail under early Colonial rule, Edited by Tak-Wing Ngo, "Hong Kong's History (State and society under colonial rule)"* , UK: Routledge (Taylor & Francis), 1999.

Munn, Christopher, Crime, Justice and Punishment in Colonial Hong Kong: Central Police Station, Central Magistracy and Victoria Gaol, HK: HKU Press, 2020.

Munn, Christopher, *Anglo-China: Chinese People and British Rule in Hong Kong, 1841–1880*, HK: Hong Kong University Press, 2009.

Norton-Kyshe, James William, *The History of the Laws and Courts of Hong Kong: Tracing Consular Jurisdiction in China*, HK: Naronha & Company, 2012.

Purcell Miller Litton LLP, "*The Old Central Police Station and Victoria Prison HK Conservation Management Plan*" , HK: June 2008. (https://www.taikwun.hk/assets/uploads/press_entries/kL3RYgTPNu.pdf).

Sinn, Elizabeth, *Power and Charity: A Chinese merchant Elite in Colonial Hong Kong*, HK: Hong Kong University Press, 2003.

Tsang, Steven, *A Modern History of Hong Kong*, US: I. B. Tauris & Co.,2007.

Ure, Gavin, *Governors, Politics and the Colonial Office (Public Policy in HK 1918–1958)*. HK: Hong Kong University Press, Royal Asiatic Society HK Studies Series, 2012.

Wesley-Smith, Peter, "Anti-Chinese Legislation in Hong Kong" , Edited by Ming K. Chan, "*Precarious Balance: Hong Kong Between China and Britain, 1842–*

1992", Hong Kong: Hong Kong University Press, 1994.

Wiener, Martin J, *Reconstructing The Criminal: Culture, Law and Policy in England, 1830–1914*, Cambridge: Cambridge University Press, 1990.

Young, D M, *The Colonial Office in the Early Nineteenth Century*, UK: Longmans, 1961.

中文部分

阿蘭・佩雷菲特：《停滯的帝國：兩個世界的撞擊》，北京：生活・讀書・新知三聯書店，1989 年。

陳弘毅等：《香港法概論（第三版）》，香港：三聯書店（香港）有限公司，2015 年。

丁新豹、盧淑櫻：《非我族裔：戰前香港的外籍族群》，香港：三聯書店（香港）有限公司，2014 年。

弗蘭克・韋爾什：《香港史》，北京：中央編譯出版社，2007 年。

高岱：《殖民主義史：總論卷》，北京：北京大學出版社，2003 年。

高馬可：《香港簡史》，香港：中華書局（香港）有限公司，2015 年。

郭衛東：《不平等條約與近代中國》，北京：高等教育出版社，1993 年。

梁炳華主編：《中西區地方掌故》，香港：中西區區議會，2005 年增訂本。

劉蜀永：《簡明香港史》，香港：三聯書店（香港）有限公司，2009 年。

馬戛爾尼：《馬戛爾尼師團使華觀感》，北京：商務印書館，2013 年。

彭小瑜、高岱：《外國史讀本》（上、下冊），北京：北京大學出版社，2007 年。

饒玖才：《香港的地名與地方歷史》（上冊），香港：天地圖書有限公司，2011 年。

王賡武主編：《香港史新編》（上、下冊），香港：三聯書店（香港）有限公司，2017 年。

余繩武、劉存寬：《十九世紀的香港》，香港：麒麟書業有限公司，2007 年版。

元邦建：《香港史略》，香港：中流出版社，1987 年。

張連興：《香港二十八總督》，香港：三聯書店（香港）有限公司，2012 年。

張秀夫：《提牢備考譯註》，北京：法律出版社，1997 年。

張振江：《早期香港的社會和語言》，廣州：中山大學出版社，2009 年。

朱國斌、黃輝等：《香港司法制度》，香港：中華書局（香港）有限公司，2013 年。

五、論文

英文部分

Benson, Sara M, "The Architecture of Liberalism and the Origins of Carceral Democracy," *Race, Leavenworth, and the Culture of Law*, US: University of California Press.

Bickers R, "The British and the Chinese Treaty Ports", *Genealogists' Magazine*, pp.1–8.

Butler, Richard J,"Rethinking the Origins of the British Prisons Act of 1835: Ireland and the Development of Central-Government Prison Inspection, 1820–1835", *The Historical Journal,* Vol. 59, No. 3 (September 2016), pp. 721–746.

Clark, Joannah, "Prison Reform in Nineteenth-Century British-India", A thesis submitted in fulfilment of the requirements for the Degree of Master of Arts in History at the University of Canterbury, University of Canterbury, 2015.

Cunneen, Chris, "Punishment: Two decades of Penal Expansionism and its effects on Indigenous Imprisonment", *Australian Indigenous Law Review*, Vol. 15, No. 1 (2011), pp. 8–17.

Design 5 - Architects Pty Ltd, "The Separate (Model) Prison, Port Arthur: Conservation Project Report", June 2003.

Dikotter, Frank: "A Paradise for Rascals: Colonialism, punishment and the prison in Hong Kong (1841–1898)", *Open Edition Journals*, Vol.8, No.1, 2004, pp.1–15.

Forsythe, W J, "The beginnings of the separate system of imprisonment 1835–1840", *Social Policy & Administration*, Volume 13, Number 2, Summer 1979, pp.105–110.

Gibbs, J, "Crime, Punishment, and Deterrence", *The Southwestern Social Science Quaterly*, March 1968, Vol. 48, No. 4, pp. 515–530.

Griest, Stephanie E, "The Torture of Solitary", *The Wilson Quarterly* (1976-), Vol. 36, No. 2 (Spring 2012), pp. 22–29.

Hay, Douglas, "Crime and Justice in Eighteenth and Nineteenth-Century England", *Crime and Justice*, 1980, Vol. 2 (1980), pp. 45–84.

Henriques, U R Q, "The Rise and Decline of the Separate System of Prison

Discipline", *Past and Present*, Vol. 54, Issue 1, February, 1972, pp.61–93.

Lethbridge, H J, "The District Watch Committee: 'The Chinese Executive Council of Hong Kong'", *Journal of the Hong Kong Branch of the Royal Asiatic Society*, Vol. 11(1971), pp.116–141.

Lethbridge, J H, "Condition of the European Working Class in 19th Century Hong Kong", *Journal of the HK Branch of the Royal Asiatic Society*, Vol. 15 (1975), pp.88–112.

Lowe, W J, "Irish Constabulary Officers, 1837–1922: Profile of a Professional Elite", *Irish Economic and Social History*, 2005, Vol. 32 (2005).

Liu, Lai Fai, "Chinese Temple and Chinese Community in Colonial Hong Kong: A Case Study of Man Mo Temple in Sheung Wan", *Hong Kong: Master of Arts dissertation, The University of Hong Kong*, 2013.

Miners, Norman, "The Localization of the Hong Kong police force, 1842–1947", *The Journal of Imperial and Commonwealth History*, 18: 3, pp. 295–315.

Munn, Christopher, "Our Best Trump Card: A brief history of deportation in Hong Kong 1857–1955", Michael Ng and Wong eds., *Civil Unrest and Governance in Hong Kong*, New York: Routledge (Taylor & Francis), 2017, pp.26–45.

Pachauri, S K, "History of Prison Administration in India in 19th Century: Human Rights in Retrospect", *Proceedings of the Indian History Congress* , 1994, Vol. 55 (1994), pp. 492–498.

Robbins, Alexander, "Almost Liberal: The British Government of Hong Kong in the Mid-Nineteenth Century", *The Stanford Undergraduate Research Journal*, Spring, 2003 Edition, pp.32–38.

Smith, Carl T, "The Emergence of a Chinese Elite in Hong Kong", *Journal of the Hong Kong Branch of the Royal Asiatic Society*, Vol. 11 (1971), pp.74–115.

Vause, Erika, "Disciplining the Market: Debt Imprisonment, Public Credit, and the Construction of Commercial Personhood in Revolutionary, France", *Law and History Review,* 2014, August, pp.647–682,

Waits, Mira Rai, "Imperial Vision, Colonial Prisons", *Journal of the Society of Architectural Historians*, June 2018, Vol. 77, No. 2, pp. 146–167.

Whewell, Emily, "British Extraterritoriality in China: The Legal System, Functions of

Criminal Jurisdiction and its Challenges, 1833–1943", *Thesis submitted for the degree of Doctor of Philosophy*, University of Leicester, 2015.

Whiteley, Thomas G, "Permeability and persistence of physical and social boundaries in the context of incarceration in nineteenth century Western Australia", *Archaeology in Oceania*, The Archaeology of Australian Institute, Oct 2015, Vol. 50, No. 3, pp. 123–129.

Winter, Sean, "Coerced labour in Western Australia during the nineteenth century", *Australasian Historical Archaeology*, 2016, Vol. 34 (2016), pp. 3–12.

中文部分

戴韶華：《在治理、懲罰與人本之間——基於監獄監禁理念的思考》，《基礎理論》2020 年第 9 期，第 28–33 頁。

丁新豹：《香港早期之華人社會 1841–1870》（博士學位論文），香港大學中文系，1988 年。

高文：《論監獄的幾個基本問題——犯人、警察與人本》，《環球法律評論》2006 年第 3 期，第 274–281 頁。

劉金源：《論港英政府早期華人管治政策的形成》，《歷史檔案》1999 年第 1 期，第 103–108 頁。

陸偉芳：《從野蠻殘酷走向文明人道——19 世紀英國刑罰的變遷軌跡》，《學習與探索》2014 年第 5 期，第 142–146 頁。

龐玉潔：《香港開埠初期的種族歧視》，《歷史數學》1997 年第 4 期，第 49–52 頁。

石楠：《略論港英政府的鴉片專賣政策》，《近代史研究》1992 年第 6 期，第 20–42 頁。

蘇奕工：《香港"殖民地"時期二元化法治之確立》，《二十一世紀雙月刊》2000 年 8 月號第 60 期，第 69–82 頁。

王芳、陳顯泗：《19 世紀下半葉香港同胞反殖民侵佔的鬥爭》，《文史雜志》1997 年第 3 期，第 8–10 頁。

王運紅、李晨光：《古代監獄制度中的人道主義因素》，《文史探源》2010 年，第 72–73 頁。

危丁明：《香港的傳統宗教管理初探——從〈文武廟條例〉到〈華人廟宇條例〉》，《田野與文獻》2007 年第 49 期，第 35–44 頁。

徐達：《清代監獄制度管窺》，《讀史名鑒》2014 年 5 月，第 59–160 頁。
徐霞輝：《軒尼詩"親華人"政策與 19 世紀香港華人地位變遷》，《歷史教學》2009 年第 9 期，第 14–17 頁。

後 記

校對本書首審稿的這段日子，新聞媒體正日夜不休地播報著某西方大國第 47 任總統對全球超過 90 個國家發起貿易戰、徵收侵略性關稅的消息，其宣稱目的是要討回這些國家因一直“欺騙”他們而造成的巨額貿易逆差。姑且不論這種說辭缺乏經濟理據，該國的瘋狂舉措還不止於此。另一項較少人注意的是，它援引了一條鮮為人知的 1798 年法律，將一些委內瑞拉“幫派分子”驅逐至薩爾瓦多，聲稱要改革移民政策與肅清犯罪。這項法令原本僅適用於戰爭時期。而後者之所以同意成為某國“打擊非法移民”的盟友，據傳是因為收取了 600 萬美元。有內部消息稱，這些被驅逐的所謂“罪犯”大多未經定罪、甚至未被檢控。他們可能僅僅因為身上有文身，或在社交媒體上的某些表現就被抓捕，在模糊不清的司法程序下被認定威脅某國國家安全，然後被遣送至遙遠的異國。

在“威脅國家社會安定”或“監獄人滿”的藉口下，活生生的人未經正當司法程序就被強制遣送離境；為了所謂“讓某國再次偉大”，各國便要遭受關稅數倍、數十倍甚至數百倍的增長。這些消息不禁讓我產生時空錯亂之感——我究竟生活在 21 世紀，還是仍徘徊在書中描述的 19 世紀至 20 世紀初？書中記載的各地監獄歷史，還有英國殖民者在澳大利亞建立的“模範監獄”，其大門上鐫刻著“服從即自由”的言論。今日某國的霸權行徑，何嘗不是在重演這套邏輯？當一國可以任意定義何為“正義”、單方面劃定“犯罪”邊界時，整個地球便成了它的巨型監獄。正如本書開篇引用的陀斯妥耶夫斯基《死屋手記》所揭示的，監獄史的終極啟示在於：衡量一個文明的尺度，不在於它如何對待權貴，而在於它如何處置“罪人”。

當鼠標停在這部香港監獄發展史總結的最後一頁，我凝視著熒幕上跳動的文字，耳邊迴響著重複的新聞播報，忽然意識到，人類建造高牆的衝動從未消失——只是圍牆的形態在不斷演變。從古代地牢到現代監獄，從殖民時代的流放島到今天的移民拘留中心，權力對肉體的馴化始終是文明最隱密的註腳。而在 21 世紀的今天，當某國以“自由燈塔”“世界警察”自居時，其對非歐洲移民、全額支付學費的合法留學生、有色人種等的種種歧視、驅趕與排擠；其資本家與政客的利益勾結⋯⋯這些比中世紀牢房的鐵鎖更為堅固。這何嘗不是一種歷史的反諷？

所幸，歷史的長河似乎告訴我們：再堅固的高牆，終將被反抗的聲浪侵蝕成沙。

寫完最後一個句點，心中湧動著難以言喻的感恩。感謝這段文字旅程中所有給予我力量的人——北京大學歷史系諸位恩師，香港饒宗頤文化館的各位前輩與同事，惠賜序言的李焯芬院士、丁新豹教授與劉智鵬教授，還有三聯團隊耐心的指導，朋友深夜的打氣，艱難日子中家人的關懷，是你們讓孤獨的研究寫作有了溫度。感謝生活饋贈的悲歡，讓我筆下的記錄能長出真實的根系；感謝那些萬里無雲的晴空、偶然掠過的清風、猝不及防的驟雨，它們都成了字裏行間意外的養分。

最後，謹向每一位拿起本書閱讀的讀者致以最誠摯的謝意。當您展卷研讀之際，便已在這文字構築的時空維度中，與我達成了某種精神共鳴。書寫本質上是一場孤獨的精神勞作，感謝你們讓這份勞作獲得了存在的意義與價值。在此，請允許我以最莊重的姿態，向所有賦予這部作品以生命光輝的讀者，獻上最深的敬意。

2025 年 4 月

寫於一個困惑時代的黃昏

責任編輯　王逸菲
書籍設計　a_kun
書籍排版　陳先英

書　　名　不對等的平等：百年香港監獄（1841 — 1939）
著　　者　蘇載玓
出　　版　三聯書店（香港）有限公司
香港北角英皇道 499 號北角工業大廈 20 樓
Joint Publishing (H.K.) Co., Ltd.
20/F., North Point Industrial Building,
499 King's Road, North Point, Hong Kong
香港發行　香港聯合書刊物流有限公司
香港新界荃灣德士古道 220-248 號 16 樓
印　　刷　美雅印刷製本有限公司
香港九龍觀塘榮業街 6 號 4 樓 A 室
版　　次　2025 年 7 月香港第 1 版第 1 次印刷
規　　格　16 開（170mm × 240mm）376 面
國際書號　ISBN 978-962-04-5720-3
© 2025 Joint Publishing (H.K.) Co., Ltd.
Published & Printed in Hong Kong, China.